ZHONGGUO WENHUA WENWU HE LÜYOU
TONGJI NIANJIAN

中国文化文物和旅游统计年鉴

中华人民共和国文化和旅游部　编

2020

國家圖書館出版社
National Library of China Publishing House

图书在版编目（CIP）数据

中国文化文物和旅游统计年鉴. 2020 / 中华人民共和国文化和旅游部编. -- 北京 ：国家图书馆出版社, 2020.12

ISBN 978-7-5013-7164-8

Ⅰ. ①中… Ⅱ. ①中… Ⅲ. ①文化事业－统计资料－中国－2020－年鉴②文物工作－统计资料－中国－2020－年鉴③旅游业－统计资料－中国－2020－年鉴 Ⅳ. ①G12-66②K87-66③F592-66

中国版本图书馆 CIP 数据核字(2020)第 251567 号

书　　名　中国文化文物和旅游统计年鉴（2020）
著　　者　中华人民共和国文化和旅游部　编
责任编辑　王炳乾

出版发行　国家图书馆出版社（北京市西城区文津街 7 号　100034）
（原书目文献出版社　北京图书馆出版社）
010-66114536　63802249　nlcpress@nlc. cn（邮购）
网　　址　http://www.nlcpress.com
印　　装　河北鲁汇荣彩印刷有限公司
版次印次　2020 年 12 月第 1 版　2020 年 12 月第 1 次印刷

开　　本　880×1230　1/16
印　　张　26.5
字　　数　600 千字
书　　号　ISBN 978-7-5013-7164-8
定　　价　298.00 元

《中国文化文物和旅游统计年鉴2020》

编者说明

一、《中国文化文物和旅游统计年鉴2020》系统收录了全国和各省、自治区、直辖市2019年文化和旅游发展各方面的统计数据，以及其他重要历史年份的统计数据，是一部全面反映我国文化建设和旅游发展情况的综合性统计资料。

二、本年鉴正文内容共分为九个部分：一、综合；二、公共图书馆；三、群众文化；四、艺术；五、旅游；六、文化市场；七、文物；八、教育、科技、动漫及其他；附录资料。为方便读者使用，多数篇末附有《主要统计指标解释》。

三、本资料尚缺香港、澳门特别行政区及台湾省的资料。

四、符号使用说明：资料中的空缺项表示该项统计指标数据不足本表最小单位数、数据不详或无该项数据，"#"表示主要项。

五、因时间仓促，年鉴中若有遗漏和不足之处，请读者批评指正，以便在内容上不断完善和充实。

编　　者

2020年11月

目　　录

一、综合

二、公共图书馆

三、群众文化

四、艺术

五、旅游

六、文化市场

七、文物

八、教育、科技、动漫及其他

附录资料

综　合

1

2019年全国文化和旅游发展主要统计数据

指　标	单位	总量指标		增幅(%)
		2018年	2019年	
机构和人员				
机构数	万个	36.44	34.80	-4.5
从业人员数	万人	518.94	542.30	4.5
经费投入				
文化和旅游事业费	亿元	928.33	1065.75	14.8
人均文化和旅游事业费	元	66.53	76.07	14.3
公共图书馆				
机构数	个	3176	3196	0.6
总藏量	万册/件	103716	111181	7.2
总流通人次	万人次	82032	90135	9.9
群众文化				
机构数	个	44464	44073	-0.9
#文化站	个	41138	40747	-1.0
提供文化服务次数	万次	219.48	245.11	11.7
举办展览	万次	15.87	16.40	3.3
组织文艺活动	万次	123.13	135.95	10.4
组织公益性讲座	万次	3.58	3.84	7.3
举办训练班	万次	76.90	88.92	15.6
文化服务惠及人次	万人次	70554	78716	11.6
艺术表演团体				
机构数	个	17123	17795	3.9
演出场次	万场次	312.46	296.80	-5.0
#农村演出场次	万场次	178.82	171.27	-4.2
国内演出观众人次	万人次	117569	123020	4.6
#农村观众人次	万人次	77898	76803	-1.4
演出收入	万元	1522685	1277742	-16.1
艺术表演场馆				
机构数	个	2478	2716	9.6
艺术演出场次	万场次	17.89	24.54	37.2
艺术演出收入	万元	374392	559160	49.4
文化市场				
机构数	万个	23.71	21.84	-7.8
从业人员数	万人	166.73	155.73	-6.6
旅游业				
国内旅游人数	亿人次	55.39	60.06	8.4
入境旅游人数	万人次	14120	14531	2.9
出境旅游人数	万人次	14972	15463	3.3
文物业				
机构数	个	10160	10562	4.0
总藏品	万件/套	4960.61	5129.38	3.4
参观人次	万人次	122387	131670	7.6

按年份全国主要文化和旅游机构数

单位：个

年　份	公共图书馆	文化馆	博物馆	旅行社	星级饭店	A级景区
1949年	55	896	21			
1952年	83	2430	35			
1957年	400	2748	72			
1962年	541	2575	230			
1965年	562	2660	214			
1970年	323	2332	182			
1975年	629	2670	242			
1978年	1218	2840	349			
1980年	1732	3130	365			
1985年	2344	3295	711			
1986年	2406	3330	777			
1987年	2440	3321	827	1245		
1988年	2485	3333	903	1573		
1989年	2512	3321	967	1617		
1990年	2527	3321	1013	1561		
1991年	2535	3265	1075	1603	853	
1992年	2558	3272	1106	2592	1029	
1993年	2572	3256	1130	3238	1186	
1994年	2589	3261	1161	4382	1556	
1995年	2615	3259	1194	3826	1913	
1996年	2620	3284	1219	4252	2349	
1997年	2628	3286	1282	4986	2724	
1998年	2662	3287	1339	6222	3248	
1999年	2669	3294	1363	7326	3856	
2000年	2675	3297	1392	8993	6029	
2001年	2696	3241	1461	10532	7358	
2002年	2697	3243	1511	11552	8880	
2003年	2709	3228	1515	13361	9751	
2004年	2720	3221	1548	14927	10888	
2005年	2762	3226	1581	16245	11828	
2006年	2778	3214	1617	17957	12751	
2007年	2799	3217	1722	18943	13583	
2008年	2820	3218	1893	20110	14099	
2009年	2850	3223	2252	20399	14237	
2010年	2884	3264	2435	22691	11779	4521
2011年	2952	3285	2650	23690	11676	5573
2012年	3076	3301	3069	24944	11367	6042
2013年	3112	3315	3473	26054	11687	7104
2014年	3117	3313	3658	26650	11180	8026
2015年	3139	3315	3852	27621	10550	8954
2016年	3153	3322	4109	27939	9861	9845
2017年	3166	3328	4721	29717	9566	10496
2018年	3176	3326	4918	37309	8962	11924
2019年	3196	3326	5132	38943	8920	12402

按年份全国文化和旅游事业费基本情况

单位：亿元、%

	文化和旅游事业费	国家财政总支出	文化和旅游事业费占国家财政比重
1978年	4.44	1122.09	0.40
1979年	5.84	1281.79	0.46
1980年	5.61	1228.83	0.46
“六五”时期	**36.03**	**7483.18**	**0.48**
1985年	9.32	2004.25	0.47
“七五”时期	**62.45**	**12865.67**	**0.49**
1986年	10.74	2204.91	0.49
1987年	10.77	2262.18	0.48
1988年	12.18	2491.21	0.49
1989年	13.57	2823.78	0.48
1990年	15.19	3083.59	0.49
“八五”时期	**121.33**	**24387.46**	**0.50**
1991年	17.28	3386.62	0.51
1992年	19.46	3742.20	0.52
1993年	22.37	4642.30	0.48
1994年	28.83	5792.62	0.50
1995年	33.39	6823.72	0.49
“九五”时期	**254.51**	**57043.46**	**0.45**
1996年	38.77	7937.55	0.49
1997年	46.19	9233.56	0.50
1998年	50.78	10798.18	0.47
1999年	55.61	13187.67	0.42
2000年	63.16	15886.50	0.40
“十五”时期	**496.13**	**128022.85**	**0.39**
2001年	70.99	18902.58	0.38
2002年	83.66	22053.15	0.38
2003年	94.03	24649.95	0.38
2004年	113.63	28486.89	0.40
2005年	133.82	33930.28	0.39
“十一五”时期	**1220.40**	**318970.83**	**0.38**
2006年	158.03	40422.73	0.39
2007年	198.96	49781.35	0.40
2008年	248.04	62592.66	0.40
2009年	292.31	76299.93	0.38
2010年	323.06	89874.16	0.36
“十二五”时期	**2669.62**	**703076.19**	**0.38**
2011年	392.62	109247.79	0.36
2012年	480.10	125952.97	0.38
2013年	530.49	140212.10	0.38
2014年	583.44	151785.56	0.38
2015年	682.97	175877.77	0.39
2016年	770.69	187755.21	0.41
2017年	855.80	203085.50	0.42
2018年	928.33	220904.13	0.42
2019年	1065.75	238858.37	0.45

注：①国家财政总支出系国家财政决算数。
②文化和旅游事业费：1953—1980年系国家财政决算数（“一五”至“四五”时期含文物、出版经费，“五五”时期不含文物、出版经费）；1981年以后系文化事业统计年报数（不含文物、出版及科学研究费；不含基本建设的财政拨款和行政运行经费，以下各表同）。

按年份各地区文化和旅游事业费

单位：万元

地　区	1995年	2000年	2005年	2010年	2015年	2017年	2018年	2019年
全　国	**333853**	**631591**	**1338193**	**3230646**	**6829708**	**8558022**	**9283333**	**10657521**
中　央	20973	55498	113028	152787	369620	300954	364487	443252
北　京	8427	24008	64587	161693	275832	361972	348420	474695
天　津	5098	9796	31592	56348	153744	186858	179249	170602
河　北	11393	18984	39626	70307	185348	251894	270383	297965
山　西	9215	12347	29832	78000	182007	222493	233500	282299
内蒙古	8624	14515	30543	112982	228905	276846	278556	285708
辽　宁	17525	26790	47578	113430	165405	212426	168389	206020
吉　林	10613	15711	26566	90327	156425	177986	216221	260153
黑龙江	10722	16598	33742	74631	152601	180777	165654	192592
上　海	15431	42608	79201	186266	365523	438826	478666	629480
江　苏	18234	38527	77658	163123	403417	578084	620416	720520
浙　江	14764	35334	110397	242002	488225	593470	668737	798956
安　徽	8836	15849	30541	76813	146252	183018	198574	218762
福　建	11023	22174	42949	101855	187522	242920	280744	305916
江　西	7404	10696	23398	73401	127094	152603	159461	234405
山　东	16315	30944	61687	138876	299770	388222	423072	451910
河　南	12447	20948	37708	95143	206034	251487	277635	318108
湖　北	11268	19367	43585	114389	235648	343992	421351	410234
湖　南	10525	16564	34771	86133	193798	277967	313189	354322
广　东	27486	58321	128095	269940	539257	814334	994681	1023404
广　西	8617	14608	28089	80097	172230	194955	209235	251940
海　南	2965	3468	6007	27356	57512	90745	71151	84248
重　庆		9151	17505	77350	169727	207405	212048	241452
四　川	16905	20500	44523	143902	395788	413220	430242	472219
贵　州	4785	9131	18731	53676	119936	193288	177391	185675
云　南	14563	23945	42036	86881	191211	241003	299680	388802
西　藏	2124	4264	8003	21050	57816	83889	100867	102479
陕　西	8583	13976	23462	89457	205168	208454	219126	245213
甘　肃	6935	9130	20882	55563	113802	166608	180010	204940
青　海	2574	3696	7349	41114	65393	88383	83738	125985
宁　夏	2108	3625	9646	24483	58611	63793	69172	82222
新　疆	7371	10518	24877	71273	160088	169152	169293	193045

按年份各地区文化和旅游事业费占财政支出比重

单位：%

地 区	1995年		2000年		2005年		2010年		2017年		2018年		2019年	
	比重	位次	比重	位次	比重	位次	比重	位次	比重	位次	比重	位次	比重	位次
全 国	**0.49**		**0.40**		**0.39**		**0.36**		**0.42**		**0.42**		**0.45**	
北 京	0.55	28	0.54	14	0.61	4	0.60	2	0.53	10	0.47	16	0.64	6
天 津	0.55	28	0.53	15	0.71	3	0.41	14	0.57	7	0.58	6	0.49	16
河 北	0.60	23	0.46	28	0.40	24	0.25	31	0.38	27	0.35	26	0.36	27
山 西	0.82	7	0.55	11	0.44	14	0.40	15	0.59	4	0.54	9	0.60	7
内蒙古	0.84	5	0.59	8	0.44	15	0.50	7	0.61	3	0.58	4	0.56	12
辽 宁	0.64	15	0.52	17	0.39	25	0.35	22	0.44	19	0.32	28	0.36	28
吉 林	0.88	3	0.90	1	0.42	18	0.51	6	0.48	15	0.57	8	0.66	5
黑龙江	0.61	18	0.45	30	0.42	19	0.33	25	0.39	26	0.35	24	0.38	24
上 海	0.59	25	0.68	5	0.48	9	0.56	4	0.58	5	0.57	7	0.77	2
江 苏	0.72	10	0.61	6	0.46	12	0.33	26	0.54	8	0.53	10	0.57	10
浙 江	0.82	7	0.82	2	0.87	1	0.75	1	0.79	1	0.78	1	0.79	1
安 徽	0.65	14	0.49	23	0.42	20	0.30	29	0.29	31	0.30	29	0.30	31
福 建	0.64	15	0.69	4	0.72	2	0.60	3	0.52	11	0.58	5	0.60	8
江 西	0.67	13	0.48	26	0.41	22	0.38	18	0.30	30	0.28	31	0.37	25
山 东	0.59	25	0.51	18	0.42	21	0.34	23	0.42	21	0.42	20	0.42	23
河 南	0.60	23	0.47	27	0.33	31	0.28	30	0.31	29	0.30	30	0.31	29
湖 北	0.69	12	0.53	15	0.55	6	0.46	10	0.51	12	0.58	3	0.51	14
湖 南	0.61	18	0.49	23	0.39	26	0.32	28	0.40	24	0.42	21	0.44	20
广 东	0.52	30	0.55	11	0.55	7	0.50	8	0.54	9	0.63	2	0.59	9
广 西	0.61	18	0.57	10	0.45	13	0.40	16	0.40	25	0.39	23	0.43	21
海 南	0.70	11	0.51	18	0.39	27	0.47	9	0.63	2	0.42	19	0.45	19
重 庆			0.49	23	0.35	29	0.45	11	0.48	16	0.47	17	0.50	15
四 川	0.61	18	0.45	30	0.41	23	0.34	24	0.48	17	0.44	18	0.46	18
贵 州	0.56	27	0.46	28	0.35	30	0.33	27	0.42	22	0.35	25	0.31	30
云 南	0.62	17	0.58	9	0.54	8	0.38	19	0.42	23	0.49	13	0.67	4
西 藏	0.61	18	0.71	3	0.43	16	0.38	20	0.50	13	0.51	11	0.47	17
陕 西	0.84	5	0.51	18	0.36	28	0.40	17	0.43	20	0.41	22	0.43	22
甘 肃	0.85	4	0.50	22	0.48	10	0.38	21	0.50	14	0.48	15	0.52	13
青 海	0.89	2	0.55	11	0.43	17	0.55	5	0.58	6	0.51	12	0.68	3
宁 夏	0.92	1	0.60	7	0.60	5	0.44	12	0.46	18	0.48	14	0.57	11
新 疆	0.76	9	0.51	18	0.47	11	0.42	13	0.36	28	0.34	27	0.37	26

按年份各地区人均文化和旅游事业费及位次

单位：元

地区	1995年		2000年		2005年		2010年		2017年		2018年		2019年	
	人均经费	位次	人均经费	位次	人均经费	位次	人均经费	位次	人均经费	位次	人均经费	位次	人均经费	位次
全　国	**2.75**		**4.99**		**10.23**		**24.11**		**61.56**		**66.53**		**76.07**	
北　京	8.74	2	17.37	2	41.99	2	82.44	1	166.73	3	161.75	3	220.38	3
天　津	7.56	3	9.79	4	30.29	3	43.55	7	120.01	5	114.90	6	109.22	8
河　北	1.78	25	2.81	25	5.78	25	9.78	31	33.50	28	35.78	28	39.25	29
山　西	3.12	15	3.74	19	8.89	16	21.84	17	60.10	17	62.80	18	75.70	18
内蒙古	4.13	9	6.11	11	12.80	9	45.73	5	109.47	6	109.93	7	112.48	7
辽　宁	4.31	6	6.32	10	11.27	12	25.93	14	48.62	23	38.63	27	47.34	27
吉　林	4.21	8	5.76	12	9.78	14	32.89	9	65.51	14	79.96	10	96.68	9
黑龙江	2.95	16	4.50	16	8.83	17	19.48	21	47.71	24	43.91	24	51.34	22
上　海	13.10	1	25.45	1	44.54	1	80.92	2	181.48	2	197.47	2	259.26	2
江　苏	2.62	8	5.18	15	10.39	13	20.74	19	72.00	11	77.06	11	89.28	10
浙　江	3.26	13	7.55	5	22.54	5	44.46	6	104.91	7	116.57	5	136.57	5
安　徽	1.48	28	2.65	26	4.99	30	12.91	29	29.26	30	31.40	30	34.36	30
福　建	3.27	12	6.39	9	12.15	11	27.61	12	62.11	16	71.24	13	77.00	16
江　西	1.94	22	2.58	28	5.43	27	16.47	25	33.02	29	34.31	29	50.24	26
山　东	1.93	23	3.41	21	6.67	21	14.50	27	38.80	27	42.11	26	44.88	28
河　南	1.34	30	2.26	31	4.02	31	10.12	30	26.31	31	28.91	31	33.00	31
湖　北	2.04	21	3.21	23	7.63	19	19.98	20	58.28	18	71.21	14	69.21	19
湖　南	1.67	26	2.57	29	5.50	26	13.11	28	40.52	25	45.40	23	51.22	24
广　东	3.93	10	6.75	7	13.93	7	25.88	15	72.91	10	87.67	9	88.83	12
广　西	1.93	24	3.25	22	6.03	24	17.40	24	39.91	26	42.48	25	50.79	25
海　南	2.50	19	4.41	17	7.25	20	31.55	11	98.00	8	76.18	12	89.15	11
重　庆			2.96	24	6.09	23	26.81	13	67.45	13	68.36	15	77.29	15
四　川	1.56	27	2.46	30	5.42	28	17.89	23	49.77	22	51.58	21	56.38	21
贵　州	1.36	29	2.59	27	5.02	29	15.45	26	53.99	20	49.28	22	51.25	23
云　南	3.47	11	5.58	13	9.45	15	18.90	22	50.20	21	62.05	19	80.03	13
西　藏	3.22	14	16.27	3	28.89	4	70.12	4	248.93	1	293.22	1	291.96	1
陕　西	2.42	20	3.88	18	6.31	22	23.97	16	54.36	19	56.71	20	63.26	20
甘　肃	2.93	17	3.56	20	8.05	18	21.73	18	63.45	15	68.26	16	77.42	14
青　海	5.30	5	7.14	6	13.53	8	73.07	3	147.80	4	138.87	4	207.21	4
宁　夏	4.23	7	6.45	8	16.18	6	38.85	8	93.54	9	100.54	8	118.31	6
新　疆	5.39	4	5.46	14	12.38	10	32.67	10	69.18	12	68.07	17	76.51	17

2019年全国文化和旅游

	总　计					
	机构数（个）	从　业人员数（人）	专业技术人才	正高级职　称	副高级职　称	中级职称
总　　计	**347958**	**5423001**	**391276**	**11989**	**39527**	**103230**
一、文化和旅游合计	337396	5260716	338559	9337	32067	82081
艺术表演团体	17795	412541	170332	5030	13733	29536
其中：公有制艺术表演团体	2132	117963	83067	5030	13733	29536
艺术表演场馆	2716	64507	16379	269	807	2605
其中：公有制艺术表演场馆	1283	22846	7503	269	807	2605
公共图书馆	3196	57796	40408	909	6057	18540
文化馆	3326	53587	40079	1059	5616	17503
文化站	40747	136481	36193			
其中：乡镇综合文化站	33530	109630	31254			
艺术展览创作机构	733	6230	4081	402	757	1540
其中：美术馆	559	5016	3096	275	535	1152
艺术教育业	121	12843	9403	457	2175	4196
文化和旅游科研机构	223	5633	4492	504	1087	1877
文化市场经营机构（不包括非公有制院团和场馆）	201351	1221105				
旅行社	38943	415941				
星级饭店	8920	1061649				
A级景区	12402	1620170				
文化和旅游行政主管部门	3257	103590				
其他文化和旅游机构	3666	88643	17192	707	1835	6284
二、文物合计	10562	162285	52717	2652	7460	21149
博物馆	5132	107993	39312	2047	5647	15657
文物保护管理机构	3518	30689	9004	173	982	3766
文物科研机构	126	4313	2727	329	613	1001
文物商店	83	1344	542	14	52	223
其他文物机构	1703	17946	1132	89	166	502

机构数和从业人员情况

按执行会计制度分类								
事业						企业		
机构数（个）	从业人员数（人）	专业技术人才	正高级职称	副高级职称	中级职称	机构数（个）	从业人员数（人）	专业技术人才
67069	**662240**	**257471**	**9718**	**34055**	**90697**	**280889**	**4760761**	**133805**
56641	502691	205805	7137	26720	69979	280755	4758025	132754
1513	79655	56562	3331	9457	20697	16282	332886	113770
1513	79655	56562	3331	9457	20697	619	38308	26505
891	13328	4686	183	547	1781	1825	51179	11693
891	13328	4686	183	547	1781	392	9518	2817
3196	57796	40408	909	6057	18540			
3326	53587	40079	1059	5616	17503			
40747	136481	36193						
33530	109630	31254						
733	6230	4081	402	757	1540			
559	5016	3096	275	535	1152			
121	12843	9403	457	2175	4196			
223	5633	4492	504	1087	1877			
						201351	1221105	
						38943	415941	
						8920	1061649	
						12402	1620170	
3257	103590							
2634	33548	9901	292	1024	3845	1032	55095	7291
10428	159549	51666	2581	7335	20718	134	2736	1051
5132	107993	39312	2047	5647	15657			
3518	30689	9004	173	982	3766			
126	4313	2727	329	613	1001			
						83	1344	542
1652	16554	623	32	93	294	51	1392	509

续表

				文化和旅游部门		
	正高级职　称	副高级职　称	中级职称	机构数（个）	从　业人员数（人）	专业技术人才
总　　计	**2271**	**5472**	**12533**	**66776**	**695168**	**280105**
一、文化和旅游合计	2200	5347	12102	58026	560209	235110
艺术表演团体	1699	4276	8839	2052	113764	81102
其中：公有制艺术表演团体	1699	4276	8839	2052	113764	81102
艺术表演场馆	86	260	824	1202	19921	6457
其中：公有制艺术表演场馆	86	260	824	1202	19921	6457
公共图书馆				3193	57688	40348
文化馆				3326	53587	40079
文化站				40747	136481	36193
其中：乡镇综合文化站				33530	109630	31254
艺术展览创作机构				715	6038	3967
其中：美术馆				542	4838	2984
艺术教育业				121	12843	9403
文化和旅游科研机构				223	5633	4492
文化市场经营机构（不包括非公有制院团和场馆）						
旅行社						
星级饭店						
A级景区						
文化和旅游行政主管部门				3257	103590	
其他文化和旅游机构	415	811	2439	3190	50664	13069
二、文物合计	71	125	431	8750	134959	44995
博物馆				3480	84502	32369
文物保护管理机构				3441	27848	8553
文物科研机构				126	4313	2727
文物商店	14	52	223	59	931	427
其他文物机构	57	73	208	1644	17365	919

按单位所属部门分类									
			其他部门						
正高级职称	副高级职称	中级职称	机构数（个）	从业人员数（人）	专业技术人才	正高级职称	副高级职称	中级职称
10866	**37655**	**97973**	**281182**	**4727833**	**111171**	**1123**	**1872**	**5257**
8963	31331	79556	279370	4700507	103449	374	736	2525
4931	13470	28846	15743	298777	89230	99	263	690
4931	13470	28846	80	4199	1965	99	263	690
231	714	2264	1514	44586	9922	38	93	341
231	714	2264	81	2925	1046	38	93	341
908	6046	18506	3	108	60	1	11	34
1059	5616	17503						
394	741	1510	18	192	114	8	16	30
267	520	1123	17	178	112	8	15	29
457	2175	4196						
504	1087	1877						
			201351	1221105				
			38943	415941				
			8920	1061649				
			12402	1620170				
479	1482	4854	476	37979	4123	228	353	1430
1903	6324	18417	1812	27326	7722	749	1136	2732
1349	4634	13280	1652	23491	6943	698	1013	2377
157	895	3543	77	2841	451	16	87	223
329	613	1001						
7	40	181	24	413	115	7	12	42
61	142	412	59	581	213	28	24	90

2019年全国文化和旅游部门

	本年收入合计（千元）	财政补贴收入	上级补助收入	事业收入
总　　计	**269540825**	**153932520**	**3553760**	**10366064**
一、文化合计	**214297722**	**109475100**	**2398144**	**5513989**
艺术表演团体	23878589	16375099	549113	3288314
艺术表演场馆	4225052	1801103	43549	356414
公共图书馆	19108131	18342467	144951	286822
文化馆	13270239	12588662	291024	111838
文化站	16717374	15580180		
其中：乡镇综合文化站	12576952	11635539		
艺术展览创作机构	3833221	2378053	1211245	182767
其中：美术馆	3402329	1964130	1207582	181438
艺术教育业	4382796	3415070	9062	772647
文化和旅游科研机构	2193486	1956801	25325	94507
文化和旅游行政主管部门	100611221	27858593		
其他和旅游文化机构	26077613	9179072	123875	420680
其中：文化和旅游市场执法机构	3198648	3101793	21845	20561
二、文物合计	**55243103**	**44457420**	**1155616**	**4852075**
博物馆	28130238	24149003	541044	1748728
文物保护管理机构	8986104	6095149	607507	1379229
文物科研机构	3894947	2087024	1247	1545194
文物商店	573819	14222		
其他文物机构	13657995	12112022	5818	178924

所属机构经费收支基本情况

经营收入	附属单位上缴收入	其他收入	本年支出合　计（千元）	基本支出	项目支出	经营支出
2795777	**27897**	**98864807**	**256676550**	**91714327**	**131014907**	**2025571**
1009932	**17717**	**95882840**	**203438832**	**73378784**	**100166737**	**1025233**
62870	1547	3601646	21909094	9951762	5452997	216215
373252	10875	1639859	4549917	1075553	531247	315433
9778	126	323987	19273113	10009893	8572789	11092
5648	2516	270551	13131571	8224613	4381256	8866
		1137194	17814136	9432900	6244842	
		941413	13062389	7237154	4335782	
15051		46105	2810731	1148044	1520866	14278
15051		34128	2352155	902460	1311730	14238
29321		156696	4284415	2926312	1328628	27173
39262	1094	76497	2097066	1098389	927495	58332
		72752628	94053697	23620191	67192513	
474750	1559	15877677	23515092	5891127	4014104	373844
180	57	54212	3213978	2769627	379394	890
1785845	**10180**	**2981967**	**53237718**	**18335543**	**30848170**	**1000338**
848761	3221	839481	27351502	11322139	14407408	495904
745963	6959	151297	8314188	3578293	3998274	386961
133589		127893	3689529	890414	2685015	74911
		559597	522401			
57532		1303699	13360098	2544697	9757473	42562

续表

	工资福利支出	商品和服务支出	差旅费	劳务费
总计	**63617310**	**76794565**	**1918599**	**6795906**
一、文化合计	**50779134**	**57817564**	**1423411**	**4522403**
艺术表演团体	8779949	4288692	341847	1059419
艺术表演场馆	1062500	816976	5540	50655
公共图书馆	7669518	4661948	89397	420500
文化馆	6350692	3899244	133554	566445
文化站	5786236			
其中：乡镇综合文化站	4608278			
艺术展览创作机构	789313	1058229	25440	98800
其中：美术馆	609135	948544	19514	89699
艺术教育业	2052979	1203033	38944	208257
文化和旅游科研机构	779841	602129	24800	83474
文化和旅游行政主管部门	13180651	38986734	657918	1875993
其他和旅游文化机构	4327455	2300579	105971	158860
其中：文化和旅游市场执法机构	2261734	515753	44576	24723
二、文物合计	**12838176**	**18977001**	**495188**	**2273503**
博物馆	8087761	10537784	297699	1087244
文物保护管理机构	2552125	2418884	34278	302334
文物科研机构	593586	2389403	97453	590569
文物商店				
其他文物机构	1604704	3630930	65758	293356

在支出合计中：					
福利费	各种税金支出	对个人和家庭补助支出	抚恤金和生活补助	其他资本性支出	各种设备购置费
649256	**436042**	**7165256**	**1043244**	**26254591**	**5950836**
416084	**234588**	**6208299**	**936439**	**19915642**	**5151391**
75570	95557	854826	119390	740969	307623
12067	37535	80360	11200	122964	26557
59078	17956	618385	65652	4030419	3093647
56804	11518	719563	111000	579218	182315
6544	5790	98931	9845	489064	55900
5676	3752	65360	6373	378341	48355
29419	7846	276064	20519	562436	155783
7197	3928	167618	13239	70994	12410
134892	39190	2791755	533432	12521620	1240138
34513	15268	600797	52162	797958	77018
15924	1310	80560	9697	64622	18497
233172	**201454**	**956957**	**106805**	**6338949**	**799445**
150995	72170	541396	53740	4033994	569490
62026	46929	185609	13324	785211	30407
5496	70788	41037	6740	459582	82852
14655	11567	188915	33001	1060162	116696

2019年各地区主要文化和旅游机构数

单位：个

地　区	公　共图书馆	群　众艺术馆	文化馆	文化站	博物馆	艺术表演团　体	艺术表演场　馆	旅行社	星级饭店	A级景区
总　计	**3196**	**390**	**3326**	**40747**	**5132**	**17795**	**2716**	**38943**	**8920**	**12402**
北　京	23	1	20	334	81	370	52	3062	439	238
天　津	29	1	17	244	68	151	74	502	71	95
河　北	173	13	180	2255	136	749	112	1513	320	420
山　西	128	12	130	1410	158	779	137	927	190	216
内蒙古	117	13	120	1086	125	264	45	1147	205	375
辽　宁	130	22	124	1422	65	238	97	1524	304	512
吉　林	66	14	79	902	107	95	70	701	94	231
黑龙江	110	17	150	1280	193	87	64	837	155	411
上　海	23	1	24	218	98	311	50	1758	190	113
江　苏	117	14	115	1257	345	626	244	2943	408	615
浙　江	103	12	101	1363	366	1550	358	2769	528	798
安　徽	127	18	123	1437	219	2628	107	1487	268	605
福　建	94	10	97	1122	130	455	57	1181	290	375
江　西	114	14	118	1736	143	337	89	909	310	421
山　东	154	18	157	1815	541	1306	145	2613	502	1229
河　南	164	19	205	2458	340	2221	191	1156	361	519
湖　北	116	13	124	1281	213	388	67	1267	330	421
湖　南	141	16	146	2366	117	575	119	1143	302	482
广　东	146	24	145	1614	241	397	84	3281	586	414
广　西	116	15	124	1174	131	95	63	850	387	560
海　南	24	4	23	219	27	111	30	483	101	62
重　庆	43	1	41	1028	104	1646	49	673	159	242
四　川	206	22	207	4410	256	732	101	1242	370	679
贵　州	98	10	99	1599	91	158	18	594	225	420
云　南	151	17	149	1450	140	304	50	1105	415	343
西　藏	81	8	82	692	7	85	15	310	165	127
陕　西	111	12	122	1376	294	516	114	862	287	460
甘　肃	104	17	103	1388	224	343	42	723	315	115
青　海	52	9	55	388	24	100	39	515	207	312
宁　夏	27	6	27	245	55	30	3	164	89	96
新　疆	107	17	119	1178	90	132	23	540	297	496

2019年各地区主要文化和旅游机构从业人员数

单位：人

地　区	公　共图书馆	群　众艺术馆	文化馆	文化站	博物馆	艺术表演团　体	艺术表演场　馆	旅行社	星级饭店	A级景区
总　计	**57796**	**11958**	**53587**	**136481**	**107993**	**412541**	**64507**	**415941**	**1061649**	**1620170**
北　京	1218	52	915	2522	3786	11183	2077	38900	54332	32021
天　津	1060	49	523	849	1465	3062	920	4397	11013	8127
河　北	1892	513	2243	5147	4017	16458	2124	8948	36223	69435
山　西	1670	354	1735	2650	4438	22570	1712	5032	17426	40530
内蒙古	1795	508	1854	3237	1839	9235	961	6387	16621	52255
辽　宁	2423	627	1926	3020	2080	6972	3688	9540	21946	64660
吉　林	1566	501	2244	2120	1586	3608	1318	5046	6916	13464
黑龙江	1594	393	2152	2820	2668	3617	1315	4816	9725	39182
上　海	2164	73	929	3978	3047	10303	1789	29707	41308	13832
江　苏	3617	499	2145	5509	7286	13537	3870	31261	57732	75899
浙　江	4055	463	2219	5741	6041	45700	7431	31057	72962	70749
安　徽	1509	323	1438	4520	3195	37900	4322	12619	27789	79407
福　建	1612	188	901	3196	2691	12889	1818	17604	41909	28229
江　西	1372	489	1853	4498	3347	8022	1639	6913	23896	45120
山　东	2816	624	2864	5581	8319	25071	4340	22032	63417	132072
河　南	2910	547	3194	8031	7400	51542	4483	11949	35656	74953
湖　北	2101	464	2076	3086	4218	10024	1087	18318	27851	53687
湖　南	2063	495	2089	6842	3082	12502	4114	19322	31578	135294
广　东	4729	665	2559	10193	4472	10284	2844	47059	83145	77196
广　西	1680	536	2104	3041	2201	3897	1769	10678	22066	50016
海　南	316	111	318	484	601	4414	1371	6216	16309	23155
重　庆	984	73	998	4238	3046	18235	698	12375	12942	23612
四　川	2295	687	2990	8253	6659	14304	2337	11818	39384	165936
贵　州	1088	422	1596	9311	1573	4078	317	5533	12146	47514
云　南	1785	513	2398	7089	1838	7728	808	11793	207102	60167
西　藏	185	210	524	5448	215	2436	647	2285	2051	3350
陕　西	2383	471	2496	4535	8881	18717	2594	9986	26721	64129
甘　肃	1433	391	1667	4787	3202	9190	971	4783	15421	29721
青　海	469	183	719	728	390	2569	224	3300	6398	4094
宁　夏	586	230	611	785	824	1802	23	1785	1385	10740
新　疆	1015	304	1307	4242	1184	5739	683	2833	15623	31624

主要统计指标解释

一、行业、机构指标解释

调查机构指由文化和旅游部门主办或实行行业管理的各类机构。

文艺创作与表演：指文学、美术创造和表演艺术（如戏剧、戏曲、歌舞、舞蹈、音乐、曲艺、杂技、马戏、木偶、皮影等各种表演艺术）等活动。包括文学（含电影、电视剧剧本）、音乐、歌曲、舞蹈、戏曲、曲艺等的创作，美术（绘画、雕塑）、工艺品、书法、篆刻等的艺术创作，编导、演员的表演、创作活动，剧务、舞台美工、服装道具、灯光音响等活动，民族艺术创作，其他未列明的文艺创作、表演及辅助活动。

艺术创作机构：指有专职创作人员、独立建制的剧目创作室（组）、美术创作室（组）等专门从事艺术创作的机构。不包括业余性质的文艺创作机构。

艺术表演团体：指由文化和旅游部门主办或实行行业管理（经部门审批并领取营业性演出许可证），专门从事表演艺术等活动的各类专业艺术表演团体，含民间职业剧团（不包括群众业余文艺表演团队）。

艺术表演场馆：指由文化和旅游部门主办的或实行行业管理（经部门审批并领取营业性演出许可证），有观众席、舞台、灯光设备，公开售票、专供文艺团体演出的文化活动场所。包括附属于文化和旅游部门机构内非独立核算的剧场、排演场。

图书馆：指各类图书馆的管理与服务（对文献和信息的搜集、整理、存储、利用和管理，向社会公众开放并提供科学、文化等各种知识普及教育）。包括公共图书馆和各类机构内部举办的或单独举办的图书馆的管理与服务。不包括部队系统以及文化馆（文化中心、群众艺术馆）、文化站内设的图书室。

群众文化活动：指开展群众文化活动的场所的管理和组织活动。包括文化馆（含综合性文化中心、群众艺术馆）、文化站、文化宫、少年宫等群众文化活动。在本制度中，目前暂不统计文化和旅游部门以外的文化宫和少年宫。

文化馆（含综合性文化中心、群众艺术馆、文化站）：指专门从事群众文化活动的群众文化场馆。不包括临时抽调人员组成、没有编制的农村和街道文化工作队、服务站等。

美术馆：指由文化和旅游部门主办或实行行业管理的，具备展览、典藏、研究及公共教育和服务功能的、向公众开放的国有美术馆，以及在民政部门登记注册并在文化和旅游部门备案的，具备展览、典藏、研究及公共教育和服务功能的、向公众开放的、非营利性的民营美术馆。

画院：指由文化和旅游部门主办或实行行业管理的，各级国有和民营的非营利性的专门的美术创作、研究机构，有专职创作研究人员和独立建制，包括书画院、书法院、油画雕塑院等。不包括业余性质的美术创作机构。

文化艺术研究机构：指有明确的研究方向和任务，有一定水平的学术带头人和一定数量、质量的研究人员，有开展工作的基本条件，主要进行文化艺术研究（含科技）的机构。

文化和旅游部门教育机构：指文化和旅游部门主办的高等艺术职业院校和中等专业学校、文化干部院校、其他文化艺术教育机构。

其他文化和旅游企业：指不属于以上分类的文化和旅游部门所属各类文化事业机构和企业机构。

文化市场经营机构：指经文化市场行政部门审批或备案并领取相关许可或备案文件的、从事文化经营和文化服务活动的机构。

娱乐场所：指以营利为目的，并向公众开放、消费者自娱自乐的歌舞、游艺等场所，以及各地文化行政部门依据相关规定管理并发放《娱乐场所经营许可证》的其他娱乐场所。

互联网上网服务营业场所（网吧）：指通过计算机等设备向公众提供互联网上网服务的营业性娱乐文化服务场所。

旅行社：指以营利为目的，为旅游者代办出境、入境和签证手续，安排、接待旅游者，为旅游者安排食宿等有偿服务的企业。

星级饭店：经全国旅游饭店星级评定，为游客提供短期住宿的企业场所。

A 级景区：由国家旅游景区质量等级评定委员会依照《旅游景区质量等级的划分与评定》国家标准进行评审，颁发“国家 A 级旅游景区”标志牌，以旅游及其相关活动为主要功能或主要功能之一的空间或地域。

动漫企业：经文化和旅游部、财政部、国家税务总局三部门联合认定的从事漫画创作、动画创作、网络动漫（含手机动漫）创作、动漫舞台剧制作、动漫软件开发和动漫衍生产品研发等动漫业务的企业。

博物馆：指为了研究、教育、欣赏的目的，收藏、保护、展示人类活动和自然环境的见证物，向公众开放，非营利性、永久性社会服务机构，包括以博物馆（院）、纪念馆（舍）、科技馆、陈列馆等专有名称开展活动的单位。

文物考古研究所：是各省级文物行政管理部门领导下的文物保护和科学研究机构，承担有关文物的调查、保护、发掘、研究和宣传工作，对地、市、县的文物工作进行业务辅导。

文物商店：经各级文物行政部门依法批准设立的文物购销经营单位。

非物质文化遗产保护中心：指从事非物质文化遗产的调查、抢救、保护、研究、宣传、展示以及其他相关保护活动的专业综合机构。

二、从业人员指标解释

调查的从业人员，指在文化和旅游部门主办或实行行业管理的各类机构工作并取得劳动报酬的全部人员。包括职工、再就业的离退休人员以及在各机构中工作的外方人员和港、澳、台方人员。

专业技术人员：指在专业技术岗位上工作的人员，不包括在管理岗位上工作具有专业技术职称（职务）的人员（包括正高级职称、副高级职称、中级职称以及初级及以下人员）。

安全保卫人员：指从事文物安全保卫工作和安全管理工作的人员，包括聘用人员。

在编人员：是指经当地编办批准、列入事业编制的人员。

专职人员：指长期从事业务工作的专业人员。

三、经费指标解释

（一）事业经费指标解释

资产合计：是指文化事业单位占有或者使用的能以货币计量的经济资源，包括各种财产、债权和其他权利。包括流动资产、固定资产、在建工程、无形资产和对外投资等。

固定资产原价：反映填表机构使用年限在一年以上、单位价值在1000元以上（其中：专用设备单位价值在1500元以上），并在使用过程中基本保持原来物质形态的资产，包括房屋及构筑物，专用设备，通用设备，文物和陈列品，图书、档案，家具、用具、装具及动植物等，按原值（计提折旧的，按净值）进行反映。

本年收入合计：反映行政事业单位在本年取得的全部收入，包括行政事业类资金收入和基本建设类收入，具体有财政拨款、上级补助收入、事业收入、经营收入、附属单位上缴收入和其他收入。

财政补贴收入：反映填表单位本年度实际收到的本级财政拨款。包括一般预算财政拨款和政府性基金预算财政拨款。一级预算单位收到的应拨给下级单位使用的款项，年终时尚未拨出的，在编制财务决算表和填报统计报表时，应列为本单位的财政拨款。

基建拨款：指财政部门按基本建设计划拨付的基本建设款项。

上级补助收入：反映填表单位从行政主管部门和上级单位取得的非财政补贴收入。

事业收入：反映事业单位开展专业业务活动及辅助活动取得的收入。

经营收入：反映事业单位在专业业务活动及辅助活动之外开展非独立核算经营活动取得的收入。

附属单位上缴收入：反映填表事业单位拥有附属的独立核算机构，按有关规定上缴的收入。

其他收入：反映取得的除上述规定以外的各项收入，包括投资收益、利息收入、捐赠收入等。

本年支出合计：反映填表机构在业务活动中发生的各项资产耗费和损失等支出情况，包括基本支出、项目支出、经营支出等内容。按经济功能分类，还可分为工资福利支出、商品和服务支出、对个人和家庭补助支出、其他资本性支出等内容。

基本支出：反映填表机构为保障其机构正常运转、完成日常工作任务而发生的人员支出和公用支出。

项目支出：反映填表机构为完成本机构特定的工作任务或事业发展目标，在基本支出之外发生的各项支出。

经营支出：反映填表机构开展专业业务活动及辅助活动之外开展非独立核算经营活动发生的支出。在经营活动中应正确归集实际发生的各项费用数，无法归集的，应按规定的比例合理分摊。

工资福利支出：反映填表机构支付给在职职工和编制外长期聘用人员的各类劳动报酬以及为上述人员缴纳的各项社会保险费等。主要包括基本工资、津贴补贴、奖金、社会保障缴费、伙食费、伙食补助费、绩效工资、其他工资福利支出等。

商品和服务支出：反映填表机构在开展业务活动中购买商品和服务的支出（不包括用于购置固定资产的支出、战略性和应急储备支出等）。主要包括办公费、印刷费、咨询费、手续费、水费、电费、邮电费、取暖费、物业管理费、交通费、差旅费、出国费、维修（护）费、租赁费、会议费、培训费、招待费、专用材料费、专用燃料费、劳务费、委托业务费、工会经费、福利费等日常公用支出。

差旅费：反映填表机构工作人员出差的住宿费、旅费、伙食补助费、杂费以及干部及大中专学生调遣费、调干家属旅费补助等方面的支出。

劳务费：反映填表机构支付给单位和个人的劳务费用。如：临时聘用人员、钟点工工资，翻译费，咨询费，评审费，手续费等。

福利费：反映填表机构根据国家规定按工资总额一定比例提取的福利费。

各种税金支出：反映填表机构向国家交纳的各种税金，如房产税、营业税、车船使用税、土地使用税、城市维护建设税、印花税、教育费附加、养路费、排污费等。从基本建设支出、结余和收益中支付的税金不包括在内。

对个人和家庭补助支出：反映政府对个人和家庭的补助支出，包括离休费、退休费、退职（役）费、抚恤金、生活补助、救济费、医疗费、助学金、奖励金、生产补贴、住房公积金、提租补贴、购房补贴以及其他对个人和家庭的补助支出等。

抚恤金和生活补助：抚恤金指按规定支付给烈士家属、牺牲病故人员家属的一次性和定期抚恤金，革命残疾人员的抚恤金，离退休人员等其他人员的各项抚恤金。生活补助指按规定支付给优抚对象、退伍军人的生活补助费，行政事业单位职工和家属生活补助，因公负伤等住院治疗、住疗养院期间的伙食补助费、长期赡养人员补助费等。

其他资本性支出：反映填表机构使用非各级发展与改革部门集中安排的用于购置固定资产、战略性和应急性储备、土地和无形资产，以及购建基础设施、大型修缮和财政支持企业更新改造所发生的支出，如房屋建筑物购建、办公设备购置、专用设备购置、交通工具购置、大型修缮、信息网络购建、物资储备、土地补偿、安置补助、拆迁补偿等。

各种设备、交通工具、图书购置费：反映填表机构用于购置不够基本建设投资额度，但按会计制度规定纳入固定资产核算范围的各种设备的支出，主要包括办公设备购置、专用设备购置、交通工具购置（含车辆购置税）、信息网络购建（计算机硬件和软件开发应用）、图书购置、档案设备购置费等。

（二）企业经费指标解释

资产总计：反映填表企业拥有或控制的能以货币计量的经济资源，包括各种财产、债权和其他权利。资产按其流动性（即资产的变现能力和支付能力）划分，有流动资产、长期投资、固定资产、无形资产、递延资产和其他资产等分类。

固定资产原价：反映填表企业在建造、购置、安装、改建、扩建、技术改造某项固定资产时所支出的全部货币总额。

当年提取的折旧总额：反映填表企业在报告年度内提取的固定资产折旧合计数。

负债合计：反映填表企业过去的交易、事项形成的现有义务合计数，履行该义务预期会导致经济利益流出企业。

所有者权益合计：反映所有者在填表企业资产中享有的经济利益，其金额为资产减去负债后的余额。

实收资本（股本）：反映填表企业的各投资者实际投入的资本（或股本）总额。

国家资本：反映有权代表国家投资的政府部门或机构、直属事业机构对填表企业投资形成的资本金。

营业收入：反映企业经营主要业务和其他业务所确认的收入总额。

营业成本：反映填表企业在报告期内从事销售商品、提供劳务及转让资产使用权等日常经营活动中所发生的各种耗费，包括营业成本（主营业务成本、其他业务成本）、营业税金及附加、销售费用、管理费用、财务费用等。

养老、医疗、失业等各种社会保险费：反映企业为职工缴纳的基本养老保险、基本医疗保险、失业保险费、工伤保险、生育保险费。

住房公积金和住房补贴：反映报告期内填报企业为职工缴纳的住房公积金和企业支付的职工住房补贴。

工会经费：反映填表企业按规定计提的拨交工会使用的费用。

营业利润：反映填表企业进行生产经营活动所实现的利润。

营业外收入：反映企业发生的与经营业务无直接关系的各项营业外收入，包括非流动资产处置利得、非货币性资产交换利得、债务重组利得、政府补助、盘盈利得、捐赠利得等。

政府补助（补贴收入）：反映填表企业从政府无偿取得的货币性资产或非货币性资产，但不包括政府作为企业所有者投入的资本。

营业外支出：反映企业发生的与经营业务无直接关系的各项营业外支出，包括非流动资产处置损失、非货币性资产交换损失、债务重组损失、公益性捐赠支出、非常损失、盘亏损失等。

利润总额：反映企业在生产经营过程中各种收入减去各种耗费后的盈余，反映填表企业在报告期内实现的亏盈总额，包括营业利润和营业外收支净额。

本年应发工资总额：反映填报企业在报告期内应发放支付给本单位全部职工的劳动报酬（含临时工和聘用人员），包括工资、奖金、津贴和补贴，反映企业报告期内累计应发放的工资总额。

本年支付的职工福利费：反映填报企业在报告期内根据国家有关规定开支的各项福利支出。

四、公用房屋建筑面积指标解释

实际使用房屋建筑面积：指文化和旅游部门实际使用办公和业务用房面积，包括租借房屋面积。

实际拥有产权面积：指文化和旅游部门实际拥有产权的各种办公和业务用房面积，包括出租产权房屋面积，具体以房屋产权证上登记产权面积为准。

2 公共图书馆

按年份全国公共图书馆主要业务活动情况

年份	机构数（个）	从业人员（人）	总藏量（万册/件）	总流通人次（万人次）	外借人次	书刊、文献外借册次（万册次）	书架单层总长度（万米）	发放借书证数（万个）	本年新购藏量（万册）
1979年	1651		18353	7787		9625			
1980年	1732		19904	9045		11830			
1985年	2344	29350	25573	11614		18942			1343
1986年	2406	31849	26133	11722		16205	504	523	1359
1990年	2527	40247	29064	12435		20242	772	603	895
1991年	2535	42037	30614	20496	7949	13325	758	631	771
1992年	2558	43051	31175	18495	7653	12625	748	563	740
1993年	2572	44656	31410	16973	6970	11685	797	562	631
1994年	2589	44367	32332	14451	7232	11852	776	552	556
1995年	2615	45323	32850	14142	7160	11814	899	540	551
1996年	2620	46457	33686	14793	7731	13544	967	527	577
1997年	2628	47882	37549	16114	8561	15685	817	556	680
1998年	2662	48313	38514	17058	8910	15422	873	582	700
1999年	2669	48792	39539	18040	9075	16290	934	596	678
2000年	2675	51342	40953	18854	9600	16913	978	623	692
2001年	2696	48579	42130	20757	9829	17559	945	792	819
2002年	2697	48447	42683	21950	10428	20021	995	918	946
2003年	2709	49646	43776	21440	10666	18775	1035	943	1049
2004年	2720	49069	46152	22095	10140	18536	1247	1056	1228
2005年	2762	50423	48056	23332	10821	20269	1320	1062	1535
2006年	2778	51311	50024	25218	11408	21039	1413	1160	1686
2007年	2799	51650	52053	26103	11454	21319	1318	1273	1871
2008年	2820	52021	55064	28141	12251	23129	1112	1454	2071
2009年	2850	52688	58521	32167	13277	25857	1216	1749	2939
2010年	2884	53564	61726	32823	13934	26392	1200	2020	2956
2011年	2952	54475	63896	37423	15316	28452	1218	2214	3985
2012年	3076	54997	68827	43437	17402	33191	1216	2485	5826
2013年	3112	56320	74896	49232	20552	40868	1191	2877	4865
2014年	3117	56071	79092	53036	22737	46734	1210	3944	4742
2015年	3139	56422	83844	58892	23085	50896	1262	5721	5151
2016年	3154	57219	90163	66037	24892	54725	1335	5593	6275
2017年	3166	57567	96953	74450	25503	55091	1432	6736	7034
2018年	3176	57617	103716	82032	25503	58010	1487	7252	6895
2019年	3196	57796	111181	90135	26609	61373	1615	8627	6986

按年份全国公共图书馆经费收支及设施情况

年份	收入合计（万元）	财政拨款	支出合计（万元）	新增藏量购置费	新购图书（万册）	实际使用房屋建筑面积（万平方米）	书库	阅览室	阅览室座席数（万个）
1979年	5040	5040	5206	2163		86.6	38.1	21.1	
1980年	5476	5476	5486	2273		92.0	42.1	23.5	
1985年	15272	15272	13393	4164	1343	172.0	64.1	46.1	23.1
1986年	19891	19070	17242	5300	1359	210.2	73.0	53.4	33.7
1990年	32328	29292	30271	8474	895	326.0	98.4	76.1	32.1
1991年	36764	32593	34388	8927	771	349.1	104.3	80.0	34.0
1992年	45354	39010	41132	9916	740	363.6	105.3	84.3	34.4
1993年	50917	42975	48211	10698	631	368.0	108.0	85.0	34.3
1994年	74586	60639	63295	9252	556	409.1	113.6	85.7	34.8
1995年	79685	65829	74080	16788	551	415.5	117.8	88.3	35.2
1996年	93235	76582	88963	19626	577	441.4	120.8	94.0	35.6
1997年	114004	93177	113927	25527	680	471.5	124.9	98.0	37.4
1998年	129082	107521	127032	28067	700	492.5	131.7	101.8	39.9
1999年	137430	115830	135826	30473	678	506.0	137.4	105.7	41.6
2000年	163799	139321	157173	37141	692	598.2	139.0	109.7	41.6
2001年	183368	152732	187661	36489	819	561.8	146.4	114.4	43.7
2002年	213322	176882	208929	41853	946	582.8	151.6	122.6	43.9
2003年	242188	205252	235819	44407	1049	588.6	156.0	129.7	46.1
2004年	281234	238141	275034	50780	1228	625.1	158.4	138.6	47.2
2005年	325880	277848	312571	59781	1535	677.0	170.0	150.0	48.0
2006年	366089	319479	344076	66095	1686	718.9	175.5	159.0	50.0
2007年	450512	395441	431326	78262	1871	741.4	181.6	169.2	52.7
2008年	531926	477616	519841	83832	2071	780.0	183.5	179.3	55.4
2009年	613175	550808	606630	104404	2939	850.3	194.7	203.5	60.2
2010年	646085	583685	643629	111093	2956	900.4	204.5	220.6	63.1
2011年	813232	756357	794778	141477	3985	994.9	212.9	245.3	68.1
2012年	1002068	934890	977556	147785	5826	1058.4	230.1	281.9	73.5
2013年	1151163	1070575	1130035	165959	4865	1158.5	240.2	318.9	81.0
2014年	1212979	1137210	1163583	170133	4742	1231.6	252.4	331.8	85.6
2015年	1358370	1270354	1340481	197468	5151	1301.5	268.4	358.0	91.1
2016年	1494998	1415668	1451469	216020	6275	1424.3	281.9	398.2	98.6
2017年	1801356	1722791	1692580	236506	7034	1515.3	302.7	433.5	106.4
2018年	1829159	1754512	1876015	204622	6894	1596.0	318.5	458.4	111.7
2019年	1912115	1835549	1928714	234890	6986	1699.7	335.1	497.6	119.1

按年份各地区公共图书馆机构数

单位：个

地　区	1995年	2000年	2005年	2010年	2015年	2017年	2018年	2019年
总　计	**2615**	**2675**	**2762**	**2884**	**3139**	**3166**	**3176**	**3196**
北　京	22	24	25	24	24	23	23	23
天　津	31	31	32	31	31	32	29	29
河　北	134	145	153	165	172	173	173	173
山　西	119	121	122	126	126	128	128	128
内蒙古	107	108	110	113	117	117	117	117
辽　宁	127	128	126	128	129	130	130	130
吉　林	51	60	63	65	66	66	66	66
黑龙江	96	97	96	107	107	109	109	110
上　海	31	31	28	28	25	24	23	23
江　苏	94	101	103	111	114	115	116	117
浙　江	81	83	90	97	100	101	103	103
安　徽	83	84	88	88	122	124	126	127
福　建	78	81	84	86	90	90	91	94
江　西	104	104	104	108	114	113	113	114
山　东	130	133	145	149	154	154	154	154
河　南	132	134	136	142	158	158	160	164
湖　北	100	103	102	107	112	116	115	116
湖　南	116	115	120	124	137	139	140	141
广　东	114	124	129	132	140	143	143	146
广　西	99	94	95	108	112	115	116	116
海　南	19	19	20	20	21	23	24	24
重　庆		42	43	43	43	43	43	43
四　川	166	129	141	161	203	204	204	206
贵　州	87	89	91	93	96	98	98	98
云　南	148	148	149	150	151	151	151	151
西　藏	18	1	4	4	79	81	81	81
陕　西	114	114	111	112	110	110	111	111
甘　肃	86	91	92	94	103	103	103	104
青　海	41	38	43	44	49	49	51	52
宁　夏	20	22	20	20	26	26	27	27
新　疆	66	80	96	103	107	107	107	107

按年份各地区公共图书馆从业人员

单位：人

地区	1995年	2000年	2005年	2010年	2015年	2017年	2018年	2019年
总计	**45323**	**51342**	**50423**	**53564**	**56422**	**57567**	**57602**	**57796**
北京	886	1080	1219	1307	1263	1239	1229	1218
天津	1084	1111	1057	1077	1189	986	1047	1060
河北	1592	1711	1690	1789	1855	1899	1921	1892
山西	1370	1527	1631	1575	1554	1673	1652	1670
内蒙古	2015	1833	1776	1804	1942	1913	1873	1795
辽宁	2859	4916	2888	3152	2805	2662	2588	2423
吉林	1596	1724	1783	1661	1628	1600	1556	1566
黑龙江	2014	1846	1669	1846	1693	1688	1659	1594
上海	1686	2513	2597	2180	2113	2101	2110	2164
江苏	1953	2092	2363	2838	3183	3473	3529	3617
浙江	1565	1936	2122	3040	3577	3607	3849	4055
安徽	1168	1241	1217	1239	1510	1558	1504	1509
福建	1077	1172	1110	1190	1330	1536	1599	1612
江西	1386	1462	1373	1406	1395	1420	1408	1372
山东	2318	2506	2690	2680	2750	2877	2843	2816
河南	2352	2626	2742	2762	2949	2911	2914	2910
湖北	2054	2299	2253	2151	2212	2204	2128	2101
湖南	1733	1925	1963	1993	2092	2149	2110	2063
广东	2355	2837	3252	3761	4159	4450	4542	4729
广西	1335	1540	1459	1509	1509	1660	1675	1680
海南	252	250	250	374	325	313	319	316
重庆		785	755	854	874	964	1002	984
四川	2415	1719	1869	1972	2261	2413	2313	2295
贵州	869	876	905	937	1046	1081	1089	1088
云南	1429	1571	1661	1760	1826	1814	1770	1785
西藏	50	42	62	64	187	216	200	185
陕西	1317	1572	1691	1988	2121	2020	2085	2383
甘肃	979	1110	1179	1306	1443	1473	1434	1433
青海	400	378	365	398	411	483	520	469
宁夏	498	537	509	543	558	565	597	586
新疆	770	907	951	978	1083	1102	1093	1015

按年份各地区公共图书馆总藏量

单位：万册/件

地　区	1995年	2000年	2005年	2010年	2015年	2017年	2018年	2019年
总　计	**32850**	**40953**	**48056**	**61726**	**83844**	**96953**	**103716**	**111181**
北　京	670	767	1121	1715	2425	2759	2876	3012
天　津	677	786	869	1258	1697	1662	1867	2099
河　北	845	1081	1307	1611	2200	2547	2717	3064
山　西	777	867	963	1208	1548	1751	1860	2026
内蒙古	621	683	744	940	1513	1787	1904	1996
辽　宁	1786	1970	2326	2953	3736	3964	4175	4395
吉　林	921	1030	1202	1380	1768	1973	2052	2168
黑龙江	1094	1186	1291	1644	1827	2158	2233	2319
上　海	1586	5500	6049	6809	7568	7773	7894	8063
江　苏	2420	2669	3179	4370	6847	8598	9323	9887
浙　江	1511	1715	2324	3761	6250	7813	8608	9433
安　徽	752	787	847	1236	1942	2537	2910	3123
福　建	902	985	1274	1682	2821	3322	3745	4254
江　西	1070	1122	1282	1520	2159	2429	2522	2659
山　东	1724	1989	2746	3636	4727	5539	6213	6616
河　南	1062	1239	1429	1837	2472	2874	3169	3409
湖　北	1445	1678	1923	2361	3003	3597	3910	4221
湖　南	1362	1514	1667	1961	2555	3050	3305	3567
广　东	1651	2316	3119	4615	7008	8708	9548	10543
广　西	1243	1312	1491	1881	2606	2786	2750	2902
海　南	137	154	184	285	424	490	551	598
重　庆		811	768	1031	1304	1672	1808	1901
四　川	2356	1722	2002	2599	3328	3793	3948	4172
贵　州	616	681	764	812	1221	1386	1467	1606
云　南	1104	1254	1371	1566	1944	2111	2154	2338
西　藏	51	60	42	53	162	195	221	245
陕　西	733	837	887	1127	1506	1733	1893	2097
甘　肃	670	745	860	1042	1340	1496	1560	1700
青　海	280	286	324	358	415	459	479	494
宁　夏	338	380	378	462	706	721	732	749
新　疆	489	579	817	1113	1303	1502	1420	1490

按年份各地区人均拥有公共图书馆藏量

单位：册/件

地区	1995年	2000年	2005年	2010年	2015年	2017年	2018年	2019年
全国	**0.27**	**0.32**	**0.37**	**0.46**	**0.61**	**0.70**	**0.74**	**0.79**
北京	0.54	0.55	0.73	0.87	1.12	1.27	1.34	1.40
天津	0.72	0.79	0.83	0.97	1.10	1.07	1.20	1.34
河北	0.13	0.16	0.19	0.22	0.30	0.34	0.36	0.40
山西	0.25	0.26	0.29	0.34	0.42	0.47	0.50	0.54
内蒙古	0.27	0.29	0.31	0.38	0.60	0.71	0.75	0.79
辽宁	0.44	0.46	0.55	0.68	0.85	0.91	0.96	1.01
吉林	0.36	0.38	0.44	0.50	0.64	0.73	0.76	0.81
黑龙江	0.30	0.32	0.34	0.43	0.48	0.57	0.59	0.62
上海	1.12	3.29	3.40	2.96	3.13	3.21	3.26	3.32
江苏	0.34	0.36	0.43	0.56	0.86	1.07	1.16	1.23
浙江	0.35	0.37	0.47	0.69	1.13	1.38	1.50	1.61
安徽	0.13	0.13	0.14	0.21	0.32	0.41	0.46	0.49
福建	0.28	0.28	0.36	0.46	0.73	0.85	0.95	1.07
江西	0.26	0.27	0.30	0.34	0.47	0.53	0.54	0.57
山东	0.20	0.22	0.30	0.38	0.48	0.55	0.62	0.66
河南	0.12	0.13	0.15	0.20	0.26	0.30	0.33	0.35
湖北	0.25	0.28	0.34	0.41	0.51	0.61	0.66	0.71
湖南	0.21	0.24	0.26	0.30	0.38	0.44	0.48	0.52
广东	0.24	0.27	0.34	0.44	0.65	0.78	0.84	0.92
广西	0.27	0.29	0.32	0.41	0.54	0.57	0.56	0.59
海南	0.19	0.20	0.22	0.33	0.47	0.53	0.59	0.63
重庆		0.26	0.27	0.36	0.43	0.54	0.58	0.61
四川	0.21	0.21	0.24	0.32	0.41	0.46	0.47	0.50
贵州	0.18	0.19	0.20	0.23	0.35	0.39	0.41	0.44
云南	0.28	0.29	0.31	0.34	0.41	0.44	0.45	0.48
西藏	0.21	0.23	0.15	0.18	0.50	0.58	0.64	0.70
陕西	0.21	0.23	0.24	0.30	0.40	0.45	0.49	0.54
甘肃	0.27	0.29	0.33	0.41	0.52	0.57	0.59	0.64
青海	0.58	0.55	0.60	0.64	0.70	0.77	0.79	0.81
宁夏	0.66	0.68	0.63	0.73	1.06	1.06	1.06	1.08
新疆	0.29	0.30	0.41	0.51	0.55	0.61	0.57	0.59

按年份各地区公共图书馆总流通人次

单位：万人次

地　区	1995年	2000年	2005年	2010年	2015年	2017年	2018年	2019年
总　计	**14142**	**18854**	**23332**	**32823**	**58892**	**74450**	**82032**	**90135**
北　京	272	320	715	775	1264	1555	1903	1969
天　津	265	461	483	606	789	1403	1226	1621
河　北	473	736	635	736	1428	2308	2371	2563
山　西	227	261	256	374	830	1190	1620	2030
内蒙古	282	270	380	312	649	1003	1252	1377
辽　宁	829	1184	1133	1457	2068	2580	2850	3123
吉　林	385	409	505	503	732	867	812	971
黑龙江	631	608	505	622	968	1072	1131	1152
上　海	687	1225	1249	1853	3931	2993	3036	2734
江　苏	883	1227	1735	3006	6001	7975	8114	8425
浙　江	555	1140	1398	3454	7942	10847	11875	13935
安　徽	372	561	461	760	1739	2376	3341	3582
福　建	466	647	734	1193	2396	2970	3355	3895
江　西	413	485	534	639	1258	1722	1754	1859
山　东	509	795	1422	1717	2729	3972	4578	5245
河　南	650	713	828	1026	2233	2951	3360	4295
湖　北	559	714	1145	1516	1955	2388	2577	2646
湖　南	618	808	787	1028	1617	2177	2478	2662
广　东	1447	2235	3543	4540	7855	9147	10518	12201
广　西	809	927	896	1343	2065	2344	2385	2113
海　南	94	121	115	172	445	524	578	444
重　庆		266	595	621	1235	1524	1604	1598
四　川	776	554	766	1168	2010	2601	2562	2739
贵　州	462	228	187	369	594	784	882	930
云　南	559	654	735	907	1223	1261	1695	1693
西　藏		2	2	3	20	25	35	38
陕　西	242	275	365	519	982	1357	1525	1538
甘　肃	225	185	317	468	678	775	834	907
青　海	39	58	68	89	112	159	156	168
宁　夏	140	142	167	163	282	465	512	531
新　疆	140	263	212	350	474	552	566	575

按年份各地区公共图书馆图书外借册次

单位：万册次

地　区	1995年	2000年	2005年	2010年	2015年	2017年	2018年	2019年
总　计	**11814**	**16913**	**20269**	**26392**	**50896**	**55091**	**58010**	**61373**
北　京	283	442	678	804	940	1047	1203	1266
天　津	237	274	380	572	859	1058	1137	1067
河　北	379	673	469	493	972	1416	1413	1713
山　西	204	207	272	282	547	810	961	1044
内蒙古	239	233	243	312	574	780	830	784
辽　宁	856	1119	1173	1456	1708	1900	1914	1982
吉　林	332	387	794	412	748	766	757	710
黑龙江	500	527	789	479	688	794	929	884
上　海	507	970	1028	1461	8681	2792	2505	2151
江　苏	967	1269	1494	2542	4980	5586	5956	6153
浙　江	550	1054	1233	2924	5727	6982	7149	7846
安　徽	343	455	341	683	1481	1899	2229	2340
福　建	517	779	729	1097	2465	3351	3497	4176
江　西	383	543	723	562	1119	1561	1584	1688
山　东	573	718	1379	1514	2331	3031	3329	3623
河　南	517	695	647	915	1676	2097	2271	2465
湖　北	543	769	927	1846	1816	2136	2210	2298
湖　南	562	735	801	1059	1540	1849	2275	2409
广　东	687	1192	2037	2267	4377	6851	7213	7933
广　西	528	688	761	733	1155	1183	1155	1061
海　南	49	64	28	86	222	243	223	228
重　庆		435	472	706	949	1223	1313	1324
四　川	691	564	651	924	1617	1845	1785	1929
贵　州	133	189	118	222	476	551	615	642
云　南	529	680	701	702	1072	958	1142	1056
西　藏		11	4	4	7	8	11	11
陕　西	238	305	264	305	681	795	888	1003
甘　肃	173	153	261	345	588	662	662	715
青　海	51	52	58	42	91	103	99	93
宁　夏	125	265	212	182	302	363	345	354
新　疆	91	251	175	317	440	381	345	362

按年份各地区公共图书馆财政拨款

单位：万元

地　区	1995年	2000年	2005年	2010年	2015年	2017年	2018年	2019年
总　计	**65829**	**139321**	**277848**	**583685**	**1270354**	**1722791**	**1754512**	**1835549**
北　京	1683	8734	15554	32746	58565	65390	76091	74926
天　津	1295	2751	10980	18500	37294	51189	56947	64223
河　北	1827	2980	6717	10034	28569	32945	37758	35300
山　西	1184	2150	4862	9838	22710	38397	37935	42261
内蒙古	1432	2452	5086	17898	38852	42464	39714	36952
辽　宁	3737	6822	15446	31121	48542	50929	52805	52927
吉　林	1707	3364	5861	12385	28732	36298	31933	34036
黑龙江	2088	3104	7752	13616	28784	30198	28322	31013
上　海	5558	22870	30636	56345	85027	211156	154282	156373
江　苏	3620	6729	16075	34240	82558	112375	131931	136072
浙　江	2356	6509	20316	43536	94626	124141	138967	133723
安　徽	1165	2054	5436	10008	24786	32914	37970	45391
福　建	1778	3681	6579	14975	35015	52259	53594	49944
江　西	1184	2022	3780	9726	24660	28194	30253	31278
山　东	2814	6129	12039	22996	54919	66482	68445	74024
河　南	1766	3591	5987	12252	33275	41625	51314	55535
湖　北	1649	2896	6498	29240	47629	67289	59781	59526
湖　南	1816	2550	5376	12154	29914	46874	46738	45615
广　东	6110	11868	28592	58296	127501	189105	206621	234178
广　西	1563	2851	5469	12191	32734	45983	37156	43378
海　南	378	322	631	3373	9758	15270	16011	9955
重　庆		1491	2957	7650	23778	28656	30273	32073
四　川	2591	2877	7229	16955	64020	54186	60482	61442
贵　州	746	1259	3401	5939	15290	23913	25871	61815
云　南	2178	5134	6096	11763	24864	34425	37120	40968
西　藏	72	111	336	1145	6932	7665	6306	6245
陕　西	934	2038	3973	11547	25922	33640	36487	34586
甘　肃	985	1752	4438	9648	22858	30646	24827	25579
青　海	724	678	1237	3096	9340	12178	11669	10493
宁　夏	408	786	1504	5067	12731	12381	12120	11882
新　疆	1062	1476	3360	8089	21635	29957	28263	21600

按年份各地区公共图书馆总支出

单位：万元

地　区	1995年	2000年	2005年	2010年	2015年	2017年	2018年	2019年
总　计	**74080**	**157173**	**312571**	**643629**	**1340481**	**1692580**	**1876015**	**1928714**
北　京	1851	5326	16840	26706	59616	65118	74259	74400
天　津	2128	3074	7548	20119	35517	53488	53025	59775
河　北	2044	3458	7208	11062	28024	33234	37000	36871
山　西	1170	2270	5085	10787	23050	38235	38156	41861
内蒙古	1458	2536	4959	15124	39865	37507	44126	39053
辽　宁	4392	7783	16225	32183	49577	53537	52747	53354
吉　林	1835	3520	6295	12613	29390	37538	32914	32865
黑龙江	2139	3409	8602	13500	31318	30724	28415	31220
上　海	7021	24425	36757	63728	93556	133059	221557	141282
江　苏	4046	8400	20630	37964	86604	111938	136250	143067
浙　江	3082	8500	22905	47316	100338	129175	143649	166239
安　徽	1384	2641	5767	11788	26927	35021	37629	43534
福　建	1710	3916	7446	15517	34971	55251	54482	57532
江　西	1323	2343	4343	10432	25599	29988	31080	34173
山　东	2968	6881	13242	23206	56509	69331	66638	78346
河　南	2140	3902	6377	13452	32060	42322	52348	57976
湖　北	2372	3952	8120	31444	50295	58296	62461	62709
湖　南	2329	3399	6431	13378	30504	44180	47505	48584
广　东	6807	14597	33777	61294	134518	195714	202280	240520
广　西	1769	3077	6288	13369	35915	45992	39978	44243
海　南	369	355	658	4320	9808	17605	18571	12801
重　庆		2026	3856	9335	24115	31118	31361	35160
四　川	3245	3462	8218	17841	59960	55065	66352	68280
贵　州	810	1428	3497	6736	17210	25116	28614	64014
云　南	2234	3928	6786	12632	27661	35951	38999	40346
西　藏	61	110	336	689	5146	6928	6037	6550
陕　西	951	2263	4405	11820	27944	36020	39667	38002
甘　肃	1011	1799	4399	9592	25254	30907	27939	28366
青　海	424	780	1315	3155	9074	12440	15096	12007
宁　夏	430	783	1574	5786	12828	14981	13959	14135
新　疆	1119	1677	3999	8890	26944	30223	28480	25569

按年份各地区公共图书馆新增藏量购置费

单位：万元

地　区	1995年	2000年	2005年	2010年	2015年	2017年	2018年	2019年
总　计	**16788**	**37141**	**59781**	**111093**	**197468**	**236506**	**246475**	**234890**
北　京	251	914	3413	4483	8392	7364	10904	7382
天　津	318	563	1527	3267	4870	12399	9430	9331
河　北	302	428	677	1524	4063	5088	4754	4214
山　西	131	292	385	1482	2466	3103	3662	4469
内蒙古	86	166	169	939	3209	3489	7386	2940
辽　宁	768	948	2027	5165	6801	7008	5742	6509
吉　林	250	459	777	1312	3877	3406	3521	3367
黑龙江	235	395	410	1584	2436	2507	2213	2900
上　海	2204	11210	10342	14950	19127	16399	16829	16030
江　苏	732	1780	3739	8279	15421	18827	17566	18308
浙　江	578	1577	3994	10908	17781	21670	23273	25282
安　徽	262	297	619	1454	4634	3802	5410	6431
福　建	311	716	1599	2801	6229	8381	10053	9979
江　西	99	302	646	1299	2624	4168	3978	5080
山　东	506	978	1868	4000	7665	12023	10357	9515
河　南	255	413	655	1449	4166	5808	5500	6053
湖　北	299	699	1296	1847	8752	10579	11151	10400
湖　南	207	415	900	1672	3933	5380	6426	6344
广　东	1186	2832	7394	12506	23670	32870	33084	37892
广　西	291	520	674	1863	5043	5470	5117	5739
海　南	59	41	92	874	873	1403	1381	1434
重　庆		330	569	1626	3230	4154	3796	4858
四　川	431	485	1095	2129	4912	6582	5739	7259
贵　州	100	166	301	682	1446	3769	2896	2144
云　南	441	538	720	1700	2699	2567	2697	2312
西　藏	14	16	43	119	1176	370	473	348
陕　西	104	117	701	1527	3270	4028	4728	3972
甘　肃	170	289	594	1177	2382	2929	2736	2871
青　海	33	54	72	153	785	544	660	848
宁　夏	41	68	136	501	1355	1624	1596	1162
新　疆	91	136	347	925	1480	1657	1315	1117

按年份各地区公共图书馆人均购书费

单位：元

地　区	1995年	2000年	2005年	2010年	2015年	2017年	2018年	2019年
全　国	**0.139**	**0.293**	**0.457**	**0.829**	**1.434**	**1.697**	**1.766**	**1.678**
北　京	0.201	0.661	2.219	2.286	3.866	3.392	5.062	3.427
天　津	0.338	0.562	1.464	2.525	3.148	7.964	6.045	5.973
河　北	0.047	0.063	0.099	0.212	0.547	0.677	0.629	0.555
山　西	0.043	0.089	0.115	0.415	0.673	0.838	0.985	1.198
内蒙古	0.039	0.070	0.071	0.380	1.278	1.380	2.915	1.157
辽　宁	0.188	0.224	0.480	1.181	1.552	1.604	1.317	1.496
吉　林	0.096	0.168	0.286	0.478	1.408	1.254	1.302	1.251
黑龙江	0.063	0.107	0.107	0.414	0.639	0.517	0.587	0.773
上　海	1.558	6.697	5.817	6.494	7.919	6.782	6.943	6.602
江　苏	0.104	0.239	0.500	1.052	1.933	2.345	2.182	2.269
浙　江	0.134	0.337	0.815	2.004	3.210	3.831	4.057	4.322
安　徽	0.044	0.050	0.101	0.244	0.754	0.608	0.855	1.010
福　建	0.096	0.206	0.452	0.759	1.623	2.143	2.551	2.512
江　西	0.024	0.073	0.150	0.291	0.575	0.902	0.856	1.089
山　东	0.058	0.108	0.202	0.418	0.778	1.202	1.031	0.945
河　南	0.028	0.045	0.070	0.154	0.439	0.608	0.573	0.628
湖　北	0.052	0.116	0.227	0.323	1.496	1.792	1.885	1.755
湖　南	0.032	0.064	0.142	0.254	0.580	0.784	0.931	0.917
广　东	0.173	0.328	0.804	1.199	2.182	2.943	2.916	3.289
广　西	0.064	0.116	0.145	0.405	1.051	1.120	1.039	1.157
海　南	0.081	0.052	0.111	1.008	0.538	1.515	1.479	1.518
重　庆		0.107	0.203	0.564	1.071	1.351	1.224	1.555
四　川	0.038	0.058	0.133	0.265	0.599	0.793	0.688	0.867
贵　州	0.029	0.047	0.081	0.196	0.410	1.053	0.804	0.592
云　南	0.111	0.125	0.162	0.370	0.569	0.535	0.558	0.476
西　藏	0.058	0.061	0.155	0.396	3.629	1.097	1.375	0.991
陕　西	0.030	0.032	0.188	0.409	0.862	1.050	1.224	1.025
甘　肃	0.070	0.113	0.229	0.460	0.916	1.115	1.038	1.084
青　海	0.069	0.104	0.133	0.271	1.334	0.909	1.095	1.394
宁　夏	0.080	0.121	0.228	0.796	2.029	2.381	2.320	1.672
新　疆	0.055	0.071	0.173	0.424	0.627	0.678	0.529	0.443

按年份各地区公共图书馆购书费支出占总支出的比重

单位：%

地　区	1995年	2000年	2005年	2010年	2015年	2017年	2018年	2019年
全　国	**22.7**	**23.6**	**19.1**	**17.3**	**14.7**	**14.0**	**13.1**	**12.2**
北　京	13.6	17.2	20.3	16.8	14.1	11.3	14.7	9.9
天　津	14.9	18.3	20.2	16.2	13.7	23.2	17.8	15.6
河　北	14.8	12.4	9.4	13.8	14.5	15.3	12.8	11.4
山　西	11.2	12.9	7.6	13.7	10.7	8.1	9.6	10.7
内蒙古	5.9	6.5	3.4	6.2	8.0	9.3	16.7	7.5
辽　宁	17.5	12.2	12.5	16.0	13.7	13.1	10.9	12.2
吉　林	13.6	13.0	12.3	10.4	13.2	9.1	10.7	10.2
黑龙江	11.0	11.6	4.8	11.7	7.8	8.2	7.8	9.3
上　海	31.4	45.9	28.1	23.5	20.4	12.3	7.6	11.3
江　苏	18.1	21.2	18.1	21.8	17.8	16.8	12.9	12.8
浙　江	18.8	18.6	17.4	23.1	17.7	16.8	16.2	15.2
安　徽	18.9	11.2	10.7	12.3	17.2	10.9	14.4	14.8
福　建	18.2	18.3	21.5	18.0	17.8	15.2	18.5	17.3
江　西	7.5	12.9	14.9	12.4	10.3	13.9	12.8	14.9
山　东	17.0	14.2	14.1	17.2	13.6	17.3	15.5	12.1
河　南	11.9	10.6	10.3	10.8	13.0	13.7	10.5	10.4
湖　北	12.6	17.7	16.0	5.9	17.4	18.1	17.9	16.6
湖　南	8.9	12.2	14.0	12.5	12.9	12.2	13.5	13.1
广　东	17.4	19.4	21.9	20.4	17.6	16.8	16.4	15.8
广　西	16.4	16.9	10.7	13.9	14.0	11.9	12.8	13.0
海　南	16.0	11.5	14.0	20.2	8.9	8.0	7.4	11.2
重　庆		16.3	14.8	17.4	13.4	13.4	12.1	13.8
四　川	13.3	14.0	13.3	11.9	8.2	12.0	8.6	10.6
贵　州	12.3	11.6	8.6	10.1	8.4	15.0	10.1	3.3
云　南	19.7	13.7	10.6	13.5	9.8	7.1	6.9	5.7
西　藏	23.0	14.5	12.8	17.2	22.8	5.3	7.8	5.3
陕　西	10.9	5.2	15.9	12.9	11.7	11.2	11.9	10.5
甘　肃	16.8	16.1	13.5	12.3	9.4	9.5	9.8	10.1
青　海	7.8	6.9	5.5	4.8	8.7	4.4	4.4	7.1
宁　夏	9.5	8.7	8.6	8.7	10.6	10.8	11.4	8.2
新　疆	8.1	8.1	8.7	10.4	5.5	5.5	4.6	4.4

按年份各地区公共图书馆新购图书册数

单位：万册

地　区	1995年	2000年	2005年	2010年	2015年	2017年	2018年	2019年
总　计	**551**	**692**	**1535**	**2956**	**5151**	**7022**	**6894**	**6986**
北　京	11	33	114	125	196	135	192	171
天　津	12	17	35	74	102	166	223	248
河　北	26	15	33	68	122	191	182	261
山　西	7	12	17	45	81	70	127	168
内蒙古	7	11	8	67	68	145	129	88
辽　宁	41	39	72	157	179	190	164	154
吉　林	14	14	32	52	96	88	85	117
黑龙江	17	17	26	71	88	183	91	86
上　海	44	67	100	176	242	222	184	184
江　苏	41	57	106	259	478	796	622	577
浙　江	33	54	142	337	643	753	673	816
安　徽	9	11	23	61	191	176	289	236
福　建	18	25	71	103	211	354	384	480
江　西	9	15	26	65	91	207	104	134
山　东	23	32	64	133	259	502	652	399
河　南	16	21	30	95	124	202	251	230
湖　北	23	28	43	60	185	284	359	304
湖　南	19	24	54	80	134	172	209	218
广　东	69	77	316	368	557	865	848	937
广　西	16	20	26	56	149	128	173	152
海　南	6	3	3	25	27	29	52	39
重　庆		12	23	52	104	203	124	105
四　川	25	21	47	95	211	257	191	217
贵　州	5	8	7	27	61	141	87	111
云　南	22	15	26	43	93	97	73	95
西　藏			2	2	39	16	26	13
陕　西	5	6	25	43	79	117	111	105
甘　肃	7	7	12	26	55	94	47	87
青　海	1	2	3	6	19	17	11	17
宁　夏	2	3	5	31	33	37	55	42
新　疆	6	5	15	32	93	64	45	59

按年份各地区公共图书馆阅览室座席数

单位：万个

地　区	1995年	2000年	2005年	2010年	2015年	2017年	2018年	2019年
总　计	**35.2**	**41.6**	**48.0**	**63.1**	**91.1**	**106.4**	**111.7**	**119.1**
北　京	0.5	0.8	1.1	1.3	1.5	1.8	1.6	1.6
天　津	0.5	0.7	1.0	0.9	1.5	1.7	1.9	2.0
河　北	1.4	1.8	2.0	2.2	3.3	4.1	4.3	4.6
山　西	0.9	1.1	1.2	1.6	2.7	3.4	3.7	3.9
内蒙古	1.2	1.3	1.4	1.7	2.6	3.2	3.1	3.3
辽　宁	1.7	2.0	2.3	3.0	3.5	3.8	4.0	4.1
吉　林	0.9	1.2	1.2	1.4	1.9	2.1	2.2	2.3
黑龙江	1.1	1.1	1.3	1.8	2.3	2.8	2.9	2.8
上　海	1.2	1.5	1.5	1.9	2.2	2.3	2.3	2.4
江　苏	1.8	2.2	2.5	3.9	5.1	6.5	7.0	7.3
浙　江	1.2	1.6	2.5	3.5	6.1	6.9	7.8	8.5
安　徽	0.9	0.8	1.0	1.6	3.3	4.0	4.3	4.6
福　建	1.3	1.3	1.7	2.5	3.2	3.7	4.0	4.5
江　西	1.6	1.6	1.7	2.2	3.1	3.6	3.7	4.0
山　东	1.4	2.0	2.7	3.7	5.6	6.3	6.4	6.4
河　南	1.2	1.6	1.7	2.4	4.2	5.0	5.4	6.2
湖　北	2.1	2.1	2.4	2.7	3.7	4.5	4.4	4.8
湖　南	2.2	2.5	2.3	3.0	3.3	3.8	4.0	4.2
广　东	2.6	3.0	4.0	5.9	9.0	9.5	10.0	11.0
广　西	1.8	2.0	1.8	2.5	2.8	3.3	3.3	3.4
海　南	0.3	0.3	0.3	0.4	0.6	0.6	0.7	0.7
重　庆		0.8	0.8	1.4	2.1	2.8	3.0	3.1
四　川	2.2	2.1	2.3	2.6	4.6	5.5	5.8	6.2
贵　州	0.8	1.0	1.1	1.2	2.0	2.5	2.5	2.7
云　南	1.5	1.9	1.9	2.1	2.6	3.1	3.2	3.3
西　藏					0.3	0.3	0.4	0.4
陕　西	0.9	0.9	1.3	1.4	2.0	2.4	2.6	2.8
甘　肃	0.7	0.8	1.0	1.3	1.9	2.2	2.3	2.8
青　海	0.2	0.2	0.2	0.3	0.4	0.4	0.5	0.5
宁　夏	0.4	0.4	0.5	0.5	0.9	1.2	1.2	1.3
新　疆	0.5	0.7	1.0	1.4	2.3	2.7	2.7	3.0

按年份各地区每万人公共图书馆建筑面积

单位：平方米

地　区	1995年	2000年	2005年	2010年	2015年	2017年	2018年	2019年
全　国	**34.3**	**47.3**	**51.8**	**67.2**	**94.7**	**109.0**	**114.4**	**121.4**
北　京	56.7	75.3	99.5	86.6	113.6	138.3	138.6	138.4
天　津	81.6	99.9	162.0	103.1	167.4	209.1	259.7	278.7
河　北	26.9	33.5	38.5	34.6	59.2	65.5	71.5	75.0
山　西	27.6	34.3	45.0	67.8	114.3	138.5	139.9	148.8
内蒙古	46.0	53.0	65.8	90.4	135.5	160.7	168.1	170.4
辽　宁	53.8	61.6	81.3	100.8	126.7	132.8	137.3	141.2
吉　林	35.5	39.6	50.1	53.3	98.9	105.9	106.5	114.2
黑龙江	33.6	36.6	48.2	65.0	76.6	86.2	89.0	91.8
上　海	85.8	132.6	137.2	160.9	173.2	177.4	180.7	182.9
江　苏	30.3	35.5	57.9	83.1	129.3	152.4	167.0	195.4
浙　江	34.8	57.7	83.7	106.7	171.7	190.4	208.8	223.4
安　徽	14.6	15.9	23.9	37.0	65.0	76.6	80.7	89.5
福　建	42.2	47.5	65.9	117.1	99.1	130.2	143.0	152.2
江　西	38.6	39.9	47.6	61.1	80.1	87.0	89.1	95.2
山　东	22.6	26.9	42.3	49.7	83.8	110.7	116.5	107.2
河　南	21.6	25.9	27.2	34.5	57.9	64.2	70.2	75.3
湖　北	35.1	39.3	49.9	57.3	91.9	125.8	116.8	121.4
湖　南	33.6	38.7	39.7	54.9	61.1	68.8	72.0	77.1
广　东	43.2	132.1	57.8	80.6	115.9	120.0	120.8	131.2
广　西	38.1	46.8	45.1	55.8	72.0	86.5	89.4	95.4
海　南	36.0	41.9	53.1	98.2	88.5	90.7	94.6	97.0
重　庆		37.5	47.2	70.8	97.6	110.6	116.7	118.4
四　川	22.6	27.3	34.2	42.1	68.5	75.6	79.2	81.2
贵　州	23.9	39.7	35.7	44.5	63.7	71.8	73.9	79.1
云　南	44.6	48.5	78.4	65.5	75.1	84.3	84.1	84.7
西　藏	52.1	61.1	104.7	89.6	156.2	165.2	170.0	168.3
陕　西	32.8	33.8	52.7	53.5	64.4	73.9	83.4	93.8
甘　肃	34.5	43.7	41.6	63.2	84.3	108.2	114.5	123.2
青　海	60.5	73.4	68.1	78.9	105.9	127.9	132.0	151.4
宁　夏	78.2	78.3	68.8	133.9	158.8	195.5	189.4	200.3
新　疆	43.1	44.7	54.7	82.0	100.6	113.3	113.1	140.5

2019年公共图书馆

	机构数（个）	从业人员（人）				
			专业技术人才			
				正高级职称	副高级职称	中级职称
总　计	**3196**	**57796**	**40408**	**909**	**6057**	**18540**
其中：少儿图书馆	128	2520	1801	52	293	773
按隶属关系分：						
中央	1	1411	1326	73	483	636
省区市	39	7546	6520	334	1352	2996
地市	379	15100	11544	338	2024	5397
县市区	2777	33739	21018	164	2198	9511
其中：县图书馆	1570	14881	9630	53	1023	4416

续表 1

	在藏量中		电子图书（万册）			
	开架书刊	少儿文献		本馆自建	本馆外购	从其他机构免费共享
总　计	**57066.63**	**13123.80**	**86557.24**	**2254.02**	**55207.48**	**29095.74**
其中：少儿图书馆	2819.72	2590.70	2729.02	19.35	2000.09	709.58
按隶属关系分：						
中央	190.91	8.97	255.89	80.86	175.03	
省区市	5444.53	1274.71	10692.78	41.28	7028.96	3622.54
地市	16818.18	4642.23	23568.62	486.53	17207.03	5875.07
县市区	34613.00	7197.89	52039.96	1645.36	30796.47	19598.13
其中：县图书馆	10877.33	2347.11	19698.91	761.20	12111.98	6825.73

基本情况

总藏量（万册）	图书	盲文图书	古籍	善本	报刊	视听文献	缩微制品	其他
111180.94	**88920.79**	**114.12**	**2695.40**	**285.60**	**9914.17**	**1959.10**	**1537.89**	**6153.59**
4999.80	4477.25	3.55	44.81	6.97	233.97	146.26	3.72	93.79
4036.42	1550.05	0.54	195.57	34.48	1612.06	47.02	169.28	462.44
21728.67	13911.74	11.23	1351.98	168.75	2113.43	397.11	1296.48	2657.92
29083.60	24762.63	32.97	671.55	42.36	2346.91	686.69	11.86	603.97
56332.25	48696.36	69.38	476.31	40.02	3841.77	828.28	60.27	2429.26
20263.75	16774.83	32.47	220.05	22.04	1989.67	271.53	19.82	987.85

书架单层总长度（米）	本年新增藏量（万册）	本年新增电子图书（万册）	有效借书证数（个）	总流通人次（万人次）	书刊文献外借人次	书刊文献外借册次（万册次）	组织各类讲座次数（次）
16146233	**6985.65**	**1104282**	**86272572**	**90134.77**	**26609.14**	**61372.62**	**85955**
407061	359.14	47043	4316105	3789.40	1195.20	4058.91	9449
	135.23	15966	4758574	577.06	34.80	61.61	295
2899232	605.76	150335	9811379	8680.52	1555.65	4989.56	5109
5730836	1880.99	306479	31322879	27526.88	7904.52	19044.12	26791
7516165	4363.66	631502	40379740	53350.31	17114.17	37277.33	53760
3711566	1460.87	248409	10023721	17391.82	7047.24	12816.61	19856

续表 2

	为读者举办各种活动					开展基层培训辅导人次（万人次）
	参加人次（万人次）	举办展览（个）	参加人次（万人次）	举办培训班（个）	培训人次（万人次）	
总　　计	**2158.92**	**35034**	**9097.98**	**74743**	**528.76**	**120.39**
其中：少儿图书馆	90.75	1486	588.84	6111	58.35	3.22
按隶属关系分：						
中央	7.55	23	130.16	2706	30.60	13.02
省区市	441.27	1808	1328.86	6521	66.94	9.04
地市	357.23	7827	3351.75	19869	168.75	17.40
县市区	1352.87	25376	4287.21	45647	262.48	80.93
其中：县图书馆	273.74	12057	1559.43	16846	99.77	47.00

续表 3

	购书专项经费	上级补助收入	事业收入	经营收入	附属单位上缴收入	其他收入
总　　计	**2186309**	**144951**	**286822**	**9778**	**126**	**323987**
其中：少儿图书馆	109252	2560	2443			5464
按隶属关系分：						
中央	84300		145353	260		24262
省区市	610614	350	105286	4553		118091
地市	699557	15387	12968	3946		83684
县市区	791838	129214	23215	1019	126	97950
其中：县图书馆	203633	65525	13058	135	115	29864

本单位受训人次（万人次）	计算机（台）	供读者使用电子阅览室终端数	图书馆网站访问量（页次）	本年收入合计（千元）	财政补贴收入	免费开放资金	中央资金
33.71	**225815**	**145736**	**2118296123**	**19121152**	**18355488**	**1149799**	**399913**
1.60	8185	4538	36309470	999752	989285	65069	14766
0.69	3188	502	934801151	992223	822348		
4.63	18948	8199	338033146	4326920	4098640	246919	41929
9.14	52738	31119	560086591	5779435	5663450	293667	95269
19.24	150941	105916	285375235	8022574	7771050	609213	262715
9.21	71677	51280	134673048	2501615	2392918	305560	157671

本年支出合计（千元）	基本支出	项目支出	经营支出	在支出合计中：工资福利支出	商品和服务支出	差旅费	劳务费
19287137	**10017181**	**8577979**	**11092**	**7672340**	**4662740**	**89447**	**420544**
944096	441707	493344	19	351024	229786	3564	16194
958779	554704	404055	20	442026	363147	2740	22268
4165309	1794210	2355966	4357	1394495	1236957	20022	59620
5774919	2922301	2792976	1871	2276439	1265512	23296	129973
8388130	4745966	3024982	4844	3559380	1797124	43389	208683
2564888	1676149	697480	575	1272169	415887	22151	53270

续表 4

	福利费	各种税金支出	对个人和家庭补助支出	抚恤金和生活补助	其他资本性支出	各种设备、交通工具、图书购置费
总　计	**59078**	**17956**	**618385**	**65652**	**4034962**	**3098190**
其中：少儿图书馆	3140	433	25262	2775	242176	140157
按隶属关系分：						
中央	99	6564	38539	1699	98183	91683
省区市	11935	6793	113669	13309	954422	668902
地市	15918	2118	237470	20335	1369026	1070119
县市区	31126	2481	228707	30309	1613331	1267486
其中：县图书馆	7834	778	77597	11190	475020	337100

续表 5

	电子阅览室面积	实际拥有产权面积（万平方米）	阅览室座席数（个）	少儿阅览室座席数	盲人阅览室座席数
总　计	**65.37**	**951.18**	**1190656**	**291531**	**28564**
其中：少儿图书馆	1.74	24.94	44628	32063	762
按隶属关系分：					
中央	0.11	27.81	5427	300	12
省区市	3.35	119.87	82785	12043	850
地市	15.53	261.89	323805	71714	6165
县市区	46.39	541.61	778639	207474	21537
其中：县图书馆	22.71	245.39	340177	98961	10420

新增藏量购置费	新增数字资源购置费	资产总计（千元）	固定资产原　值	实际使用公用房屋建筑面积（万平方米）	书库面积	阅览室面积	书刊阅览室面积
1968875	**380021**	**73336672**	**59370172**	**1699.67**	**335.09**	**497.58**	**371.95**
91410	25648	2338917	1891382	52.30	8.30	17.50	13.73
81170	2823	6021444	3807528	27.81	6.93	3.43	2.69
427405	123919	19983385	15885925	184.89	40.06	50.96	43.94
615779	158646	18076591	15129279	503.91	97.57	152.45	122.36
844521	94633	29255252	24547440	983.07	190.53	290.74	202.96
229434	25348	11125102	7982673	387.38	80.93	116.64	75.40

志愿者服务队伍数（个）	志愿者服务队伍人数（人）	图书馆延伸服务情况			
		流动图书车数（辆）	流动服务书刊借阅人　次（万人次）	流动图书馆车书刊借阅册次（万册次）	分馆数量（个）
9298	**496510**	**3464**	**2632**	**4722.51**	**41321**
537	35686	34	280	669.09	1513
9	190				
1134	68393	20	83	196.23	1430
1228	159667	344	997	1871.07	4607
6927	268260	3100	1551	2655.22	35284
3289	65641	2578	759	1195.41	18902

2019年各地区公共

地　区	机构数（个）	从业人员（人）	专业技术人才	正高级职称	副高级职称	中级职称	总藏量（万册）	图书	盲文图书
总　计	**3196**	**57796**	**40408**	**909**	**6057**	**18540**	**111180.94**	**88920.79**	**114.12**
北　京	23	1218	1009	16	89	377	3012.31	2805.93	0.37
天　津	29	1060	886	21	137	376	2099.21	1827.71	1.31
河　北	173	1892	1299	36	212	614	3063.59	2579.96	5.35
山　西	128	1670	1051	18	107	454	2026.22	1627.07	4.57
内蒙古	117	1795	1480	15	364	615	1995.96	1682.86	3.14
辽　宁	130	2423	1830	66	280	972	4395.09	3604.63	3.04
吉　林	66	1566	1280	61	302	519	2168.02	1820.81	2.20
黑龙江	110	1594	1347	119	407	591	2319.14	1892.17	2.03
上　海	23	2164	1871	55	164	783	8062.81	3759.49	1.81
江　苏	117	3617	2376	52	350	1084	9887.04	8657.42	6.59
浙　江	103	4055	2131	56	280	988	9432.94	8424.62	6.03
安　徽	127	1509	968	10	103	441	3122.52	2704.95	8.39
福　建	94	1612	1024	7	91	494	4253.54	3435.38	2.61
江　西	114	1372	874	12	84	392	2659.05	2165.20	4.58
山　东	154	2816	2235	54	407	1075	6615.58	5601.98	7.54
河　南	164	2910	1662	23	182	708	3409.42	2855.01	9.64
湖　北	116	2101	1644	21	195	868	4220.84	3546.61	4.93
湖　南	141	2063	1480	11	142	777	3566.94	2974.32	6.02
广　东	146	4729	2998	59	283	1490	10542.52	9068.03	6.43
广　西	116	1680	1260	14	124	590	2901.53	2307.76	1.01
海　南	24	316	228	1	9	93	597.90	529.08	0.38
重　庆	43	984	603	31	92	268	1901.34	1562.47	4.48
四　川	206	2295	1378	7	125	618	4171.69	3418.48	6.51
贵　州	98	1088	796	11	110	314	1605.96	1339.87	2.36
云　南	151	1785	1594	18	523	713	2338.26	1727.73	2.59
西　藏	81	185	117	2	13	14	244.66	206.64	0.49
陕　西	111	2383	1300	13	93	562	2096.78	1764.59	3.23
甘　肃	104	1433	886	13	94	402	1700.32	1308.98	2.61
青　海	52	469	267	4	37	126	494.08	398.06	0.71
宁　夏	27	586	403	8	55	193	749.41	549.00	0.85
新　疆	107	1015	805	2	120	393	1489.86	1223.98	1.81

图书馆基本情况

古籍	善本	报刊	视听文献	缩微制品	其他	在藏量中	
						开架书刊	少儿文献
2695.40	**285.60**	**9914.17**	**1959.10**	**1537.89**	**6153.59**	**57066.63**	**13123.80**
47.00	7.03	60.45	78.18	0.03	20.72	1682.95	355.88
59.46	11.14	146.32	28.71	1.26	35.76	1193.65	293.55
57.63	2.60	249.60	53.03	8.10	115.26	1776.58	336.09
76.10	10.97	244.65	38.88	1.91	37.61	1081.03	209.16
38.80	2.60	157.67	16.43	1.35	98.86	1086.25	157.19
136.91	16.25	310.93	86.24	2.73	253.66	2549.69	627.65
45.69	7.13	179.41	37.90	2.88	81.33	845.81	236.23
43.44	2.39	264.93	44.76	34.13	39.71	1230.34	171.16
200.33	19.70	392.87	141.71	1235.94	2332.47	2275.81	412.85
342.66	27.59	567.43	152.76	4.75	162.02	5553.90	1165.75
195.81	21.98	491.66	238.50	0.82	81.54	5864.31	1495.07
63.06	5.46	186.48	47.95	1.20	118.88	1615.86	422.64
47.04	3.65	291.05	78.16	2.72	399.18	2254.60	772.60
77.57	9.58	288.62	21.70	0.88	105.09	1101.43	290.72
140.39	24.47	535.55	61.46	4.58	271.63	4272.47	696.36
110.21	8.41	360.61	38.01	1.34	44.24	2116.65	479.94
97.14	8.24	383.10	65.36	37.54	91.10	2079.12	443.77
117.26	8.87	337.27	67.09	2.14	68.85	1949.92	513.22
79.46	5.41	542.73	286.83	2.78	562.70	6169.78	2009.71
40.45	2.71	459.97	37.53	1.13	54.69	1285.15	360.65
1.18	0.05	39.60	15.78	0.81	11.45	388.20	63.75
67.98	9.39	176.84	28.64	1.18	64.24	1101.82	275.31
159.07	10.34	431.76	53.25	5.59	103.53	2115.78	426.58
17.74	1.09	155.98	16.52	1.85	73.99	896.80	134.50
92.96	6.43	340.16	69.57	1.00	106.85	1199.38	188.36
2.81	0.16	14.45	1.23	0.53	19.00	43.11	11.90
58.91	6.05	187.60	22.14	0.43	63.11	1015.71	170.55
51.85	9.73	229.27	12.12	5.52	92.60	912.60	143.36
13.97	1.12	42.56	2.70	2.41	34.39	136.29	30.58
4.43	0.25	63.56	55.61	0.12	76.69	345.00	90.09
12.50	0.35	169.03	13.35	0.99	70.01	735.75	129.68

续表 1

地　区	电子图书（万册）	本馆自建	本馆外购	免费共享	书架单层总长度（米）	本年新购藏量（万册）	当年购买的报刊种类（种）	有效借书证数（个）
总　计	**86557.24**	**2254.02**	**55207.48**	**29095.74**	**16146233**	**6985.65**	**1104282**	**86272572**
北　京	1356.51	24.77	735.42	596.32	293752	171.05	21309	1833010
天　津	2133.52	1.74	1543.46	588.33	247376	247.83	25951	1022686
河　北	2160.29	75.92	1911.93	172.44	514423	260.78	30876	1777678
山　西	1249.76	26.25	736.19	487.32	271530	167.89	22044	1552870
内蒙古	1278.27	76.80	734.72	466.75	312564	87.97	29391	806413
辽　宁	2127.63	15.49	1616.14	496.00	530472	154.13	44421	1729234
吉　林	2824.29	99.15	1305.18	1419.96	272830	116.99	21535	1155538
黑龙江	1091.28	14.72	402.07	674.49	415848	86.49	23895	878448
上　海	3322.47	4.05	1032.91	2285.52	550023	183.69	46796	2631777
江　苏	7460.55	149.03	5801.40	1510.12	1392119	577.49	79562	16556959
浙　江	8003.60	263.77	4073.68	3666.15	2168188	816.08	87489	12864483
安　徽	5309.77	49.42	4460.59	799.76	362159	235.56	34358	2481483
福　建	3313.07	123.11	2136.66	1053.30	426348	480.24	36045	3035969
江　西	1852.69	39.20	1457.09	356.40	248978	134.28	30445	1501514
山　东	4420.71	32.51	3485.47	902.73	857927	399.40	53010	5996720
河　南	2629.28	65.64	1851.85	711.79	453039	229.89	36797	2095234
湖　北	4897.07	113.59	2760.19	2023.28	573809	303.87	42132	2203050
湖　南	2145.53	262.95	1156.77	725.81	857333	218.38	34304	2418103
广　东	7507.39	37.68	5108.71	2361.00	1349586	936.60	85564	8600035
广　西	3078.81	3.24	2350.02	725.56	510091	151.63	33402	1233952
海　南	976.71	33.70	742.58	200.43	88204	38.76	8884	320358
重　庆	1471.75	76.15	1059.53	336.07	420479	104.99	25153	2294786
四　川	4172.04	74.86	2445.25	1651.93	1476177	217.23	49647	2842777
贵　州	1633.98	100.85	1324.35	208.78	218122	111.07	21017	836845
云　南	2696.54	25.27	1462.74	1208.53	501020	95.02	38283	653922
西　藏	60.70	0.12	10.71	49.88	34406	12.85	12851	12278
陕　西	3889.85	255.43	624.86	3009.57	291484	105.39	24781	648391
甘　肃	1864.40	24.22	1749.06	91.12	166005	87.06	19233	506889
青　海	247.40	33.83	202.16	11.40	84264	17.17	33918	194035
宁　夏	451.74	0.10	266.03	185.62	113202	41.62	11731	299813
新　疆	673.79	69.62	484.75	119.43	144475	59.03	23492	528748

总流通人次（万人次）		书刊文献外借册次（万册次）	为读者举办各种活动					
	书刊文献外借人次		组织各类讲座次数（次）	参加人次（万人次）	举办展览（个）	参加人次（万人次）	举办培训班（个）	培训人次（万人次）
90134.77	**26609.14**	**61372.62**	**85955**	**2158.92**	**35034**	**9097.98**	**74743**	**528.76**
1968.68	445.06	1266.14	3009	20.75	585	251.56	1624	6.01
1621.16	359.87	1066.71	1570	14.81	670	168.45	1636	6.76
2562.58	872.26	1713.50	3894	46.37	1131	199.68	1969	11.14
2030.37	666.41	1044.37	3089	334.84	844	451.22	1805	21.69
1377.44	387.47	784.47	1032	16.06	588	57.04	561	3.52
3122.86	759.27	1981.58	2636	23.21	1115	310.33	2533	7.97
970.77	358.38	710.30	915	9.11	547	118.35	532	3.88
1151.82	424.96	883.97	1323	19.34	857	133.06	1708	7.68
2733.57	505.75	2151.19	2488	26.17	379	213.77	1752	7.56
8424.55	2512.35	6153.31	4763	69.58	1969	390.43	2641	12.91
13935.06	2542.71	7846.38	7415	105.62	3519	1191.49	12030	101.25
3581.90	1371.53	2339.70	3020	51.28	1508	329.11	3220	23.26
3895.46	1555.49	4176.47	3055	40.31	1050	211.69	2165	17.09
1858.71	895.10	1688.28	1901	27.58	1261	225.13	1131	9.71
5244.93	2267.97	3623.42	7728	78.75	2426	356.86	6287	38.87
4295.20	1531.24	2465.40	6750	74.91	1708	220.26	2462	15.23
2645.80	1221.16	2297.59	2859	50.95	1216	228.71	1433	10.19
2662.03	1143.64	2409.03	4256	134.24	1179	311.32	4602	72.84
12200.50	2348.91	7932.52	9419	793.76	3156	2076.10	10174	48.02
2113.12	558.51	1060.81	1793	31.63	1218	289.09	2032	16.20
443.57	86.01	228.05	400	6.46	142	88.63	948	2.93
1598.44	547.57	1323.85	1499	20.93	1060	167.52	1557	11.34
2739.09	995.46	1929.03	3535	44.33	1376	301.44	1602	8.16
930.33	392.18	641.67	1175	21.76	719	83.75	810	4.74
1693.38	485.98	1055.93	1847	23.25	1284	204.57	1431	8.03
38.05	6.48	10.73	87	0.86	104	2.19	48	0.23
1537.82	532.61	1002.88	1588	24.20	1173	129.60	1708	10.07
907.18	372.54	714.76	1306	21.20	757	96.63	441	4.02
167.92	54.58	92.78	193	2.95	189	14.07	115	0.72
530.91	185.55	353.89	219	3.12	299	29.07	197	2.03
574.55	187.39	362.30	896	13.06	982	116.70	883	4.14

续表 2

地 区	开展基层培训辅导人次（万人次）	本单位受训人次（万人次）	计算机（台）	供读者使用电子阅览室终端数	图书馆网站访问量（页次）	本年收入合计（千元）	财政补贴收入	免费开放资金
总 计	**120.39**	**33.71**	**225815**	**145736**	**2118296123**	**19121152**	**18355488**	**1149799**
北 京	1.55	0.60	4461	2052	15169329	772154	749261	20202
天 津	0.69	0.63	4550	2963	36891770	652252	642233	14721
河 北	3.53	0.86	8135	5711	11173144	356647	353001	46942
山 西	6.44	1.55	7110	4703	5904302	425980	422605	43894
内蒙古	2.50	1.05	6603	4597	21192639	376093	369516	29981
辽 宁	2.88	1.61	9771	5845	43813816	530868	529273	42312
吉 林	0.62	0.53	4534	2883	3968812	345927	340364	15431
黑龙江	4.87	0.24	5897	3752	94300881	316290	310132	20766
上 海	1.30	0.62	6643	3009	94660015	1694752	1563731	2536
江 苏	8.36	1.23	12545	7211	56316098	1381822	1360716	71135
浙 江	3.18	2.41	12994	8573	175635623	1407983	1337230	51496
安 徽	7.47	3.29	8288	6009	34335550	470531	453910	33440
福 建	1.37	1.04	7457	4952	63493589	530670	499444	31951
江 西	5.96	0.97	7659	4832	25360007	329813	312783	47885
山 东	5.52	1.01	11919	8046	58519328	752699	740238	63446
河 南	6.48	0.82	10445	7190	28794391	562497	555352	40606
湖 北	7.43	1.30	7261	4734	26983628	617409	595258	25350
湖 南	4.42	3.02	8029	5114	21718628	475437	456149	52541
广 东	4.40	2.98	18103	11366	184884021	2364228	2341776	125932
广 西	2.16	0.94	6764	4624	17287436	452663	433782	34755
海 南	0.44	0.14	1517	963	10461823	113404	99548	7127
重 庆	4.18	0.34	4416	3125	30107901	356360	320731	28592
四 川	7.38	0.23	11346	8180	33017151	624297	614418	90085
贵 州	1.89	0.56	5397	3573	26774899	650312	618150	26826
云 南	3.13	0.64	7875	5408	33428414	418797	409675	36194
西 藏	0.07	0.02	1419	946	403534	63031	62453	17932
陕 西	3.88	1.30	6160	4287	19329137	365026	345862	34872
甘 肃	2.75	0.24	5287	3532	3783083	264957	255791	38614
青 海	0.26	1.08	2081	1301	1421744	109280	104934	11514
宁 夏	0.57	0.68	2345	1658	3963510	124976	118823	10984
新 疆	1.72	1.11	5616	4095	400769	221774	216001	31737

中央资金	购书专项经费	上级补助收入	事业收入	经营收入	附属单位上缴收入	其他收入	本年支出合计(千元)	基本支出
399913	**2186309**	**144951**	**286822**	**9778**	**126**	**323987**	**19287137**	**10017181**
7395	94574		8296	456		14141	744000	407279
3400	67157	2253	4108	373		3285	597751	415725
18794	39754	3079	70	45		452	368709	226522
14174	27688	1997	332	815		231	418613	156265
17586	20416	1955				4622	390531	279457
20755	68407	40	1475			80	533536	343939
8200	38061	430	845			4288	328652	175136
12500	25000	1337	4086			735	312197	222316
1536	232442	13	56887	1347		72774	1412823	678582
6090	160980	5751	8375			6980	1430672	775597
1253	256113	13245	5539	1329		50640	1662389	700998
12820	62779	9198	1118			6305	435341	233176
3505	79906	7260	5717	3131		15118	575317	244266
19541	47344	11648	1587	10	121	3664	341734	211464
8302	83627	9550	396			2515	783462	451883
18600	50374		235	1156		5754	579761	317880
10362	81651	12405	1018			8728	627093	355412
15467	41202	8507	5532			5249	485843	299572
9772	345432	13495	2787			6170	2405198	1090210
22438	40988	16283	808			1790	442429	200713
1960	12605	4127	5			9724	128009	46583
15600	45388	1920	17627			16082	351603	191191
37974	66572	1844	2552			5483	682803	302015
12315	15557	2166	5374			24622	640140	146843
25881	15128	816	2836			5470	403455	269108
13708	5270	478	100				65504	32834
15861	29835	5285		696		13183	380024	214054
11848	20480	4611	3646	155		754	283659	169949
3545	8101	3235	118	5	5	983	120072	71382
5230	8798	1118				5035	141349	90580
23501	10380	905				4868	255689	141546

续表 3

地　区	项目支出	经营支出	在支出合计中：					
			工资福利支出	商品和服务支出	差旅费	劳务费	福利费	各种税金支出
总　计	**8577979**	**11092**	**7672340**	**4662740**	**89447**	**420544**	**59078**	**17956**
北　京	334099	250	323418	253409	699	10546	3555	756
天　津	177433	293	209558	183997	546	7202	1452	587
河　北	129027	121	175905	83973	1617	8205	778	
山　西	254535	815	126570	72042	2394	13902	1127	971
内蒙古	104963		197874	94033	2786	4728	690	64
辽　宁	175880	2128	268870	124522	2445	11896	486	53
吉　林	130913		145566	81287	1959	9141	1243	27
黑龙江	89835		164354	59933	2003	2247	734	34
上　海	732157	2059	491480	417921	2314	9786	7921	565
江　苏	640245		597985	307180	5513	31451	3489	1004
浙　江	687553	1166	572469	359182	4515	58086	15665	1681
安　徽	175463	99	162938	122759	2667	6019	1837	175
福　建	310709	1035	186260	138516	1750	24809	299	160
江　西	115030	60	161259	62348	3745	8664	1497	62
山　东	294989	14	335941	149460	2460	14284	419	344
河　南	252513	1161	242865	92710	2556	12115	1757	272
湖　北	251742		290253	122377	2710	12990	2437	219
湖　南	161430	20	218356	100505	3115	10244	1875	351
广　东	1263062	20	843413	634885	4084	56060	4971	2149
广　西	230786	5	155866	99365	3820	4058	228	188
海　南	69052	9	38820	48701	1224	4391	21	22
重　庆	158214	22	136782	103849	11895	19202	741	432
四　川	373767	20	254318	201901	7069	18689	2099	35
贵　州	467686	125	125096	39153	2644	6239	331	172
云　南	124226	40	237729	72860	2494	8012	925	290
西　藏	29329	24	24373	8768	515	432	3	
陕　西	143771	1359	182645	77280	2181	6350	646	283
甘　肃	97144	112	118438	60196	2752	7704	1082	418
青　海	47022	50	55821	33186	425	2648	305	
宁　夏	45802	15	66711	23791	646	2805	45	46
新　疆	105547	50	118381	69504	1164	5371	321	32

对个人和家庭补助支出	抚恤金和生活补助	其他资本性支出	各种设备购置费	新增藏量购置费	新增数字资源购置费	资产总计（千元）	固定资产原值	实际使用公用房屋建筑面积（万平方米）
618385	**65652**	**4034962**	**3098190**	**1968875**	**380021**	**73336672**	**59370172**	**1699.67**
13348	1919	119015	87941	52512	21312	2331980	1972375	29.81
17606	640	152314	135245	72888	20417	1228308	1186382	43.54
20677	4077	73604	56365	38336	3800	1465068	1194553	56.97
5080	499	103018	64770	38011	6674	1429418	1176267	55.49
13903	1091	64598	44796	24484	4916	1395322	1257335	43.28
12745	2421	76886	74424	51532	13561	7786843	6970590	61.46
8462	2114	61147	47766	24436	9238	931460	839398	30.74
19222	1222	53064	38198	24477	4523	920481	891606	34.43
11508	3228	379274	205121	141733	18568	6973015	5124046	44.40
51234	3974	271358	235415	159439	23639	4041960	3605391	157.68
17775	2705	329070	303692	224450	28367	4048113	3672654	130.66
18423	1965	95815	86223	56206	8107	2405894	2192388	56.96
13332	890	175558	165675	78157	21630	1849250	1650633	60.45
13639	1958	81091	74512	43445	7351	1330639	1237067	44.44
39979	2723	164530	137818	85246	9908	2052891	2012152	107.92
20991	1820	185360	100991	52447	8079	1815364	1667296	72.63
21159	1011	146973	131149	88436	15567	2586817	2387540	71.94
20963	2502	96651	78269	54727	8717	2427865	2273439	53.33
136280	3958	558348	449821	308075	70847	6553093	5265850	151.11
8972	2462	109526	97442	46101	11291	1202317	952611	47.30
575	13	25600	18536	12270	2071	235492	198717	9.17
13566	5034	83220	60888	35106	13476	748439	692592	36.98
18785	5404	107092	90267	60886	11705	1733582	1326930	67.98
10251	1281	120711	28068	16953	4490	1390985	642671	28.64
10492	3341	37385	28469	17096	6028	1004965	996483	41.12
720	52	24255	5229	2870	610	204572	149660	5.91
3359	1176	93591	62452	29966	9755	1127601	677186	36.37
21225	3033	68219	48649	23551	5154	1935734	1742949	32.61
5525	335	18126	9710	5925	2553	2611257	427002	9.20
2869	220	39725	21665	9158	2459	598285	606043	13.92
7181	885	21655	16941	8786	2385	948218	572838	35.45

续表 4

地　区	书库面积	阅览室面积	书刊阅览室面积	电子阅览室面积	实际拥有产权面积（万平方米）	阅览室座席数（个）	少儿阅览室座席数
总　计	**335.09**	**497.58**	**371.95**	**65.37**	**951.18**	**1190656**	**291531**
北　京	5.82	7.32	6.11	0.81	11.10	15510	3230
天　津	7.08	11.71	7.07	0.90	3.79	20317	3480
河　北	10.82	18.19	13.65	2.21	32.63	45575	9765
山　西	8.52	16.84	12.29	2.52	49.52	39483	8007
内蒙古	6.29	13.19	9.73	2.47	19.13	33023	8020
辽　宁	10.18	17.10	13.20	2.37	31.54	40720	8351
吉　林	5.03	9.81	7.69	1.02	16.42	22973	4559
黑龙江	5.89	9.91	6.50	1.59	12.78	28477	6641
上　海	8.47	10.94	9.25	0.98	28.42	23771	4957
江　苏	20.57	38.00	29.32	3.41	62.07	72873	18371
浙　江	24.31	36.87	31.06	4.00	48.52	84904	20764
安　徽	9.50	18.89	12.78	2.38	36.96	45855	12371
福　建	13.36	18.49	14.60	1.89	36.38	44544	11359
江　西	11.42	14.57	10.15	1.96	24.03	39590	11666
山　东	24.13	29.32	22.11	3.78	54.04	63898	14814
河　南	16.29	21.50	15.99	3.34	41.54	62321	18579
湖　北	16.30	24.56	16.62	4.10	56.72	47800	11669
湖　南	14.90	14.59	10.96	2.46	39.64	42224	13555
广　东	29.17	48.73	39.74	5.19	86.11	109862	26326
广　西	12.64	11.87	8.75	1.92	25.35	33899	10441
海　南	2.28	3.39	2.63	0.34	7.63	6599	1955
重　庆	6.85	11.08	7.63	1.27	26.77	31181	7833
四　川	13.73	24.67	18.73	3.91	45.99	62458	14087
贵　州	7.72	9.83	6.66	1.48	23.86	26592	6182
云　南	10.63	11.16	7.28	2.54	29.21	32911	8296
西　藏	1.24	1.51	0.72	0.38	4.24	3624	495
陕　西	8.12	11.37	8.72	1.70	21.86	28177	6781
甘　肃	5.51	8.63	5.93	1.27	20.87	27669	7646
青　海	1.66	4.09	2.66	0.53	3.08	5261	1200
宁　夏	2.98	4.94	3.44	0.82	9.29	13421	2429
新　疆	6.76	11.09	7.29	1.72	13.89	29717	7402

			图书馆延伸服务情况			
盲人阅览室座席数	志愿者服务队伍数(个)	志愿者服务队伍人数(人)	流动图书车数(辆)	流动服务书刊借阅人次(万人次)	流动图书馆车书刊借阅册次(万册次)	分馆数量(个)
28564	**9298**	**496510**	**3464**	**2631.53**	**4722.51**	**41321**
205	113	20613	14	5.48	78.49	442
271	92	5374	11	13.00	28.84	485
1033	356	13221	80	32.69	56.58	1810
1053	334	16961	148	71.64	105.13	1843
800	183	7618	50	30.75	52.44	1316
834	414	22067	25	274.38	623.24	1254
541	129	5927	57	70.14	97.69	552
628	207	8384	41	47.17	81.98	956
273	355	18061	5	56.45	113.41	194
1564	364	34170	49	95.57	214.00	6891
1285	631	44047	69	370.95	805.22	2449
1636	249	11570	31	113.01	150.63	1370
831	332	17346	33	36.85	129.25	1071
1801	244	6769	41	69.02	81.05	881
2136	464	22196	48	273.86	344.32	1682
1674	465	13479	88	91.54	120.96	4051
1139	883	12365	93	160.51	218.41	785
1070	818	35285	55	75.07	127.08	1320
1534	359	104786	245	204.22	429.30	1927
609	229	17741	48	48.63	79.72	156
58	90	2782	26	9.82	14.50	65
828	116	8064	45	76.48	159.51	1435
1541	355	14300	142	83.32	136.88	968
950	285	6022	88	59.59	76.49	608
1129	272	5304	98	101.85	124.85	702
61	146	1240	67	1.41	1.81	133
881	228	8886	98	58.33	76.83	1209
1039	229	4098	56	33.27	72.66	4372
146	51	577	48	14.07	24.49	47
337	59	1504	1511	41.09	77.21	117
665	237	5563	54	11.38	19.54	230

2019年各地区省级公共

地　区	机构数(个)	从业人员(人)	专业技术人才	正高级职称	副高级职称	中级职称	总藏量(万册/件)	图书
总　计	**39**	**7546**	**6520**	**334**	**1352**	**2996**	**21728.67**	**13911.74**
北　京	1	350	325	12	42	147	906.41	758.31
天　津	2	346	323	12	69	151	865.77	768.96
河　北	1	208	137	11	43	64	341.73	276.92
山　西	1	240	222	12	32	78	314.25	189.85
内蒙古	1	159	153	5	48	63	404.95	312.04
辽　宁	1	232	199	16	47	91	729.58	595.31
吉　林	1	230	165	13	46	46	504.01	409.28
黑龙江	1	176	152	22	66	60	421.57	323.83
上　海	2	832	785	54	118	383	5788.70	1648.60
江　苏	1	529	383	22	107	199	1232.10	908.16
浙　江	1	239	222	10	40	122	724.98	531.71
安　徽	1	177	149	5	32	66	364.46	292.43
福　建	2	224	204	1	29	93	472.82	384.04
江　西	1	149	143	6	27	75	402.54	283.27
山　东	1	225	217	19	41	100	907.17	592.88
河　南	2	202	189	11	44	66	413.63	323.85
湖　北	1	303	290	12	60	118	879.21	722.93
湖　南	2	280	262	5	43	132	631.62	459.16
广　东	1	302	271	10	50	143	949.67	729.54
广　西	3	312	294	11	56	137	838.48	683.39
海　南	1	94	89	1	5	49	192.07	177.82
重　庆	2	307	232	18	43	103	491.59	347.96
四　川	1	291	174	1	30	74	574.91	403.31
贵　州	1	148	106	7	32	53	257.73	214.97
云　南	1	181	173	8	85	58	364.87	225.14
西　藏	1	50	30	2	9	7	53.86	42.99
陕　西	1	207	189	7	20	100	541.07	430.00
甘　肃	1	207	179	11	30	90	470.13	368.53
青　海	1	130	75	2	15	29	179.46	143.22
宁　夏	1	129	111	6	28	56	217.51	118.35
新　疆	1	87	77	2	15	43	291.83	245.00

图书馆基本情况

							在藏量中	
盲文图书	古籍	善本	报刊	视听文献	缩微制品	其他	开架书刊	少儿文献
11.23	**1351.98**	**168.75**	**2113.43**	**397.11**	**1296.48**	**2657.92**	**5444.53**	**1274.71**
0.08	41.86	6.71	44.24	49.61	0.03	12.36	128.81	138.08
0.09	54.21	10.35	15.08	18.65	1.20	7.67	445.82	153.17
0.50	8.15	0.56	41.46	12.11	2.80	0.28	112.72	16.99
0.50	29.69	5.02	89.85	2.73	0.40	1.73	191.94	28.53
1.10	22.00	2.00	17.94	1.28	0.49	51.20	97.17	10.88
0.35	48.25	12.39	60.89	10.30	0.62	14.21	206.16	28.85
0.15	23.14	5.35	54.97	2.21	2.60	11.80	68.79	11.57
0.32	13.37	0.66	46.67	4.19	33.52		75.83	11.66
0.63	192.23	19.24	364.27	39.85	1235.93	2307.82	818.07	99.63
0.30	160.00	14.00	115.76	30.70	4.21	13.28	90.00	9.00
0.52	82.24	15.01	97.83	12.78	0.39	0.04	148.47	6.02
0.14	35.22	3.31	35.08	1.08	0.51	0.15	90.20	15.00
0.32	25.28	2.07	48.16	13.78	1.55		164.65	108.04
0.48	37.76	3.98	40.97	1.45	0.18	38.92	137.19	11.18
0.26	75.36	20.00	131.00	8.89	0.74	98.30	463.97	49.48
0.08	50.66	3.00	36.03	2.76	0.24	0.09	114.85	56.16
0.44	46.18	5.87	69.65	28.91	3.53	8.01	210.24	52.92
0.98	62.14	5.00	73.27	32.97	0.46	3.62	290.98	150.44
0.19	44.01	3.25	152.22	20.97	2.54	0.38	336.70	38.97
0.12	26.65	1.65	107.17	19.34	0.17	1.76	119.98	90.94
0.19	0.02	0.01	5.83	1.09		7.31	131.97	32.71
1.48	45.26	6.99	76.37	8.76	1.05	12.19	132.90	50.65
0.25	65.00	6.07	99.27	4.83	2.50	0.01	109.58	6.83
0.42	11.76	0.40	27.24	1.01	0.28	2.47	110.05	10.03
0.28	59.62	3.32	75.41	4.51	0.13	0.06	55.35	5.09
	1.10		8.22	0.04		1.50	7.90	1.05
0.31	32.84	4.37	63.24	7.01	0.03	7.96	168.32	32.19
0.59	31.76	6.78	64.95	4.18	0.25	0.47	252.98	15.44
0.09	11.48	1.00	22.35	0.47	0.05	1.89	41.53	2.45
0.03	3.52	0.12	12.25	50.14	0.08	33.16	76.20	11.51
0.08	11.23	0.26	15.80	0.50	0.02	19.28	45.24	19.28

续表 1

地　区	电子图书（万册）	本馆自建	本馆外购	免费共享	书架单层总长度（米）	本年新购藏量（万册）	当年购买的报刊种类（种）	有效借书证数（个）
总　计	**10692.78**	**41.28**	**7028.96**	**3622.54**	**2899232**	**605.76**	**150335**	**9811379**
北　京	278.71	0.56	175.15	103.00	95432	26.79	7082	559824
天　津	400.54	1.69	398.85		136595	50.04	9272	543297
河　北	310.01	0.01	310.00		71800	10.11	5237	363514
山　西	58.26	0.17	58.09		36505	6.41	2454	442853
内蒙古	95.06	0.07	90.92	4.07	85196	19.57	2259	119019
辽　宁	406.99	5.15	216.54	185.30	157878	26.28	5037	105155
吉　林	130.20		130.20		101196	16.42	4302	180877
黑龙江	169.17		169.17		55472	16.10	2293	175179
上　海	2282.38	0.07	212.31	2070.00	335616	53.31	13729	825724
江　苏	147.66	9.84	137.32	0.50	260000	20.54	4779	866393
浙　江	365.91	0.55	360.36	5.00	137290	27.14	6674	84616
安　徽	110.38		60.19	50.20	60168	12.52	2947	236440
福　建	337.50	0.07	312.85	24.57	8658	20.57	6115	1307341
江　西	167.89	6.82	161.06		2200	19.87	6507	23900
山　东	145.18	0.56	144.63		154116	21.37	6119	47020
河　南	332.68	0.00	220.28	112.39	46016	7.77	2470	193976
湖　北	882.36		882.36		163732	40.98	10420	436430
湖　南	403.57	0.70	237.87	165.00	89998	18.52	3127	397184
广　东	2.46		1.66	0.80	177036	41.35	7697	752176
广　西	1365.44	0.24	1290.85	74.35	172565	37.34	4785	498993
海　南	272.92	3.40	264.00	5.52	33947	7.98	2674	211902
重　庆	328.59	8.90	319.69		44901	15.32	4778	456286
四　川	117.04	0.01	105.80	11.24	40221	19.46	6343	245755
贵　州	231.51	0.66	230.00	0.85	62906	16.79	3100	95961
云　南	522.02	0.79	157.97	363.26	129035	10.01	3686	117008
西　藏	1.53		1.53		22708	1.71	1229	5550
陕　西	360.18		130.18	230.00	115656	15.96	4961	96549
甘　肃	72.10		72.10		6000	11.51	4170	161196
青　海	15.45		15.45		48060	3.73	1434	59251
宁　夏	247.80		81.30	166.49	44896	7.31	1800	74388
新　疆	131.32	1.02	80.30	50.00	3433	3.02	2855	127622

总流通人次（万人次）	书刊文献外借人次	书刊文献外借册次（万册次）	为读者举办各种活动					
			组织各类讲座次数（次）	参加人次（万人次）	举办展览（个）	参加人次（万人次）	举办培训班（个）	培训人次（万人次）
8680.52	**1555.65**	**4989.56**	**5109**	**441.27**	**1808**	**1328.86**	**6521**	**66.94**
539.37	39.03	195.62	182	3.05	107	83.15	55	0.17
285.38	94.73	413.43	164	1.61	82	69.53	16	0.09
215.00	28.10	108.26	243	1.55	29	4.00	150	1.27
137.93	52.09	137.01	216	303.95	95	44.39	165	0.57
57.79	41.63	118.54	44	1.32	15	0.30	8	0.25
462.55	29.35	134.79	66	0.98	78	163.76	216	0.82
198.15	34.08	126.37	83	1.22	35	21.75	3	0.05
188.86	23.85	80.67	120	1.86	95	56.66	492	1.40
392.05	101.73	428.71	226	6.38	57	111.10	126	1.15
272.81	151.74	214.51	97	3.19	38	20.94	312	0.15
776.28	67.02	172.28	205	3.14	110	79.26	122	0.77
191.65	28.72	113.90	90	1.62	29	8.21	257	1.21
211.46	39.01	370.85	271	4.55	95	17.72	168	1.40
0.89	0.41	1.20	38	0.82	20	25.18	14	0.20
181.38	56.96	123.20	855	3.20	49	2.97	734	5.81
211.42	86.18	169.52	138	1.66	129	13.62	176	0.80
333.71	77.04	214.47	253	5.83	46	39.99	69	0.58
315.49	42.86	208.78	494	71.57	42	8.55	1670	39.31
1392.92	164.04	399.50	74	1.74	276	274.96	58	0.44
558.65	96.67	243.03	328	6.38	80	99.50	441	5.25
202.56	17.61	115.50	227	3.08	25	73.66	717	2.02
292.54	53.56	143.12	131	1.73	59	22.02	301	1.05
187.25	17.76	40.09	77	2.40	5	22.90	18	0.16
55.17	7.83	29.71	31	0.20	60	1.20	8	0.10
406.05	55.24	249.75	89	1.96	18	8.16	37	0.22
15.00	0.63	1.10	28	0.19	1	0.01	2	0.01
226.12	63.12	232.21	143	3.22	71	31.09	133	1.17
164.45	33.69	100.44	74	1.40	25	9.73	21	0.20
62.32	4.66	11.52	30	0.49	15	1.92	11	0.04
115.41	31.83	65.98	13	0.34	13	2.30	9	0.06
29.89	14.51	25.50	79	0.63	9	10.36	12	0.20

续表 2

地　区	开展基层培训辅导人次(万人次)	本单位受训人次(万人次)	计算机(台)	供读者使用电子阅览室终端数	图书馆网站访问量(页次)	本年收入合计(千元)	财政补贴收入	免费开放资金
总　计	**9.04**	**4.63**	**18948**	**8199**	**338033146**	**4326920**	**4098640**	**246919**
北　京	0.37	0.01	915	520	6767126	241161	233096	5689
天　津	0.31	0.09	1243	717	9569334	209426	203376	
河　北	0.10	0.03	550	153	2100000	64025	64015	16310
山　西	0.25	0.17	660	267	446013	73253	73253	16977
内蒙古	0.05	0.00	576	424	15396690	62995	62115	5859
辽　宁	1.35	0.71	732	404	14083791	114805	113309	31384
吉　林	0.06	0.05	792	405	1736191	79946	79673	2016
黑龙江	0.99	0.00	416	163	12443427	61188	57123	3885
上　海	0.70	0.04	2503	646	80007713	1017703	888458	
江　苏	0.07	0.05	1150	130	19814005	209469	205057	9000
浙　江	0.18	0.01	667	285	50463237	133538	126026	2100
安　徽	0.08	0.13	263	107	1097986	57994	56506	3580
福　建	0.08	0.13	606	282	33156140	84380	83965	11443
江　西	0.02	0.62	303	107	11295840	78599	78599	24750
山　东	0.05	0.03	590	300	755413	98689	98172	3933
河　南	0.05	0.01	265	126	1933994	64393	63148	4800
湖　北	0.55	0.40	688	334	7353231	157855	157143	
湖　南	0.10	1.10	478	102	4643134	91904	91034	14400
广　东	0.30	0.40	946	405	1268857	204298	201527	1510
广　西	0.14	0.30	858	681	11770474	147432	145179	8229
海　南	0.16	0.01	232	106	9365626	54904	54879	2787
重　庆	1.09	0.05	482	195	7497124	118670	98415	3812
四　川	0.16	0.02	490	200	5227322	124276	121713	27847
贵　州	0.09	0.02	220	116	16832236	385271	362941	8938
云　南	0.15	0.10	615	252	2344592	67664	63417	2500
西　藏	0.01	0.00	121	60	400000	33335	33335	2500
陕　西	1.08	0.05	528	167	8883822	82634	77183	7570
甘　肃	0.30	0.03	414	164	1100000	79599	79275	13000
青　海	0.04	0.01	240	150	21000	36215	35483	3900
宁　夏	0.11	0.02	277	177	241691	44583	44537	2000
新　疆	0.07	0.08	128	54	17137	46716	46688	6200

中央资金	购书专项经费	上级补助收入	事业收入	经营收入	附属单位上缴收入	其他收入	本年支出合计(千元)	基本支出
41929	**610614**	**350**	**105286**	**4553**		**118091**	**4165309**	**1794210**
2870	43209		7850			215	243042	140411
	43270		3951			2099	191948	174983
	10000					10	64360	29722
	5320						82088	33390
	6600					880	62826	25991
17870	20000		1435			61	115672	55536
	12000		100			173	78129	27873
	6500		4027			38	61188	33809
	152491		56176	1347		71722	725658	278883
	22931		3034			1378	223327	137067
900	39790		4021	1329		2162	134371	75002
	9000					1488	74939	36050
430	12350	80	246			89	106182	40898
11075	15000						75529	30558
	14988		351			166	99987	49983
	2830			1146		99	70587	38919
	39400					712	157787	67520
	11000		318			552	96708	49550
	39430		2313			458	246976	105926
1794	20990		762			1491	139879	57405
	6614					25	54884	19699
	21214		17627			2628	117312	61560
	19449		2373			190	124298	36214
	5000					22330	367382	22859
			542			3705	67119	34587
2500	2000						39170	14551
	10000			696		4755	86554	23549
	12000		160	35		129	85643	29194
	3998	270				462	49636	21303
40	3240					46	46882	25106
4450						28	75246	16112

续表 3

地区	项目支出	经营支出	在支出合计中：工资福利支出	商品和服务支出	差旅费	劳务费	福利费	各种税金支出
总计	**2355966**	**4357**	**1394495**	**1236957**	**20022**	**59620**	**11935**	**6793**
北京	102631		93872	104203	490	879	869	556
天津	16965		80599	59997	208	424	129	482
河北	34638		25938	26741	720	3046	75	
山西	48698		27131	26814	578	5218	391	863
内蒙古	36835		23797	25246	433	173	60	
辽宁	60136		46506	52176	995	2844		53
吉林	50256		21080	39859	503	1968	548	
黑龙江	27379		21969	22875	617	114	390	34
上海	444716	2059	218295	211975	1815	6410	2963	561
江苏	86259		131807	51114	522	4849	127	832
浙江	58948	421	51514	37893	887	2264	2677	1081
安徽	38889		26931	29711	382	1678	710	175
福建	65283		34447	22097	617	3676		23
江西	44971		29388	12553	501	2901	686	
山东	50004		41002	31948	312	2903	28	3
河南	30522	1146	32522	18392	340	1279	421	61
湖北	90267		62982	44474	601	5351	623	
湖南	47158		38645	23655	237	1005		278
广东	130278		89693	43203	404	760		1046
广西	82474		34378	46132	919	1058	88	14
海南	35185		13391	31680	483	597		20
重庆	55752		49209	32606	3687	2888	100	429
四川	88084		34619	67098	756	715	298	
贵州	344522		24884	16570	365	1011		
云南	32532		30405	25549	307	758	8	222
西藏	24619		13027	6669	379	4		
陕西	62309	696	23191	29592	338	253	182	
甘肃	56413	35	22590	22420	1151	2613	492	35
青海	28333		19230	22909	92	573		
宁夏	21776		18895	10876	106	1160		
新疆	59134		12558	39930	277	248	70	25

对个人和家庭补助支出	抚恤金和生活补助	其他资本性支出	各种设备购置费	新增藏量购置费	新增数字资源购置费	资产总计(千元)	固定资产原值	实际使用公用房屋建筑面积(万平方米)
113669	**13309**	**954422**	**668902**	**427405**	**123919**	**19983385**	**15885925**	**184.89**
3098	628	41868	32351	17582	14769	1311814	987046	9.40
2479	310	48872	47359	33758	8120	637526	658269	12.78
2260	1610	9421	9421	6335		462820	486400	5.06
1871	194	26268	12657	3792	685	545309	519632	8.03
735	42	13048	8921	6811	1488	346829	227964	3.50
1665	259	15325	15325	14035	1290	1230240	1281391	10.32
1452	642	15738	15219	8550	3450	172445	174188	6.30
4172	18	8788	8788	4500	2000	378206	347092	3.39
6508	2000	229716	115727	87597	6100	5009691	3111281	13.40
8451	429	31955	28622	16471	3720	941452	1087631	10.30
3064	1429	41478	41212	25599	14172	627899	605984	5.52
5409	255	12888	11869	6929	1791	179135	242857	3.69
3529	225	20643	20350	14189	5720	383794	271119	2.80
4880	442	28708	28708	15549	3000	221899	184971	2.25
11723	416	15314	15214	11738	3449	408266	479926	6.08
4218	540	15455	10714	2489	1265	228540	205455	3.89
2588		47743	45438	27140	9370	1317230	1127324	10.23
7028	85	19906	12609	7679	2743	257005	207375	4.40
16399	741	97681	47695	28447	8527	1165204	1372727	9.10
2872	149	28466	23081	19640	3441	543111	360383	10.63
3		9810	9810	6614		84076	76918	2.80
4338	209	31159	29367	12696	10865	271009	258377	5.61
2329	32	20252	20252	13545	5904	487378	151082	5.19
1656		6935	6935	5000		551696	167927	2.52
743	383	7500	7500	4117	3383	219724	258877	3.04
560		18880	534		534	63461	53281	1.79
608	182	33163	13524	10115	2244	547266	130053	4.98
4034	1619	36598	21059	11012	3134	508161	322445	6.52
2437	267	5060	4036	2236	1800	145204	97955	2.40
1327	167	15784	4605	3240	955	306887	294997	3.32
1233	36					430108	134998	5.64

续表 4

地区							
	书库面积	阅览室面积			实际拥有产权面积（万平方米）	阅览室座席数（个）	
			书刊阅览室面积	电子阅览室面积			少儿阅览室座席数
总　计	**40.06**	**50.96**	**43.94**	**3.35**	**119.87**	**82785**	**12043**
北　京	1.22	2.42	2.25	0.18		3317	570
天　津	2.03	5.08	2.67	0.25	0.14	5008	577
河　北	1.12	0.93	0.86	0.07	5.06	3670	280
山　西	1.29	1.71	1.67	0.04	7.50	3425	200
内蒙古	0.58	1.56	1.28	0.28	3.50	2793	759
辽　宁	1.74	3.81	3.32	0.49	9.93	5862	196
吉　林	1.02	2.11	2.05	0.06	1.38	3308	120
黑龙江	0.34	1.28	1.20	0.08	3.05	2633	261
上　海	4.74	1.17	0.99	0.18	12.42	2280	472
江　苏	1.03	1.80	1.69	0.10	3.40	1847	420
浙　江	2.18	1.12	1.07	0.04	4.99	1719	62
安　徽	0.77	0.90	0.75	0.06	3.69	1659	278
福　建	0.55	0.48	0.42	0.04	4.20	1131	756
江　西	1.52	0.72	0.70	0.03		1411	160
山　东	1.36	1.14	0.96	0.10	4.54	1500	160
河　南	1.04	1.46	1.38	0.08	2.95	2078	932
湖　北	1.80	4.20	3.90	0.30	10.23	5543	1000
湖　南	1.36	1.42	1.38	0.04	4.29	3342	1474
广　东	1.88	1.53	1.49	0.04	7.77	8012	394
广　西	3.74	2.61	2.34	0.19	5.12	3315	696
海　南	0.57	1.95	1.67	0.05	2.50	1670	380
重　庆	1.07	1.47	1.05	0.08	0.60	2379	597
四　川	0.52	1.45	1.38	0.07	5.19	2958	150
贵　州	1.66	0.86	0.83	0.03	2.74	1092	95
云　南	0.75	0.82	0.75	0.08	3.04	1324	70
西　藏	0.42	0.34	0.26	0.00	2.97	300	45
陕　西	1.03	1.72	1.62	0.10		1781	147
甘　肃	1.04	0.86	0.64	0.06	3.92	1576	150
青　海	0.26	1.23	0.76	0.04	1.43	1152	132
宁　夏	0.90	1.33	1.24	0.10	3.32	1700	350
新　疆	0.56	1.50	1.39	0.12		3000	160

			图书馆延伸服务情况			
盲人阅览室座席数	志愿者服务队伍数（个）	志愿者服务队伍人数（人）	流动图书车数（辆）	流动服务书刊借阅人次（万人次）	流动图书馆车书刊借阅册次（万册次）	分馆数量（个）
850	**1134**	**68393**	**20**	**83.31**	**196.23**	**1430**
41	58	10733		0.03	4.37	18
16	2	1368	1	0.30	0.70	13
22	18	247	1	0.70	0.90	61
23	52	2863				286
103	2	320				105
80	76	4600	3	1.32	6.58	165
8	14	620		22.52	28.47	1
52	11	157				80
10	103	1668	1	4.27	7.75	
12	6	1742		2.37	4.41	1
42	13	1887				33
36	6	385				9
30	159	4251	2	4.13	55.84	273
6	10	900				57
20	35	2600		4.95	8.20	2
4	35	1385	1	2.00	7.00	27
24	1	349	1	10.00	6.20	10
8	419	17689		0.33	1.29	61
10	3	2017				93
36	4	2570	1	7.82	15.08	5
9	25	800		0.43	1.63	20
45	13	4090	2	11.07	27.83	25
8	26	3308	1	0.11	0.22	18
30	3	320		3.00	5.00	4
50	7	550				18
10	1	30	1	0.04	0.07	11
14	25	412	1	0.46	1.07	25
30	3	370	1	1.46	4.39	4
26	2	48	1			1
25	1	40	1	6.01	9.25	
20	1	74	1			4

2019年各地区地市级

地区	机构数(个)	从业人员(人)	专业技术人才	正高级职称	副高级职称	中级职称	总藏量(万册/件)	图书
总计	**379**	**15100**	**11544**	**338**	**2024**	**5397**	**29083.60**	**24762.63**
北京								
天津								
河北	12	514	429	24	89	194	1048.81	800.78
山西	10	442	199	5	34	106	561.37	468.59
内蒙古	12	511	429	9	124	183	542.56	483.31
辽宁	23	1086	878	46	148	418	2155.35	1730.80
吉林	10	497	448	33	144	164	851.80	726.48
黑龙江	13	556	464	52	136	207	934.11	712.28
上海								
江苏	16	1017	774	20	116	349	2681.82	2276.08
浙江	14	1118	727	23	118	318	2544.70	2205.51
安徽	22	545	336	3	39	157	1012.20	900.34
福建	13	612	362	4	37	188	1283.26	971.57
江西	11	330	257	2	35	128	673.82	576.90
山东	17	883	699	30	160	352	1827.38	1601.24
河南	20	777	627	11	95	221	1245.15	1053.91
湖北	16	629	557	9	98	284	1472.14	1281.07
湖南	17	582	405	5	68	216	984.46	883.63
广东	27	1728	1448	36	163	765	4563.45	4113.82
广西	15	620	451	3	50	214	768.54	633.46
海南	4	66	46		3	16	137.21	121.72
重庆								
四川	22	590	427	4	59	212	1299.67	1080.52
贵州	10	295	251	4	45	108	337.76	298.89
云南	18	475	417	8	112	193	530.74	423.66
西藏	6	44	35		1	6	61.59	60.14
陕西	8	301	207	3	43	78	446.11	410.60
甘肃	17	315	222	2	23	106	374.10	302.98
青海	7	141	82	1	16	37	112.57	99.49
宁夏	5	130	109	1	16	48	176.55	148.46
新疆	14	296	258		52	129	456.39	396.40

公共图书馆基本情况

盲文图书	古籍		报刊	视听文献	缩微制品	其他	在藏量中	
		善本					开架书刊	少儿文献
32.97	**671.55**	**42.36**	**2346.91**	**686.69**	**11.86**	**603.97**	**16818.18**	**4642.23**
2.06	43.50	1.55	111.90	20.08	4.31	68.24	666.96	133.20
2.12	17.05	1.44	43.92	28.97		2.85	358.67	89.77
1.19	11.26	0.33	40.09	6.14	0.00	1.76	318.76	50.21
1.14	85.27	2.91	200.82	48.19	1.37	88.90	1437.86	358.35
0.56	21.04	1.72	73.14	18.98	0.14	12.03	264.19	129.98
0.58	29.57	1.73	139.68	33.74	0.05	18.80	485.72	67.23
1.36	127.94	9.91	216.01	61.52	0.02	0.25	1664.66	358.95
1.92	59.00	4.24	134.26	129.75	0.01	16.17	1364.27	417.60
2.08	15.62	1.73	58.08	19.02		19.13	637.02	169.47
1.10	9.78	0.64	114.26	23.21	0.03	164.42	741.12	260.90
0.98	16.54	1.74	62.25	9.08	0.04	9.01	266.09	86.54
1.62	41.05	2.08	143.92	12.05	0.52	28.61	1207.25	252.07
1.38	44.63	4.22	133.04	9.72	0.59	3.25	780.29	212.69
2.40	35.81	1.19	119.91	14.09	0.13	21.12	786.09	139.72
1.26	15.44	0.56	61.90	18.56	0.78	4.16	673.97	148.76
3.79	21.44	1.09	203.38	166.17	0.02	58.61	2424.40	1222.82
0.47	7.35	0.90	107.05	10.28	0.01	10.40	521.48	154.93
0.15	0.58	0.01	12.38	2.45	0.01	0.06	106.57	12.47
2.26	46.55	2.07	128.63	32.47	0.03	11.48	691.44	152.40
0.39	2.20	0.00	29.45	4.49		2.74	202.70	30.90
0.93	6.41	0.38	77.25	5.26	0.00	18.16	299.78	35.89
0.15	0.17	0.03	0.73	0.05		0.50	25.00	3.22
0.54	4.11	0.76	22.96	3.82		4.62	277.11	31.19
0.96	7.97	1.03	35.11	1.78	3.78	22.49	217.58	42.40
0.25	0.41	0.05	9.89	0.44	0.02	2.31	35.99	13.45
0.19	0.12		16.83	0.45	0.01	10.67	94.44	22.50
1.15	0.75	0.07	50.07	5.93	0.01	3.24	268.77	44.63

续表 1

地　区	电子图书（万册）				书架单层总长度（米）	本年新购藏量（万册）	当年购买的报刊种类（种）	有效借书证数（个）
		本馆自建	本馆外购	免费共享				
总　计	**23568.62**	**486.53**	**17207.03**	**5875.07**	**5730836**	**1880.99**	**306479**	**31322879**
北　京								
天　津								
河　北	382.71	10.80	358.15	13.76	145467	73.38	10530	770602
山　西	457.78	21.61	141.28	294.89	95293	98.89	6910	806591
内蒙古	464.48	0.09	302.69	161.70	71786	26.54	5550	321514
辽　宁	1081.92	8.65	992.77	80.51	224377	71.18	24820	896200
吉　林	929.56	12.27	800.33	116.96	83393	25.06	8728	809110
黑龙江	408.01	13.37	34.98	359.66	254475	33.53	7794	390211
上　海								
江　苏	1545.19	61.18	1298.75	185.26	615739	165.88	27815	9148469
浙　江	1415.83	1.86	1022.60	391.36	486075	142.20	21389	2583527
安　徽	1921.27	6.10	1800.62	114.55	144487	101.72	13606	1216133
福　建	939.11	32.22	784.53	122.37	196760	90.33	11463	900223
江　西	804.74	8.37	635.86	160.51	48857	34.75	7266	728715
山　东	1904.35	2.83	1763.20	138.32	317127	144.12	18239	3356714
河　南	1172.74	1.74	829.02	341.99	181554	112.38	15248	935882
湖　北	1961.46	7.70	689.62	1264.14	198115	137.84	13290	938245
湖　南	656.26	214.36	290.06	151.84	495354	58.14	11790	989366
广　东	2711.29	3.24	2373.48	334.58	677836	324.27	38441	3747088
广　西	1259.76	0.10	667.68	591.98	136534	47.85	11790	460293
海　南	65.19	12.00	50.19	3.00	20547	6.64	1874	57985
重　庆								
四　川	1171.52	7.39	1016.40	147.73	988412	56.98	14535	1120461
贵　州	440.01	0.03	359.55	80.43	31010	21.80	3829	171908
云　南	940.20	3.18	446.96	490.07	122442	30.35	8457	160010
西　藏	46.96		7.96	39.00	953	4.08	1233	5859
陕　西	357.34	0.37	132.23	224.75	63163	17.70	6800	241682
甘　肃	125.89	14.04	59.34	52.51	54930	13.00	5200	105715
青　海	150.36	26.03	115.83	8.50	9953	7.28	895	104919
宁　夏	95.81		95.81		22829	8.99	2374	124477
新　疆	158.90	17.01	137.16	4.73	43368	26.12	6613	230980

总流通人次（万人次）	书刊文献外借人次	书刊文献外借册次（万册次）	为读者举办各种活动					
			组织各类讲座次数（次）	参加人次（万人次）	举办展览（个）	参加人次（万人次）	举办培训班（个）	培训人次（万人次）
27526.88	**7904.52**	**19044.12**	**26791**	**357.23**	**7827**	**3351.75**	**19869**	**168.75**
1258.12	328.11	615.42	1108	16.32	252	116.05	591	2.02
905.28	302.07	422.30	998	9.34	128	284.70	871	15.94
625.37	105.31	210.19	302	3.10	129	13.85	104	0.73
1588.05	393.14	1011.81	1191	11.48	382	81.88	1744	3.93
304.40	121.52	210.12	467	4.49	178	48.24	258	1.59
448.06	200.58	331.41	280	2.51	170	20.26	595	2.28
2811.38	732.23	1992.28	1415	20.36	587	117.10	755	3.74
2758.17	599.48	1983.29	2875	39.77	982	421.92	3516	58.10
870.26	283.42	624.54	959	18.46	233	134.30	567	4.27
1439.69	556.83	1229.22	1033	16.15	191	100.09	771	9.59
647.81	286.21	612.87	357	5.57	151	54.51	254	2.80
2163.24	764.81	1174.94	1797	21.58	663	172.42	1866	9.93
1793.02	443.24	804.66	3635	34.81	578	106.62	933	4.21
1071.46	472.16	973.38	913	19.77	250	103.40	476	2.62
756.72	245.73	605.21	1730	32.41	360	223.33	1451	22.31
4525.39	962.85	4085.48	4889	48.04	899	1016.10	3410	14.41
877.18	179.18	328.17	535	10.70	415	97.17	712	3.61
114.81	40.68	50.46	60	1.93	31	5.80	151	0.37
803.68	321.67	611.22	814	14.80	275	71.56	171	0.85
210.73	107.02	161.80	159	2.16	83	22.01	122	0.72
364.80	103.16	250.29	353	4.99	228	50.17	284	2.09
12.62	1.51	3.59	34	0.32	13	0.54	2	0.02
523.06	102.65	216.72	137	4.46	90	16.67	66	0.30
267.04	111.70	263.60	382	7.82	229	34.01	81	1.16
61.56	29.56	52.26	61	0.87	39	2.84	13	0.09
127.31	47.38	91.04	66	0.58	79	4.80	17	0.13
197.68	62.31	127.83	241	4.45	212	31.42	88	0.94

续表 2

地　区	开展基层培训辅导人次(万人次)	本单位受训人次(万人次)	计算机(台)	供读者使用电子阅览室终端数	图书馆网站访问量(页次)	本年收入合计(千元)	财政补贴收入	免费开放资金
总　计	**17.40**	**9.14**	**52738**	**31119**	**560086591**	**5779435**	**5663450**	**293667**
北　京								
天　津								
河　北	0.25	0.50	1769	1058	5018143	149372	149262	7258
山　西	0.49	0.52	1742	915	2931721	204675	203438	5180
内蒙古	0.37	0.07	1378	883	4180496	131279	130354	5480
辽　宁	0.41	0.39	3543	1791	20866572	283525	283525	5105
吉　林	0.02	0.39	1106	624	631083	103327	102285	4250
黑龙江	0.21	0.10	1520	883	81015305	119454	118582	4250
上　海								
江　苏	3.88	0.57	3426	1781	8157387	570902	567622	28288
浙　江	0.62	0.34	2855	1650	112370107	495871	459563	9220
安　徽	0.65	0.23	2574	1807	26686830	246901	242953	10500
福　建	0.21	0.68	2843	1945	22601213	227261	213508	9923
江　西	0.88	0.08	1189	791	9834485	95899	95136	7849
山　东	0.65	0.37	3348	1973	28514657	338170	334400	23808
河　南	2.13	0.35	3055	1996	21397101	276791	272288	11800
湖　北	0.35	0.44	1894	1028	12891351	210843	207990	7873
湖　南	0.69	0.39	2129	1019	6289746	144351	137911	14267
广　东	2.05	0.60	6803	3855	165352592	1146301	1139733	75245
广　西	0.42	0.36	1695	953	3796871	186287	183535	7886
海　南	0.06	0.05	433	226	705203	26415	19329	1530
重　庆								
四　川	1.10	0.05	2025	1282	10557064	192343	191631	12483
贵　州	0.21	0.33	737	423	5531252	166445	161317	4500
云　南	0.21	0.27	1689	1064	2431580	158136	158008	9818
西　藏			311	247		11128	11128	2900
陕　西	0.26	0.87	882	518	3123857	74429	68412	4000
甘　肃	0.46	0.06	1103	703	897184	68547	67999	8121
青　海	0.05	1.03	419	306	1311435	39877	39122	3137
宁　夏	0.06	0.07	688	427	2934455	29976	27611	2000
新　疆	0.72	0.04	1582	971	58901	80930	76808	6996

中央资金	购书专项经费	上级补助收入	事业收入	经营收入	附属单位上缴收入	其他收入	本年支出合计(千元)	基本支出
95269	**699557**	**15387**	**12968**	**3946**		**83684**	**5774919**	**2922301**
3000	16230		70			40	152342	105954
2500	15190	20	332	815		70	194737	28856
4210	9100	480				445	134719	95310
1465	36679						277444	183835
2650	18500	220	685			137	99759	63116
3000	12797	323	59			490	117095	88173
3389	60285	1000	93			2187	600189	279420
100	71645	1816	1031			33461	496609	233430
5030	37819	621				3327	191859	84795
959	34514	114	1099	3131		9409	245037	88360
2900	14937	340	421			2	102709	66052
5895	37829	3060				710	344075	175349
5000	28202					4503	293833	119282
4073	19052	740	439			1674	220608	122505
5343	12624		4856			1584	149442	95361
2900	200276	2421	193			3954	1138743	590063
6060	14068	2660				92	179674	59108
750	1870	125				6961	25639	10805
9270	19669	64				648	181286	92809
3600	4791		3640			1488	167182	57870
6800	9341					128	142525	86109
1200	1250						10867	6579
2000	6981	66				5951	80334	39006
4691	5040	333	50			165	77183	50936
1200	2438	655				100	36217	26172
1300	1658	46				2319	30790	20776
5984	6772	283				3839	84022	52270

续表 3

地　区	项目支出	经营支出	在支出合计中：					
			工资福利支出	商品和服务支出	差旅费	劳务费	福利费	各种税金支出
总　计	**2792976**	**1871**	**2276439**	**1265512**	**23296**	**129973**	**15918**	**2118**
北　京								
天　津								
河　北	46366	21	69810	39019	540	1168	468	
山　西	163138	815	24841	22495	1007	5714	355	47
内蒙古	38408		66229	36121	964	1275	438	
辽　宁	93606		137325	54158	1014	6257	406	
吉　林	17641		51491	22999	674	4340	688	4
黑龙江	28922		66354	21244	454	1134	307	
上　海								
江　苏	320769		212512	128467	2536	14724	1066	42
浙　江	263094		190953	133225	1762	26113	5250	2
安　徽	93978		64573	58246	876	1980	290	
福　建	155604	1035	73576	61671	476	10187	223	116
江　西	36385		53227	23343	997	2867	75	2
山　东	166587		122892	73210	835	5880	29	316
河　南	173998		93960	44698	804	7847	822	179
湖　北	93059		97212	40850	841	3073	891	82
湖　南	46873		73201	29808	950	3083	739	9
广　东	546846		460320	279826	2091	9053	1492	1068
广　西	118079		61103	29673	847	575	78	131
海　南	14833		9451	10137	140	3460	2	
重　庆								
四　川	88374		77414	51092	1468	6566	792	25
贵　州	109311		44199	9587	1375	1072	192	29
云　南	56286		74767	23112	913	2840	454	12
西　藏	3768		5450	1850	34	300	3	
陕　西	40231		36840	18799	444	2521	317	8
甘　肃	25609		27299	20627	509	3271	383	
青　海	10044		19976	7114	164	1468	1	
宁　夏	10014		19611	6783	235	315	2	46
新　疆	31153		41853	17358	346	2890	155	

对个人和家庭补助支出	抚恤金和生活补助	其他资本性支出	各种设备购置费	新增藏量购置费	新增数字资源购置费	资产总计(千元)	固定资产原值	实际使用公用房屋建筑面积(万平方米)
237470	**20335**	**1369026**	**1070119**	**615779**	**158646**	**18076591**	**15129279**	**503.91**
13451	1374	29976	25862	16140	2410	426974	368961	16.76
982	80	55472	34388	24177	4191	496836	293027	18.15
3147	277	24836	18861	8322	2573	687443	696181	14.75
8011	1458	43535	42092	26988	10555	969799	889244	25.14
4373	1075	20169	17795	8360	5074	405445	374132	10.33
8722	492	17733	17629	12846	1047	283136	296001	13.56
20783	861	98739	86843	53964	9456	1554970	1140988	39.70
4175	441	97679	93011	61648	8297	1328255	1043109	32.04
6770	697	48495	48303	31626	5419	1740578	1541990	24.28
5249	251	97832	92648	28195	10349	810904	764146	29.26
2831	553	17680	15470	10952	2594	218461	194387	13.11
15667	1152	90995	71307	35529	4800	933827	891624	42.08
10224	468	132967	55886	27817	5870	1022021	922391	31.80
10682	317	55872	53699	37832	3526	534660	605180	25.78
8197	1420	29922	26052	19301	2673	359452	334421	15.00
76970	1315	227912	211314	142164	54568	3775051	2520032	65.52
3465	1652	59488	54147	15988	4595	424007	394220	17.75
31		4985	4283	1840	1823	63816	37305	1.71
8004	2395	40556	30806	22465	3848	468415	432516	14.71
6106	785	98613	8700	3584	3238	223675	118522	5.94
5045	1900	16330	10190	4892	1879	277264	246243	11.77
160	52	1174	1119	1019		77330	44617	1.89
217	71	22647	21375	7578	5569	234513	236592	7.56
9074	878	16588	14346	4454	1411	342828	365359	7.93
2350	37	4626	3467	2557	436	48690	53972	2.62
421	19	2872	2387	1649	360	143186	163981	3.87
2363	315	11333	8139	3892	2085	225055	160138	10.92

续表 4

地区					实际拥有产权面积（万平方米）	阅览室座席数（个）	
	书库面积	阅览室面积					少儿阅览室座席数
			书刊阅览室面积	电子阅览室面积			
总　计	**97.57**	**152.45**	**122.36**	**15.53**	**261.89**	**323805**	**71714**
北　京							
天　津							
河　北	2.10	4.77	4.27	0.34	10.09	11384	1968
山　西	2.08	6.19	5.02	0.74	13.78	12687	1715
内蒙古	1.90	3.62	2.94	0.65	5.15	9479	1164
辽　宁	4.23	6.40	4.65	0.69	9.71	14459	3176
吉　林	1.65	3.22	2.48	0.23	6.46	7249	901
黑龙江	2.54	3.19	2.18	0.29	3.02	8854	1276
上　海							
江　苏	6.47	10.41	9.21	0.57	15.78	20017	4472
浙　江	5.26	8.91	7.53	0.66	7.22	18117	4881
安　徽	4.26	8.90	6.93	0.60	16.25	19503	4335
福　建	5.47	9.09	8.14	0.84	14.13	19628	3363
江　西	3.82	4.76	3.53	0.39	6.35	9624	2773
山　东	9.68	12.61	10.51	1.03	23.16	18432	4003
河　南	7.06	9.55	7.14	1.18	19.42	23060	7102
湖　北	6.95	9.17	5.86	1.60	16.94	14744	3151
湖　南	5.26	4.05	3.28	0.56	9.36	9767	2413
广　东	10.62	21.37	19.35	1.89	31.33	37614	9796
广　西	3.31	3.89	2.84	0.59	6.41	10736	3484
海　南	0.60	0.39	0.32	0.08	2.06	1415	450
重　庆							
四　川	3.48	4.86	4.16	0.45	11.77	13529	2963
贵　州	1.54	2.54	1.59	0.32	5.90	5231	801
云　南	3.03	3.42	2.36	0.61	7.57	8840	1675
西　藏	0.27	0.47	0.13	0.12	0.63	1469	236
陕　西	1.35	2.36	2.14	0.22	5.39	5591	1010
甘　肃	1.50	3.49	2.37	0.30	5.77	9017	2456
青　海	0.49	1.34	0.99	0.15	0.89	1351	298
宁　夏	0.69	0.82	0.50	0.13	2.10	3654	558
新　疆	2.00	2.68	1.97	0.31	5.26	8354	1294

			图书馆延伸服务情况			
盲人阅览室座席数	志愿者服务队伍数（个）	志愿者服务队伍人数（人）	流动图书车数（辆）	流动服务书刊借阅人次（万人次）	流动图书馆车书刊借阅册次（万册次）	分馆数量（个）
6165	**1228**	**159667**	**344**	**997.04**	**1871.07**	**4607**
185	47	4014	3	7.70	14.70	95
134	68	8799	5	12.02	19.51	132
165	26	1734	2	3.18	6.77	130
240	87	10579	4	252.37	565.57	551
157	27	2856	3	5.01	5.78	42
66	25	4991	3	25.06	44.47	182
257	90	12505	17	24.13	42.00	358
236	125	12675	16	75.85	204.79	353
593	69	4736	4	12.28	19.10	278
215	41	4178	6	17.50	45.25	287
271	22	1167	4	31.61	22.79	110
362	59	5635	12	170.37	183.00	314
539	55	5415	9	37.60	38.00	110
282	38	2580	13	60.68	94.40	242
143	105	6711	3	21.12	36.84	274
405	122	47809	200	101.44	284.82	711
148	42	12384	4	10.88	17.91	28
15	12	1416		2.89	5.06	5
357	50	4021	11	24.48	42.49	105
161	17	1033	2	15.61	18.16	27
407	31	1454	1	35.99	40.99	62
43	4	54	1	0.07	0.20	
114	11	906	4	8.28	15.72	120
351	21	803	1	4.40	32.80	18
44	7	108	7	7.64	15.88	3
53	7	171	2	26.31	51.53	32
222	20	933	7	2.60	2.56	38

2019年各地区县市级

地　区	机构数(个)	从业人员(人)					总藏量(万册/件)	
			专业技术人才	正高级职称	副高级职称	中级职称		图书
总　计	**2777**	**33739**	**21018**	**164**	**2198**	**9511**	**56332.25**	**48696.36**
北　京	22	868	684	4	47	230	2105.90	2047.62
天　津	27	714	563	9	68	225	1233.44	1058.76
河　北	160	1170	733	1	80	356	1673.06	1502.26
山　西	117	988	630	1	41	270	1150.60	968.62
内蒙古	104	1125	898	1	192	369	1048.45	887.50
辽　宁	106	1105	753	4	85	463	1510.17	1278.52
吉　林	55	839	667	15	112	309	812.21	685.04
黑龙江	96	862	731	45	205	324	963.45	856.06
上　海	21	1332	1086	1	46	400	2274.11	2110.89
江　苏	100	2071	1219	10	127	536	5973.11	5473.18
浙　江	88	2698	1182	23	122	548	6163.26	5687.40
安　徽	104	787	483	2	32	218	1745.87	1512.18
福　建	79	776	458	2	25	213	2497.46	2079.77
江　西	102	893	474	4	22	189	1582.69	1305.03
山　东	136	1708	1319	5	206	623	3881.03	3407.85
河　南	142	1931	846	1	43	421	1750.64	1477.25
湖　北	99	1169	797		37	466	1869.49	1542.60
湖　南	122	1201	813	1	31	429	1950.85	1631.54
广　东	118	2699	1279	13	70	582	5029.40	4224.66
广　西	98	748	515		18	239	1294.51	990.91
海　南	19	156	93		1	28	268.61	229.53
重　庆	41	677	371	13	49	165	1409.75	1214.50
四　川	183	1414	777	2	36	332	2297.10	1934.66
贵　州	87	645	439		33	153	1010.48	826.01
云　南	132	1129	1004	2	326	462	1442.66	1078.93
西　藏	74	91	52		3	1	129.22	103.51
陕　西	102	1875	904	3	30	384	1109.60	923.99
甘　肃	86	911	485		41	206	856.09	637.48
青　海	44	198	110	1	6	60	202.06	155.34
宁　夏	21	327	183	1	11	89	355.35	282.19
新　疆	92	632	470		53	221	741.64	582.58

公共图书馆基本情况

盲文图书	古籍		报刊	视听文献	缩微制品	其他	在藏量中	
		善本					开架书刊	少儿文献
69.38	**476.31**	**40.02**	**3841.77**	**828.28**	**60.27**	**2429.26**	**34613.00**	**7197.89**
0.29	5.15	0.32	16.21	28.57		8.36	1554.14	217.80
1.22	5.24	0.79	131.24	10.06	0.05	28.09	747.83	140.38
2.78	5.98	0.48	96.24	20.84	0.99	46.74	996.90	185.89
1.95	29.37	4.52	110.88	7.19	1.51	33.02	530.42	90.85
0.85	5.54	0.27	99.64	9.00	0.86	45.90	670.32	96.11
1.56	3.39	0.94	49.22	27.75	0.74	150.54	905.67	240.44
1.49	1.51	0.06	51.31	16.71	0.14	57.51	512.82	94.68
1.13	0.50		78.58	6.82	0.56	20.92	668.80	92.27
1.18	8.10	0.46	28.60	101.86	0.01	24.66	1457.74	313.23
4.93	54.72	3.69	235.66	60.54	0.52	148.49	3799.24	797.80
3.59	54.57	2.74	259.57	95.97	0.43	65.33	4351.58	1071.46
6.17	12.23	0.42	93.32	27.85	0.69	99.59	888.64	238.16
1.19	11.99	0.94	128.63	41.16	1.14	234.77	1348.83	403.66
3.12	23.27	3.86	185.40	11.18	0.65	57.16	698.14	193.01
5.67	23.99	2.39	260.63	40.52	3.32	144.71	2601.25	394.80
8.19	14.92	1.18	191.54	25.53	0.51	40.91	1221.52	211.10
2.09	15.14	1.19	193.54	22.36	33.88	61.97	1082.79	251.13
3.78	39.68	3.31	202.09	15.57	0.90	61.07	984.97	214.02
2.46	14.00	1.07	187.13	99.69	0.21	503.71	3408.68	747.92
0.42	6.46	0.17	245.75	7.90	0.95	42.53	643.69	114.79
0.04	0.58	0.04	21.39	12.23	0.80	4.08	149.66	18.58
3.01	22.73	2.40	100.47	19.88	0.12	52.05	968.92	224.66
4.00	47.53	2.20	203.86	15.95	3.07	92.04	1314.76	267.36
1.55	3.78	0.69	99.30	11.02	1.58	68.78	584.05	93.57
1.38	26.93	2.73	187.50	59.79	0.87	88.64	844.26	147.38
0.34	1.54	0.13	5.49	1.14	0.53	17.01	10.21	7.63
2.39	21.97	0.92	101.40	11.31	0.40	50.53	570.28	107.17
1.06	12.12	1.92	129.21	6.16	1.49	69.64	442.04	85.52
0.36	2.08	0.07	10.32	1.79	2.35	30.19	58.78	14.68
0.63	0.79	0.13	34.47	5.01	0.03	32.86	174.36	56.08
0.58	0.51	0.02	103.17	6.92	0.96	47.49	421.74	65.77

续表 1

地　区	电子图书(万册)	本馆自建	本馆外购	免费共享	书架单层总长度(米)	本年新购藏量(万册)	当年购买的报刊种类(种)	有效借书证数(个)
总　计	**52039.96**	**1645.36**	**30796.47**	**19598.13**	**7516165**	**4363.66**	**631502**	**40379740**
北　京	1077.80	24.22	560.27	493.32	198320	144.26	14227	1273186
天　津	1732.98	0.05	1144.61	588.33	110781	197.79	16679	479389
河　北	1467.57	65.11	1243.78	158.68	297156	177.29	15109	643562
山　西	733.72	4.47	536.82	192.44	139732	62.60	12680	303426
内蒙古	718.74	76.64	341.12	300.98	155582	41.86	21582	365880
辽　宁	638.72	1.70	406.83	230.19	148217	56.67	14564	727879
吉　林	1764.53	86.88	374.65	1303.01	88241	75.52	8505	165551
黑龙江	514.10	1.35	197.92	314.83	105901	36.87	13808	313058
上　海	1040.10	3.97	820.60	215.52	214407	130.37	33067	1806053
江　苏	5767.70	78.01	4365.33	1324.36	516380	391.06	46968	6542097
浙　江	6221.86	261.35	2690.72	3269.79	1544823	646.74	59426	10196340
安　徽	3278.12	43.32	2599.78	635.01	157504	121.32	17805	1028910
福　建	2036.47	90.82	1039.29	906.36	220930	369.35	18467	828405
江　西	880.06	24.01	660.16	195.89	197921	79.66	16672	748899
山　东	2371.18	29.12	1577.65	764.41	386684	233.91	28652	2592986
河　南	1123.86	63.90	802.55	257.41	225469	109.74	19079	965376
湖　北	2053.24	105.89	1188.21	759.14	211962	125.06	18422	828375
湖　南	1085.70	47.89	628.85	408.97	271981	141.72	19387	1031553
广　东	4793.64	34.45	2733.57	2025.62	494714	570.98	39426	4100771
广　西	453.62	2.90	391.50	59.22	200992	66.44	16827	274666
海　南	638.60	18.30	428.39	191.91	33710	24.14	4336	50471
重　庆	1143.16	67.25	739.85	336.07	375578	89.67	20375	1838500
四　川	2883.48	67.46	1323.06	1492.96	447544	140.79	28769	1476561
贵　州	962.46	100.16	734.80	127.50	124206	72.48	14088	568976
云　南	1234.32	21.31	857.81	355.20	249543	54.66	26140	376904
西　藏	12.21	0.12	1.22	10.88	10745	7.06	10389	869
陕　西	3172.33	255.05	362.46	2554.82	112665	71.73	13020	310160
甘　肃	1666.41	10.18	1617.62	38.61	105075	62.56	9863	239978
青　海	81.59	7.80	70.88	2.90	26251	6.17	31589	29865
宁　夏	108.14	0.10	88.91	19.13	45477	25.33	7557	100948
新　疆	383.57	51.58	267.29	64.70	97674	29.88	14024	170146

总流通人次（万人次）		书刊文献外借册次（万册次）	为读者举办各种活动					
	书刊文献外借人次		组织各类讲座次数（次）	参加人次（万人次）	举办展览（个）	参加人次（万人次）	举办培训班（个）	培训人次（万人次）
53350.31	**17114.17**	**37277.33**	**53760**	**1352.87**	**25376**	**4287.21**	**45647**	**262.48**
1429.31	406.03	1070.51	2827	17.70	478	168.41	1569	5.84
1335.77	265.14	653.29	1406	13.20	588	98.92	1620	6.66
1089.46	516.05	989.82	2543	28.50	850	79.63	1228	7.84
987.16	312.25	485.06	1875	21.55	621	122.14	769	5.18
694.29	240.54	455.73	686	11.65	444	42.88	449	2.54
1072.25	336.78	834.98	1379	10.75	655	64.69	573	3.22
468.21	202.79	373.80	365	3.40	334	48.36	271	2.24
514.91	200.53	471.89	923	14.97	592	56.15	621	4.00
2341.52	404.02	1722.48	2262	19.79	322	102.67	1626	6.41
5340.36	1628.38	3946.51	3251	46.03	1344	252.40	1574	9.02
10400.61	1876.22	5690.81	4335	62.72	2427	690.32	8392	42.38
2519.99	1059.38	1601.26	1971	31.20	1246	186.61	2396	17.78
2244.32	959.64	2576.40	1751	19.61	764	93.88	1226	6.10
1210.01	608.49	1074.21	1506	21.19	1090	145.44	863	6.72
2900.30	1446.20	2325.28	5076	53.98	1714	181.47	3687	23.12
2290.76	1001.81	1491.22	2977	38.44	1001	100.03	1353	10.22
1240.62	671.95	1109.74	1693	25.34	920	85.32	888	6.99
1589.81	855.05	1595.03	2032	30.26	777	79.44	1481	11.22
6282.20	1222.02	3447.54	4456	743.99	1981	785.05	6706	33.17
677.29	282.65	489.61	930	14.54	723	92.41	879	7.34
126.19	27.72	62.09	113	1.46	86	9.17	80	0.55
1305.90	494.01	1180.73	1368	19.20	1001	145.50	1256	10.28
1748.16	656.04	1277.72	2644	27.13	1096	206.98	1413	7.15
664.42	277.33	450.16	985	19.40	576	60.54	680	3.91
922.53	327.59	555.89	1405	16.30	1038	146.24	1110	5.73
10.42	4.34	6.04	25	0.35	90	1.65	44	0.20
788.64	366.83	553.95	1308	16.52	1012	81.84	1509	8.60
475.69	227.15	350.73	850	11.97	503	52.88	339	2.66
44.04	20.35	29.00	102	1.59	135	9.32	91	0.59
288.19	106.34	196.88	140	2.20	207	21.97	171	1.83
346.98	110.57	208.97	576	7.98	761	74.92	783	3.00

续表 2

地　区	开展基层培训辅导人　次（万人次）	本单位受训人次（万人次）	计算机（台）	供读者使用电子阅览室终端数	图书馆网站访问量（页次）	本年收入合　计（千元）	财政补贴收　入	免费开放资　金
总　计	**80.93**	**19.24**	**150941**	**105916**	**285375235**	**8022574**	**7771050**	**609213**
北　京	1.18	0.59	3546	1532	8402203	530993	516165	14513
天　津	0.38	0.55	3307	2246	27322436	442826	438857	14721
河　北	3.18	0.33	5816	4500	4055001	143250	139724	23374
山　西	5.70	0.86	4708	3521	2526568	148052	145914	21737
内蒙古	2.09	0.98	4649	3290	1615453	181819	177047	18642
辽　宁	1.12	0.52	5496	3650	8863453	132538	132439	5823
吉　林	0.55	0.09	2636	1854	1601538	162654	158406	9165
黑龙江	3.68	0.14	3961	2706	842149	135648	134427	12631
上　海	0.61	0.59	4140	2363	14652302	677049	675273	2536
江　苏	4.41	0.61	7969	5300	28344706	601451	588037	33847
浙　江	2.39	2.06	9472	6638	12802279	778574	751641	40176
安　徽	6.74	2.94	5451	4095	6550734	165636	154451	19360
福　建	1.08	0.23	4008	2725	7736236	219029	201971	10585
江　西	5.06	0.27	6167	3934	4229682	155315	139048	15286
山　东	4.82	0.61	7981	5773	29249258	315840	307666	35705
河　南	4.30	0.46	7125	5068	5463296	221313	219916	24006
湖　北	6.52	0.46	4679	3372	6739046	248711	230125	17477
湖　南	3.62	1.53	5422	3993	10785748	239182	227204	23874
广　东	2.05	1.97	10354	7106	18262572	1013629	1000516	49177
广　西	1.60	0.29	4211	2990	1720091	118944	105068	18640
海　南	0.22	0.09	852	631	390994	32085	25340	2810
重　庆	3.09	0.29	3934	2930	22610777	237690	222316	24780
四　川	6.12	0.15	8831	6698	17232765	307678	301074	49755
贵　州	1.59	0.21	4440	3034	4411411	98596	93892	13388
云　南	2.77	0.27	5571	4092	28652242	192997	188250	23876
西　藏	0.06	0.01	987	639	3534	18568	17990	12532
陕　西	2.54	0.39	4750	3602	7321458	207963	200267	23302
甘　肃	2.00	0.15	3770	2665	1785899	116811	108517	17493
青　海	0.16	0.04	1422	845	89309	33188	30329	4477
宁　夏	0.39	0.60	1380	1054	787364	50417	46675	6984
新　疆	0.93	0.99	3906	3070	324731	94128	92505	18541

中央资金	购书专项经费	上级补助收入	事业收入	经营收入	附属单位上缴收入	其他收入	本年支出合计(千元)	基本支出
262715	**791838**	**129214**	**23215**	**1019**	**126**	**97950**	**8388130**	**4745966**
4525	51365		446	456		13926	500958	266868
3400	23887	2253	157	373		1186	405803	240742
15794	13524	3079		45		402	152007	90846
11674	7178	1977				161	141788	94019
13376	4716	1475				3297	192986	158156
1420	11728	40	40			19	140420	104568
5550	7561	210	60			3978	150764	84147
9500	5703	1014				207	133914	100334
1536	79951	13	711			1052	687165	399699
2701	77764	4751	5248			3415	607156	359110
253	144678	11429	487			15017	1031409	392566
7790	15960	8577	1118			1490	168543	112331
2116	33042	7066	4372			5620	224098	115008
5566	17407	11308	1166	10	121	3662	163496	114854
2407	30810	6490	45			1639	339400	226551
13600	19342		235	10		1152	215341	159679
6289	23199	11665	579			6342	248698	165387
10124	17578	8507	358			3113	239693	154661
6872	105726	11074	281			1758	1019479	394221
14584	5930	13623	46			207	122876	84200
1210	4121	4002	5			2738	47486	16079
15600	24174	1920				13454	234291	129631
28704	27454	1780	179			4645	377219	172992
8715	5766	2166	1734			804	105576	66114
19081	5787	816	2294			1637	193811	148412
10008	2020	478	100				15467	11704
13861	12854	5219				2477	213136	151499
7157	3440	4278	3436	120		460	120833	89819
2345	1665	2310	118	5	5	421	34219	23907
3890	3900	1072				2670	63677	44698
13067	3608	622				1001	96421	73164

续表 3

地　区	项目支出	经营支出	在支出合计中：					
			工资福利支出	商品和服务支出	差旅费	劳务费	福利费	各种税金支出
总　计	**3024982**	**4844**	**3559380**	**1797124**	**43389**	**208683**	**31126**	**2481**
北　京	231468	250	229546	149206	209	9667	2686	200
天　津	160468	293	128959	124000	338	6778	1323	105
河　北	48023	100	80157	18213	357	3991	235	
山　西	42699		74598	22733	809	2970	381	61
内蒙古	29720		107848	32666	1389	3280	192	64
辽　宁	22138	2128	85039	18188	436	2795	80	
吉　林	63016		72995	18429	782	2833	7	23
黑龙江	33534		76031	15814	932	999	37	
上　海	287441		273185	205946	499	3376	4958	4
江　苏	233217		253666	127599	2455	11878	2296	130
浙　江	365511	745	330002	188064	1866	29709	7738	598
安　徽	42596	99	71434	34802	1409	2361	837	
福　建	89822		78237	54748	657	10946	76	21
江　西	33674	60	78644	26452	2247	2896	736	60
山　东	78398	14	172047	44302	1313	5501	362	25
河　南	47993	15	116383	29620	1412	2989	514	32
湖　北	68416		130059	37053	1268	4566	923	137
湖　南	67399	20	106510	47042	1928	6156	1136	64
广　东	585938	20	293400	311856	1589	46247	3479	35
广　西	30233	5	60385	23560	2054	2425	62	43
海　南	19034	9	15978	6884	601	334	19	2
重　庆	102462	22	87573	71243	8208	16314	641	3
四　川	197309	20	142285	83711	4845	11408	1009	10
贵　州	13853	125	56013	12996	904	4156	139	143
云　南	35408	40	132557	24199	1274	4414	463	56
西　藏	942	24	5896	249	102	128		
陕　西	41231	663	122614	28889	1399	3576	147	275
甘　肃	15122	77	68549	17149	1092	1820	207	383
青　海	8645	50	16615	3163	169	607	304	
宁　夏	14012	15	28205	6132	305	1330	43	
新　疆	15260	50	63970	12216	541	2233	96	7

对个人和家庭补助支出	抚恤金和生活补助	其他资本性支出	各种设备购置费	新增藏量购置费	新增数字资源购置费	资产总计（千元）	固定资产原　值	实际使用公用房屋建筑面积（万平方米）
228707	**30309**	**1613331**	**1267486**	**844521**	**94633**	**29255252**	**24547440**	**983.07**
10250	1291	77147	55590	34930	6543	1020166	985329	20.40
15127	330	103442	87886	39130	12297	590782	528113	30.75
4966	1093	34207	21082	15861	1390	575274	339192	35.16
2227	225	21278	17725	10042	1798	387273	363608	29.30
10021	772	26714	17014	9351	855	361050	333190	25.02
3069	704	18026	17007	10509	1716	5586804	4799955	26.00
2637	397	25240	14752	7526	714	353570	291078	14.12
6328	712	26543	11781	7131	1476	259139	248513	17.48
5000	1228	149558	89394	54136	12468	1963324	2012765	30.99
22000	2684	140664	119950	89004	10463	1545538	1376772	107.68
10536	835	189913	169469	137203	5898	2091959	2023561	93.11
6244	1013	34432	26051	17651	897	486181	407541	28.99
4554	414	57083	52677	35773	5561	654552	615368	28.40
5928	963	34703	30334	16944	1757	890279	857709	29.08
12589	1155	58221	51297	37979	1659	710798	640602	59.77
6549	812	36938	34391	22141	944	564803	539450	36.94
7889	694	43358	32012	23464	2671	734927	655036	35.92
5738	997	46823	39608	27747	3301	1811408	1731643	33.92
42911	1902	232755	190812	137464	7752	1612838	1373091	76.49
2635	661	21572	20214	10473	3255	235199	198008	18.92
541	13	10805	4443	3816	248	87600	84494	4.66
9228	4825	52061	31521	22410	2611	477430	434215	31.37
8452	2977	46284	39209	24876	1953	777789	743332	48.07
2489	496	15163	12433	8369	1252	615614	356222	20.19
4704	1058	13555	10779	8087	766	507977	491363	26.32
		4201	3576	1851	76	63781	51762	2.23
2534	923	37781	27553	12273	1942	345822	310541	23.83
8117	536	15033	13244	8085	609	1084745	1055145	18.15
738	31	8440	2207	1132	317	2417363	275075	4.19
1121	34	21069	14673	4269	1144	148212	147065	6.73
3585	534	10322	8802	4894	300	293055	277702	18.89

续表 4

地区					实际拥有产权面积（万平方米）	阅览室座席数（个）	
	书库面积	阅览室面积					少儿阅览室座席数
			书刊阅览室面积	电子阅览室面积			
总　计	**190.53**	**290.74**	**202.96**	**46.39**	**541.61**	**778639**	**207474**
北　京	4.60	4.90	3.87	0.64	11.10	12193	2660
天　津	5.05	6.63	4.40	0.65	3.65	15309	2903
河　北	7.60	12.50	8.52	1.80	17.48	30521	7517
山　西	5.15	8.94	5.60	1.74	28.24	23371	6092
内蒙古	3.81	8.02	5.50	1.55	10.49	20751	6097
辽　宁	4.22	6.89	5.23	1.19	11.91	20399	4979
吉　林	2.36	4.48	3.16	0.74	8.58	12416	3538
黑龙江	3.02	5.45	3.13	1.22	6.71	16990	5104
上　海	3.74	9.77	8.26	0.80	16.00	21491	4485
江　苏	13.07	25.79	18.42	2.75	42.89	51009	13479
浙　江	16.87	26.84	22.46	3.30	36.31	65068	15821
安　徽	4.47	9.09	5.10	1.73	17.02	24693	7758
福　建	7.34	8.93	6.03	1.01	18.05	23785	7240
江　西	6.08	9.10	5.93	1.55	17.68	28555	8733
山　东	13.10	15.57	10.64	2.65	26.34	43966	10651
河　南	8.19	10.49	7.47	2.08	19.18	37183	10545
湖　北	7.55	11.19	6.86	2.20	29.55	27513	7518
湖　南	8.29	9.12	6.30	1.86	25.99	29115	9668
广　东	16.68	25.84	18.90	3.27	47.01	64236	16136
广　西	5.59	5.36	3.57	1.15	13.82	19848	6261
海　南	1.11	1.04	0.64	0.21	3.07	3514	1125
重　庆	5.78	9.61	6.58	1.19	26.17	28802	7236
四　川	9.73	18.36	13.19	3.39	29.03	45971	10974
贵　州	4.52	6.43	4.25	1.12	15.22	20269	5286
云　南	6.85	6.92	4.18	1.85	18.60	22747	6551
西　藏	0.55	0.71	0.33	0.26	0.63	1855	214
陕　西	5.74	7.28	4.96	1.38	16.47	20805	5624
甘　肃	2.98	4.28	2.92	0.91	11.18	17076	5040
青　海	0.91	1.52	0.91	0.34	0.76	2758	770
宁　夏	1.39	2.79	1.70	0.60	3.87	8067	1521
新　疆	4.20	6.90	3.94	1.30	8.63	18363	5948

			图书馆延伸服务情况			
盲人阅览室座席数	志愿者服务队伍数（个）	志愿者服务队伍人数（人）	流动图书车数（辆）	流动服务书刊借阅人次（万人次）	流动图书馆车书刊借阅册次（万册次）	分馆数量（个）
21537	**6927**	**268260**	**3100**	**1551.19**	**2655.22**	**35284**
164	55	9880	14	5.45	74.12	424
255	90	4006	10	12.70	28.14	472
826	291	8960	76	24.29	40.99	1654
896	214	5299	143	59.62	85.62	1425
532	155	5564	48	27.57	45.68	1081
514	251	6888	18	20.69	51.09	538
376	88	2451	54	42.62	63.45	509
510	171	3236	38	22.12	37.51	694
263	252	16393	4	52.18	105.66	194
1295	268	19923	32	69.07	167.60	6532
1007	493	29485	53	295.11	600.44	2063
1007	174	6449	27	100.73	131.53	1083
586	132	8917	25	15.21	28.16	511
1524	212	4702	37	37.41	58.26	714
1754	370	13961	36	98.54	153.12	1366
1131	375	6679	78	51.95	75.96	3914
833	844	9436	79	89.83	117.81	533
919	294	10885	52	53.62	88.95	985
1119	234	54960	45	102.77	144.48	1123
425	183	2787	43	29.94	46.74	123
34	53	566	26	6.50	7.81	40
783	103	3974	43	65.41	131.68	1410
1176	279	6971	130	58.73	94.18	845
759	265	4669	86	40.98	53.34	577
672	234	3300	97	65.86	83.85	622
8	141	1156	65	1.31	1.54	122
753	192	7568	93	49.60	60.04	1064
658	205	2925	54	27.41	35.47	4350
76	42	421	40	6.43	8.61	43
259	51	1293	1508	8.76	16.43	85
423	216	4556	46	8.78	16.98	188

主要统计指标解释

1．**藏量**：指本馆已编目的古籍、图书、期刊和报纸的合订本、小册子、手稿以及缩微制品、录像带、录音带、光盘等视听文献资料数量之和。

对同一书名，但分若干册（卷）的图书，按每一册（卷）作为一册统计。期刊和报纸均以每一合订本为一册统计。至填报本表时，尚未装订成册编目的期刊和报纸不应统计在内。

2．**图书**：指装订成册，不少于49页，并在“古籍”范围以外的纸介质图书。装订成册但不足49页的，按小册子统计到“其他”类中。

3．**盲文图书**：指供盲人读者阅读的图书。

4．**报刊**：指刊登当前事件的专题或综合新闻，每周至少出版一张并按年、月、日顺序或按编号排列的连续出版物。或者是同一刊名下，按顺序号或按年、月、日出版的定期或不定期的一种连续出版物。包括报纸和期刊。

5．**古籍、善本**：实际成书和出版年代在1911年（含1911年）以前的线装、卷轴装、经折装、蝴蝶装、包背装等书籍为古籍。其中清乾隆六十年即1795年（含1795年）以前的古籍为善本，1795年至1911年间的具有历史文献性、学术资料性和印刷装帧艺术代表性的也归为善本。

6．**视听文献**：包括各类型声频文献（唱片、录音带、盒式磁带等）、视频文献（例如幻灯片、透明正片等）和声频与视频混合文献（例如有声电影、录像片等）。

7．**缩微文献**：指所有经过缩微处理制成缩微胶卷和缩微平片，使用时需要放大的文献资料。

8．**其他**：指馆藏文献资源中，不在以上任何一类文献中的内容。

9．**开架书刊**：指图书馆总藏量中已上架并可用于外借或馆内阅读的图书、报刊等。

10．**少儿文献**：是指供少儿阅读的文献，包括图书、绘本、画册、连环画等，不论其是否装订成册，或页数是否达到49页，均按1个“册/件”计算在内。“少儿文献”不纳入“总藏量”加总计算，在图书、报刊、视听文献、缩微制品中，涉及少儿文献的，仍然分别统计在内。

11．**电子图书**：指本馆通过购买方式取得当前使用权的电子图书，以及本馆自建或与其他机构合作建设的电子图书。

本馆自建电子图书：指本馆通过数字化加工、网络采集、依法保存等方式获得，并在本地存储和保管的电子图书。

本馆外购电子图书：指本馆付费获得使用权不少于12个月的电子图书。

从其他机构免费共享的电子图书：指其他机构通过VPN共享、本地镜像或硬存储等方式免费授权给本馆使用的电子图书。

12．**书架单层总长度**：指馆藏实际占用书架、书柜单层单面长度之和。

13．**本年度新购藏量**：是指本年度内，通过购买、征集、竞拍等各种方式新入藏的各类型文献资源总量（不包括电子图书）。

14．新增电子图书：指图书馆本年度通过自建、购买(获得使用权不少于12个月)的电子图书总量。

15．当年购买的报刊种类：指图书馆当年购买的期刊和报纸种类之和。其计量原则同图书。

16．有效借书证数：是指由本馆或本馆所在总分馆体系中其他图书馆发放，并在当年内在本馆、本馆下辖分馆或本馆派出各类馆外服务设施中使用过至少一次的借书证数。

17．总流通人次：指本年度内到图书馆场馆接受图书馆服务的总人次，包括借阅书刊、咨询问题，以及参加各类读者活动等。

18．书刊文献外借人次：指通过本馆或本馆所辖分馆以及本馆派出的馆外服务设施将本馆各类型文献资源借出阅读的读者人次。

19．书刊文献外借册次：指读者通过由本馆或本馆所辖分馆以及本馆派出的馆外服务设施借出阅读的本馆各类型文献册次。

20．组织各类讲座次数、参加人次：指由本馆举办或与外机构联合举办的各类讲座次数及参加这些讲座的人次。

21．举办展览个数、参观人次：指本馆举办或与外机构联合举办的在馆内或馆外展览的展览个数及参观人次。个数按展览的内容计算。同一内容的展览不论在哪些地点展出和展出时间多久，只计算一个。

22．举办训练班班次、培训人次：指本馆举办或与外机构联合举办的各种科普、文化、艺术等训练班，按截止到年底办完的班数及培训人数分别计算班次及培训人次。截止到年底未办完的班数和人数均在下一年度统计。

23．为少儿举办的专场活动：是指专门以少年儿童为受众组织的展览、讲座、读书、培训等活动，含亲子阅读类活动。

24．图书馆网站访问量：指本年度中图书馆网站中所有网页（含文件及动态网页）被访客浏览的总次数。图书馆网站指有独立域名的Web站点，其中包括cn和通用顶级域名下的Web站点。

25．计算机台数：指图书馆内列入固定资产管理并正在使用的计算机终端台数。

26．供读者使用的终端数：指图书馆内放置可供读者使用的计算机台数。

27．新增藏量购置费：指本馆本年购进图书、报刊、缩微制品、视听文献等藏品所用经费之和。

28．新增电子图书购置费：指图书馆本年度专门用于自建、购买电子图书的经费。

29．少儿阅览室座席数：指图书馆中专门提供给少年儿童使用的座位数。

30．盲人阅览室座席数：指图书馆中专门提供给盲人使用，并配置有专门的辅助阅读、视听设备的座位数。

31．流动服务书刊借阅人次/册次：是指图书馆利用流动服务方式开展书刊借阅服务的读者人次和册次。

32．分馆数量：是指在以本馆为中心馆的总分馆体系中，接受本馆统一管理，具有独立馆舍、一定数量的馆藏、专职管理人员的图书馆数量。总馆对分馆负有业务指导关系，并且总、分馆之间实现文献资源共建共享、通借通还。

3 群众文化

按年份全国群众文化机构基本情况

年　份	机构数（个）	从业人员（人）	举办展览个数（个）	组织文艺活动次数（次）	举办训练班次（次）	收入合计（万元）	财政拨款	支出合计（万元）	实际使用房屋建筑面积（万平方米）
1979年	3965		13001	114307		10114	10114	10114	
1980年	7723		23553	202828	20359	11270	11270	11376	
1985年	8746	59599	30998	118888	31842	20835	20835	17686	308.5
1986年	8906	67501	32803	106726	30576	29573	25505	23751	354.8
1990年	9087	67817	34292	99068	37017	49763	36985	37475	457.8
1991年	10507	70319	35498	116618	39568	45874	31066	43559	484.5
1992年	9564	66938	32095	96481	40707	53735	35577	49798	496.1
1993年	10155	68097	29636	86680	34279	62098	37840	57877	538.6
1994年	11276	70489	30224	92167	39296	79167	48906	73174	560.3
1995年	13487	75263	31070	110509	46023	89411	56826	83628	614.1
1996年	45253	127742	76397	247357	130592	139090	74434	137775	1110.0
1997年	43738	129194	87795	278782	119873	160117	92275	158861	1176.0
1998年	45834	129842	86960	267351	125872	178165	96416	173207	1195.3
1999年	45837	128216	94270	280373	138195	111089	108656	177528	1195.2
2000年	45321	128420	91670	276574	143370	186896	118430	188437	1229.9
2001年	43397	120156	89392	284316	156089	210181	141754	210860	1213.8
2002年	42516	119072	92917	301792	137350	241050	165163	235593	1203.6
2003年	41816	123458	93514	327306	154502	271704	190424	265751	1431.3
2004年	41402	121441	116639	401818	165823	313104	227641	310850	1408.4
2005年	41588	122500	111300	391439	190194	365887	279033	358641	1507.0
2006年	40088	123465	141150	497779	218696	428962	322773	412430	1622.8
2007年	40601	128096	90900	546477	242055	548301	432311	575722	1667.4
2008年	41156	131142	100877	473613	299791	660111	528838	653613	1931.0
2009年	41959	137484	110251	555052	304955	807244	681147	794190	2193.6
2010年	43382	141002	117353	576799	358719	944397	803918	931951	2526.7
2011年	43675	147732	107785	620586	339883	1285601	1122872	1267505	2982.6
2012年	43876	156228	114774	688482	387201	1453601	1300692	1467803	3171.7
2013年	44260	164355	138225	740611	390758	1667594	1478439	1635395	3389.4
2014年	44423	170299	131728	845421	469300	1901726	1623756	1828632	3686.4
2015年	44291	173499	139792	959901	536328	2077606	1856374	2014894	3848.3
2016年	44497	182030	150128	1065287	590516	2272289	2086646	2183721	3991.0
2017年	44521	180911	154106	1114261	675852	2533892	2384631	2562411	4106.8
2018年	44464	185636	158742	1231269	768995	2955019	2806290	3057577	4283.1
2019年	44073	190068	163968	1359460	889247	2998761	2816884	3094571	4518.2

注：1996年以前数据未包括其他部门所属乡镇综合文化站，1996—1998年包括其他部门所属乡镇文化站，1999年以后，其他部门所属乡镇文化站划归文化部门管理。以下各表同。

按年份各地区群众文化机构数

单位：个

地　区	1995年	2000年	2005年	2010年	2015年	2017年	2018年	2019年
总　计	**13487**	**45321**	**41588**	**43382**	**44291**	**44521**	**44464**	**44073**
北　京	35	268	328	337	349	350	350	354
天　津	19	306	217	256	260	258	261	261
河　北	183	2257	2149	2319	2402	2431	2433	2435
山　西	130	1851	1355	1533	1540	1540	1539	1540
内蒙古	547	1712	1329	1017	1179	1231	1213	1206
辽　宁	1522	1520	1522	1550	1543	1585	1585	1546
吉　林	410	894	821	965	979	980	980	981
黑龙江	266	1201	1015	1654	1641	1635	1635	1430
上　海	45	340	249	240	237	238	239	242
江　苏	1180	1771	1534	1442	1396	1394	1379	1372
浙　江	1986	1932	1592	1612	1417	1472	1475	1464
安　徽	351	1898	1677	1509	1559	1561	1559	1560
福　建	249	1085	1116	1190	1222	1223	1223	1219
江　西	113	2000	1546	1924	1881	1873	1873	1854
山　东	158	2581	1926	2013	1971	1972	1976	1972
河　南	224	2479	2395	2466	2533	2603	2616	2663
湖　北	1280	1695	1258	1376	1399	1406	1406	1405
湖　南	137	2667	2617	2561	2677	2573	2540	2512
广　东	1100	2042	1725	1738	1742	1756	1755	1759
广　西	115	1408	1254	1284	1291	1298	1297	1298
海　南	21	327	243	230	228	243	242	242
重　庆		1248	1086	1041	1045	1066	1068	1069
四　川	246	3865	4716	4652	4785	4785	4781	4617
贵　州	693	1030	1401	1524	1665	1694	1688	1698
云　南	1687	1734	1684	1517	1564	1593	1594	1599
西　藏	60	94	208	321	774	774	774	774
陕　西	133	2065	1732	1827	1591	1536	1507	1498
甘　肃	98	1432	1190	1417	1455	1463	1482	1491
青　海	139	250	244	409	414	415	416	443
宁　夏	199	309	252	250	266	271	272	272
新　疆	161	1060	1207	1208	1286	1302	1306	1297

按年份各地区文化馆机构数

单位：个

地　区	1995年	2000年	2005年	2010年	2015年	2017年	2018年	2019年
总　计	**3259**	**3297**	**3226**	**3264**	**3315**	**3328**	**3326**	**3326**
北　京	23	23	22	20	20	20	20	20
天　津	19	19	19	19	19	19	17	17
河　北	181	178	175	177	180	180	180	180
山　西	130	130	131	131	131	131	130	130
内蒙古	115	117	115	116	119	120	120	120
辽　宁	128	125	132	122	124	125	125	124
吉　林	58	102	81	77	78	79	79	79
黑龙江	137	133	144	146	148	148	149	150
上　海	43	48	33	27	25	25	25	24
江　苏	122	121	117	118	115	115	115	115
浙　江	95	96	99	101	102	101	101	101
安　徽	113	117	118	120	122	123	122	123
福　建	90	90	90	95	97	97	97	97
江　西	113	113	113	115	118	118	118	118
山　东	158	159	158	158	157	157	157	157
河　南	224	214	204	202	205	205	204	205
湖　北	192	147	124	113	122	125	125	124
湖　南	137	140	140	140	143	143	145	146
广　东	136	140	139	144	146	146	145	145
广　西	112	114	115	122	123	124	124	124
海　南	20	21	21	21	21	23	23	23
重　庆		47	42	41	41	41	41	41
四　川	236	198	201	204	207	207	207	207
贵　州	93	93	95	95	98	99	99	99
云　南	147	147	149	148	148	149	149	149
西　藏	33	59	41	82	82	82	82	82
陕　西	122	122	121	120	122	123	123	122
甘　肃	98	98	100	102	103	103	103	103
青　海	51	52	52	51	55	55	55	55
宁　夏	26	26	25	26	26	26	27	27
新　疆	107	108	110	111	118	119	119	119

按年份各地区文化站机构数

单位：个

地　区	1995年	2000年	2005年	2010年	2015年	2017年	2018年	2019年
总　计	**10228**	**42024**	**38362**	**40118**	**40976**	**41193**	**41138**	**40747**
北　京	12	255	306	317	329	330	330	334
天　津	343	287	198	237	241	239	244	244
河　北	2	2079	1974	2142	2222	2251	2253	2255
山　西		1721	1224	1402	1409	1409	1409	1410
内蒙古	432	1595	1214	901	1060	1111	1093	1086
辽　宁	1394	1395	1390	1428	1419	1460	1460	1422
吉　林	352	792	740	888	901	901	901	902
黑龙江	129	1068	871	1508	1493	1487	1486	1280
上　海	2	292	216	213	212	213	214	218
江　苏	1058	1650	1417	1324	1281	1279	1264	1257
浙　江	1741	1836	1493	1511	1315	1371	1374	1363
安　徽	238	1781	1559	1389	1437	1438	1437	1437
福　建	159	995	1026	1095	1125	1126	1126	1122
江　西		1887	1433	1809	1763	1755	1755	1736
山　东		2422	1768	1855	1814	1815	1819	1815
河　南		2265	2191	2264	2328	2398	2412	2458
湖　北	1088	1548	1134	1263	1277	1281	1281	1281
湖　南		2527	2477	2421	2534	2430	2395	2366
广　东	964	1902	1586	1594	1596	1610	1610	1614
广　西	3	1294	1139	1162	1168	1174	1173	1174
海　南	1	306	222	209	207	220	219	219
重　庆		1201	1044	1000	1004	1025	1027	1028
四　川	10	3667	4515	4448	4578	4578	4574	4410
贵　州	600	937	1306	1429	1567	1595	1589	1599
云　南	1347	1587	1535	1369	1416	1444	1445	1450
西　藏	27	35	167	239	692	692	692	692
陕　西	11	1933	1611	1707	1469	1413	1384	1376
甘　肃		1334	1090	1315	1352	1360	1379	1388
青　海	88	198	192	358	359	360	361	388
宁　夏	173	283	227	224	240	245	245	245
新　疆	54	952	1097	1097	1168	1183	1187	1178

按年份各地区群众文化机构从业人员数

单位：人

地区	1995年	2000年	2005年	2010年	2015年	2017年	2018年	2019年
总计	**75263**	**128420**	**122500**	**141002**	**173499**	**180911**	**185636**	**190068**
北京	914	1558	1998	2359	2602	2763	3134	3437
天津	847	1367	1085	1027	1208	1401	1455	1372
河北	3305	5950	5592	6336	7138	7377	7542	7390
山西	2218	4236	3730	4229	4442	4542	4454	4385
内蒙古	2966	4460	3900	3872	5274	4924	4984	5091
辽宁	4924	4310	4424	4898	5966	5490	5488	4946
吉林	2429	3404	3318	3437	4534	4359	4405	4364
黑龙江	2311	3167	2947	4324	5193	5683	5685	4972
上海	1617	3874	3832	4702	4835	4985	4990	4907
江苏	4723	6695	5542	6457	6980	7302	7498	7654
浙江	6366	6082	5147	5881	6998	7535	7759	7960
安徽	2237	4945	4684	5295	5892	6074	5979	5958
福建	1442	2255	2219	2655	3761	4100	4122	4097
江西	1933	4432	4191	4360	5987	6181	9287	6351
山东	3265	6359	6148	7598	8568	8312	8279	8445
河南	3798	6840	7565	10500	10967	11013	10933	11225
湖北	5429	5928	5269	4921	4869	5037	5099	5162
湖南	2207	6198	5857	6937	8062	8571	8595	8931
广东	4012	8863	8953	9696	11445	11972	12259	12752
广西	1605	3387	3803	4075	5285	5236	5179	5145
海南	281	661	615	660	720	807	794	802
重庆		3071	2808	3726	5021	5564	5675	5236
四川	3631	8522	7682	8181	10650	11355	11411	11243
贵州	1751	2142	3577	4790	5957	6617	6467	10907
云南	4012	4350	4693	5181	7198	7425	7320	9487
西藏	317	340	254	311	2824	5073	5706	5972
陕西	2246	5184	5040	5802	7384	7162	7057	7031
甘肃	1315	5058	2910	3416	6400	6520	6555	6454
青海	607	705	616	772	1197	1173	1201	1447
宁夏	867	1093	979	1012	1341	1396	1405	1396
新疆	1688	2984	3122	3592	4801	4962	4919	5549

按年份各地区群众文化机构组织文艺活动次数

单位：次

地　区	1995年	2000年	2005年	2010年	2015年	2017年	2018年	2019年
总　计	**110509**	**276574**	**391439**	**576799**	**959901**	**1114261**	**1231269**	**1359460**
北　京	1186	5382	11378	24237	27175	33083	44864	47132
天　津	3883	3069	3234	5067	9391	15916	17547	19209
河　北	3668	17997	23880	27408	41732	43856	47920	52703
山　西	1462	4527	9107	13905	22560	23888	25036	27172
内蒙古	4282	11294	9977	11127	17072	20748	21349	22256
辽　宁	7539	10365	27868	26261	31635	31325	31879	30519
吉　林	3138	3745	4939	7482	14977	15196	15267	15842
黑龙江	3463	8149	7720	17351	21569	26046	28197	25307
上　海	1021	7629	35027	35600	64393	55303	71659	75932
江　苏	13698	17058	20548	32586	55298	65557	67509	77304
浙　江	19063	20121	23580	36619	67323	91936	115327	148863
安　徽	2416	5181	5661	11937	36210	42737	47403	52889
福　建	3545	7689	7464	9691	15940	18651	20947	22273
江　西	1142	5816	6853	11781	20079	21297	23706	26981
山　东	2722	16033	21673	41194	73897	96278	110089	121579
河　南	1792	9203	13405	35713	48646	56714	60063	68620
湖　北	7190	11588	11031	18100	22979	38577	39093	41465
湖　南	1218	9352	15898	25945	29555	31920	32319	34387
广　东	5377	22969	23132	32352	50270	56705	62742	75484
广　西	1429	8349	10592	19775	28663	33367	36041	41910
海　南	167	1454	1422	2351	2438	3022	3498	3762
重　庆		10491	7958	15840	25658	29578	30435	33324
四　川	2628	17536	23760	30194	66118	73199	77234	74435
贵　州	2581	4202	5759	8544	18490	22534	24698	26595
云　南	11257	12437	17983	21665	30717	33204	33272	36225
西　藏	455	346	439	1458	5575	7507	8255	9899
陕　西	1205	8612	8282	13306	21539	26583	28988	30490
甘　肃	694	5101	11095	9792	14721	18253	21219	21918
青　海	433	1043	1429	2600	5067	6919	7911	8524
宁　夏	454	4247	2490	6351	12126	12021	12456	12044
新　疆	1401	5589	17855	20567	58088	62341	64346	74417

按年份各地区群众文化机构举办训练班次

单位：次

地　区	1995年	2000年	2005年	2010年	2015年	2017年	2018年	2019年
总　计	**46023**	**143370**	**190194**	**358719**	**536328**	**675852**	**768995**	**889247**
北　京	505	2546	8708	22836	37433	39807	48353	49603
天　津	656	3062	1516	4753	9201	11099	11298	15984
河　北	1282	15233	11798	13852	16189	19344	23537	26287
山　西	518	1405	2248	6886	12076	13243	14829	19573
内蒙古	1091	5552	4099	4082	8734	9955	16391	16884
辽　宁	4767	4712	8200	47452	20402	24436	23604	26126
吉　林	3393	1586	2649	4029	8096	14650	16055	15236
黑龙江	1091	3109	3546	6129	7620	11590	11860	12628
上　海	659	3007	23313	21078	51408	58402	63526	95908
江　苏	3698	6488	7048	18950	22725	29863	38214	47985
浙　江	8058	9960	11354	18539	43279	66855	81366	106079
安　徽	2235	2132	2526	9481	19436	22787	29214	32598
福　建	1159	4885	9956	11096	14366	17767	23032	23046
江　西	480	3376	2757	8217	12311	14412	15343	16724
山　东	1793	17666	8280	21787	29447	40633	57341	64975
河　南	898	5552	7609	11837	24281	28147	25021	29049
湖　北	1548	3080	15320	10654	12870	18434	20099	21505
湖　南	736	2810	4953	10505	15833	17734	23328	23088
广　东	3949	11932	14288	29041	45679	62429	69550	85036
广　西	1314	4557	4798	8747	12507	11863	13921	14050
海　南	159	779	832	1123	1801	1941	2047	3704
重　庆		2236	2467	7285	14827	20528	25831	25593
四　川	1785	8693	12053	19052	32833	53473	38623	38891
贵　州	654	991	1089	4285	8840	10075	10288	11990
云　南	1765	3220	4585	10183	15536	15301	15401	16186
西　藏	7	25	50	313	1858	2833	2238	2270
陕　西	595	6320	5305	9665	11801	12842	17279	15477
甘　肃	238	4533	2900	4960	7644	8953	10472	10939
青　海	175	290	970	1180	1643	2081	2268	2537
宁　夏	327	994	1124	3138	2478	2587	6359	3827
新　疆	488	2639	3853	7584	13174	11788	12307	15469

按年份各地区群众文化机构培训人次

单位：万人次

地　区	1995年	2000年	2005年	2010年	2015年	2017年	2018年	2019年
总　计	**6.6**	**493.9**	**666.5**	**1805.6**	**3868.0**	**4494.5**	**4960.6**	**5404.0**
北　京	0.2	15.4	48.5	130.7	170.1	203.2	228.8	302.2
天　津	0.3	7.6	5.1	25.7	46.6	53.8	53.0	74.8
河　北	0.4	51.7	49.6	70.1	103.7	127.3	144.0	144.9
山　西	0.2	6.8	11.0	38.7	79.9	92.8	110.7	125.1
内蒙古	0.1	19.2	14.8	21.8	46.6	59.3	94.6	94.4
辽　宁	0.5	14.7	43.7	97.1	144.3	143.0	131.1	129.4
吉　林	0.3	7.2	6.8	24.9	63.7	105.5	116.1	110.8
黑龙江	0.2	15.3	8.2	32.5	55.9	81.0	92.1	77.2
上　海	0.1	6.8	63.1	116.4	341.7	381.9	421.8	532.7
江　苏	0.4	29.9	25.3	132.0	176.8	227.0	265.0	279.7
浙　江	0.6	30.5	46.4	103.4	294.0	440.0	528.4	629.1
安　徽	0.1	7.0	12.0	49.9	140.2	174.8	214.9	237.5
福　建	0.2	11.3	15.9	39.8	78.0	153.4	149.4	130.2
江　西	0.2	8.9	6.8	25.9	77.6	89.3	91.0	87.2
山　东	0.3	16.1	43.3	142.3	261.1	320.6	437.8	438.2
河　南	0.3	24.9	32.4	83.1	171.4	195.1	176.4	199.0
湖　北	0.2	9.4	12.7	54.3	97.6	144.2	159.3	163.1
湖　南	0.2	9.3	16.2	48.1	122.8	128.9	140.4	148.3
广　东	0.5	55.8	52.6	126.1	451.9	405.8	414.4	478.3
广　西	0.3	15.0	17.3	37.6	77.9	83.6	86.0	81.7
海　南		1.8	2.1	11.8	19.7	18.6	15.8	20.2
重　庆		5.1	7.9	50.6	131.0	155.4	175.2	183.8
四　川	0.6	28.4	50.0	111.1	224.3	207.1	204.0	187.1
贵　州		5.0	3.2	22.6	59.7	64.1	63.3	68.7
云　南	0.1	17.8	22.6	63.8	135.2	141.0	123.7	142.9
西　藏				2.2	12.3	16.6	8.8	14.4
陕　西	0.1	23.6	12.7	53.0	99.4	101.2	116.7	115.3
甘　肃	0.1	11.1	12.3	35.6	61.5	70.4	80.0	85.4
青　海		10.8	0.7	4.2	10.6	12.3	14.0	12.8
宁　夏		14.0	7.5	20.6	19.1	17.6	22.5	20.8
新　疆	0.1	13.5	15.4	29.8	93.3	79.7	81.6	88.8

按年份各地区群众文化机构财政拨款

单位：万元

地　　区	1995年	2000年	2005年	2010年	2015年	2017年	2018年	2019年
总　　计	**56826**	**118430**	**279033**	**803918**	**1856374**	**2384631**	**2806290**	**2816884**
北　　京	1375	2594	8145	22326	63262	75891	93455	103570
天　　津	1249	1422	3076	10026	22909	27414	33597	29632
河　　北	1894	5161	9767	21144	49400	60022	60245	66051
山　　西	1370	2674	5571	16870	31222	41850	36734	37524
内 蒙 古	1282	3388	7068	23539	45663	55818	54754	49659
辽　　宁	2349	5054	9121	26868	45596	50472	45262	59345
吉　　林	1533	3384	5989	26601	49116	49632	46663	45324
黑 龙 江	1458	3541	6193	17656	40424	44344	44170	46814
上　　海	6950	5020	22327	55999	127035	150310	177184	221125
江　　苏	4238	8521	19063	50067	128663	172934	181448	201048
浙　　江	3233	9446	29490	78833	168027	212512	237801	251202
安　　徽	1418	3609	7803	21148	44324	63791	68121	58482
福　　建	1731	2895	5168	21289	34617	50091	89115	56302
江　　西	1150	2504	4714	14710	36506	52389	53649	57756
山　　东	3621	7295	12633	40821	86921	96026	101934	105305
河　　南	2151	4630	8194	26726	57791	71404	79304	83330
湖　　北	2105	3832	6284	19951	48843	76218	170333	140008
湖　　南	1869	3571	7570	22824	53579	75456	77616	84281
广　　东	4227	12113	40125	85211	181570	265738	394114	355110
广　　西	1248	2639	6056	15349	43343	50555	55816	59279
海　　南	222	645	1260	3924	8971	16831	12032	14553
重　　庆		2202	4069	21531	60580	76337	80890	86530
四　　川	3771	4730	12246	45296	122902	138750	141578	144518
贵　　州	540	1657	4797	14770	45418	79347	63467	91349
云　　南	1812	5950	10958	23797	72391	93388	153182	101772
西　　藏	92	556	1098	5340	21921	41325	53359	49333
陕　　西	1183	3027	5296	20919	52313	58538	59432	58126
甘　　肃	776	1980	4620	12488	38453	52051	52960	61409
青　　海	306	829	1531	13508	12322	16786	18977	31046
宁　　夏	367	879	1901	5380	17644	17945	19250	17744
新　　疆	1306	2683	6902	19004	44647	50469	49849	49356

按年份各地区群众文化机构总支出

单位：万元

地　区	1995年	2000年	2005年	2010年	2015年	2017年	2018年	2019年
总　计	**83628**	**188437**	**358641**	**931951**	**2014894**	**2562411**	**3057577**	**3094571**
北　京	1566	4681	10119	25593	87751	77206	98586	113897
天　津	1376	2633	4133	10948	22775	27010	81008	34018
河　北	2713	5711	10549	25437	49542	59889	74449	67487
山　西	1824	3151	6016	18865	30779	39530	35749	42664
内蒙古	1932	3799	7478	23762	46239	56022	63092	55941
辽　宁	4552	6172	10126	28175	49010	59364	49669	65095
吉　林	2101	3748	6394	23338	46690	54076	48749	51130
黑龙江	2219	3804	6485	17356	41041	44711	44012	46557
上　海	6752	14985	38967	70650	141808	164875	186340	230670
江　苏	8509	16394	25920	60193	136572	163141	176511	186290
浙　江	7101	17194	39851	101392	193532	231789	265603	283997
安　徽	1934	4302	8976	23550	50686	65526	69338	88825
福　建	2199	4135	6763	27568	39942	52068	100745	63100
江　西	1493	3167	6265	17285	36937	47901	120070	64275
山　东	3317	8909	14358	46221	91746	99002	101973	115249
河　南	2737	5647	8810	28402	58814	71573	82263	85795
湖　北	3885	7841	10072	26264	51708	81421	206246	157686
湖　南	2575	5696	9603	27914	62330	85207	87377	91137
广　东	5937	27213	57669	101362	193291	279593	330415	388200
广　西	1877	3425	6842	16646	49440	55119	61063	73525
海　南	364	887	1329	4084	9510	12632	12940	14920
重　庆		4889	6627	32342	67563	80679	86344	92374
四　川	5327	8927	14375	49182	128087	143356	148838	146768
贵　州	989	1976	5123	15666	51031	163497	66969	121519
云　南	4191	7312	11933	25343	76901	97442	165008	112832
西　藏	429	607	1169	5937	24044	40667	54828	50374
陕　西	1569	3648	5775	26052	57491	64913	63006	63918
甘　肃	1189	2251	4995	12960	41794	52305	52828	66790
青　海	537	870	1629	13203	13204	18979	51080	43291
宁　夏	651	1202	2096	5925	17926	19398	19743	22111
新　疆	1785	3261	8194	20338	46711	53521	52734	54140

按年份各地区每万人拥有群众文化设施建筑面积

单位：平方米

地 区	1995年	2000年	2005年	2010年	2015年	2017年	2018年	2019年
全 国	**50.7**	**97.2**	**115.3**	**188.6**	**280.0**	**295.4**	**306.9**	**322.7**
北 京	44.2	80.3	224.3	217.8	329.2	396.1	429.3	428.1
天 津	61.6	138.9	130.4	174.1	205.0	248.8	273.1	276.7
河 北	23.6	62.6	67.7	105.4	163.7	166.5	174.6	178.1
山 西	45.4	53.4	58.1	210.6	267.3	276.8	277.4	265.0
内蒙古	98.0	144.4	132.4	182.6	300.8	327.9	337.1	340.9
辽 宁	84.1	79.0	102.6	201.2	283.6	271.7	269.9	262.2
吉 林	38.2	42.2	38.3	81.5	185.3	211.3	215.3	233.1
黑龙江	26.2	38.5	43.2	140.2	214.0	242.5	245.3	235.8
上 海	71.9	216.2	379.1	485.0	567.7	587.8	588.0	570.2
江 苏	97.8	168.6	181.3	302.8	475.2	504.0	620.8	757.9
浙 江	135.2	190.7	276.0	432.5	677.4	744.0	785.1	840.9
安 徽	17.1	23.6	44.4	93.2	166.0	175.3	178.6	187.7
福 建	61.3	98.8	117.4	240.9	325.7	339.6	313.7	313.9
江 西	38.0	79.5	98.4	131.2	235.3	248.5	247.9	250.6
山 东	22.1	41.7	71.8	218.3	255.8	266.0	269.2	277.9
河 南	21.9	39.0	52.2	94.7	142.4	151.5	163.6	167.0
湖 北	80.5	149.5	140.6	180.6	206.2	257.3	259.5	263.8
湖 南	29.8	63.7	80.6	125.2	223.4	227.4	228.5	237.1
广 东	52.1	222.4	258.2	258.5	359.0	353.7	351.9	369.2
广 西	33.5	76.4	100.9	122.9	157.7	162.7	159.3	157.6
海 南	13.8	86.4	71.3	121.3	117.8	135.5	138.1	147.0
重 庆		99.4	96.5	201.4	305.9	309.2	304.1	309.8
四 川	32.1	107.9	83.9	166.3	262.6	271.3	271.8	270.4
贵 州	26.1	28.7	40.5	81.2	217.8	238.5	243.6	258.7
云 南	126.7	126.2	137.1	163.2	222.6	221.3	222.8	226.7
西 藏	145.4	164.1	238.3	437.9	1164.2	1135.5	1108.9	1197.1
陕 西	52.4	79.1	110.5	150.2	231.8	234.3	241.0	255.3
甘 肃	62.8	103.0	148.8	175.7	279.1	288.4	295.6	305.3
青 海	118.1	96.5	90.2	153.4	261.3	310.3	312.2	344.7
宁 夏	156.5	170.8	179.5	188.9	391.7	414.4	424.3	445.3
新 疆	60.7	116.4	149.3	288.4	434.9	450.0	449.4	453.0

2019年全国群众文化

	机构数（个）	从业人员（人）	专业技术人才	正高级职称	副高级职称	中级职称	组织品牌节庆活动（个）
总　计	**44073**	**190068**	**76272**	**1059**	**5616**	**17503**	**6121**
文化馆	3326	53587	40079	1059	5616	17503	6121
其中：省级	31	1792	1460	143	390	634	132
地市级	359	10166	8418	438	1678	3766	1233
县市级	2936	41629	30201	478	3548	13103	4756
其中：县文化馆	1604	21540	15759	199	1752	6782	2235
文化站	40747	136481	36193				
其中：乡镇文化站	33530	109630	31254				

续表 1

	对业余文化队伍开展培训人次	举办展览个数（个）	参观人次（万人次）	组织公益性讲座次数（次）	参加人次（万人次）	计算机（台）	本单位受训人次（万人次）
总　计	**2177.69**	**163968**	**12464.51**	**38411**	**710.38**	**401169**	**120.61**
文化馆	722.90	31326	5587.51	38411	710.38	69546	11.48
其中：省级	10.52	573	380.92	652	8.13	2862	0.15
地市级	186.38	4073	1154.86	5953	221.81	12344	1.57
县市级	526.00	26680	4051.73	31806	480.44	54340	9.76
其中：县文化馆	164.39	12409	1966.45	10459	190.02	26253	4.86
文化站	1454.79	132642	6877.00			331623	109.12
其中：乡镇文化站	876.91	102316	5021.17			260494	69.42

机构基本情况

提供文化服务次数（次）	文化服务惠及人次（万人次）	组织文艺活动次数（次）	为老年人组织专场	为未成年人组织专场	为残障人士组织专场	为农民工组织专场	组织文艺活动参加人次（万人次）	举办训练班班次（次）	培训人次（万人次）
2451086	**78715.66**	**1359460**	**40154**	**24340**	**5560**	**19128**	**60136.76**	**889247**	**5404.01**
737564	39275.70	300684	40154	24340	5560	19128	30971.70	367143	2006.11
7208	2438.40	2964	292	313	43	70	2024.46	3019	24.89
138764	7507.58	28855	4543	3011	550	1724	5590.81	99883	540.10
591592	29329.72	268865	35319	21016	4967	17334	23356.43	264241	1441.12
206146	13510.67	115867	12433	9836	2239	9280	10931.65	67411	422.56
1713522	39439.96	1058776					29165.05	522104	3397.91
1142459	28909.27	725421					21740.67	314722	2147.43

本年收入合计（千元）	财政补贴收入	免费开放资金	中央资金	业务活动专项经费	上级补助收入	事业收入	经营收入	附属单位上缴收入	其他收入
29987613	**28168842**	**3648087**	**1382319**	**9242976**	**291024**	**111838**	**5648**	**2516**	**1407745**
13270239	12588662	1002897	360866	3289426	291024	111838	5648	2516	270551
1009708	903894	64907	10424	359257	54044	30919	1132	677	19042
3330881	3159669	251586	82443	813393	62473	18333	736	1526	88144
8929650	8525099	686404	267999	2116776	174507	62586	3780	313	163365
3406308	3229809	297087	153473	725534	93636	26002	78	292	56491
16717374	15580180	2645190	1021453	5953550					1137194
12576952	11635539	2047387	861804	4214255					941413

续表 2

	本年支出合计（千元）	基本支出	项目支出	经营支出	工资福利支出	商品和服务支出	差旅费
总　计	**30945707**	**17657513**	**10626098**	**8866**	**12136928**	**3899244**	**133554**
文化馆	13131571	8224613	4381256	8866	6350692	3899244	133554
其中：省级	1019785	428359	578305	1121	322461	501565	19751
地市级	3285005	1915411	1308191	948	1458794	1060083	33405
县市级	8826781	5880843	2494760	6797	4569437	2337596	80398
其中：县文化馆	3401286	2465817	695705	2107	1938279	720210	44910
文化站	17814136	9432900	6244842		5786236		
其中：乡镇文化站	13062389	7237154	4335782		4608278		

续表 3

	业务用房面积	实际拥有产权面积（万平方米）	流动舞台车演出情况			志愿者服务队伍数（个）
			流动舞台车数量（辆）	利用流动舞台车演出场次（场次）	利用流动舞台车演出观众人次（万人次）	
总　计	**3295.21**	**2482.64**	**1687**	**38219**	**2077.51**	**33472**
文化馆	788.09	540.59	1687	38219	2077.51	33472
其中：省级	17.57	15.22	9	83	6.21	1053
地市级	155.90	87.75	52	499	49.69	4541
县市级	614.63	437.63	1626	37637	2021.62	27878
其中：县文化馆	267.59	220.63	1190	26752	1374.66	13950
文化站	2507.12	1942.05				
其中：乡镇文化站	1869.91	1605.16				

在支出合计中：							资产总计（千元）		实际使用房屋建筑面积（万平方米）
劳务费	福利费	各种税金支出	对个人和家庭补助支出	抚恤金和生活补助	其他资本性支出	各种设备、交通工具、图书购置费		固定资产原值	
566445	**56804**	**11518**	**719563**	**111000**	**579218**	**182315**	**75565671**	**64667765**	**4518.18**
566445	56804	11518	719563	111000	579218	182315	18763618	16872574	1175.02
33967	3644	1756	56449	3968	37210	12303	1300588	1237769	28.92
173076	13066	4034	233405	28342	239737	66755	3782828	3176355	232.93
359402	40094	5728	429709	78690	302271	103257	13680202	12458450	913.17
117388	13628	1676	149140	29538	128023	37944	6321752	5728732	397.57
							56802053	47795191	3343.16
							42476304	35232243	2441.01

志愿者服务队伍人数（人）	由本馆指导的单位					
	馆办文艺团体（个）	演出场次（场）	观众人次（万人次）	馆办老年大学（个）	群众业余文艺团队（个）	群众业余团队人数（人）
1450614	**8094**	**176490**	**7564.27**	**769**	**441838**	**3904704**
1450614	8094	176490	7564.27	769	90441	3904704
67967	133	1760	76.39	10	391	20409
342339	1156	14022	1300.23	88	8976	583234
1040308	6805	160708	6187.65	671	81074	3301061
494215	3080	58383	2970.94	369	37135	1464461
					351397	
					270570	

2019年各地区群众

地　区	机构数（个）	从业人员（人）	专业技术人才	正高级职称	副高级职称	中级职称	组织品牌节庆活动（个）	提供文化服务次数（次）
总　计	**44073**	**190068**	**76272**	**1059**	**5616**	**17503**	**6121**	**2451086**
北　京	354	3437	682	3	41	217	135	99374
天　津	261	1372	531	6	51	206	28	37475
河　北	2435	7390	2518	58	268	714	308	86632
山　西	1540	4385	1771	19	135	585	101	51401
内蒙古	1206	5091	2607	46	297	664	204	42992
辽　宁	1546	4946	2123	52	180	772	142	62218
吉　林	981	4364	2579	121	397	720	167	33743
黑龙江	1430	4972	2366	158	415	756	204	41668
上　海	242	4907	1227	7	55	284	56	177067
江　苏	1372	7654	3257	55	264	789	425	136746
浙　江	1464	7960	3799	122	321	724	527	278657
安　徽	1560	5958	3106	8	103	456	204	93836
福　建	1219	4097	1462	14	125	328	184	50665
江　西	1854	6351	2157	15	126	589	159	48775
山　东	1972	8445	4382	30	381	1143	448	201354
河　南	2663	11225	2800	23	158	763	235	109657
湖　北	1405	5162	2679	28	173	717	282	70621
湖　南	2512	8931	3278	19	159	687	237	64559
广　东	1759	12752	3764	50	215	738	435	172306
广　西	1298	5145	2865	26	145	809	269	60203
海　南	242	802	244	6	9	53	34	7965
重　庆	1069	5236	1761	26	100	292	103	66521
四　川	4617	11243	3705	16	182	791	304	127141
贵　州	1698	10907	2867	32	153	489	110	42653
云　南	1599	9487	5700	21	548	1110	200	58242
西　藏	774	5972	3543	4	15	45	62	13542
陕　西	1498	7031	2780	41	172	745	171	52091
甘　肃	1491	6454	1934	13	141	486	142	38238
青　海	443	1447	554	6	66	159	54	12425
宁　夏	272	1396	734	18	92	255	53	16833
新　疆	1297	5549	2497	16	129	417	138	95486

文化机构基本情况

文化服务惠及人次（万人次）	组织文艺活动次数（次）	为老年人组织专场	为未成年人组织专场	为残障人士组织专场	为农民工组织专场	文化活动观众人次（万人次）	举办训练班班次（次）	培训人次（万人次）
78715.66	**1359460**	**40154**	**24340**	**5560**	**19128**	**60136.76**	**889247**	**5404.01**
1772.25	47132	494	158	34	23	1338.33	49603	302.18
563.46	19209	305	152	45	76	379.14	15984	74.78
2327.91	52703	1785	1087	221	771	1846.20	26287	144.87
1629.59	27172	842	507	154	531	1231.98	19573	125.08
1326.03	22256	1152	686	107	604	1040.97	16884	94.42
1176.11	30519	1484	610	145	369	908.48	26126	129.42
775.10	15842	638	341	69	167	572.82	15236	110.78
1130.39	25307	1465	920	122	302	881.03	12628	77.21
2770.39	75932	2081	346	108	371	1677.47	95908	532.66
3904.01	77304	2295	1283	299	1034	2965.43	47985	279.73
9896.23	148863	3674	1152	453	1447	7498.28	106079	629.11
3362.31	52889	1682	1198	262	468	2665.11	32598	237.47
1656.05	22273	737	929	179	295	1007.30	23046	130.15
1573.73	26981	1208	735	167	679	1205.38	16724	87.22
6561.40	121579	4711	2566	828	1974	4789.05	64975	438.18
3781.99	68620	2294	1482	392	1071	2951.70	29049	199.05
2534.57	41465	1610	987	208	548	1893.34	21505	163.11
2543.13	34387	1581	1004	259	1104	1854.87	23088	148.34
8972.42	75484	1561	1479	122	887	7315.95	85036	478.35
2799.84	41910	1034	930	98	723	2367.60	14050	81.73
329.04	3762	116	157	3	27	263.12	3704	20.24
2374.47	33324	741	864	108	441	1691.86	25593	183.81
3958.84	74435	1655	1180	298	925	2982.33	38891	187.06
1754.12	26595	653	525	142	606	1419.14	11990	68.66
2746.24	36225	1062	724	165	676	2184.15	16186	142.87
330.49	9899	148	144	27	114	280.99	2270	14.44
1746.09	30490	862	540	235	501	1352.00	15477	115.29
1344.79	21918	752	468	92	564	958.97	10939	85.40
633.33	8524	378	297	46	225	553.93	2537	12.82
535.26	12044	577	265	61	251	462.51	3827	20.84
1906.10	74417	577	624	111	1354	1597.32	15469	88.78

续表 1

地　区	对业余文化队伍开展培训人次	举办展览个数（个）	参观人次（万人次）	组织各类理论研讨和讲座次数（次）	参加人次（万人次）	计算机（台）	本单位受训人次（万人次）	本年收入合计（千元）
总　计	**2177.69**	**163968**	**12464.51**	**38411**	**710.38**	**401169**	**120.61**	**29987613**
北　京	126.11	1826	125.98	813	5.77	6099	6.24	1082805
天　津	34.78	1239	100.02	1043	9.51	3925	2.23	307798
河　北	62.87	5350	310.11	2292	26.73	11903	3.77	667022
山　西	47.87	3778	258.73	878	13.81	12259	1.92	381222
内蒙古	34.61	2871	178.58	981	12.06	8232	1.31	504830
辽　宁	65.62	2612	108.09	2961	30.14	13700	3.14	630682
吉　林	45.29	1841	81.63	824	9.87	7267	1.18	469430
黑龙江	33.62	2633	157.94	1100	14.20	8493	0.39	472297
上　海	250.14	4379	553.06	848	7.20	6336	6.98	2430530
江　苏	107.28	9438	626.40	2019	32.46	17348	3.63	2069277
浙　江	318.90	17739	1703.15	5976	65.69	19248	20.77	2686388
安　徽	74.12	7510	443.03	839	16.70	18832	4.41	861992
福　建	36.73	4561	506.56	785	12.04	10143	3.57	601037
江　西	26.21	4403	267.27	667	13.86	11670	2.65	610622
山　东	177.25	11654	1251.68	3146	82.50	26514	6.53	1084905
河　南	88.61	10379	610.21	1609	21.04	19622	3.76	857448
湖　北	71.50	6332	453.30	1319	24.81	12886	3.14	1623014
湖　南	63.09	5958	511.90	1126	28.02	15450	4.96	896357
广　东	134.72	9731	1142.55	2055	35.57	24455	15.27	3689504
广　西	35.07	3219	226.67	1024	123.85	13430	1.37	627848
海　南	5.51	374	43.64	125	2.05	2342	0.29	158004
重　庆	66.21	6767	483.90	837	14.90	13589	1.65	899371
四　川	69.62	12328	768.66	1487	20.78	40414	1.93	1478619
贵　州	28.88	3416	243.42	652	22.89	14781	3.87	962802
云　南	60.64	5275	402.65	556	16.56	17964	6.58	1063558
西　藏	1.68	1308	34.38	65	0.69	5344	0.56	501649
陕　西	38.91	5264	266.24	860	12.56	13729	3.08	620060
甘　肃	32.25	4929	286.89	452	13.53	11316	2.44	673259
青　海	2.42	1160	64.39	204	2.19	2748	0.79	348801
宁　夏	7.78	756	45.48	206	6.43	3585	0.73	209575
新　疆	29.42	4938	208.01	662	11.99	7545	1.52	516907

财政补贴收入	免费开放资金	中央资金	业务活动专项经费	上级补助收入	事业收入	经营收入	附属单位上缴收入	其他收入
28168842	**3648087**	**1382319**	**9242976**	**291024**	**111838**	**5648**	**2516**	**1407745**
1035697	68420	4096	403151	1498	2718			42892
296315	21209	1130	95832	3505	2298			5680
660513	144942	97621	134913	1155	1860		677	2817
375240	75876	49132	95452	3807	200	26		1949
496591	65441	50215	104519	3962				4277
593446	62414	17050	263792	2623	857			33756
453243	51988	31945	79935	150	7597	121		8319
468142	64500	50092	84264	390	370			3395
2211252	100804	12065	878511	47065	14003			158210
2010482	253157	12368	691491	9727	12091	776		36201
2512018	174949	22890	1023734	9268	5451			159651
584823	97537	36141	154414	16290	5020			255859
563020	86299	6381	181260	14819	2284			20914
577559	121399	21275	123109	11947	2238	6	54	18818
1053052	94643	10393	360792	5949	2141			23763
833298	155179	82840	240032		9704	1011		13435
1400084	170013	68826	499499	19686	6809		120	196315
842806	129235	64771	215628	10298	9337		10	33906
3551104	379703	35660	1391479	33594	1616	3702	21	99467
592794	87144	67991	158630	15246	131			19677
145529	16238	6618	66135	5177	42			7256
865296	87246	58134	237907	4610	11119			18346
1445184	305421	220275	565447	4706	1921			26808
913486	233626	43344	339851	8312	2282	6	32	38684
1017722	103628	72475	199359	7631	4893		6	33306
493334	61774	35167	51096	370				7945
581263	101332	65206	126131	12215	847			25735
614086	191301	51031	209654	3670	1103			54400
310461	20668	5489	117102	17507	339		70	20424
177442	22354	11688	44685	10490	2022			19621
493560	99647	70010	105172	5357	545		1526	15919

续表 2

地　区	本年支出合计（千元）	基本支出	项目支出	经营支出	在支出合计中：工资福利支出	商品和服务支出	差旅费	劳务费
总　计	**30945707**	**17657513**	**10626098**	**8866**	**12136928**	**3899244**	**133554**	**566445**
北　京	1138965	534214	498555		282568	227978	670	13605
天　津	340175	182522	148109		118266	75410	882	8746
河　北	674865	448095	196584		342738	70640	3653	7721
山　西	426636	286389	111206	26	199973	54739	4536	8925
内蒙古	559406	445566	94255	30	316973	87302	3751	14245
辽　宁	650949	453935	107181		233362	60653	1664	17265
吉　林	511297	371727	127612	110	289691	58886	2833	10839
黑龙江	465570	354785	110473		282490	58602	3600	7332
上　海	2306702	796393	1227606		484458	268033	422	10543
江　苏	1862903	1111486	647827	1211	762818	255035	6574	42778
浙　江	2839969	1340099	1328966		780553	359248	7899	69741
安　徽	888254	657085	141049	95	305828	82245	3316	11972
福　建	630996	315526	280080		198679	114965	2159	21046
江　西	642745	365582	126751	196	366149	80110	5426	11770
山　东	1152485	714289	322271	20	526107	159411	2681	23373
河　南	857951	630483	192983	1061	472449	119605	4738	25873
湖　北	1576861	867173	607479	227	578009	123698	7218	18178
湖　南	911367	607518	241574	90	426694	135555	5839	18935
广　东	3882000	1589754	1896579	3848	1153656	500000	5540	45714
广　西	735247	536845	170798		399637	93698	7816	12109
海　南	149199	56719	83001	383	47521	56144	1825	13120
重　庆	923739	628208	260322		413713	124590	11855	36919
四　川	1467677	760161	665967		523830	293257	15334	52169
贵　州	1215188	840415	131386	258	463729	44745	3469	7058
云　南	1128320	786393	247172	75	668103	87614	4988	12796
西　藏	503744	349337	25356	33	353558	8239	1213	1480
陕　西	639180	456352	119637	431	370589	86077	3417	11142
甘　肃	667897	483765	128414	118	292490	52186	3934	9840
青　海	432909	177284	219418	589	89547	51719	1380	8351
宁　夏	221114	135671	64979		104609	42109	1539	4873
新　疆	541397	373742	102508	65	288141	66751	3383	7987

福利费	各种税金支出	对个人和家庭补助支出	抚恤金和生活补助	其他资本性支出	各种设备购置费	资产总计（千元）	固定资产原值	实际使用房屋建筑面积（万平方米）
56804	**11518**	**719563**	**111000**	**579218**	**182315**	**75565671**	**64667765**	**4518.18**
2493	645	18448	1805	9015	3900	1414213	1273300	92.20
1737	149	16667	1075	19197	812	638654	652982	43.22
890	124	29659	4135	13882	7717	1662767	1540837	135.21
1711	192	8991	1668	33422	6545	1013770	931712	98.81
2506	231	18062	2323	9670	4861	1706779	1426738	86.59
265	29	26182	3005	2958	1411	1402198	1222189	114.13
569	20	14280	3544	26111	3948	928209	824074	62.72
346	8	27244	3205	11426	5473	810138	786088	88.46
4551	117	9267	3560	16759	1928	3174951	2611394	138.45
2509	663	47424	8174	24040	11964	5585002	4950819	611.66
12907	529	29669	3917	24274	7313	7851136	7320913	491.95
1620	31	29927	3784	14113	4732	2788042	2377803	119.50
284	295	11585	2064	33593	6358	1644586	1387950	124.70
3624	874	18259	3190	13372	3699	2119331	1859485	116.94
495	2370	36175	3853	36479	23095	2838591	2540552	279.81
1240	1447	27552	6526	12059	7333	1423186	1344074	160.96
3330	1378	28567	2318	15448	4056	5042340	3096709	156.33
2682	258	23914	2900	27945	6480	1814576	1646070	164.02
3299	323	101357	4011	83376	12508	7451658	6409469	425.38
1447	333	14470	4430	22766	9601	1639340	1582393	78.17
159	417	1674	402	19034	6816	417833	299057	13.90
1041	283	33112	10797	6388	1595	2044976	1836334	96.80
2494	141	34603	10213	14958	3676	3879981	3467300	226.43
1356	27	28455	2063	11464	7626	5024960	3135378	93.73
989	65	17699	6942	20254	3220	1789083	1510817	110.13
2		689	370	3597	1976	2016183	1915538	42.02
694	10	11266	1801	11336	4042	3707489	3526159	98.95
774	95	27071	3821	9837	2930	1102519	994472	80.82
85	270	7585	528	12820	1249	557845	468187	20.96
52	21	6161	2218	3099	1743	443445	416162	30.95
653	173	13549	2358	16526	13708	1631890	1312810	114.30

续表 3

地　区	业务用房面积	实际拥有产权面积(万平方米)	流动舞台车演出情况 流动舞台车数量(辆)	利用流动舞台车演出场次(场次)	利用流动舞台车演出观众人次(万人次)	志愿者服务队伍数(个)
总　计	**3295**	**2483**	**1687**	**38219**	**2078**	**33472**
北　京	66	29	11	234	14	495
天　津	31	12	6	540	49	693
河　北	97	81	108	2530	133	1719
山　西	76	89	139	1744	76	665
内蒙古	60	38	50	1203	40	991
辽　宁	68	41	16	350	24	1377
吉　林	38	31	75	1062	65	338
黑龙江	60	32	59	1419	62	1327
上　海	105	85	1			96
江　苏	487	255	40	1145	80	1079
浙　江	360	267	14	675	37	3287
安　徽	98	93	43	1765	80	1969
福　建	94	73	14	296	22	1182
江　西	85	68	45	1341	69	936
山　东	197	112	87	5528	249	1279
河　南	119	89	95	2827	139	1640
湖　北	107	100	43	1278	84	1746
湖　南	120	115	74	2669	113	936
广　东	311	197	13	180	9	2351
广　西	55	52	53	446	26	1200
海　南	10	8	10	86	2	166
重　庆	72	74	28	879	77	1128
四　川	176	148	162	2432	120	2738
贵　州	64	63	68	1121	113	907
云　南	79	96	90	1670	124	845
西　藏	31	21	76	764	39	65
陕　西	71	71	92	1170	100	735
甘　肃	56	53	67	683	48	336
青　海	15	13	33	556	20	365
宁　夏	18	12	13	566	26	180
新　疆	69	66	62	1060	36	701

志愿者服务队伍人数（人）	由本馆指导的单位					
	馆办文艺团体（个）	演出场次（场）	观众人次（万人次）	馆办老年大学（个）	群众业余文艺团队（个）	群众业余团队人数（人）
1450614	**8094**	**176490**	**7564**	**769**	**441838**	**3904704**
50651	83	2001	25	19	8694	27235
22219	135	1622	42	2	4127	24962
61433	362	5722	314	32	25452	154802
23045	246	3092	156	25	11200	111592
26196	277	3070	186	38	8275	110627
72250	309	4651	173	17	12696	142022
46593	210	2462	130	14	6768	93908
58719	356	3662	197	32	8511	166302
6799	110	563	16	3	7659	19453
47439	412	8917	310	43	20297	224029
102183	380	8723	422	14	39555	480133
31720	397	4219	306	19	13156	85171
34571	189	1857	112	22	9154	50051
52483	265	5066	289	38	12533	80799
54893	536	14574	952	58	32725	233714
53378	563	8797	499	41	27791	146698
70511	322	4905	285	30	20139	276063
64673	278	4749	230	54	23278	246502
214554	364	46918	413	24	16766	89691
75854	341	7248	502	28	18313	172167
5802	45	304	14	2	2349	16762
26684	126	2684	235	24	8633	50591
62483	99	2282	163	40	25088	139153
39578	326	5382	416	41	13510	86457
33353	508	5511	348	42	28191	363263
999	16	952	88		1927	6586
28508	292	4635	226	25	13285	116978
17711	221	3709	220	17	10865	110500
8824	77	3057	103	3	1770	26755
12382	42	1626	67	4	2386	17991
44126	207	3530	127	18	6745	33747

2019年各地区省级群众

地　区	机构数（个）	从业人员（人）	专业技术人才	正高级职称	副高级职称	中级职称	组织品牌节庆活动（个）	提供文化服务次数（次）
总　计	**31**	**1792**	**1460**	**143**	**390**	**634**	**132**	**7208**
北　京	1	52	23		4	13	1	99
天　津	1	49	44	3	7	22	6	301
河　北	1	70	45	7	16	22	1	466
山　西	1	73	67	5	16	31	10	298
内蒙古	1	41	39	4	7	12	2	84
辽　宁	1	48	41	4	11	19	5	74
吉　林	1	54	50	5	12	20		90
黑龙江	1	37	34	5	10	11	2	567
上　海	1	73	64	4	15	29	1	137
江　苏	1	48	45	11	14	14	4	99
浙　江	1	57	43	9	16	18	7	492
安　徽	1	37	36	4	6	14	4	98
福　建	1	34	34	5	9	12	11	179
江　西	1	50	45	2	12	31	5	44
山　东	1	64	59	4	9	23	8	524
河　南	1	47	37	3	12	17	1	161
湖　北	1	86	73	6	16	21	4	461
湖　南	1	77	60	7	17	28	10	187
广　东	1	42	39	4	11	16	10	634
广　西	1	86	75	12	31	32	17	163
海　南	1	34	21	2	6	10	5	119
重　庆	1	73	55	7	14	21	1	298
四　川	1	96	53	5	15	22	4	40
贵　州	1	65	61	6	18	30		165
云　南	1	55	48	2	15	18		58
西　藏	1	47	18		7	11	2	69
陕　西	1	71	60	4	14	27	2	44
甘　肃	1	40	38	3	14	20		37
青　海	1	51	43	1	11	15	7	908
宁　夏	1	98	79	6	20	37		242
新　疆	1	37	31	3	5	18	2	70

艺术馆基本情况

文化服务惠及人次（万人次）	组织文艺活动次数（次）	为老年人组织专场	为未成年人组织专场	为残障人士组织专场	为农民工组织专场	文化活动观众人次（万人次）	举办训练班班次（次）	培训人次（万人次）
2438.40	**2964**	**292**	**313**	**43**	**70**	**2024.46**	**3019**	**24.89**
100.61	60				1	100.00	25	0.21
11.63	131	19	11			5.50	116	0.24
10.05	90					2.35	355	4.35
29.56	132	30	7	7	9	20.30	88	1.26
0.90	30					0.50	42	0.20
8.82	28	4	2			2.75	38	0.62
18.70	56	6	2	2	2	15.90	17	0.10
5.49	18					3.60	454	0.90
8.30	25	2	22			4.20	52	0.40
36.70	60					30.00	4	0.03
19.95	18		6			3.50	359	7.76
16.41	38	1	18			9.10	10	0.08
250.65	129	27	72	14		75.59	22	0.05
7.88	11	1	2		1	5.50	27	0.28
23.70	57	9	12	3	21	5.15	386	0.43
79.08	97	6	5	1	3	13.35	23	0.18
13.24	55	3	1			9.50	328	1.80
56.67	61	9	11	2	6	26.30	62	0.83
1368.07	501	122	32	4		1362.22	107	2.10
28.60	98	4	67		1	26.96	27	0.14
9.17	31					5.20	66	0.21
15.50	92	6			10	11.06	194	0.46
5.28	8	1				1.48	27	0.15
9.25	65	5	7			3.00	35	0.65
15.45	24		3		2	13.33	19	0.26
2.83	10	6		2		1.00	32	0.30
1.26	12		1		1	0.80	14	0.09
11.75	20	2	2			10.00	14	0.22
220.80	840	10	25	4	10	218.75	4	0.03
48.43	146	14	2	2	3	36.00	46	0.35
3.69	21	5	3	2		1.57	26	0.22

续表 1

地区	对业余文化队伍开展培训人次	举办展览个数（个）	参观人次（万人次）	组织各类理论研讨和讲座次数（次）	参加人次（万人次）	计算机（台）	本单位受训人次（万人次）	本年收入合计（千元）
总　计	**10.52**	**573**	**380.92**	**652**	**8.13**	**2862**	**0.15**	**1009708**
北　京	0.11	1	0.30	13	0.10	65		45836
天　津	0.65	37	5.60	17	0.29	100	0.01	26135
河　北	2.00	10	3.00	11	0.35	90	0.00	70204
山　西	0.82	17	6.92	61	1.08	95	0.00	18151
内蒙古	0.08	12	0.20			80	0.00	13533
辽　宁	0.55	4	5.25	4	0.20	152	0.02	31200
吉　林	1.00	11	2.58	6	0.12	30	0.00	13246
黑龙江		3	0.90	92	0.09	62	0.00	10116
上　海		36	3.50	24	0.20	180	0.00	111599
江　苏		23	6.52	12	0.15	50	0.01	38433
浙　江	0.91	24	8.05	91	0.64	70	0.00	29101
安　徽		48	7.20	2	0.03	26	0.01	18903
福　建	0.02	26	175.00	2	0.01	59		28794
江　西	0.06	4	2.00	2	0.10	53	0.00	24335
山　东	0.07	61	17.64	20	0.49	204	0.01	38521
河　南	0.18	23	65.35	18	0.20	125	0.00	26930
湖　北	0.01	23	0.94	55	1.00	114	0.00	41949
湖　南	0.28	36	28.70	28	0.84	94	0.01	40609
广　东	2.10	15	3.53	11	0.22	117		43328
广　西	0.11	5	1.00	33	0.50	101	0.02	55210
海　南	0.04	10	3.40	12	0.36	78	0.00	23288
重　庆	0.52	12	3.98			127	0.01	30627
四　川		5	3.65			355	0.00	43628
贵　州	0.30	25	5.00	40	0.60	50	0.00	19433
云　南		13	1.82	2	0.04	70	0.01	26308
西　藏		23	1.50	4	0.03	68	0.00	33100
陕　西	0.06	2	0.30	16	0.07	10	0.00	21721
甘　肃	0.06	1	1.50	2	0.03	20	0.02	9667
青　海	0.25	17	2.00	47	0.02	82	0.00	29007
宁　夏	0.35	38	12.00	12	0.08	98	0.01	24631
新　疆		8	1.60	15	0.30	37	0.00	22165

财政补贴收入	免费开放资金	中央资金	业务活动专项经费	上级补助收入	事业收入	经营收入	附属单位上缴收入	其他收入
903894	**64907**	**10424**	**359257**	**54044**	**30919**	**1132**	**677**	**19042**
45705			26084					131
22997	1200		5450	1901				1237
69527	7000		12852				677	
17854	240	235	5404					297
13276	2000		5110					257
31200	7260	6950	10786					
12966	150		3743			121		159
10116	504		3341					
62003			40000	46435	3145			16
35314	155		20201		2715			404
27293			9446		907			901
17703	600		800					1200
27194	7752		7752					1600
23517	4000		7872		818			
37128	992		21037		1356			37
18648	1980		5702		7224	1011		47
33882			18641	606	1528			5933
35459	2420		15130		5150			
42692	2110		23595	25	584			27
54230	666		17942					980
18211			7031	5077				
23616	4182	1000	2700		6996			15
43160	3037		30789					468
19423	4100		4100					10
24998	2500		16510		159			1151
33100	2259		2600					
21370	1200		12516		337			14
9667	1400	900	3400					
26716	4500		14119					2291
22765	700		2604					1866
22164	2000	1339	2000					1

续表 2

地　区	本年支出合计（千元）	基本支出	项目支出	经营支出	在支出合计中：工资福利支出	商品和服务支出	差旅费	劳务费
总　计	**1019785**	**428359**	**578305**	**1121**	**322461**	**501565**	**19751**	**33967**
北　京	43346	18322	25024		15769	26138	502	292
天　津	33868	25056	8812		12284	13288	154	1111
河　北	70912	15800	55112		12430	11001	2177	809
山　西	22431	12262	10169		9992	9598	720	388
内蒙古	14403	9151	5251		7525	4608	251	1879
辽　宁	23447	7890	6220		6984	6920	364	1740
吉　林	13800	9844	3845	110	6837	2606	117	183
黑龙江	10116	6775	3341		4628	1508	181	11
上　海	120463	32027	86778		20580	99629		1858
江　苏	31456	15814	15642		12447	16650	470	1412
浙　江	31639	19023	12616		10786	14007	508	2041
安　徽	18903	11360	7543		7658	7106	385	411
福　建	31782	7823	23959		6347	22445	817	2559
江　西	27403	11149	16253		9261	7444	349	404
山　东	35708	16600	19108		11581	18869	216	990
河　南	24369	13136	10222	1011	8660	13387	614	1411
湖　北	42094	17311	24783		16063	24339	3060	1849
湖　南	39214	20463	18750		12451	21579	475	1263
广　东	44084	19479	24605		13641	24114	428	1529
广　西	54942	17490	37452		13968	18005	1651	1694
海　南	17928	7048	10879		5622	11992	366	1215
重　庆	30809	17264	13545		12330	14543	1364	1806
四　川	44725	12371	32354		11480	31917	1225	337
贵　州	19573	13193	6380		10212	6147	618	1055
云　南	26397	9795	16602		8616	7982	226	314
西　藏	24280	13605	10675		12093	1512	287	993
陕　西	22427	9911	12516		7986	13179	283	
甘　肃	11249	6266	4983		4127	5504	248	249
青　海	40682	8156	32526		10846	22132	601	3439
宁　夏	24660	17280	7380		14092	8151	668	498
新　疆	22675	6695	14980		5165	15265	426	227

福利费	各种税金支出	对个人和家庭补助支出	抚恤金和生活补助	其他资本性支出	各种设备购置费	资产总计（千元）	固定资产原值	实际使用房屋建筑面积（万平方米）
3644	**1756**	**56449**	**3968**	**37210**	**12303**	**1300588**	**1237769**	**28.92**
370		1428		11	1	10925	5014	
246	45	7867	267	429		162853	195971	1.53
142		2839	34			14300	14300	1.90
69	42	1107	117	1734	137	22930	33122	0.76
60		1232	254			13175	11347	0.36
		1300		450	450	19547	19547	0.85
215		344	3	58		22072	29461	0.88
132		1982	181	1998		6316	6316	0.16
542				254		221993	174795	1.90
	19	1737		622		47545	42714	0.64
662		1684		5161	916	27489	23039	0.83
6		3441	492			9044	5732	0.25
		741	144	2248	902	28213	23606	0.59
234	131	719	92	6116	2934	20385	8668	0.30
	162	3726	283	1532	1338	23665	29020	2.04
171	619	2191	225	131	131	36544	19738	0.98
2	340	1235		457	457	6040	10949	0.37
404	52	2414	250	2770	329	139454	149250	2.00
65	10	4219	12	2110	2110	44747	32829	0.81
12		2230	15	1819	1819	29562	28634	0.65
		212	38			24104	15356	0.38
	116	1992	134	1942	127	174052	174052	2.50
100		1170	56	156		31778	23891	1.09
		2562	85	652	652	17109	13357	0.40
	25	393				33902	38393	1.45
						37154	37154	1.22
115		1124	203	137		23852	18754	0.96
36		1573	486	45		3045	5160	0.15
	160	2145	393	5559		18251	15152	1.88
48	3	1598	204	819		24775	27952	0.88
13	32	1244				5767	4496	0.21

续表 3

地　区	业务用房面积	实际拥有产权面积（万平方米）	流动舞台车演出情况			志愿者服务队伍数（个）
			流动舞台车数量（辆）	利用流动舞台车演出场次（场次）	利用流动舞台车演出观众人次（万人次）	
总　计	**17.57**	**15.22**	**9**	**83**	**6.21**	**1053**
北　京						334
天　津	0.82	0.43				198
河　北	0.61		2	20	1.00	
山　西	0.55	0.49				5
内 蒙 古	0.30					20
辽　宁	0.80	0.41	1			2
吉　林	0.59	1.20				1
黑 龙 江	0.10					30
上　海	1.90					
江　苏	0.41					1
浙　江	0.42					1
安　徽	0.25	0.25				3
福　建	0.33	0.36				364
江　西	0.30					
山　东	0.69	2.04	1	12	1.46	10
河　南	0.78		1	9	0.68	32
湖　北	0.18	0.37				6
湖　南	1.31	2.00	1	11	1.62	12
广　东	0.67					18
广　西	0.61					3
海　南	0.16	0.08				1
重　庆	2.00	2.40	1	26	1.20	7
四　川	0.38	1.52				4
贵　州	0.20	0.36				1
云　南	1.34	1.45				
西　藏	0.89					
陕　西	0.50	0.96	1	1	0.05	
甘　肃	0.10	0.15	1	4	0.20	
青　海	0.23	0.75				
宁　夏						
新　疆	0.19	0.01				

志愿者服务队伍人数（人）	由本馆指导的单位 馆办文艺团体（个）	演出场次（场）	观众人次（万人次）	馆办老年大学（个）	群众业余文艺团队（个）	群众业余团队人数（人）
67967	**133**	**1760**	**76.39**	**10**	**391**	**20409**
34567						
8300	10	400	0.85		130	4000
	4	60	0.70		6	400
700	5	72	2.90	1	18	720
800	2	8	0.10	1	21	800
60	5	300	3.00		7	360
221	5	35	1.78		17	500
200	3	20	1.00		30	600
	2	15	0.90	1	1	10
100	5	10	0.50	1		
700						
92						
10012	5	30	2.85		5	280
	1	6	0.60		3	80
1775	10	92	7.36		3	3969
2360	5	136	8.16	1	16	800
500				1	5	600
6100	5	38	1.09	1	7	332
360	4	243	5.90	1	42	2978
100	2	53	1.53		16	520
40	4	5	0.08		2	80
180	2	10	1.50		25	1200
600					13	920
200	5	30	1.40			
	22	3	6.00	1		
	5	13	0.15		3	240
	5	16	2.10		3	120
	10	150	25.00	1	18	900
	7	15	0.95			

2019年各地区地市级

地区	机构数（个）	从业人员（人）	专业技术人才	正高级职称	副高级职称	中级职称	组织品牌节庆活动（个）	提供文化服务次数（次）
总计	**359**	**10166**	**8418**	**438**	**1678**	**3766**	**1233**	**138764**
北京								
天津								
河北	12	443	387	31	89	159	38	4137
山西	11	281	251	11	43	117	18	3988
内蒙古	12	467	425	22	98	177	34	6762
辽宁	21	579	469	34	86	218	60	5495
吉林	13	447	353	26	97	148	69	7980
黑龙江	16	356	321	69	79	126	43	3112
上海								
江苏	13	451	329	24	63	158	104	6278
浙江	11	406	353	38	72	148	82	13804
安徽	17	286	232	2	36	100	41	4878
福建	9	154	131	6	33	53	38	5416
江西	13	439	365	6	59	151	35	3721
山东	17	560	498	18	115	221	117	18578
河南	18	500	413	13	75	176	52	5959
湖北	12	378	341	17	59	148	48	3289
湖南	15	418	373	10	62	175	33	6621
广东	23	623	442	27	99	198	135	17383
广西	14	450	408	13	69	197	80	5332
海南	3	77	31	3	2	14	5	2258
重庆								
四川	21	591	446	9	73	216	37	2991
贵州	9	357	328	14	69	155	10	1433
云南	16	458	426	11	115	213	18	1596
西藏	7	163	80		5	24	15	531
陕西	11	400	304	6	41	151	31	2369
甘肃	16	351	277	9	44	128	29	1718
青海	8	132	94	5	27	40	18	842
宁夏	5	132	120	7	35	45	20	857
新疆	16	267	221	7	33	110	23	1436

群众艺术馆基本情况

文化服务惠及人次（万人次）	组织文艺活动次数（次）	为老年人组织专场	为未成年人组织专场	为残障人士组织专场	为农民工组织专场	文化活动观众人次（万人次）	举办训练班班次（次）	培训人次（万人次）
7507.58	**28855**	**4543**	**3011**	**550**	**1724**	**5590.81**	**99883**	**540.10**
96.68	875	161	86	18	40	60.20	2578	14.73
81.85	377	57	35	12	26	42.70	3420	18.71
187.68	674	133	82	18	33	116.64	5858	32.38
110.99	729	156	73	13	21	78.63	4198	17.11
167.76	633	130	49	8	14	83.22	7153	62.91
169.68	993	177	79	22	27	144.66	1756	13.42
340.59	1625	534	155	20	80	269.19	4053	17.12
409.38	1461	133	125	36	90	190.99	11589	31.27
235.99	956	172	175	22	27	172.83	3702	16.87
247.16	1171	242	361	64	40	120.21	3931	43.41
119.29	713	188	74	14	79	80.10	2786	13.51
1081.12	2579	507	329	69	350	888.67	14989	61.40
435.90	2609	120	195	46	84	314.37	2763	18.42
229.18	919	235	82	11	81	175.05	2101	15.97
407.27	1012	177	106	26	151	358.46	5191	17.88
1427.67	3287	279	184	15	123	1223.10	13198	68.07
635.86	2800	75	113	15	88	492.34	1905	8.44
42.56	182	59	64	1	5	34.86	2011	3.80
297.91	829	258	69	9	29	177.18	1648	7.28
79.12	522	96	77	18	53	58.75	799	4.29
117.03	562	133	107	28	24	70.28	856	17.82
29.03	152	6	6	5	6	17.73	359	7.05
131.22	607	87	52	15	39	93.63	1469	12.27
184.19	700	105	119	22	110	126.83	754	9.79
89.71	557	258	68	7	30	81.33	144	1.14
47.76	658	26	74	8	52	42.54	148	0.74
105.02	673	39	72	8	22	76.32	524	4.36

续表 1

地　区	对业余文化队伍开展培训人次	举办展览个数（个）	参观人次（万人次）	组织各类理论研讨和讲座次数（次）	参加人次（万人次）	计算机（台）	本单位受训人次（万人次）	本年收入合计（千元）
总　计	**186.38**	**4073**	**1154.86**	**5953**	**221.81**	**12344**	**1.57**	**3330881**
北　京								
天　津								
河　北	7.52	148	16.06	536	5.70	299	0.08	112294
山　西	0.82	88	17.71	103	2.74	382	0.05	83527
内蒙古	5.46	112	35.83	118	2.84	374	0.05	103847
辽　宁	6.15	75	10.67	493	4.58	479	0.06	123191
吉　林	23.30	122	20.50	72	1.13	596	0.04	100641
黑龙江	10.52	88	6.40	275	5.20	395	0.02	85914
上　海								
江　苏	14.21	242	50.98	358	3.31	594	0.03	170198
浙　江	8.51	376	179.37	378	7.76	571	0.11	239482
安　徽	1.14	141	44.70	79	1.60	449	0.03	87734
福　建	9.99	156	80.36	158	3.18	226	0.03	78899
江　西	4.97	113	22.90	109	2.78	496	0.04	105379
山　东	22.74	257	105.16	753	25.90	749	0.07	215909
河　南	18.05	284	99.88	303	3.23	669	0.07	164830
湖　北	7.22	114	36.20	155	1.96	611	0.23	140674
湖　南	10.93	77	18.27	341	12.67	495	0.06	132908
广　东	7.54	445	129.30	453	7.22	901	0.21	411472
广　西	4.51	126	23.13	501	111.95	407	0.10	117117
海　南	1.55	37	3.80	28	0.11	91	0.01	21477
重　庆								
四　川	1.76	297	109.68	217	3.78	821	0.04	212929
贵　州	3.13	81	14.60	31	1.48	309	0.06	105369
云　南	6.99	99	26.05	79	2.88	473	0.05	136247
西　藏	0.05	16	4.24	4	0.02	70		48994
陕　西	3.12	141	23.53	152	1.78	692	0.06	82143
甘　肃	4.46	172	42.59	92	4.99	431	0.03	80379
青　海	0.28	69	5.93	72	1.31	134	0.01	51227
宁　夏	0.65	24	3.68	27	0.80	223	0.01	41295
新　疆	0.84	173	23.39	66	0.95	407	0.01	76805

财政补贴收入	免费开放资金	中央资金	业务活动专项经费	上级补助收入	事业收入	经营收入	附属单位上缴收入	其他收入
3159669	**251586**	**82443**	**813393**	**62473**	**18333**	**736**	**1526**	**88144**
111569	5930	2500	9899	36	298			391
83527	4750	2500	8137					
103000	6430	5270	15961					847
121886	5584	1000	12980		857			448
92132	5462	2942	6062		7387			1122
83299	6196	4840	15091					2615
165994	11349	244	25290	545	360	736		2563
220484	10524	1391	103094	3198	1891			13909
77851	9353	2580	16777	5076	526			4281
74433	6065	310	25735	1913	50			2503
101184	10257	1545	26730					4195
212473	18173	2070	65413	2315				1121
158990	8750	4500	68359					5840
130606	5327	2005	39927	2702	2703			4663
124172	9700	3920	33710	1405	2833			4498
390464	58890	2366	127360	17708				3300
106879	6900	5600	43981	8310				1928
21384	1075	500	7162					93
205990	15312	10710	50164	1110	4			5825
98354	4121	3200	15853		1034			5981
132848	8050	6400	26963	1075				2324
48994	2760	2100	2942					
73416	9500	2000	6860	5450				3277
77437	7151	2040	27408	460				2482
40893	2700	1540	10247	10308				26
32101	2900	1600	6204	695				8499
69309	8377	6770	15084	167	390		1526	5413

续表 2

地　区	本年支出合计（千元）	基本支出	项目支出	经营支出	在支出合计中：工资福利支出	商品和服务支出	差旅费	劳务费
总　计	**3285005**	**1915411**	**1308191**	**948**	**1458794**	**1060083**	**33405**	**173076**
北　京								
天　津								
河　北	113618	81629	22143		58337	23154	473	1266
山　西	71235	33819	36725		29685	14485	786	3699
内蒙古	106492	80949	25535		62848	37495	1673	4503
辽　宁	120353	87851	27917		61522	32191	689	13239
吉　林	98631	53142	43485		40496	29967	810	6675
黑龙江	81439	59986	21143		46055	21872	1783	3626
上　海								
江　苏	174249	118088	50304	736	88186	58622	1928	7598
浙　江	234095	116533	117560		89121	111138	1665	14957
安　徽	89127	58934	28855		42230	28173	784	2921
福　建	80968	35931	44491		24287	25027	412	5600
江　西	115935	78149	36476		59381	26691	1705	3381
山　东	228565	117200	110048		93427	68193	1343	11826
河　南	161105	82226	76199		62136	39893	1755	5804
湖　北	127973	75475	52284	212	60635	38496	1141	8682
湖　南	130504	78501	48335		55938	44866	1408	8897
广　东	433140	192032	239986		146536	196841	2545	21553
广　西	114772	60464	54196		52835	33202	1934	5164
海　南	19514	6148	13313		5897	12134	217	4370
重　庆								
四　川	185708	102221	81599		81166	73587	3591	16921
贵　州	94648	76970	16609		45305	19422	634	2946
云　南	128596	89387	37416		72914	33560	1491	3853
西　藏	43840	36533	5435		23071	6258	632	469
陕　西	81457	50316	25232		46670	19649	895	3599
甘　肃	79022	48543	28795		31903	13579	783	3255
青　海	46016	27148	16057		18955	14747	438	3350
宁　夏	49697	27143	22553		20152	14348	255	1427
新　疆	74306	40093	25500		39106	22493	1635	3495

福利费	各种税金支出	对个人和家庭补助支出	抚恤金和生活补助	其他资本性支出	各种设备购置费	资产总计（千元）	固定资产原值	实际使用房屋建筑面积（万平方米）
13066	**4034**	**233405**	**28342**	**239737**	**66755**	**3782828**	**3176355**	**232.93**
356	8	16149	1336	7047	4530	123443	100703	6.12
1051	73	1433	156	25630	3379	87694	53173	3.58
493		2426	473	2751	2465	470668	456937	8.13
60		17010	1336	1614	426	146539	144963	8.07
238		4072	665	20340	1078	294905	233960	9.06
72		9759	1104	2069	1369	83321	96859	5.69
558	258	12890	2264	6284	1264	219112	266996	15.11
3006	101	7501	824	4388	1333	217894	235524	13.50
340	9	10628	1045	4313	554	53546	42155	11.31
192	173	3328	538	25727	3500	185223	151819	7.52
1112	61	7030	836	1625	449	62183	43757	12.33
134	2206	11679	925	25419	18903	164522	148034	17.36
332	527	11210	2703	5934	4511	97534	102982	17.61
760	480	6746	472	6463	1881	139337	107839	13.43
762	56	11311	751	14564	2062	79231	70625	8.30
463	27	41061	1049	33933	1633	162010	171429	13.57
385	22	5269	2052	14001	5408	64699	50058	5.97
		494	230	969		49865	30925	1.79
834		11152	3137	5133	880	320193	172038	10.26
440		16221	1395	5670	5042	57779	29487	5.57
509		5339	2421	9194	1256	178639	98035	7.73
2		679	370	344	15	48641	37630	3.28
46	9	3372	302	883	189	174410	137837	6.62
443		9366	954	5358	1192	93160	90648	5.50
		2118	128	6105	799	44485	36937	1.22
		1579	397	311	216	40692	32408	6.06
478	24	3583	479	3668	2421	123103	32597	8.24

续表 3

地　区	业务用房面积	实际拥有产权面积（万平方米）	流动舞台车演出情况			志愿者服务队伍数（个）
			流动舞台车数量（辆）	利用流动舞台车演出场次（场次）	利用流动舞台车演出观众人次（万人次）	
总　计	**155.90**	**87.75**	**52**	**499**	**49.69**	**4541**
北　京						
天　津						
河　北	4.11	3.07	2	50	10.00	168
山　西	2.19	4.69	2			68
内 蒙 古	3.78	1.73	1	6	0.30	128
辽　宁	3.10	1.90	2	10	0.70	202
吉　林	3.47	2.36	1	8	0.47	70
黑 龙 江	3.87	2.71	4	32	2.40	151
上　海						
江　苏	10.64	6.28	6	62	7.65	59
浙　江	7.45	13.48	1	90	12.00	67
安　徽	10.08	3.54				98
福　建	5.73	2.80				318
江　西	9.43	4.18	1	10	0.60	329
山　东	13.33	3.37	5	79	4.74	285
河　南	14.77	4.32	2	15	0.15	303
湖　北	9.92	6.46	2	14	2.00	180
湖　南	4.97	1.94				259
广　东	11.04	2.46				997
广　西	3.72	2.96	2	1	0.03	80
海　南	1.34					8
重　庆						
四　川	8.37	4.76	9	33	3.45	86
贵　州	3.35	3.53	2	15	1.50	94
云　南	4.30	3.11				131
西　藏	1.65	0.79				7
陕　西	3.67	2.74	2	32	2.62	113
甘　肃	3.96	1.65	1	6	0.30	74
青　海	0.63	1.30				221
宁　夏	3.15	0.83	2			27
新　疆	3.90	0.79	5	36	0.78	18

志愿者服务队伍人数（人）	由本馆指导的单位					
	馆办文艺团体（个）	演出场次（场）	观众人次（万人次）	馆办老年大学（个）	群众业余文艺团队（个）	群众业余团队人数（人）
342339	**1156**	**14022**	**1300.23**	**88**	**8976**	**583234**
8153	32	933	74.51	2	217	7069
3473	23	307	12.35	2	168	25052
5374	42	742	27.96	4	287	17140
23954	43	401	27.84	2	491	30129
6900	44	488	51.30	2	136	5825
8415	71	593	37.29	2	449	56640
1613	51	530	38.69	5	209	43159
3181	65	1087	57.47	2	558	134765
4779	61	483	46.48	3	298	8693
6150	26	383	19.40	3	159	7516
13891	41	641	27.76	6	333	25413
16561	102	1098	186.03	7	465	18460
11142	119	1484	234.31	7	248	8178
6604	30	308	55.74	5	388	18420
23947	34	270	20.20	4	2192	25025
121928	59	377	116.14	3	376	14524
2991	45	640	55.15	2	491	19623
245	4	11	1.00	1	12	418
23989	25	153	7.60	5	405	21410
11660	38	314	21.39	3	208	9175
21703	68	607	41.99	8	172	46305
242	6	98	4.00		4	112
4247	25	157	7.50	2	198	17251
4198	38	1081	111.12	3	236	12460
5145	7	314	2.00		115	5532
608	14	184	3.28	3	86	2360
1246	43	338	11.76	2	75	2580

2019年各地区县市级

地　区	机构数（个）	从业人员（人）					组织品牌节庆活动（个）	提供文化服务次数（次）
			专业技术人才					
				正高级职称	副高级职称	中级职称		
总　计	**2936**	**41629**	**30201**	**478**	**3548**	**13103**	**4756**	**591592**
北　京	19	863	506	3	37	204	134	12466
天　津	16	474	398	3	44	184	22	11878
河　北	167	1730	1271	20	163	533	269	28190
山　西	118	1381	985	3	76	437	73	14670
内蒙古	107	1346	1125	20	192	475	168	13083
辽　宁	102	1299	953	14	83	535	77	18124
吉　林	65	1743	1398	90	288	552	98	7858
黑龙江	133	1759	1402	84	326	619	159	13245
上　海	23	856	654	3	40	255	55	48087
江　苏	101	1646	1314	20	187	617	317	34667
浙　江	89	1756	1365	75	233	558	438	71915
安　徽	105	1115	859	2	61	342	159	22377
福　建	87	713	562	3	83	263	135	13152
江　西	104	1364	957	7	55	407	119	14481
山　东	139	2240	1863	8	257	899	323	56357
河　南	186	2647	1116	7	71	570	182	23659
湖　北	111	1612	1101	5	98	548	230	16224
湖　南	130	1594	1126	2	80	484	194	14042
广　东	121	1894	1218	19	105	524	290	37860
广　西	109	1568	1243	1	45	580	172	15917
海　南	19	207	112	1	1	29	24	1669
重　庆	40	925	637	19	86	271	102	14156
四　川	185	2303	1603	2	94	553	263	20224
贵　州	89	1174	877	12	66	304	100	10273
云　南	132	1885	1731	8	418	879	182	10793
西　藏	74	314	208	4	3	10	45	3079
陕　西	110	2025	1388	31	117	567	138	12567
甘　肃	86	1276	801	1	83	338	113	7398
青　海	46	536	318		28	104	29	4340
宁　夏	21	381	301	5	37	173	33	5812
新　疆	102	1003	809	6	91	289	113	13029

文化馆基本情况

文化服务惠及人次（万人次）	组织文艺活动次数（次）	为老年人组织专场	为未成年人组织专场	为残障人士组织专场	为农民工组织专场	文化活动观众人次（万人次）	举办训练班班次（次）	培训人次（万人次）
29329.72	**268865**	**35319**	**21016**	**4967**	**17334**	**23356.43**	**264241**	**1441.12**
831.74	3122	494	158	34	22	698.59	8212	73.52
299.28	4059	286	141	45	76	182.37	6423	34.73
1371.88	15043	1624	1001	203	731	1137.93	10273	44.22
816.98	5694	755	465	135	496	664.47	7581	33.83
703.99	5783	1019	604	89	571	591.54	5912	31.66
441.83	5342	1324	535	132	348	338.73	9766	36.74
305.36	2825	502	290	59	151	246.33	3893	20.57
574.28	7612	1288	841	100	275	442.17	4320	25.63
766.90	12794	2079	324	108	371	451.36	33764	149.04
1076.75	12491	1761	1128	279	954	833.87	19205	83.55
3178.99	31572	3541	1021	417	1357	2352.01	31443	163.87
1269.32	9851	1509	1005	240	441	991.80	10695	73.89
484.95	3156	468	496	101	255	345.06	8410	35.24
821.25	7553	1019	659	153	599	661.30	5564	30.15
2316.03	33100	4195	2225	756	1603	1924.73	19149	130.45
1500.59	14022	2168	1282	345	984	1273.55	6767	51.35
999.08	7805	1372	904	197	467	754.12	6164	40.97
916.43	7703	1395	887	231	947	700.64	4828	34.25
2746.53	11159	1160	1263	103	764	2270.16	23255	114.18
1078.15	9379	955	750	83	634	932.99	5506	35.25
183.69	966	57	93	2	22	144.66	526	10.44
1062.01	5354	735	864	108	431	841.51	7174	43.07
1323.17	12611	1396	1111	289	896	1080.14	5046	24.88
759.26	6000	552	441	124	553	646.45	3327	18.44
1154.03	6648	929	614	137	650	957.49	2915	27.07
135.68	2420	136	138	20	108	118.79	297	1.71
700.76	6123	775	487	220	461	554.16	4970	31.53
567.92	4499	645	347	70	454	438.44	1855	15.06
223.80	3038	110	204	35	185	173.72	1000	4.67
254.22	3763	537	189	51	196	230.79	1765	8.68
464.90	7378	533	549	101	1332	376.59	4236	12.50

续表 1

地　区	对业余文化队伍开展培训人次	举办展览个数（个）	参观人次（万人次）	组织各类理论研讨和讲座次数（次）	参加人次（万人次）	计算机（台）	本单位受训人次（万人次）	本年收入合计（千元）
总　计	**526.00**	**26680**	**4051.73**	**31806**	**480.44**	**54340**	**9.76**	**8929650**
北　京	13.46	332	53.95	800	5.67	898	0.44	468597
天　津	17.80	370	72.96	1026	9.22	916	0.23	197866
河　北	18.13	1129	169.04	1745	20.68	1621	0.28	215278
山　西	9.64	681	108.69	714	9.99	1036	0.14	177906
内 蒙 古	17.92	525	71.58	863	9.22	1387	0.11	213792
辽　宁	25.72	552	40.99	2464	25.36	1490	0.17	188663
吉　林	8.69	394	29.85	746	8.61	1407	0.16	209744
黑 龙 江	7.06	580	97.56	733	8.91	1471	0.14	231468
上　海	39.99	705	159.51	824	7.00	1177	0.72	483491
江　苏	27.37	1322	130.33	1649	29.00	2312	0.72	640285
浙　江	89.52	3393	605.81	5507	57.30	2090	2.33	664629
安　徽	22.01	1073	188.57	758	15.07	2013	0.24	214077
福　建	7.32	961	95.80	625	8.86	1627	0.15	206235
江　西	9.70	808	118.81	556	10.98	1518	0.34	205226
山　东	43.28	1735	204.75	2373	56.11	2674	0.25	384909
河　南	22.54	1582	158.08	1288	17.61	2317	0.27	287686
湖　北	18.00	1146	182.13	1109	21.86	2488	0.23	322191
湖　南	16.65	754	167.03	757	14.51	1956	0.19	274452
广　东	19.77	1855	334.06	1591	28.14	3631	0.65	867051
广　西	15.72	542	98.52	490	11.39	2853	0.24	227186
海　南	2.21	92	27.02	85	1.58	357	0.04	80121
重　庆	9.59	791	162.53	837	14.90	1574	0.14	301189
四　川	12.66	1297	201.15	1270	17.00	3186	0.18	517842
贵　州	8.04	365	73.56	581	20.81	1292	0.13	178758
云　南	12.78	755	155.82	475	13.65	1859	0.25	340803
西　藏	0.33	305	14.54	57	0.64	1630	0.05	40185
陕　西	11.01	782	104.37	692	10.71	3592	0.26	266413
甘　肃	6.88	686	105.91	358	8.51	1332	0.11	177103
青　海	0.63	217	44.55	85	0.86	698	0.48	89220
宁　夏	2.25	117	9.21	167	5.55	566	0.05	90414
新　疆	9.34	834	65.06	581	10.75	1372	0.08	166870

财政补贴收入	免费开放资金	中央资金	业务活动专项经费	上级补助收入	事业收入	经营收入	附属单位上缴收入	其他收入
8525099	**686404**	**267999**	**2116776**	**174507**	**62586**	**3780**	**313**	**163365**
459808	8431	1240	188045	1498	2718			4573
192763	8757	100	59024	1604	2298			1201
212230	25281	16759	38801	1119	1562			367
173277	18432	11487	28281	3807	200	26		596
209269	17585	12927	38126	3962				561
185811	5005	1091	58132	2623				229
205054	10840	6636	32576	150	210			4330
230357	17018	12900	23909	390	370			351
464883	11235	4704	74663	630	10858			7120
609753	84605	1650	145584	9182	9016	40		12294
629837	20079	647	214595	6070	2653			26069
191141	18677	6495	41473	11214	4494			7228
185699	9832	1448	47700	12906	2234			5396
185127	14397	3209	36056	11947	1420	6	54	6672
372856	30871	1732	96380	3634	785			7634
281801	31882	17800	46322		2480			3405
298666	23903	7165	59534	16378	2578		120	4449
258548	21270	10057	52636	8893	1354		10	5647
838132	79395	6153	261648	15861	1032	3702	21	8303
218582	20917	16555	55814	6936	131			1537
74441	6458	1595	40115	100	42			5538
287325	22498	16070	79192	4610	4123			5131
507400	45993	29672	159090	3596	1917			4929
166164	15388	7030	53841	8312	1248	6	32	2996
317672	24086	18085	41609	6556	4734		6	11835
39815	16799	10189	10642	370				
249402	21486	12912	34915	6765	510			9736
170790	14864	6948	34862	3210	1103			2000
79562	4502	1652	15903	7199	339		70	2050
71858	9408	6738	17481	9795	2022			6739
157076	26510	16353	29827	5190	155			4449

续表 2

地　区	本年支出合计（千元）	基本支出	项目支出	经营支出	在支出合计中：工资福利支出	商品和服务支出	差旅费	劳务费
总　计	**8826781**	**5880843**	**2494760**	**6797**	**4569437**	**2337596**	**80398**	**359402**
北　京	450803	246999	203803		203654	201840	168	13313
天　津	195272	112417	82852		92595	62122	728	7635
河　北	217463	159709	51240		134686	36485	1003	5646
山　西	180942	126028	33817	26	112800	30656	3030	4838
内蒙古	214807	181589	27610	30	136353	45199	1827	7863
辽　宁	155855	116994	14062		98026	21542	611	2286
吉　林	213866	170800	39212		146595	26313	1906	3981
黑龙江	227323	191723	35599		154039	35222	1636	3695
上　海	484611	281447	200985		197561	168404	422	8685
江　苏	537585	364483	153604	475	262848	179763	4176	33768
浙　江	682578	430329	227928		347983	234103	5726	52743
安　徽	208797	151007	40510	95	107464	46966	2147	8640
福　建	216364	130215	76218		93992	67493	930	12887
江　西	216603	165061	22446	196	127229	45975	3372	7985
山　东	388083	293713	78371	20	238857	72349	1122	10557
河　南	284269	239041	33410	50	170051	66325	2369	18658
湖　北	323471	225171	79464	15	174059	60863	3017	7647
湖　南	275248	197172	67020	90	136515	69110	3956	8775
广　东	858520	399906	419564	3848	282991	279045	2567	22632
广　西	218559	162473	51271		132190	42491	4231	5251
海　南	79521	23643	51374	383	22640	32018	1242	7535
重　庆	301425	203115	91794		128960	110047	10491	35113
四　川	506818	318870	181703		252349	187753	10518	34911
贵　州	174055	119793	23445	258	94006	19176	2217	3057
云　南	348572	265411	64599	75	230167	46072	3271	8629
西　藏	41920	27654	1181	33	24561	469	294	18
陕　西	272207	198970	40560	431	171494	53249	2239	7543
甘　肃	179608	139825	28496	118	103258	33103	2903	6336
青　海	107920	61335	16314	589	47172	14840	341	1562
宁　夏	88595	52068	26330		44546	19610	616	2948
新　疆	175121	123882	29978	65	99796	28993	1322	4265

福利费	各种税金支出	对个人和家庭补助支出	抚恤金和生活补助	其他资本性支出	各种设备购置费	资产总计（千元）	固定资产原值	实际使用房屋建筑面积（万平方米）
40094	**5728**	**429709**	**78690**	**302271**	**103257**	**13680202**	**12458450**	**913.17**
2123	645	17020	1805	9004	3899	421279	496601	13.00
1491	104	8800	808	18768	812	141634	154094	10.78
392	116	10671	2765	6835	3187	482320	474819	41.63
591	77	6451	1395	6058	3029	192286	176753	28.87
1953	231	14404	1596	6919	2396	207982	149382	22.34
205	29	7872	1669	894	535	176153	159950	19.73
116	20	9864	2876	5713	2870	253631	228073	16.73
142	8	15503	1920	7359	4104	254581	241094	23.43
4009	117	9267	3560	16505	1928	537604	625586	18.05
1951	386	32797	5910	17134	10700	850701	772376	137.74
9239	428	20484	3093	14725	5064	514241	457808	60.71
1274	22	15858	2247	9800	4178	218469	187796	26.61
92	122	7516	1382	5618	1956	255675	212004	26.55
2278	682	10510	2262	5631	316	231623	187210	25.64
361	2	20770	2645	9528	2854	335967	319807	46.99
737	301	14151	3598	5994	2691	378431	359406	39.22
2568	558	20586	1846	8528	1718	1836999	1427038	32.76
1516	150	10189	1899	10611	4089	252100	222052	31.07
2771	286	56077	2950	47333	8765	516139	363029	57.78
1050	311	6971	2363	6946	2374	995057	988525	20.20
159	417	968	134	18065	6816	221860	148456	4.37
1041	167	31120	10663	4446	1468	298578	281991	25.09
1560	141	22281	7020	9669	2796	839384	749424	46.79
916	27	9672	583	5142	1932	645179	584581	23.78
480	40	11967	4521	11060	1964	308274	281458	25.90
		10		3253	1961	168756	146531	9.49
533	1	6770	1296	10316	3853	1613230	1601040	24.31
295	95	16132	2381	4434	1738	150604	132079	16.09
85	110	3322	7	1156	450	119291	94495	6.18
4	18	2984	1617	1969	1527	59313	53891	6.95
162	117	8722	1879	12858	11287	202861	181101	24.40

续表 3

地　区		实际拥有产权面积（万平方米）	流动舞台车演出情况			志愿者服务队伍数（个）
	业务用房面积		流动舞台车数量（辆）	利用流动舞台车演出场次（场次）	利用流动舞台车演出观众人次（万人次）	
总　计	**614.63**	**437.63**	**1,626**	**37637**	**2021.62**	**27878**
北　京	8.33	3.78	11	234	13.51	161
天　津	6.51	0.47	6	540	49.30	495
河　北	26.69	21.36	104	2460	122.06	1551
山　西	21.80	28.41	137	1744	76.32	592
内蒙古	14.80	8.97	49	1197	39.67	843
辽　宁	13.11	7.23	13	340	23.31	1173
吉　林	9.42	6.49	74	1054	64.99	267
黑龙江	16.30	7.01	55	1387	59.50	1146
上　海	10.68	9.08	1			96
江　苏	97.23	58.88	34	1083	72.28	1019
浙　江	40.66	19.92	13	585	24.81	3219
安　徽	20.00	13.17	43	1765	79.62	1868
福　建	19.22	15.10	14	296	22.19	500
江　西	16.27	13.98	44	1331	68.58	607
山　东	35.27	15.93	81	5437	242.35	984
河　南	26.21	16.28	92	2803	138.67	1305
湖　北	18.59	19.14	41	1264	81.86	1560
湖　南	19.44	23.00	73	2658	111.58	665
广　东	38.20	22.53	13	180	9.33	1336
广　西	12.10	11.27	51	445	26.15	1117
海　南	2.63	2.49	10	86	2.17	157
重　庆	17.68	14.99	27	853	75.91	1121
四　川	35.60	22.00	153	2399	116.95	2648
贵　州	14.96	13.60	66	1106	111.72	812
云　南	17.19	15.49	90	1670	124.05	714
西　藏	6.50	4.65	76	764	38.70	58
陕　西	17.98	16.95	89	1137	97.04	622
甘　肃	9.47	9.39	65	673	47.88	262
青　海	4.42	4.42	33	556	20.06	144
宁　夏	4.32	1.86	11	566	25.55	153
新　疆	13.06	9.80	57	1024	35.54	683

志愿者服务队伍人数(人)	由本馆指导的单位 馆办文艺团体(个)	演出场次(场)	观众人次(万人次)	馆办老年大学(个)	群众业余文艺团队(个)	群众业余团队人数(人)
1040308	**6805**	**160708**	**6187.65**	**671**	**81074**	**3301061**
16084	83	2001	24.80	19	457	27235
13919	125	1222	40.65	2	590	20962
53280	326	4729	239.12	30	4143	147333
18872	218	2713	140.59	22	1713	85820
20022	233	2320	157.95	33	2138	92687
48236	261	3950	141.71	15	2375	111533
39472	161	1939	76.58	12	946	87583
50104	282	3049	158.54	30	2026	109062
6799	108	548	15.30	2	616	19443
45726	356	8377	270.79	37	3943	180870
98302	315	7636	364.62	12	9735	345368
26849	336	3736	260.00	16	2306	76478
18409	158	1444	89.40	19	780	42255
38592	223	4419	260.51	32	1794	55306
36557	424	13384	759.06	51	5541	211285
39876	439	7177	256.21	33	4214	137720
63407	292	4597	228.94	24	4534	257043
34626	239	4441	208.66	49	3621	221145
92266	301	46298	291.35	20	2264	72189
72763	294	6555	445.57	26	5519	152024
5517	37	288	12.52	1	535	16264
26504	124	2674	233.53	24	1177	49391
37894	74	2129	155.20	35	2963	116823
27718	283	5038	392.71	38	2988	77282
11650	418	4901	299.88	33	7794	316958
757	10	854	84.31		390	6474
24261	262	4465	218.56	23	2292	99487
13513	178	2612	106.87	14	1465	97920
3679	60	2593	75.82	2	524	20323
11774	28	1442	63.23	1	661	15631
42880	157	3177	114.66	16	1030	31167

2019年各地区文化站

地　区	机构数（个）	从业人员（人）	专职人员	在编人员	专业技术人员	提供文化服务次数（次）
总　计	**40747**	**136481**	**79204**	**81881**	**36193**	**1713522**
北　京	334	2522	1650	1062	153	86809
天　津	244	849	541	338	89	25296
河　北	2255	5147	2793	3387	815	53839
山　西	1410	2650	1627	984	468	32445
内蒙古	1086	3237	1838	1865	1018	23063
辽　宁	1422	3020	1714	1990	660	38525
吉　林	902	2120	1468	1612	778	17815
黑龙江	1280	2820	1635	1667	609	24744
上　海	218	3978	2885	1555	509	128843
江　苏	1257	5509	3790	3171	1569	95702
浙　江	1363	5741	3841	2854	2038	192446
安　徽	1437	4520	3305	3277	1979	66483
福　建	1122	3196	1814	1691	735	31918
江　西	1736	4498	2328	2605	790	30529
山　东	1815	5581	3889	3628	1962	125895
河　南	2458	8031	4893	6243	1234	79878
湖　北	1281	3086	2178	1584	1164	50647
湖　南	2366	6842	4213	4689	1719	43709
广　东	1614	10193	6464	4462	2065	116429
广　西	1174	3041	1977	2629	1139	38791
海　南	219	484	237	328	80	3919
重　庆	1028	4238	3091	3472	1069	52067
四　川	4410	8253	3914	4489	1603	103886
贵　州	1599	9311	2844	4177	1601	30782
云　南	1450	7089	3602	4428	3495	45795
西　藏	692	5448	2471	4379	3237	9863
陕　西	1376	4535	2567	2949	1028	37111
甘　肃	1388	4787	2789	2699	818	29085
青　海	388	728	246	232	99	6335
宁　夏	245	785	511	512	234	9922
新　疆	1178	4242	2089	2923	1436	80951

基本情况

文化服务惠及人次（万人次）	组织文艺活动次数（次）	参加人次（万人次）	举办训练班班次（次）	培训人次（万人次）	对业余文化队伍开展培训人次	举办展览个数（个）	参观人次（万人次）
39439.96	**1058776**	**29165.05**	**522104**	**3397.91**	**1454.79**	**132642**	**6877.00**
839.91	43950	539.74	41366	228.44	112.55	1493	71.73
252.56	15019	191.28	9445	39.82	16.34	832	21.46
849.31	36695	645.73	13081	81.57	35.23	4063	122.01
701.20	20969	504.51	8484	71.28	36.59	2992	125.41
433.46	15769	332.30	5072	30.18	11.15	2222	70.98
614.48	24420	488.37	12124	74.94	33.20	1981	51.17
283.29	12328	227.37	4173	27.21	12.31	1314	28.71
380.94	16684	290.59	6098	37.26	16.04	1962	53.09
1995.19	63113	1221.91	62092	383.22	210.16	3638	390.06
2449.98	63128	1832.37	24723	179.03	65.71	7851	438.57
6287.91	115812	4951.78	62688	426.20	219.95	13946	909.93
1840.58	42044	1491.38	18191	146.64	50.97	6248	202.56
673.30	17817	466.44	10683	51.46	19.40	3418	155.40
625.32	18704	458.47	8347	43.28	11.49	3478	123.56
3140.55	85843	1970.50	30451	245.91	111.16	9601	924.14
1766.42	51892	1350.43	19496	129.10	47.85	8490	286.90
1293.06	32686	954.67	12912	104.36	46.26	5049	234.03
1162.75	25611	769.47	13007	95.39	35.23	5091	297.90
3430.15	60537	2460.48	48476	294.01	105.31	7416	675.67
1057.23	29633	915.31	6612	37.90	14.72	2546	104.02
93.63	2583	78.40	1101	5.80	1.72	235	9.43
1296.96	27878	839.29	18225	140.28	56.10	5964	317.39
2332.47	60987	1723.54	32170	154.75	55.19	10729	454.19
906.48	20008	710.94	7829	45.28	17.41	2945	150.26
1459.74	28991	1143.05	12396	97.73	40.87	4408	218.96
162.95	7317	143.47	1582	5.38	1.31	964	14.10
912.86	23748	703.41	9024	71.41	24.72	4339	138.04
580.94	16699	383.71	8316	60.34	20.84	4070	136.89
99.02	4089	80.13	1389	6.98	1.25	857	11.91
184.85	7477	153.19	1868	11.07	4.53	577	20.60
1332.49	66345	1142.84	10683	71.70	19.24	3923	117.96

续表 1

地　区	藏书（万册）	计算机（台）	本单位受训人次（万人次）	本年收入合计（千元）	财政补贴收入	免费开放资金
总　计	**38103.29**	**331623**	**109.12**	**16717374**	**15580180**	**2645190**
北　京	700.86	5136	5.80	568372	530184	59989
天　津	184.43	2909	1.99	83797	80555	11252
河　北	1017.31	9893	3.40	269246	267187	106731
山　西	573.52	10746	1.72	101638	100582	52454
内蒙古	427.53	6391	1.14	173658	171046	39426
辽　宁	936.67	11579	2.90	287628	254549	44565
吉　林	388.96	5234	0.98	145799	143091	35536
黑龙江	534.78	6565	0.23	144799	144370	40782
上　海	1122.66	4979	6.26	1835440	1684366	89569
江　苏	3432.32	14392	2.88	1220361	1199421	157048
浙　江	2600.95	16517	18.33	1753176	1634404	144346
安　徽	658.02	16344	4.12	541278	298128	68907
福　建	627.20	8231	3.39	287109	275694	62650
江　西	850.94	9603	2.27	275682	267731	92745
山　东	2205.14	22887	6.19	445566	430595	44607
河　南	994.72	16511	3.41	378002	373859	112567
湖　北	915.02	9673	2.68	1118200	936930	140783
湖　南	1451.12	12905	4.70	448388	424627	95845
广　东	3554.21	19806	14.42	2367653	2279816	239308
广　西	759.16	10069	1.02	228335	213103	58661
海　南	111.19	1816	0.24	33118	31493	8705
重　庆	674.03	11888	1.50	567555	554355	60566
四　川	1785.13	36052	1.70	704220	688634	241079
贵　州	1074.12	13130	3.67	659242	629545	210017
云　南	8615.14	15562	6.27	560200	542204	68992
西　藏	140.78	3576	0.51	379370	371425	39956
陕　西	482.11	9435	2.76	249783	237075	69146
甘　肃	560.14	9533	2.28	406110	356192	167886
青　海	102.95	1834	0.30	179347	163290	8966
宁　夏	156.79	2698	0.66	53235	50718	9346
新　疆	465.40	5729	1.42	251067	245011	62760

中央资金	业务活动专项经费	本年支出合计（千元）	基本支出	项目支出	工资福利支出	资产总计（千元）
1021453	**5953550**	**17814136**	**9432900**	**6244842**	**5786236**	**56802053**
2856	189022	644816	268893	269728	63145	982009
1030	31358	111035	45049	56445	13387	334167
78362	73361	272872	190957	68089	137285	1042704
34910	53630	152028	114280	30495	47496	710860
32018	45322	223704	173877	35859	110247	1014954
8009	181894	351294	241200	58982	66830	1059959
22367	37554	185000	137941	41070	95763	357601
32352	41923	146692	96301	50390	77768	465920
7361	763848	1701628	482919	939843	266317	2415354
10474	500416	1119613	613101	428277	399337	4467644
20852	696599	1891657	774214	970862	332663	7091512
27066	95364	571427	435784	64141	148476	2506983
4623	100073	301882	141557	135412	74053	1175475
16521	52451	282804	111223	51576	170278	1805140
6591	177962	500129	286776	114744	182242	2314437
60540	119649	388208	296080	73152	231602	910677
59656	381397	1083323	549216	450948	327252	3059964
50794	114152	466401	311382	107469	221790	1343791
27141	978876	2546256	978337	1212424	710488	6728762
45836	40893	346974	296418	27879	200644	550022
4523	11827	32236	19880	7435	13362	122004
41064	156015	591505	407829	154983	272423	1572346
179893	325404	730426	326699	370311	178835	2688626
33114	266057	926912	630459	84952	314206	4304893
47990	114277	624755	421800	128555	356406	1268268
22878	34912	393704	271545	8065	293833	1761632
50294	71840	263089	197155	41329	144439	1895997
41143	143984	398018	289131	66140	153202	855710
2297	76833	238291	80645	154521	12574	375818
3350	18396	58162	39180	8716	25819	318665
45548	58261	269295	203072	32050	144074	1300159

续表 2

地　区	固定资产原值	实际使用房屋建筑面积（万平方米）	文化活动用房面积	实际拥有产权面积（万平方米）	本站指导群众业余文艺团队（支）	志愿者服务队伍个数（个）
总　计	**47795191**	**3343.16**	**2507.12**	**1942.05**	**351397**	**323445**
北　京	771685	79.21	57.27	25.10	8237	7224
天　津	302917	30.91	23.38	10.89	3407	3215
河　北	951015	85.56	65.97	56.39	21086	17144
山　西	668664	65.60	51.39	55.10	9301	6850
内蒙古	809072	55.77	41.10	27.37	5829	4298
辽　宁	897729	85.49	51.22	31.34	9823	7985
吉　林	332580	36.04	24.42	21.04	5669	4453
黑龙江	441819	59.17	39.86	22.07	6006	4448
上　海	1811013	118.50	92.43	76.20	7042	5009
江　苏	3868733	458.17	378.52	190.19	16145	15643
浙　江	6604542	416.91	311.49	233.43	29262	25605
安　徽	2142120	81.33	67.46	75.87	10552	9480
福　建	1000521	90.04	68.86	54.94	8210	21511
江　西	1619850	78.66	58.71	49.75	10403	8425
山　东	2043691	213.42	148.13	90.35	26716	28937
河　南	861948	103.15	77.39	68.02	23313	18490
湖　北	1550883	109.77	78.30	73.93	15212	12697
湖　南	1204143	122.65	94.12	87.58	17458	14666
广　东	5842182	353.22	261.02	172.43	14084	12140
广　西	515176	51.35	39.05	37.64	12287	8527
海　南	104320	7.36	5.84	5.63	1800	1114
重　庆	1380291	69.20	52.68	56.98	7431	14263
四　川	2521947	168.29	131.17	119.71	21707	17569
贵　州	2507953	63.98	45.43	45.46	10314	14114
云　南	1092931	75.04	56.20	75.63	20225	10895
西　藏	1694223	28.02	21.91	15.09	1533	1651
陕　西	1768528	67.06	48.99	50.58	10792	8866
甘　肃	766585	59.08	42.81	41.58	9161	7587
青　海	321603	11.69	9.53	6.93	1113	1015
宁　夏	301911	17.06	10.20	9.39	1639	1955
新　疆	1094616	81.45	52.27	55.46	5640	7669

志愿者服务队伍人数（人）	辖区内社区综合文化服务中心（个）	社区综合文化服务中心面积（万平方米）	室内面积	辖区内村综合文化服务中心（个）	村综合文化服务中心面积（万平方米）	室内面积
7063692	**166683**	**10921.59**	**3334.61**	**597843**	**33392.64**	**8385.27**
242093	3098	186.71	86.42	3369	284.02	119.72
79733	1786	99.75	62.11	3399	132.86	49.97
302004	4086	190.71	56.48	45206	2313.53	503.85
115501	3702	157.88	29.57	26437	914.90	176.13
74798	2917	218.98	61.55	13356	719.61	140.76
125087	7022	792.82	95.93	12709	1358.32	152.53
98673	1971	147.62	43.79	9372	752.33	79.17
109472	1698	146.78	31.65	8371	911.99	69.77
171445	3056	177.51	103.62	3121	144.65	77.76
958267	6568	1222.08	723.50	14715	1634.98	1061.64
660536	7855	886.10	276.18	25638	2695.21	1006.45
160243	4794	212.19	58.14	16054	836.84	141.02
241491	15683	208.15	76.38	17036	541.12	192.69
124138	6540	165.49	41.76	18085	598.99	129.59
659161	20081	1185.66	397.19	69975	4011.25	1176.42
371139	8008	372.51	100.82	42740	2477.75	451.91
329926	6508	416.42	92.61	24498	1283.69	251.74
255672	10086	1134.20	168.25	40242	3026.26	475.03
380637	7526	1187.47	323.23	34186	2373.54	613.45
161048	2880	178.89	42.04	14252	1148.50	258.70
18474	592	17.21	7.21	3729	102.58	26.33
315394	3635	247.39	57.36	8410	321.49	94.45
240509	8077	380.23	101.30	41680	962.76	282.83
151196	5503	164.62	49.63	17889	489.09	108.99
170662	4197	215.78	60.79	21912	677.85	147.26
19815	3679	13.36	7.05	8861	30.03	11.08
158960	4426	205.68	47.21	17267	998.46	227.86
169984	5269	175.58	53.79	15707	817.69	105.27
11146	1004	14.15	5.91	5669	84.11	26.54
51472	1181	64.55	16.89	2661	264.10	28.53
135016	3255	135.13	56.26	11297	484.17	197.82

2019年各地区乡镇

地　区	机构数（个）	从业人员（人）	专职人员	在编人员	专业技术人员	提供文化服务次数（次）
总　计	**33530**	**109630**	**63141**	**68543**	**31254**	**1142459**
北　京	182	1157	779	492	83	32538
天　津	131	398	242	202	68	11504
河　北	1986	4543	2475	3013	728	42920
山　西	1196	2195	1444	830	425	25087
内蒙古	873	2586	1512	1562	878	15305
辽　宁	950	1891	1114	1393	535	14874
吉　林	623	1596	1135	1326	679	10564
黑龙江	902	1665	1158	1201	535	15204
上　海	107	2451	1720	1026	279	63417
江　苏	856	3777	2622	2498	1276	56773
浙　江	951	3875	2551	1983	1448	113802
安　徽	1284	4071	3019	3041	1846	59412
福　建	958	2686	1481	1450	635	22041
江　西	1598	4053	2117	2365	737	25639
山　东	1208	3654	2527	2435	1342	76858
河　南	1905	6513	3999	5292	1081	62521
湖　北	1030	2460	1756	1256	986	34350
湖　南	2042	5815	3622	4139	1526	34128
广　东	1174	7320	4456	3280	1462	63012
广　西	1127	2834	1900	2537	1113	36485
海　南	198	458	226	317	80	3437
重　庆	814	3129	2368	2614	843	34692
四　川	4063	7279	3359	4054	1414	81035
贵　州	1394	8535	2569	3693	1525	26386
云　南	1301	6443	3206	3971	3158	37305
西　藏	684	5400	2459	4356	3229	9577
陕　西	1192	3820	2192	2479	889	29019
甘　肃	1231	4252	2594	2413	768	24024
青　海	361	654	235	210	97	5613
宁　夏	200	682	441	487	211	7011
新　疆	1009	3438	1863	2628	1378	67926

文化站基本情况

文化服务惠及人次（万人次）	组织文艺活动次数（次）	参加人次（万人次）	举办训练班班次（次）	培训人次（万人次）	对业余文化队伍开展培训人次	举办展览个数（个）	参观人次（万人次）
28909.27	**725421**	**21740.67**	**314722**	**2147.43**	**876.91**	**102316**	**5021.17**
400.98	17546	282.29	14355	92.88	44.42	637	25.81
151.15	7171	115.10	3992	21.95	8.52	341	14.10
734.51	29320	557.86	10209	69.43	29.55	3391	107.21
592.81	16025	420.13	6472	60.28	33.41	2590	112.39
323.93	10397	242.07	3299	23.23	8.31	1609	58.63
305.18	10274	251.77	3645	26.50	8.19	955	26.91
202.83	7227	162.56	2515	18.08	9.16	822	22.19
274.96	10147	207.69	3773	26.00	11.73	1284	41.27
1054.06	27798	703.63	33547	158.63	88.87	2072	191.80
1599.83	37584	1174.03	13876	111.59	40.62	5313	314.22
4087.63	71465	3180.61	33382	246.97	123.68	8955	660.06
1714.28	37830	1391.57	15817	130.37	42.96	5765	192.35
555.21	12899	380.65	6284	34.67	10.50	2858	139.88
557.49	15487	407.96	7030	36.18	9.98	3122	113.36
1761.52	54140	1331.51	16738	148.75	68.92	5980	281.26
1475.59	41052	1125.24	14522	103.48	37.37	6947	246.87
971.79	21372	689.23	8845	79.19	34.93	4133	203.36
982.58	20030	637.30	9910	73.82	26.86	4188	271.47
2335.35	35769	1693.82	22092	136.07	44.31	5151	505.47
1012.60	27813	874.42	6241	36.28	14.14	2431	101.90
87.32	2263	72.87	950	5.12	1.68	224	9.34
917.19	19799	591.08	10124	86.54	29.99	4769	239.58
1898.19	48319	1392.76	23322	101.62	36.59	9394	403.80
823.49	17125	643.99	6605	39.42	14.98	2656	140.08
1220.73	23876	949.50	9621	78.19	34.20	3808	193.04
161.93	7131	142.68	1515	5.30	1.30	931	13.95
741.44	17788	558.79	7426	61.72	20.76	3805	120.92
524.94	13384	338.33	7062	55.26	19.19	3578	131.34
95.85	3560	77.61	1238	6.68	1.09	815	11.56
145.11	5265	117.53	1292	9.30	3.63	454	18.28
1198.81	55565	1026.09	9023	63.95	17.08	3338	108.77

续表 1

地区	藏书（万册）	计算机（台）	本单位受训人次（万人次）	本年收入合计（千元）	财政补贴收入	免费开放资金
总计	**30480.84**	**260494**	**69.42**	**12576952**	**11635539**	**2047387**
北京	353.13	2549	2.97	322399	290972	31406
天津	126.80	1453	0.41	50766	50161	5530
河北	912.18	8183	2.69	214014	212354	67806
山西	462.61	8921	1.34	86213	85207	44346
内蒙古	308.49	4839	0.64	147250	144902	32131
辽宁	517.42	5919	1.31	251962	220373	41457
吉林	265.73	3739	0.47	114216	112483	25531
黑龙江	406.59	4343	0.15	89628	89376	29201
上海	580.51	2604	2.86	1416296	1299961	49890
江苏	2346.39	9361	1.62	839968	825618	75529
浙江	1785.98	10909	10.62	1213330	1122750	96706
安徽	542.75	14945	3.46	512818	270928	62941
福建	510.78	6572	2.32	216118	207032	55407
江西	731.41	8656	2.04	221406	213869	89816
山东	1448.43	14637	4.56	259854	247102	28779
河南	775.07	12760	2.66	313623	310779	88269
湖北	748.94	7664	1.58	832172	678095	126165
湖南	1265.13	10520	3.11	386358	365786	83637
广东	2413.98	14175	6.04	1666271	1607356	201527
广西	719.42	9700	0.89	221251	206585	56520
海南	103.75	1689	0.15	31692	30115	8094
重庆	486.72	9256	1.18	373455	364122	44088
四川	1555.94	32460	1.39	583227	572144	216290
贵州	950.92	11574	3.02	528089	502482	145242
云南	8526.54	14039	5.66	475568	461475	60330
西藏	137.89	3516	0.50	378944	371105	39656
陕西	416.79	8207	2.21	213255	201507	59479
甘肃	454.71	8432	1.78	317180	279988	112493
青海	94.98	1769	0.28	27785	26783	6566
宁夏	132.12	2120	0.42	48182	45987	8088
新疆	398.75	4983	1.10	223662	218142	54467

中央资金	业务活动专项经费	本年支出合计（千元）	基本支出	项目支出	工资福利支出	资产总计（千元）
861804	**4214255**	**13062389**	**7237154**	**4335782**	**4608278**	**42476304**
1325	107912	402143	193326	143357	27075	481076
270	18446	49156	25675	16196	8260	248894
47388	66605	214400	141522	60450	120476	851497
29785	44355	86619	55309	25872	39914	667216
25769	35892	198545	153865	31996	95254	917365
6427	170943	274615	208278	22148	47120	533319
16196	27424	148592	114987	29330	76990	273943
22566	30554	89435	58865	30569	53932	365751
7205	532693	1338966	347975	738668	204936	1822350
8601	366061	793834	453970	282374	299887	2991554
9058	448803	1293415	504333	677307	225292	5351447
24937	85191	543353	420214	54937	136820	2419956
3865	69665	225277	105597	99736	61294	1026919
15606	48813	172189	102573	49864	70411	1136348
4855	91833	273726	170776	72477	113322	1328638
47415	96753	318518	249584	55361	198372	800560
57027	296067	813916	413258	324704	301062	2540330
44417	97820	399926	274216	87106	197432	1165661
21474	631484	1613054	703192	813356	502390	3275229
44316	38512	219037	171007	26844	132008	529089
4063	11308	31268	19219	7181	13036	120305
32534	98701	390975	279994	89880	195588	1213036
166714	260441	588788	261898	302048	159393	2391091
26296	203496	815539	548719	65300	293103	3833000
43102	76185	524185	365857	92262	325670	1155819
22598	34612	393322	271295	7990	293705	1677864
43549	61244	220040	170686	31259	122183	1008867
38923	83591	318446	217153	61548	131341	753415
2127	13805	25912	18958	3947	9827	158519
3006	16535	52856	36710	7428	23682	294913
40390	48511	232342	178143	24287	128503	1142333

续表 2

地　　区	固定资产原值	实际使用房屋建筑面积（万平方米）	文化活动用房面积	实际拥有产权面积（万平方米）	本站指导群众业余文艺团队（支）	志愿者服务队伍个数（个）
总　　计	**35232243**	**2441.01**	**1869.91**	**1605.16**	**270570**	**234665**
北　　京	377533	44.02	32.21	14.01	3986	3094
天　　津	225650	16.39	12.29	8.10	1970	1744
河　　北	763645	74.67	58.54	52.17	18678	14606
山　　西	628187	55.52	44.00	51.27	7664	5367
内 蒙 古	750218	41.92	31.36	24.37	4336	2748
辽　　宁	401660	43.61	31.18	20.20	6081	4274
吉　　林	254033	22.68	16.74	18.45	4117	2915
黑 龙 江	353391	33.49	27.27	19.08	4524	3103
上　　海	1363072	69.41	51.60	51.78	4043	2352
江　　苏	2636828	311.09	261.20	141.79	10105	9778
浙　　江	5105498	296.32	225.18	176.05	19951	16417
安　　徽	2070764	72.55	60.79	71.39	9147	8169
福　　建	867743	73.41	56.90	47.75	6507	16207
江　　西	959303	71.43	53.94	46.65	8390	7378
山　　东	1205899	136.15	95.11	61.08	18152	19701
河　　南	761536	76.96	60.81	62.53	19389	14893
湖　　北	1165073	89.59	63.67	63.85	11589	9389
湖　　南	1049168	95.54	74.20	76.82	14667	11239
广　　东	2746568	245.29	176.80	140.70	8599	7028
广　　西	502954	47.97	37.51	36.36	11849	8179
海　　南	102853	6.57	5.27	5.37	1755	980
重　　庆	1053481	46.34	35.79	41.71	4799	11965
四　　川	2268472	143.70	112.91	108.10	17908	14004
贵　　州	2056935	52.04	39.62	43.01	9002	7279
云　　南	993172	64.16	47.43	67.76	18048	8804
西　　藏	1611055	27.44	21.37	14.87	1528	1516
陕　　西	893801	55.27	39.89	43.24	8689	7072
甘　　肃	681702	46.83	36.96	36.85	8368	6495
青　　海	142027	9.88	8.96	6.68	1019	867
宁　　夏	282173	12.67	8.47	7.79	1250	1313
新　　疆	957849	58.12	41.98	45.37	4460	5789

志愿者服务队伍人数（人）	辖区内社区综合文化服务中心（个）	社区综合文化服务中心面积（万平方米）	室内面积	辖区内村综合文化服务中心（个）	村综合文化服务中心面积（万平方米）	室内面积
4412950	**93488**	**5929.49**	**1652.94**	**537159**	**30106.33**	**7430.37**
55392	751	49.00	22.47	3293	279.17	116.88
34906	446	30.84	20.96	3199	122.98	44.60
235042	1763	81.63	19.83	44555	2283.21	493.87
85716	2039	91.23	13.96	25661	878.00	170.49
46090	1659	143.12	29.74	13126	705.75	136.50
53556	2827	505.82	39.00	11192	1225.71	135.09
57349	654	62.08	14.78	8899	722.32	75.49
70678	523	35.50	9.95	8236	902.99	68.74
74587	1590	105.12	60.65	1807	118.18	60.77
596975	2911	549.79	326.61	13489	1480.98	960.88
423436	4042	290.14	104.35	20226	2060.52	766.89
132392	3813	171.30	41.31	15099	811.82	136.69
185111	2863	100.82	36.98	16367	507.88	182.86
107671	5204	135.61	30.23	17273	584.44	125.35
422377	10079	650.25	198.65	53991	2988.01	888.93
265505	4842	218.84	47.67	40769	2369.21	426.94
128466	4051	185.64	39.39	21377	1167.30	212.89
170734	7133	644.61	107.15	37730	2721.36	450.23
237285	3257	606.71	166.95	19476	2099.29	535.85
151600	2628	151.08	38.07	14061	1139.51	257.21
15224	454	13.10	4.66	3714	102.20	26.16
175425	1948	141.06	29.60	7374	290.47	84.64
143261	5562	245.28	53.94	40545	919.65	270.43
83700	4753	135.56	35.66	17110	469.62	101.64
147323	2932	141.95	36.72	20907	624.22	130.98
19116	3638	12.63	6.71	8854	29.99	11.07
96698	3029	143.83	28.99	15861	866.95	205.77
77238	4596	143.13	39.93	15455	812.97	103.97
7506	926	12.18	4.72	5638	83.13	26.13
38994	708	42.41	10.62	2627	262.06	28.16
73597	1867	89.21	32.69	9248	476.45	194.26

主要统计指标解释

1．**组织品牌活动**：是指由文化馆负责长期组织开展，当地群众广泛参与，在一定区域内具有较大影响，对当地文化生活及经济社会发展产生积极影响的群众文化活动。

2．**组织文艺活动次数**：指本馆组织或与外机构联合组织各种文艺演出（包括调演、汇演）次数，不论地点和内容，每组织一次算一次。

3．**举办训练班班次**：指本馆举办或与外机构联合举办的各种文化、艺术、科普（包括图书、讲演、创作、表演、音乐、舞蹈、美术、文学、摄影等）训练班，按截止到年底办完的班数及培训人数，分别计算班次。

4．**举办展览个数**：指本馆举办或与外机构联合举办的在馆内或者馆外展览的个数。个数按展览的内容计算。同一内容的展览不论在哪些地点展出和展出时间多久，只计算一个。

5．**组织公益性讲座次数**：指由本馆组织的公益性讲座的次数总和。

6．**业务活动专项经费**：指本馆报告期内财政拨款中用于开展群众文化活动的专项经费。

7．**馆办文艺团体**：指由本馆人员组成的为群众提供文艺演出的演出团队。

8．**馆办文艺团体演出场次**：指由本馆人员组成的为群众提供文艺演出的演出团队演出场次。

9．**馆办老年大学**：指由本馆举办的专对老年人进行文艺培训的场所。

10．**群众业余文艺团队**：指业务上受本馆指导的城镇和农村各种业余文艺演出团队。

11．**主体建筑建成年份**：根据填报机构公用房屋建筑的具体建成年份填报，填报机构如有分属不同年份的房屋建筑，按照主体建筑的具体建成年份填报。

艺　术

4

按年份各地区艺术表演团体机构数

单位：个

地　区	1995年	2000年	2005年	2010年	2015年	2017年	2018年	2019年
总　计	**2682**	**2619**	**2805**	**6864**	**10787**	**15742**	**17123**	**17795**
北　京	22	20	20	18	395	451	414	370
天　津	19	16	16	36	86	103	121	151
河　北	138	138	126	284	596	735	450	749
山　西	162	159	156	342	456	665	795	779
内蒙古	118	116	109	123	175	206	226	264
辽　宁	89	77	66	239	263	187	192	238
吉　林	68	65	61	68	49	68	82	95
黑龙江	92	89	84	89	51	71	90	87
上　海	31	29	85	89	180	199	254	311
江　苏	136	133	129	408	369	628	662	626
浙　江	83	79	273	471	1024	1410	1573	1550
安　徽	92	92	92	1255	1617	2639	2859	2628
福　建	91	96	91	449	397	426	454	455
江　西	81	79	79	99	236	425	379	337
山　东	118	118	117	119	623	772	828	1306
河　南	216	205	199	371	824	1671	2017	2221
湖　北	105	100	99	204	282	473	489	388
湖　南	89	90	91	201	273	534	510	575
广　东	134	138	139	397	391	390	436	397
广　西	117	118	118	141	92	108	112	95
海　南	23	21	22	67	66	77	82	111
重　庆		38	29	381	730	1283	1571	1646
四　川	140	98	84	348	543	697	829	732
贵　州	30	28	26	52	95	137	153	158
云　南	134	129	135	142	276	316	268	304
西　藏	25	26	27	37	87	87	86	85
陕　西	117	118	113	127	177	462	531	516
甘　肃	78	76	76	82	191	286	351	343
青　海	14	14	12	32	54	48	84	100
宁　夏	15	15	23	45	40	45	75	30
新　疆	87	88	91	132	132	127	134	132

按年份全国文化和旅游部门执行事业会计制度的艺术表演团体基本情况

年 份	机构数（个）	演出场次（万场次）		观众人次（万人）	平均每团演出场次（场）	总收入（万元）			总支出（万元）	经 费 自给率（%）
			农村演出				财政拨款	演出收入		
1949年	1000	30			300					
1952年	2084	66		2312	317					
1957年		137		79245	474					
1958年	3181	205		120290	644					
1964年	3302	171	82	84293	518	19030	5290		19817	69.3
1978年	3143	65	22	79395	206	32086	19644	11079	30049	41.4
1980年	2183	54	20	61519	245	34687	22503	10685	29524	41.3
1985年	3295	74	49	72322	226	48568	30942	13091	47292	37.3
1990年	2788	49	32	51012	176	71535	43759	18041	67514	41.1
1991年	2760	45	29	46411	162	71756	42638	17798	76065	38.3
1992年	2744	43	28	46338	155	80959	46617	19559	87797	39.1
1993年	2698	41	26	42530	151	92770	51093	21756	100106	41.6
1994年	2691	40	26	40935	149	127628	75583	27276	134508	38.7
1995年	2676	41	26	43166	154	151388	86620	34382	160654	40.3
1996年	2656	42	27	47934	158	184240	109781	39870	183534	40.6
1997年	2651	42	26	46361	157	206794	125300	40716	202789	40.2
1998年	2640	42	26	53486	161	218546	139913	41730	223877	35.1
1999年	2622	42	26	46904	161	242645	155609	48967	242797	35.8
2000年	2619	41	26	46168	157	263664	172864	51650	268886	33.8
2001年	2590	42	24	47385	163	311852	210018	57448	312601	32.6
2002年	2577	42	24	45980	161	365331	246661	64884	363312	32.7
2003年	2601	38	22	39163	147	400867	269640	71781	397890	33.0
2004年	2512	41	24	37907	165	459183	313068	86125	459369	31.8
2005年	2472	40	23	35752	159	500262	342807	92603	488472	32.2
2006年	2456	41	24	40766	167	565018	387812	103431	558540	31.7
2007年	2455	42	25	45404	170	691050	487842	120396	670009	30.3
2008年	2465	41	25	41272	167	803030	573623	133077	777735	29.5
2009年	2481	42	25	43127	169	889046	631197	142227	860603	30.0
2010年	2421	42	24	44290	175	946742	654258	155743	917143	31.9
2011年	2249	40	24	38209	176	1058959	777590	162684	1029564	27.3
2012年	1804	32	20	29796	179	1076060	824265	132713	1043740	24.1
2013年	1588	29	18	26067	182	998200	773381	123340	969206	23.2
2014年	1581	29	18	24294	183	1074246	843859	116572	1059017	21.8
2015年	1548	28	19	24261	178	1209567	969712	127431	1183497	20.3
2016年	1520	27	18	24004	181	1285603	1016972	132320	1220720	22.0
2017年	1530	28	19	25619	183	1363606	1087389	138645	1387283	19.9
2018年	1527	29	20	23306	190	1495504	1185661	154131	1475031	21.0
2019年	1499	29	28	22353	190	1778141	1340036	164430	1586550	27.6

按年份各地区文化和旅游部门执行事业会计制度的艺术表演团体演出场次

单位：万场

地　区	1995年	2000年	2005年	2010年	2015年	2017年	2018年	2019年
总　计	**41.2**	**41.0**	**39.9**	**42.4**	**27.6**	**28.4**	**29.0**	**28.5**
北　京	0.4	0.6	0.7	0.3	0.2	0.2	0.2	0.3
天　津	0.3	0.2	0.2	0.3	0.4	0.3	0.3	0.3
河　北	3.0	2.7	3.2	2.3	1.4	1.4	1.5	1.3
山　西	4.4	3.4	2.7	2.9	1.9	1.9	1.9	1.9
内蒙古	1.3	1.4	1.5	1.7	1.3	1.2	1.3	1.3
辽　宁	1.0	0.9	0.9	0.8	0.3	0.2	0.2	0.1
吉　林	1.1	0.7	0.5	0.8	0.1	0.1	0.1	0.1
黑龙江	1.4	1.2	1.1	1.1	0.3	0.3	0.3	0.4
上　海	1.0	1.3	0.9	1.1	0.7	0.7	0.8	0.8
江　苏	3.8	4.0	3.6	3.3	3.2	3.6	3.5	3.6
浙　江	1.1	1.3	1.2	1.2	0.6	0.7	0.6	0.6
安　徽	0.7	1.3	1.1	1.1	0.2	0.2	0.2	0.2
福　建	1.5	1.4	1.2	1.6	1.0	1.0	0.9	1.0
江　西	0.7	0.9	1.0	1.7	0.7	0.6	0.6	0.6
山　东	1.7	2.1	2.0	2.2	2.3	2.3	2.2	2.0
河　南	5.0	3.7	3.9	4.4	4.2	4.4	4.5	4.5
湖　北	1.3	1.5	1.6	2.2	1.6	1.7	1.7	1.6
湖　南	1.2	1.5	2.2	1.9	1.2	1.1	1.1	1.0
广　东	1.7	1.8	1.5	1.1	0.5	0.6	0.6	0.6
广　西	1.1	1.3	1.2	1.2	0.2	0.2	0.2	0.2
海　南	0.2	0.2	0.2	0.2	0.1	0.1	0.2	0.2
重　庆		0.2	0.3	0.4	0.2	0.1	0.2	0.2
四　川	0.9	1.0	0.9	1.1	0.4	0.5	0.5	0.4
贵　州	0.2	0.2	0.3	0.6	0.3	0.2	0.2	0.3
云　南	1.5	1.0	0.9	1.1	0.6	0.7	0.7	0.7
西　藏	0.2	0.2	0.2	0.2	0.6	0.6	0.7	0.7
陕　西	2.3	2.2	2.0	1.8	1.1	1.2	1.2	1.1
甘　肃	1.3	1.4	1.5	1.6	0.3	0.3	0.3	0.3
青　海	0.2	0.2	0.2	0.2	0.1	0.1	0.1	0.1
宁　夏	0.2	0.2	0.2	0.2				
新　疆	0.7	0.9	1.1	1.4	1.4	1.6	1.7	1.9

按年份各地区文化和旅游部门执行事业会计制度的艺术表演团体演出观众人次

单位：万人次

地　区	1995年	2000年	2005年	2010年	2015年	2017年	2018年	2019年
总　计	**43166**	**46168**	**35752**	**44290**	**24261**	**25619**	**23306**	**22362**
北　京	249	680	246	145	115	112	98	98
天　津	277	242	159	242	255	186	187	138
河　北	3384	3728	2275	2527	1416	1444	1436	1343
山　西	6362	4913	2748	3554	1423	1406	1412	1363
内蒙古	969	1147	1035	1419	956	851	913	863
辽　宁	982	1169	961	542	216	108	85	82
吉　林	1032	958	346	858	50	71	79	86
黑龙江	839	993	688	814	160	170	192	180
上　海	506	501	343	550	189	188	188	199
江　苏	1600	1818	1617	1708	1485	1618	1538	1574
浙　江	1281	1512	1524	1262	811	870	856	921
安　徽	644	841	984	912	139	115	95	105
福　建	2304	1773	997	1304	652	668	604	584
江　西	589	1058	1105	1441	489	514	565	559
山　东	2497	2438	2154	2421	2023	1978	1837	1758
河　南	5399	5073	4650	6326	5125	5034	4849	4616
湖　北	1668	2121	1656	2829	1706	1821	1547	1371
湖　南	700	1096	1340	1525	868	862	830	761
广　东	1961	2427	2102	1829	663	631	718	680
广　西	987	1618	1290	1384	282	252	251	188
海　南	298	283	190	213	168	178	190	209
重　庆		347	258	247	166	104	144	137
四　川	838	782	705	974	317	333	335	294
贵　州	149	461	258	520	331	2124	407	440
云　南	1295	1329	1113	1515	821	794	746	695
西　藏	189	305	176	362	390	426	440	549
陕　西	2900	3046	1916	2839	1220	1092	1124	1007
甘　肃	2436	2064	1821	2228	295	279	298	303
青　海	219	186	131	185	80	113	94	63
宁　夏	137	318	223	263	56	19	2	
新　疆	385	694	534	850	1136	1072	1030	975

按年份各地区文化和旅游部门执行事业会计制度的艺术表演团体演出收入

单位：万元

地　区	1995年	2000年	2005年	2010年	2015年	2017年	2018年	2019年
总　计	**34382**	**51650**	**92603**	**155743**	**127431**	**138645**	**154131**	**164430**
北　京	1068	2265	5195	6800	8058	10074	9712	11378
天　津	347	547	1335	2195	3858	4130	7854	8273
河　北	1754	2279	3853	5536	4170	4294	5521	5880
山　西	2528	2683	4151	9410	7519	9152	9096	9345
内蒙古	606	497	914	1458	1039	799	1099	1300
辽　宁	1209	2185	3298	4220	1539	2495	3402	1947
吉　林	778	1051	2658	2762	431	926	1134	1258
黑龙江	866	959	887	1804	738	490	785	1286
上　海	3023	4527	9526	16127	11339	15207	15896	16157
江　苏	2332	4142	7018	11661	9445	8397	10828	10893
浙　江	1648	2768	5106	10634	7364	9894	12264	11449
安　徽	507	993	2017	2088	1140	1240	1242	1090
福　建	1953	2382	3158	7024	7605	5188	5871	5387
江　西	381	438	717	2342	1505	1377	1338	1006
山　东	1500	2963	4202	6130	5264	5977	6720	8993
河　南	2647	3104	4743	8464	10842	11731	11212	11208
湖　北	1075	1610	2790	4833	4236	4207	5140	5451
湖　南	630	1137	2151	3238	2231	2299	2554	2811
广　东	3861	6282	8955	9697	8206	9773	11130	11691
广　西	507	717	1468	2037	260	326	255	862
海　南	476	367	550	1854	2069	1072	1611	2100
重　庆		433	464	1044	745	732	1384	1305
四　川	604	732	1725	5064	1167	1884	1897	2652
贵　州	119	142	313	387	694	1506	2197	2262
云　南	353	455	1515	1407	551	406	701	2181
西　藏	27	12	28	3	104	252	177	345
陕　西	1245	1804	2685	3214	3075	3471	3595	4253
甘　肃	446	579	1652	3548	881	1846	900	1163
青　海	63	70	215	830	404	444	517	545
宁　夏	52	122	212	299	62	2	5	
新　疆	386	775	761	575	1504	1264	831	820

按年份各地区文化和旅游部门所属艺术表演场馆机构数

单位：个

地 区	1995年	2000年	2005年	2010年	2015年	2017年	2018年	2019年
总 计	**1958**	**1900**	**1866**	**1461**	**1264**	**1253**	**1236**	**1202**
北 京	23	24	39	7	8	8	8	8
天 津	30	32	28	27	29	28	28	28
河 北	99	96	95	75	71	72	72	69
山 西	53	49	44	87	90	85	83	81
内 蒙 古	35	30	27	22	18	21	21	17
						32		
辽 宁	79	71	59	42	32	25	32	31
吉 林	60	52	73	32	28	31	25	25
黑 龙 江	49	56	45	44	34	21	30	29
上 海	43	43	160	82	22	92	21	19
江 苏	140	142	87	86	91	67	86	85
浙 江	100	95	125	69	65	44	71	63
安 徽	110	104	90	55	44	53	44	44
福 建	78	80	76	51	54	42	50	50
江 西	69	61	58	53	44	89	42	41
山 东	116	105	94	90	87	137	88	88
河 南	169	166	156	138	140	48	136	135
湖 北	87	78	66	61	48	62	48	48
湖 南	104	94	83	62	61	43	62	59
广 东	79	75	68	63	42	14	43	42
广 西	34	31	23	22	16	8	12	12
海 南	3	18	13	6	8	16	8	8
重 庆		25	17	18	15	44	17	17
四 川	124	94	65	54	44	6	42	40
贵 州	15	14	12	7	6	17	6	5
云 南	44	40	38	32	17	13	16	16
西 藏	9	20	24	17	13	80	13	13
陕 西	109	112	107	89	81	23	78	77
甘 肃	47	46	30	26	23	12	23	22
青 海	3	2	1	18	13	3	11	11
宁 夏	17	19	12	7	3	13	3	3
新 疆	26	22	47	14	13	80	13	12

按年份全国文化和旅游部门执行事业会计制度的艺术表演场馆基本情况

年 份	机构数（个）	演出场次（万场次）		观众人次（万人）	收入合计（万元）			总支出（万元）
			艺术场次			财政拨款	艺术演出收入	
1985年	1377	99	12		11630	1506	1776	9519
1986年	1928	203	15	88670	19547	2233	2488	16786
1990年	1995	302	9	89157	43491	2865	3375	37402
1991年	2009	367	9	77613	47406	5505	3760	44260
1992年	1987	288	7	53188	51123	4037	4487	48185
1993年	1972	245	6	43278	60204	4688	4635	56846
1994年	1947	221	5	27552	68000	5359	5268	66234
1995年	1918	205	5	24252	79507	5723	6481	77136
1996年	1892	256	5	59057	86147	5034	7611	87204
1997年	1898	231	5	16572	88540	6559	8387	89732
1998年	1882	206	5	15368	84956	6800	8869	88735
1999年	1864	168	6	11581	75675	7588	10187	80731
2000年	1863	136	6	12982	81081	8643	10735	82040
2001年	1840	115	7	20544	83431	13112	11601	89815
2002年	1819	74	7	11421	83643	12033	13186	89374
2003年	1900	56	7	8087	103274	15703	21425	104384
2004年	1552	44	7	11286	99402	15467	21477	101157
2005年	1427	41	7	6328	94363	16792	29958	89301
2006年	1390	38	6	6528	117975	19603	37552	117871
2007年	1330	39	6	5906	115036	24067	38414	117321
2008年	1355	40	5	5596	123572	28116	28649	111036
2009年	1248	27	6	5045	113851	32074	23954	112603
2010年	1176	31	6	6003	132109	45333	25935	130900
2011年	1119	30	4	3945	159185	65871	22004	154849
2012年	1004	27	5	3525	136324	60356	11652	171124
2013年	931	26	3	3236	147259	71838	12812	146031
2014年	917	27	3	2922	167387	81671	10333	169466
2015年	928	30	4	3522	196280	102043	18302	195679
2016年	925	32	5	3299	167208	76847	19418	163172
2017年	909	48	5	3319	208839	104787	24259	194983
2018年	888	35	4	3370	211422	101084	20885	197802
2019年	858	32	4	2980	237089	135988	19752	273503

按年份各地区文化和旅游部门执行事业会计制度的艺术表演场馆演出场次

单位：万场

地　区	1995年	2000年	2005年	2010年	2015年	2017年	2018年	2019年
总　计	**204.8**	**135.5**	**40.6**	**30.7**	**30.0**	**48.7**	**34.9**	**31.8**
北　京	2.8	2.3	2.1	0.6	1.0	1.1	1.5	1.1
天　津	6.8	4.0	1.8	0.5	1.0	0.8	0.6	0.9
河　北	8.2	6.4	1.7	1.1	1.6	4.1	3.5	3.5
山　西	3.6	3.1	2.6	2.7	2.7	1.5	1.3	1.9
内蒙古	1.9	1.8	0.6	0.8	1.4	2.1	2.0	1.5
辽　宁	6.6	4.9	1.1	0.5	0.3	0.3	0.3	0.1
吉　林	3.2	2.7	0.4	1.4	2.0	2.4	1.8	1.6
黑龙江	1.5	1.9	0.5	0.3	0.1	0.1	0.1	0.1
上　海	4.7	3.9	1.8	1.5	0.9	1.0	0.6	0.5
江　苏	26.6	12.6	0.2	0.3	0.1	0.1	0.2	0.2
浙　江	14.2	7.3	1.6	2.1	1.9	2.5	1.7	2.7
安　徽	16.9	8.2	1.3	0.5	0.1	0.1	0.1	0.1
福　建	6.4	4.9	2.1	3.0	3.4	14.9	4.2	4.1
江　西	4.9	2.0	0.7	0.9	0.4	1.2	2.3	2.3
山　东	11.6	9.5	0.7	1.1	0.7	0.3	0.2	0.2
河　南	16.4	10.3	7.8	2.2	0.9	0.4	0.4	0.4
湖　北	11.8	8.9	1.4	2.7	3.1	5.0	5.0	5.0
湖　南	10.9	7.6	1.9	1.3	1.8	2.1	0.9	0.5
广　东	15.6	9.0	2.1	0.6	0.7	0.6	0.3	0.2
广　西	3.7	1.8	1.2	1.8	0.5	0.4	1.0	0.5
海　南	0.3	0.8	0.2	0.1	0.1			
重　庆		1.6	0.3	0.1				
四　川	6.0	2.4	1.2	0.6	0.2	0.3	0.2	0.2
贵　州	1.4	1.0	1.1	0.1				
云　南	6.3	4.8	0.6	0.7				0.1
西　藏	2.1	2.1	0.7	0.3				
陕　西	3.9	4.2	1.1	0.4	0.3	0.6	0.6	0.6
甘　肃	2.9	3.2	0.6	0.3	0.6	1.3	1.0	0.4
青　海	0.4	0.2		0.2	0.1	0.2	0.1	0.1
宁　夏	2.2	1.2	0.1			0.1	0.1	
新　疆	0.7	0.9	1.4	2.0	4.0	5.4	5.0	3.1

按年份各地区文化和旅游部门执行事业会计制度的艺术演出场馆观众人次

单位：万人次

地　区	1995年	2000年	2005年	2010年	2015年	2017年	2018年	2019年
总　计	**24252**	**12982**	**6328**	**6003**	**3522**	**3319**	**3370**	**2980**
北　京	430	238	231	59	66	150	156	59
天　津	368	150	56	189	118	141	116	118
河　北	673	493	270	192	119	107	123	95
山　西	662	329	230	595	189	174	167	165
内蒙古	325	198	195	149	89	87	81	80
辽　宁	808	369	407	223	63	67	68	46
吉　林	244	227	106	114	137	121	102	91
黑龙江	210	549	128	169	38	42	38	48
上　海	823	381	503	461	185	238	203	182
江　苏	3266	1257	29	70	62	90	63	60
浙　江	1447	597	269	442	269	255	268	291
安　徽	785	328	211	123	14	18	25	29
福　建	743	547	265	201	178	159	151	149
江　西	543	180	178	161	121	92	252	254
山　东	1028	1051	166	371	150	189	363	110
河　南	2335	881	610	326	212	258	196	213
湖　北	895	2194	377	746	168	174	115	141
湖　南	846	452	232	248	397	262	232	231
广　东	1887	553	243	189	154	161	126	123
广　西	447	205	162	132	44	17	14	20
海　南	74	124	19	14	49	30	28	14
重　庆		27	120	54	5	9	8	9
四　川	520	209	328	199	97	115	88	94
贵　州	190	68	46	34				
云　南	1177	231	123	89	20	24	20	21
西　藏	399	155	138	62	10	7	4	5
陕　西	2106	514	348	196	133	150	162	166
甘　肃	409	212	81	56	42	58	62	41
青　海	98	9		24	51	29	66	65
宁　夏	409	188	45	19	1	24	21	14
新　疆	77	56	185	98	342	73	53	47

按年份各地区文化和旅游部门执行事业会计制度的艺术表演场馆演出收入

单位：万元

地　区	1995年	2000年	2005年	2010年	2015年	2017年	2018年	2019年
总　计	**6481**	**10735**	**29958**	**25935**	**18302**	**24259**	**20885**	**19752**
北　京	175	746	2871	523	414	27	45	43
天　津	83	70	110	536	230	274	396	415
河　北	245	317	235	277	493	656	560	917
山　西	125	144	201	1016	1530	205	122	245
内蒙古	40	30	19	309	18	54	34	34
辽　宁	156	235	646	786	11	4	595	127
吉　林	50	82	212	503	495	303	161	201
黑龙江	57	100	167	164	19	1602	283	2767
上　海	472	913	19122	12035	7831	11845	11037	2227
江　苏	1093	1617	221	544	252	173	528	343
浙　江	649	1174	1111	2772	416	1904	2225	2437
安　徽	172	221	275	206	47	95	27	25
福　建	185	347	447	234	427	246	242	882
江　西	61	252	138	635	177	459	77	137
山　东	478	580	270	215	70	36	98	24
河　南	547	636	809	1199	1334	2221	806	1204
湖　北	255	309	631	751	612	334	304	534
湖　南	120	551	388	425	657	134	364	251
广　东	926	1393	753	1126	1597	2340	1382	5336
广　西	41	123	79	343	40	11	38	52
海　南	12	55	17	2	83	3	3	7
重　庆			10	13	1			
四　川	64	138	403	472	732	1144	1397	1399
贵　州	2	46	56	50				
云　南	164	116	151	208	37			60
西　藏	41	2	5	24	23			
陕　西	81	268	273	410	754	64	66	58
甘　肃	66	75	124	60		127	96	1
青　海	5	1		11				25
宁　夏	10	33	24	17				
新　疆	29	48	128	72	2			

2019年全国艺术

	剧团数（个）	从业人员（人）	专业技术人才	演出场次（万场次）	国内演出场次	农村演出场次
总计	**17795**	**412541**	**170332**	**296.80**	**295.62**	**171.27**
按隶属关系分						
中央	16	4953	3023	0.33	0.29	0.02
省区市	213	30440	24090	5.99	5.73	1.88
地市	499	37856	29997	9.89	9.46	4.40
县市区	17067	339292	113222	280.60	280.14	164.97
按单位类型分						
公有制	2132	117963	83067	41.52	40.33	26.26
其中：文化和旅游部门	2052	113764	81102	40.50	39.35	25.61
其他部门	80	4199	1965	1.03	0.98	0.65
非公有制	15663	294578	87265	255.28	255.28	145.01
按剧种分						
话剧、儿童剧、滑稽剧类	1787	29259	11838	29.65	29.63	20.36
其中：儿童剧团	115	2149	1240	1.19	1.19	0.22
歌舞、音乐类	2809	85759	41807	67.33	66.96	17.13
京剧、昆曲类	164	8307	5879	2.25	2.21	1.35
其中：京剧	151	7473	5303	1.99	1.96	1.21
地方戏曲类	4982	149101	61176	84.88	84.69	74.76
杂技、魔术、马戏类	542	11933	5841	18.52	18.09	5.96
曲艺类	934	16174	6510	13.06	13.05	8.62
乌兰牧骑	113	3749	2669	1.20	1.17	0.88
综合性艺术表演团体	6464	108259	34612	79.93	79.82	42.21

表演团体情况

国内演出观众人次（万人次）		本年收入合计（千元）			本年支出合计（千元）	资产总计（千元）	实际使用房屋建筑面积（万平方米）
	农村观众人次		财政补贴收入	演出收入			
123019.54	**76803.27**	**39699493**	**18456925**	**12677516**	**34330167**	**138887974**	**928.61**
295.09	22.68	2289738	1561328	254089	2115435	4048204	28.76
3350.17	1188.48	8457458	5482250	1581853	8518958	13630825	140.67
7936.67	4020.30	7352710	5633679	996259	7349927	7217706	175.08
111437.62	71571.82	21599587	5779668	9845315	16345847	113991239	584.10
32363.46	21205.26	24656937	16818530	3584861	22653133	29378740	509.49
31521.29	20664.27	23829520	16355431	3422975	21865906	27554058	499.02
842.17	540.99	827417	463099	161886	787227	1824682	10.47
90656.08	55598.01	15042556	1638395	9092655	11677034	109509234	419.12
9623.25	5294.76	2982171	1062548	1159342	2588467	6410899	67.45
546.15	113.35	503322	208382	126592	489476	871697	8.21
15908.83	6408.47	13390127	6670042	3512545	12057839	49587685	279.01
1625.08	1061.49	2015557	1570262	263235	1960252	5318839	35.29
1529.36	1032.67	1650553	1270202	221716	1609058	5105057	30.78
56355.74	45113.89	10839539	6061050	3738908	9027733	42199305	259.26
9217.00	1524.84	1582910	535364	574790	1242100	2763966	41.19
3829.84	2514.46	1081409	435773	423244	849178	1536190	28.39
859.16	493.32	465852	438278	1846	460457	313727	14.75
25600.65	14392.04	7341928	1683608	3003606	6144141	30757363	203.27

2019年全国公有制艺术

指　　标	剧团数（个）	从业人员（人）			
			专业技术人才		
				正高级职称	副高级职称
总　　计	**2132**	**117963**	**83067**	**5030**	**13733**
按隶属关系分					
中央	16	4953	3023	710	717
省区市	213	30440	24090	2380	5512
地市	499	37856	29997	1531	5432
县市区	1404	44714	25957	409	2072
按剧种分					
话剧、儿童剧、滑稽剧类	59	5683	4342	421	921
其中：儿童剧团	8	846	689	67	136
歌舞、音乐类	673	40393	28890	1785	4551
京剧、昆曲类	66	6031	4979	514	1144
其中：京剧	58	5276	4425	447	1005
地方戏曲类	925	42332	28667	1455	4435
杂技、魔术、马戏类	60	4942	3166	188	573
曲艺类	63	2260	1588	110	322
乌兰牧骑	109	3703	2649	31	228
综合性艺术表演团体	177	12619	8786	526	1559

续表

指　　标	本年收入合计（千元）			本年支出合计（千元）	资产总计（千元）
		财政补贴收入	演出收入		
总　　计	**24656937**	**16818530**	**3584861**	**22653133**	**29378740**
按隶属关系分					
中央	2289738	1561328	254089	2115435	4048204
省区市	8457458	5482250	1581853	8518958	13630825
地市	7352710	5633679	996259	7349927	7217706
县市区	6557031	4141273	752660	4668813	4482005
按剧种分					
话剧、儿童剧、滑稽剧类	1607557	1039405	355916	1746718	3712249
其中：儿童剧团	320750	200555	58391	307925	548061
歌舞、音乐类	10682600	6562878	1580300	8700080	12185535
京剧、昆曲类	1962372	1563752	216428	1911661	2276210
其中：京剧	1607215	1266943	182301	1568757	2064365
地方戏曲类	6553338	4893931	935353	6424241	6130425
杂技、魔术、马戏类	787628	503833	170315	796485	1177967
曲艺类	503925	352585	92478	512141	620260
乌兰牧骑	465489	438260	1521	460105	313027
综合性艺术表演团体	2094028	1463886	232550	2101702	2963067

表演团体基本情况

中级职称	本团原创首演剧目（个）	演出场次（万场次）	国内演出场次	农村演出场次	国内演出观众人次（万人次）	农村观众人次
29536	**1702**	**41.52**	**40.33**	**26.26**	**32363.46**	**21205.26**
804	62	0.33	0.29	0.02	295.09	22.68
8649	288	5.99	5.73	1.88	3350.17	1188.48
11910	415	9.89	9.46	4.40	7936.67	4020.30
8173	937	25.32	24.85	19.96	20781.54	15973.81
1493	109	1.44	1.43	0.39	860.78	216.03
225	17	0.47	0.47	0.18	246.81	89.90
9683	588	9.88	9.51	5.18	7173.34	3371.60
1817	48	1.26	1.23	0.46	824.95	372.97
1639	39	1.10	1.07	0.44	753.90	364.35
10403	576	19.52	19.33	15.30	18353.41	14607.17
1110	28	1.97	1.53	0.45	964.43	223.94
584	70	3.40	3.39	1.99	892.24	550.89
819	168	1.18	1.16	0.87	853.92	492.53
3627	115	2.87	2.75	1.63	2440.39	1370.12

实际使用房屋建筑面积（万平方米）	流动舞台车演出情况			政府采购的公益演出活动情况		
	流动舞台车数量（辆）	利用流动舞台车演出场次（万场次）	利用流动舞台车演出观众人次（万人次）	演出场次（万场次）	演出观众人次（万人次）	演出补贴收入（千元）
509.49	**1601**	**11.44**	**8914.57**	**16.04**	**12242.00**	**1326063**
28.76				0.13	125.97	104021
140.67	64	0.31	365.78	2.07	1304.31	438839
175.08	298	1.41	1210.42	3.43	2913.90	324179
164.99	1239	9.71	7338.37	10.41	7897.82	459024
31.35	12	0.06	49.93	0.42	229.09	74898
4.27				0.06	27.65	7921
183.82	464	1.76	1052.33	3.83	2510.57	439399
33.35	32	0.28	211.16	0.54	390.21	124699
28.88	31	0.27	208.06	0.48	369.97	79387
150.23	801	7.72	6609.45	8.62	7354.14	510622
18.86	20	0.22	92.70	0.44	240.22	36318
10.36	21	0.17	83.50	0.37	156.41	25529
14.63	115	0.40	225.57	0.63	403.78	17747
66.90	136	0.85	589.93	1.21	957.58	96851

2019年全国文化和旅游部门

指　　标	剧团数（个）	补贴团数	从业人员（人）	专业技术人才	正高级职称	副高级职称
总　　计	**2052**	**1863**	**113764**	**81102**	**4931**	**13470**
按隶属关系分						
中央	10	10	3668	2814	667	661
省区市	207	188	29636	23562	2346	5399
地市	487	451	36873	29263	1518	5352
县市区	1348	1214	43587	25463	400	2058
按剧种分						
话剧、儿童剧、滑稽剧类	56	51	5542	4214	416	899
其中：儿童剧团	7	7	705	561	62	114
歌舞、音乐类	634	570	37641	27822	1710	4391
京剧、昆曲类	66	62	6031	4979	514	1144
其中：京剧	58	55	5276	4425	447	1005
地方戏曲类	902	824	41611	28269	1444	4413
杂技、魔术、马戏类	59	51	4852	3091	186	558
曲艺类	61	57	2197	1545	109	308
乌兰牧骑	108	108	3703	2649	31	228
综合性艺术表演团体	166	140	12187	8533	521	1529

续表

指　　标	财政补贴收入	演出收入	本年支出合计（千元）	资产总计（千元）	实际使用房屋建筑面积（万平方米）
总　　计	**16355431**	**3422975**	**21865906**	**27554058**	**499.02**
按隶属关系分					
中央	1229317	193574	1692654	3069160	24.67
省区市	5429689	1542160	8320990	13025025	139.41
地市	5583985	970130	7246751	7034356	172.39
县市区	4112440	717111	4605511	4425517	162.55
按剧种分					
话剧、儿童剧、滑稽剧类	1000019	348395	1694921	3698711	30.91
其中：儿童剧团	161169	50870	256128	534523	3.83
歌舞、音乐类	6184493	1460124	8071083	10568265	177.12
京剧、昆曲类	1563752	216428	1911661	2276210	33.35
其中：京剧	1266943	182301	1568757	2064365	28.88
地方戏曲类	4876331	912885	6377494	6103938	148.59
杂技、魔术、马戏类	498684	169427	786262	1153610	18.74
曲艺类	351423	91330	506338	606838	10.05
乌兰牧骑	438260	1521	459985	313027	14.58
综合性艺术表演团体	1442469	222865	2058162	2833459	65.68

所属艺术表演团体基本情况

中级职称	本团原创首演剧目（个）	演出场次（万场次）	国内演出场次	农村演出场次	国内演出观众人次（万人次）	农村观众人次	本年收入合计（千元）
28846	**1654**	**40.50**	**39.35**	**25.61**	**31521.29**	**20664.27**	**23829520**
716	38	0.28	0.25	0.02	235.45	22.35	1806796
8473	276	5.90	5.64	1.87	3288.13	1181.73	8292215
11616	413	9.65	9.23	4.27	7660.70	3850.27	7248050
8041	927	24.67	24.23	19.44	20337.01	15609.93	6482459
1444	105	1.41	1.40	0.39	842.94	214.63	1555092
176	13	0.44	0.43	0.18	228.97	88.49	268285
9277	556	9.47	9.13	5.00	6772.67	3140.75	10013970
1817	48	1.26	1.23	0.46	824.95	372.97	1962372
1639	39	1.10	1.07	0.44	753.90	364.35	1607215
10271	568	19.08	18.90	14.91	18039.34	14345.79	6501731
1096	27	1.95	1.52	0.45	960.04	223.44	780437
568	68	3.39	3.38	1.99	886.76	550.47	501271
819	168	1.18	1.16	0.86	853.77	492.45	465369
3554	114	2.75	2.64	1.56	2340.83	1323.77	2049278

排练练功用房	实际拥有产权面积（万平方米）	流动舞台车演出情况			政府采购的公益演出活动情况		
		流动舞台车数量（辆）	利用流动舞台车演出场次（万场次）	利用流动舞台车演出观众人次（万人次）	演出场次（万场次）	演出观众人次（万人次）	演出补贴收入（千元）
110.47	**279.21**	**1563**	**11.26**	**8807.78**	**15.73**	**11976.31**	**1299640**
3.55	22.78				0.12	99.38	98901
30.19	85.11	64	0.31	365.78	2.05	1288.51	437826
37.82	85.43	289	1.39	1191.64	3.31	2801.84	310240
38.91	85.90	1210	9.56	7250.36	10.24	7786.58	452673
4.43	16.27	12	0.06	49.93	0.41	227.04	74212
0.37	2.30				0.06	25.60	7235
44.76	97.25	444	1.70	989.48	3.66	2324.35	425347
6.55	22.72	32	0.28	211.16	0.54	390.21	124699
5.68	21.43	31	0.27	208.06	0.48	369.97	79387
31.61	78.28	786	7.62	6571.21	8.53	7308.57	503637
6.79	13.50	20	0.22	92.70	0.44	239.57	36318
2.69	4.90	21	0.17	83.50	0.37	156.41	25529
3.84	5.04	115	0.40	225.57	0.63	403.78	17747
9.80	41.27	133	0.82	584.23	1.17	926.38	92151

2019年全国文化和旅游部门执行事业

指　　标	剧团数（个）	补贴团数	从业人员（人）	专业技术人才	正高级职称
总　　计	**1500**	**1419**	**77997**	**56148**	**3279**
按隶属关系分					
中央	9	9	3176	2389	531
省区市	104	104	16691	13757	1431
地市	307	297	23640	19571	1009
县市区	1080	1009	34490	20431	308
按剧种分					
话剧、儿童剧、滑稽剧类	20	19	2092	1593	214
其中：儿童剧团	3	3	399	327	49
歌舞、音乐类	461	436	24431	17735	1031
京剧、昆曲类	47	46	4717	4012	466
其中：京剧	41	40	4023	3464	402
地方戏曲类	692	648	32096	22231	1101
杂技、魔术、马戏类	35	30	2049	1532	70
曲艺类	48	46	1392	987	73
乌兰牧骑	108	108	3703	2649	31
综合性艺术表演团体	89	86	7517	5409	293

续表 1

指　　标	国内演出观众人次（万人次）	农村观众人次	本年收入合计（千元）	财政补贴收入	上级补助收入
总　　计	**22362.32**	**15379.73**	**17881836**	**13473397**	**527829**
按隶属关系分					
中央	221.00	20.99	1638375	1144421	56458
省区市	1603.64	731.36	5513020	4256020	171747
地市	4634.15	2508.86	5128618	4397997	151280
县市区	15903.53	12118.53	5601823	3674959	148344
按剧种分					
话剧、儿童剧、滑稽剧类	235.80	39.92	815489	607547	7051
其中：儿童剧团	66.55	6.89	172118	114785	847
歌舞、音乐类	4430.65	2271.55	7675634	5126862	232243
京剧、昆曲类	619.30	277.07	1673539	1363188	55282
其中：京剧	553.27	271.63	1365857	1110576	38964
地方戏曲类	13436.15	10721.62	5279589	4271285	155372
杂技、魔术、马戏类	480.53	163.82	316016	240706	7661
曲艺类	740.15	515.37	319492	262094	8272
乌兰牧骑	853.77	492.45	465369	438260	22606
综合性艺术表演团体	1565.98	897.92	1336708	1163455	39342

会计制度的艺术表演团体基本情况

副高级职称	中级职称	本团原创首演剧目（个）	本团拥有知识产权数量（个）	演出场次（万场次）	国内演出场次	农村演出场次
9367	**20531**	**1247**	**913**	**28.52**	**27.81**	**19.33**
546	610	36	26	0.26	0.24	0.02
3400	5204	129	229	2.74	2.64	1.04
3731	8152	287	347	5.93	5.71	2.83
1690	6565	795	311	19.59	19.22	15.43
412	547	35	42	0.41	0.40	0.05
85	106	6	34	0.12	0.12	0.01
2750	6134	402	293	5.99	5.75	3.54
958	1473	43	6	0.88	0.85	0.31
820	1296	34	6	0.74	0.72	0.30
3614	8234	461	424	14.37	14.26	11.35
189	514	15	7	1.03	0.82	0.35
185	380	54	71	3.04	3.03	1.93
228	819	168	10	1.18	1.16	0.86
1031	2430	69	60	1.62	1.54	0.93

事业收入	演出收入	经营收入	附属单位上缴收入	其他收入	本年支出合计（千元）	基本支出
3280588	**1644299**	**62870**	**1547**	**535605**	**15965661**	**9917862**
370039	191403			67457	1516506	413385
774355	602950	33966		276932	5596187	3257783
455028	389358	11126	395	112792	5123658	3444562
1681166	460588	17778	1152	78424	3729310	2802132
163386	125397			37505	975534	394071
51576	28425			4910	169568	45738
2058949	602768	46902	264	210414	5726023	3326473
192122	166230			62947	1616702	1017303
160067	134275			56250	1321273	817538
677282	581887	12167	1011	162472	5181922	3508589
53592	49882	1595		12462	332634	245937
38751	33830			10375	321151	250889
1688	1521			2815	459985	368697
94818	82784	2206	272	36615	1351710	805903

续表 2

指　标	项目支出	经营支出	工资福利支出	商品和服务支出	差旅费
总　计	**5448385**	**170626**	**8757593**	**4278919**	**341746**
按隶属关系分					
中央	1079573		758848	491675	61529
省区市	2299613	12026	2774398	1748234	118315
地市	1483248	69166	2903325	1299098	106761
县市区	585951	89434	2321022	739912	55141
按剧种分					
话剧、儿童剧、滑稽剧类	567952	3482	418073	300404	14735
其中：儿童剧团	113801		87613	69291	4407
歌舞、音乐类	2158620	58549	3032439	1755639	140078
京剧、昆曲类	591227	3152	923171	403538	28598
其中：京剧	496213	3152	770838	297833	18637
地方戏曲类	1439129	80950	2893739	1204133	113613
杂技、魔术、马戏类	77648	1316	196775	95818	8322
曲艺类	68399	556	180291	76320	3561
乌兰牧骑	62651	1705	291649	94219	9360
综合性艺术表演团体	482759	20916	821456	348848	23479

续表 3

指　标	资产总计（千元）	固定资产原价	实际使用房屋建筑面积（万平方米）	排练练功用房
总　计	**17692750**	**13423674**	**357.56**	**76.43**
按隶属关系分				
中央	2802409	2257163	20.64	3.30
省区市	7638532	5576121	90.17	18.90
地市	4427456	3279218	114.18	23.26
县市区	2824353	2311172	132.57	30.97
按剧种分				
话剧、儿童剧、滑稽剧类	2072907	950735	13.09	1.19
其中：儿童剧团	260293	182116	1.90	0.11
歌舞、音乐类	7158405	5655726	120.29	30.79
京剧、昆曲类	1893656	1828855	23.21	5.31
其中：京剧	1707351	1626882	20.63	4.65
地方戏曲类	4501260	2978565	121.87	25.17
杂技、魔术、马戏类	271919	193843	9.19	2.30
曲艺类	226681	161249	7.22	1.99
乌兰牧骑	313027	272301	14.58	3.84
综合性艺术表演团体	1254895	1382400	48.12	5.84

在支出合计中：						
劳务费	福利费	各种税金支出	对个人和家庭补助支出	抚恤金和生活补助	其他资本性支出	各种设备、交通工具、图书购置费
1059419	**75437**	**95505**	**854826**	**119390**	**740669**	**307370**
125765	11279	12833	55230	3919	63675	54020
377357	23555	50824	287032	36688	414258	138762
381720	23286	15811	362602	50002	145181	66144
174577	17317	16037	149962	28781	117555	48444
73327	2898	9904	39281	4040	16737	8527
26747	1165	394	2486	21	148	
463912	21224	40770	255093	36197	192366	133186
89691	6757	12938	77866	10286	110159	51466
70979	4755	9534	64898	8356	102760	44217
296532	28293	23695	310720	42466	360929	80024
13598	2153	1716	19374	3786	9276	8815
22170	1268	1134	35096	4214	9137	4010
16574	447	52	9840	1712	20500	8440
83615	12397	5296	107556	16689	21565	12902

实际拥有产权面积（万平方米）	流动舞台车演出情况			政府采购的公益演出活动情况		
	流动舞台车数量（辆）	利用流动舞台车演出场次（万场次）	利用流动舞台车演出观众人次（万人次）	演出场次（万场次）	演出观众人次（万人次）	演出补贴收入（千元）
196.55	**1189**	**8.87**	**7020.70**	**11.17**	**8661.66**	**771565**
18.75				0.12	95.43	94692
49.57	33	0.15	213.56	0.98	670.29	200582
60.11	189	0.94	859.47	2.03	1770.58	162977
68.11	967	7.79	5947.68	8.05	6125.37	313314
6.53	3	0.01	11.90	0.14	75.51	32125
1.49				0.04	16.81	2700
62.69	344	1.28	736.78	2.33	1508.72	221664
17.50	23	0.20	172.08	0.31	249.56	64132
16.20	22	0.20	168.98	0.28	233.32	63017
63.13	597	6.16	5349.54	6.45	5557.62	375481
6.79	13	0.16	65.30	0.34	172.21	19272
2.65	20	0.17	83.50	0.25	95.74	11291
5.04	115	0.40	225.57	0.63	403.78	17747
32.22	74	0.50	376.03	0.72	598.53	29853

2019年全国文化和旅游部门执行企业

	剧团数（个）	补贴团数	从业人员（人）	专业技术人才
总　计	**552**	**444**	**35767**	**24954**
按隶属关系分				
中央	1	1	492	425
省区市	103	84	12945	9805
地市	180	154	13233	9692
县市区	268	205	9097	5032
按剧种分				
话剧、儿童剧、滑稽剧类	36	32	3450	2621
其中：儿童剧团	4	4	306	234
歌舞、音乐类	173	134	13210	10087
京剧、昆曲类	19	16	1314	967
其中：京剧	17	15	1253	961
地方戏曲类	210	176	9515	6038
杂技、魔术、马戏类	24	21	2803	1559
曲艺类	13	11	805	558
乌兰牧骑				
综合性艺术表演团体	77	54	4670	3124

续表 1

	国内演出观众人次（万人次）	农村观众人次	资产总计	固定资产原价
总　计	**9158.97**	**5284.54**	**9861308**	**5966039**
按隶属关系分				
中央	14.45	1.36	266751	241501
省区市	1684.49	450.37	5386493	2685348
地市	3026.55	1341.41	2606900	2046450
县市区	4433.49	3491.40	1601164	992740
按剧种分				
话剧、儿童剧、滑稽剧类	607.14	174.71	1625804	1112222
其中：儿童剧团	162.42	81.61	274230	124341
歌舞、音乐类	2342.02	869.19	3409860	2208339
京剧、昆曲类	205.65	95.90	382554	350783
其中：京剧	200.63	92.72	357014	342317
地方戏曲类	4603.19	3624.18	1602678	1069012
杂技、魔术、马戏类	479.51	59.62	881691	363728
曲艺类	146.61	35.09	380157	225703
乌兰牧骑				
综合性艺术表演团体	774.85	425.85	1578564	636252

会计制度的艺术表演团体基本情况

正高级职称	副高级职称	中级职称	本团原创首演剧目（个）	本团拥有知识产权数量（个）	演出场次（万场次）	国内演出场次	农村演出场次
1652	**4103**	**8315**	**407**	**411**	**11.97**	**11.54**	**6.28**
136	115	106	2		0.02	0.01	
915	1999	3269	147	105	3.16	3.00	0.83
509	1621	3464	126	127	3.72	3.52	1.45
92	368	1476	132	179	5.08	5.02	4.01
202	487	897	70	89	1.00	1.00	0.33
13	29	70	7	6	0.31	0.31	0.17
679	1641	3143	154	166	3.48	3.38	1.45
48	186	344	5	2	0.38	0.38	0.15
45	185	343	5		0.36	0.35	0.14
343	799	2037	107	121	4.71	4.65	3.56
116	369	582	12	3	0.92	0.71	0.10
36	123	188	14	8	0.35	0.35	0.06
228	498	1124	45	22	1.14	1.09	0.63

资产、负债、所有者权益（千元）					损益（千元）	
本年折旧	负债合计	所有者权益合计	实收资本（股本）	国家资本	营业收入	演出收入
707217	**3409629**	**6451679**	**4005435**	**3298971**	**2794035**	**1778676**
10703	27099	239652	283240	283240	83491	2171
282082	1917737	3468756	1629077	1548863	1518372	939210
255941	734163	1872737	1534058	964906	791367	580772
158491	730630	870534	559060	501962	400805	256523
83046	534982	1090822	496630	485630	319176	222998
5758	94506	179724	176222	176222	46937	22445
210381	1074501	2335359	1110682	1072688	1173248	857356
64675	116577	265977	173988	173988	76806	50198
62947	95667	261347	168988	168988	73534	48026
189891	573366	1029312	1042977	486749	575036	330998
30976	284167	597524	369576	348358	192800	119545
33397	106619	273538	96656	39656	89880	57500
94851	719417	859147	714926	691902	367089	140081

续表 2

	损益（千元）			
		营业成本		
	营业成本	养老、医疗、失业等各种社会保险费	住房公积金和住房补贴	差旅费
总　计	**5571587**	**462112**	**169131**	**88750**
按隶属关系分				
中央	176125	19380	7610	9603
省区市	2598797	206028	78965	36927
地市	2026670	166406	64259	29408
县市区	769995	70298	18297	12812
按剧种分				
话剧、儿童剧、滑稽剧类	695904	44214	15832	11612
其中：儿童剧团	86208	5397	1750	1105
歌舞、音乐类	2226512	187554	71275	29384
京剧、昆曲类	276320	22457	7132	1598
其中：京剧	228845	22001	5709	1495
地方戏曲类	1111131	97453	36148	22915
杂技、魔术、马戏类	420984	32034	11615	5829
曲艺类	169178	9624	4825	2729
乌兰牧骑				
综合性艺术表演团体	671558	68776	22304	14683

续表 3

	工资、福利费、税金（千元）		实际使用房屋建筑面积（万平方米）		实际拥有产权面积（万平方米）
	本年支付的职工福利费	本年应交税金总额		排练练功用房	
总　计	**83986**	**160615**	**141.46**	**34.04**	**82.67**
按隶属关系分					
中央	3665	9604	4.03	0.25	4.03
省区市	38278	63783	49.24	11.29	35.53
地市	31315	39938	58.21	14.56	25.32
县市区	10728	47290	29.98	7.95	17.79
按剧种分					
话剧、儿童剧、滑稽剧类	10994	22126	17.83	3.25	9.74
其中：儿童剧团	623	1259	1.93	0.26	0.81
歌舞、音乐类	31262	43666	56.83	13.97	34.56
京剧、昆曲类	3389	3365	10.13	1.24	5.23
其中：京剧	3389	3265	8.25	1.04	5.23
地方戏曲类	16287	62435	26.72	6.45	15.15
杂技、魔术、马戏类	7281	6119	9.55	4.49	6.71
曲艺类	2576	7470	2.83	0.70	2.24
乌兰牧骑					
综合性艺术表演团体	12197	15434	17.57	3.96	9.05

工会经费	营业利润	营业外收入	政府补助（补贴收入）	营业外支出	利润总额	本年发放工资总额
26285	**-2777552**	**3153649**	**2882034**	**328658**	**47438**	**2348634**
	-92634	84930	84896	23	-7727	79261
13681	-1080425	1260823	1173669	126006	54392	1032726
9992	-1235303	1328065	1185988	96423	-3662	846683
2612	-369190	479831	437481	106206	4435	389964
3819	-376728	420427	392472	23483	20216	264818
377	-39271	49230	46384	352	9607	31808
8809	-1053264	1165088	1057631	118548	-6725	912693
883	-199514	212027	200564	18639	-6126	79456
872	-155311	167824	156367	18639	-6126	70342
5982	-536095	647106	605046	84441	26570	532795
2614	-228184	271621	257978	32644	10793	188327
1162	-79298	91899	89329	16009	-3408	79405
3016	-304469	345481	279014	34894	6118	291140

流动舞台车演出情况			政府采购的公益演出活动情况		
流动舞台车数量（辆）	利用流动舞台车演出场次（万场次）	利用流动舞台车演出观众人次（万人次）	演出场次（万场次）	演出观众人次（万人次）	演出补贴收入（千元）
374	**2.38**	**1787.08**	**4.56**	**3314.65**	**528075**
			0.01	3.95	4209
31	0.16	152.23	1.08	618.22	237244
100	0.45	332.17	1.29	1031.26	147263
243	1.77	1302.68	2.20	1661.22	139359
9	0.05	38.03	0.27	151.53	42087
			0.02	8.79	4535
100	0.42	252.70	1.32	815.63	203683
9	0.08	39.09	0.23	140.65	60567
9	0.08	39.09	0.21	136.65	16370
189	1.47	1221.67	2.08	1750.95	128156
7	0.05	27.40	0.10	67.37	17046
1			0.11	60.67	14238
59	0.32	208.20	0.45	327.85	62298

2019年非公有制艺术

指 标	机构数（个）	从业人员（人）			国内演出场次（万场次）
			专业技术人才	演员数	
总 计	**15663**	**294578**	**87265**	**228758**	**255.28**
按剧种分					
话剧、儿童剧、滑稽剧类	1728	23576	7496	17867	28.20
其中：儿童剧团	107	1303	551	1618	0.72
歌舞、音乐类	2136	45366	12917	36905	57.45
京剧、昆曲类	98	2276	900	1870	0.98
其中：京剧	93	2197	878	1782	0.89
地方戏曲类	4057	106769	32509	79272	65.36
杂技、魔术、马戏类	482	6991	2675	5210	16.55
曲艺类	871	13914	4922	10690	9.66
乌兰牧骑	4	46	20	30	0.01
综合性艺术表演团体	6287	95640	25826	76914	77.06

续表

指 标			营业成本	
	农村演出收入	城市演出收入		养老、医疗、失业等各种社会保险费
总 计	**4252001**	**3398930**	**11677034**	**298513**
按剧种分				
话剧、儿童剧、滑稽剧类	374340	402409	841749	31173
其中：儿童剧团	3619	58088	181551	9354
歌舞、音乐类	298041	785999	3357759	78968
京剧、昆曲类	37416	8390	48591	2597
其中：京剧	33314	5200	40301	2173
地方戏曲类	2350736	351540	2603492	45887
杂技、魔术、马戏类	100766	273616	445615	14721
曲艺类	112263	208621	337037	10083
乌兰牧骑	325		352	
综合性艺术表演团体	978114	1368355	4042439	115084

表演团体基本情况

				经营情况（千元）		
农村演出场次	国外演出场次（万场次）	国内演出观众人次（万人次）	农村观众人次	营业收入	企业赞助收入	演出收入
145.01	**16.16**	**90656.08**	**55598.01**	**11888808**	**130316**	**9092655**
19.97	8.59	8762.48	5078.73	986565	13641	803426
0.04	0.00	299.35	23.45	171466	2760	68201
11.94	1.38	8735.49	3036.87	2514210	39035	1932245
0.89	0.00	800.14	688.52	46546	1024	46807
0.78	0.00	775.46	668.31	39954	964	39415
59.46	0.25	38002.33	30506.72	2787795	21758	2803555
5.52	0.42	8252.57	1300.90	651552	14705	404475
6.63	0.08	2937.60	1963.58	437327	4095	330766
0.01		5.24	0.79	335		325
40.58	5.45	23160.25	13021.91	4464478	36058	2771056

本年发放工资总额	本年应交税金总额	营业利润	国外演出利润	营业外收入	政府补贴	资产总计（千元）	实际使用房屋建筑面积（万平方米）
5186200	**703210**	**692287**	**830300**	**3153748**	**1638395**	**109509234**	**419.12**
435575	34206	151832	550	388049	23143	2698650	36.10
65759	7256	-3087	70	11106	7827	323636	3.95
742911	311092	-737060	1110	193317	107164	37402150	95.19
29897	560	-1918	20	6639	6510	3042629	1.94
24858	359	-220	20	3384	3259	3040692	1.90
2078121	44031	221549	20250	1498406	1167119	36068880	109.04
254259	52983	207319	3360	143730	31531	1585999	22.33
164195	18214	103304	440	140157	83188	915930	18.03
280		-17		28	18	700	0.12
1480962	242124	747278	804570	783422	219722	27794296	136.37

2019年全国艺术表演

指　　标	机构数（个）	从业人员（人）	专业技术人才	座席数（个）	演（映）出场次合计（万场次）	艺术演出场次	惠民演出
总　　计	**2716**	**64507**	**16379**	**1818662**	**128.44**	**24.54**	**6.09**
其中:附属剧场	721	18495	5351	462326	22.43	7.08	1.39
儿童剧场	38	627	251	36240	0.90	0.26	0.22
按单位类型分							
公有制	1283	22846	7503	933967	68.25	6.74	3.08
其中:文化和旅游部门	1202	19921	6457	833087	66.48	6.19	2.90
其他部门	81	2925	1046	100880	1.76	0.55	0.18
非公有制	1433	41661	8876	884695	60.19	17.80	3.01
按机构类型分							
剧场	977	25549	8037	688525	21.51	8.54	2.23
影剧院	615	8477	2064	382074	84.28	4.43	1.49
书场、曲艺场	56	945	365	44748	1.14	0.94	0.33
杂技、马戏场	15	1345	287	32345	0.36	0.24	0.08
音乐厅	115	2973	684	47939	1.65	1.31	0.38
综合性	332	12071	2812	450962	11.50	4.31	0.98
其他艺术表演场馆	606	13147	2130	172069	8.01	4.76	0.60
按隶属关系分							
中央	7	213	19	6670	0.14	0.14	0.07
省区市	124	5400	2354	103304	11.89	1.39	0.44
地市	351	7792	2329	254205	30.82	1.80	0.88
县市及以下	2234	51102	11677	1454483	85.60	21.22	4.72

场馆基本情况

观众人次合计（万人次）	艺术演出观众	本年收入合计（千元）	财政拨款	艺术演出收入	本年支出合计（千元）	资产总计（千元）	实际使用房屋建筑面积（万平方米）	演（映）出业务用房
12561.13	**6785.16**	**17723292**	**2890683**	**5591595**	**15859324**	**62615350**	**1327.52**	**591.80**
2860.95	1642.89	4266163	103574	1456505	3609924	13046714	282.20	110.11
177.22	120.46	193514	60105	52774	181987	329134	36.64	15.49
5678.97	3023.72	5855420	2480567	1364565	5866769	22667693	761.67	391.29
5073.16	2594.75	4221320	1800803	810417	4546645	17323561	652.73	327.79
605.81	428.96	1634100	679764	554148	1320124	5344132	108.94	63.51
6882.16	3761.44	11867872	410116	4227030	9992555	39947657	565.85	200.51
5005.99	3200.87	7095593	1984235	2392241	6904470	32443473	603.06	298.08
3547.59	1174.65	1928213	260369	598185	1611456	6313708	216.45	107.90
181.68	89.36	132682	111	105617	101951	118342	3.03	1.42
212.70	212.08	770664	4970	630524	702025	2781638	16.72	12.30
401.29	327.58	823191	183254	378738	590983	837562	36.86	12.86
2055.94	1160.71	3195775	418947	784338	2918077	12204920	348.23	132.64
1155.95	619.91	3777174	38797	701952	3030362	7915707	103.17	26.60
84.11	78.21	30076		13748	24209	44978	8.24	4.63
1234.74	851.56	2292029	974315	644185	1888498	10117870	141.28	85.45
1869.71	913.85	1663320	591927	426456	1654318	5737162	269.15	129.73
9372.58	4941.54	13737867	1324441	4507206	12292299	46715340	908.85	372.00

2019年全国公有制艺术

指　　标	机构数（个）	从业人员（人）	专业技术人才	正高级职称	副高级职称	中级职称	座席数（个）	演（映）出场次合计（万场次）
总　　计	**1283**	**22846**	**7503**	**269**	**807**	**2605**	**933967**	**68.25**
其中:附属剧场	184	3413	2284	133	413	976	156642	2.72
儿童剧场	37	624	250	6	26	79	36060	0.90
按机构类型分								
剧场	585	11799	4432	182	577	1642	455068	11.71
影剧院	538	6983	1765	45	129	630	323099	50.33
书场、曲艺场	7	12					644	0.06
杂技、马戏场	3	45	18		2	6	4952	0.03
音乐厅	12	491	163	2	14	28	17575	0.26
综合性	106	3039	853	25	51	241	117544	5.73
其他艺术表演场馆	32	477	272	15	34	58	15085	0.13
按隶属关系分								
中央	7	213	19	1	5	11	6670	0.14
省区市	124	5400	2354	117	418	844	103304	11.89
地市	351	7792	2329	61	242	850	254205	30.82
县市及以下	801	9441	2801	90	142	900	569788	25.40

2019年全国文化和旅游部门

指　　标	机构数（个）	从业人员（人）	专业技术人才	正高级职称	副高级职称	中级职称	座席数（个）	演（映）出场次合计（万场次）
总　　计	**1202**	**19921**	**6457**	**231**	**714**	**2264**	**833087**	**66.48**
其中:附属剧场	163	2680	1923	108	357	806	118378	2.49
儿童剧场	32	556	219	6	25	71	33600	0.84
按机构类型分								
剧场	542	9750	3675	149	493	1362	391325	11.26
影剧院	523	6756	1690	45	129	603	312259	50.15
书场、曲艺场	7	12					644	0.06
杂技、马戏场	3	45	18		2	6	4952	0.03
音乐厅	10	438	149	2	9	19	14751	0.20
综合性	87	2477	682	21	47	216	95231	4.67
其他艺术表演场馆	30	443	243	14	34	58	13925	0.12
按隶属关系分								
中央	4	78	2				3216	0.08
省区市	110	4015	1785	92	338	627	90590	11.60
地市	334	7147	2066	59	238	806	233534	29.77
县市及以下	754	8681	2604	80	138	831	505747	25.04

表演场馆基本情况

艺术演出场次	惠民演出	观众人次合计（万人次）	艺术演出观众	本年收入合计（千元）	财政拨款	艺术演出收入	本年支出合计（千元）	资产总计（千元）	实际使用房屋建筑面积（万平方米）
6.74	**3.08**	**5678.97**	**3023.72**	**10185386**	**2480567**	**1364565**	**10272355**	**22667693**	**761.67**
0.89	0.46	597.52	442.40	637805			637805	637805	87.70
0.26	0.22	177.21	120.46	216341	60105	52704	218618	328835	36.61
3.16	1.35	2434.35	1666.35	6095814	1711198	726588	6323578	14364452	378.76
2.47	1.32	2160.02	648.80	1740635	238591	121293	1761466	4008269	182.21
0.06		6.82	6.82	9511		826	9511	9591	0.46
0.03	0.00	14.86	14.86	115912		2805	115912	115912	3.61
0.22	0.06	222.89	189.00	362931	119568	227249	202366	503588	24.11
0.71	0.31	754.43	446.06	1709950	385093	266625	1712352	3509479	156.52
0.10	0.04	85.60	51.82	150632	26117	19179	147169	156402	15.99
0.14	0.07	84.11	78.21	44978		13748	44978	44978	8.24
1.39	0.44	1234.74	851.56	3219002	974315	644185	2841679	10117870	141.28
1.80	0.88	1869.71	913.85	3624344	591927	426456	3628168	5737162	269.15
3.42	1.70	2490.41	1180.10	3297062	914325	280176	3757530	6767683	343.00

所属艺术表演场馆基本情况

艺术演出场次	惠民演出	观众人次合计（万人次）	艺术演出观众	本年收入合计（千元）	财政拨款	艺术演出收入	本年支出合计（千元）	资产总计（千元）	实际使用房屋建筑面积（万平方米）
6.19	**2.90**	**5073.16**	**2594.75**	**4221320**	**1800803**	**810417**	**4546645**	**17323561**	**652.73**
0.73	0.42	466.82	345.32					294674	63.76
0.21	0.20	152.16	100.82	145116	55894	27513	137562	302620	31.70
2.81	1.26	2127.89	1414.52	2130164	1102618	372802	2510845	9254358	318.85
2.44	1.32	2105.20	626.97	927578	221591	96714	950358	3950040	159.71
0.06		6.82	6.82	11084		826	10769	9591	0.46
0.03	0.00	14.86	14.86	8199		2805	8857	115912	3.61
0.16	0.05	166.45	137.16	320276	119568	119754	260107	503588	23.40
0.60	0.24	578.35	354.62	728080	330909	199523	725685	3334531	130.80
0.09	0.04	73.60	39.82	95939	26117	17993	80024	155541	15.90
0.08	0.06	41.13	39.83	30076		13748	24209	25217	3.13
1.12	0.39	1020.44	651.47	1039990	465681	237516	920317	5719253	104.89
1.68	0.80	1668.68	816.61	1497543	514394	369272	1489736	5636873	245.01
3.31	1.66	2342.92	1086.85	1653711	820728	189881	2112383	5942218	299.70

2019年全国文化和旅游部门执行事业会计制度的艺术表演场馆基本情况

	机构数（个）	从业人员（人）	专业技术人才	正高级职称	副高级职称	中级职称	座席数（个）	演（映）出场次合计（万场次）	艺术演出场次	惠民演出
总　计	**858**	**12267**	**4377**	**173**	**508**	**1663**	**570704**	**31.81**	**3.62**	**1.64**
其中：附属剧场	128	2269	1750	98	326	748	95380	2.19	0.54	0.32
儿童剧场	18	132	36	1	2	10	19576	0.61	0.06	0.04
按机构类型分										
剧场	382	6166	2702	117	380	1087	277891	6.61	1.70	0.76
影剧院	391	4674	1227	41	103	439	226409	24.32	1.51	0.71
书场、曲艺场	2									
杂技、马戏场	1						900			
音乐厅	6	211	58	1	5	12	6438	0.09	0.07	0.03
综合性	54	1010	253	13	9	83	49942	0.69	0.26	0.11
其他艺术表演场馆	22	206	137	1	11	42	9124	0.10	0.08	0.03
按隶属关系分										
中央										
省区市	58	2612	1364	80	258	503	52377	6.11	0.70	0.29
地市	202	3705	1104	23	134	503	132514	13.06	0.73	0.26
县市及以下	598	5950	1909	70	116	657	385813	12.64	2.19	1.09

续表 2

	本年支出合计（千元）	基本支出	项目支出	经营支出	在支出合计中：工资福利支出	商品和服务支出	差旅费	劳务费	福利费	各种税金支出
总　计	**2735034**	**1074246**	**531247**	**313468**	**1060939**	**816572**	**5510**	**50636**	**11995**	**37340**
其中：附属剧场										
儿童剧场	22015	12332	643	8557	11539	4237	32	269	105	814
按机构类型分										
剧场	1745404	563283	272628	137302	706616	436650	2607	18966	4979	19735
影剧院	526168	323091	53330	111280	244816	142783	1050	23944	5079	10733
书场、曲艺场										
杂技、马戏场										
音乐厅	94436	76407	16344	1685	29861	58287	569	1351	128	3428
综合性	352380	97109	187720	62905	67898	176547	1117	5730	1789	3054
其他艺术表演场馆	16646	14356	1225	296	11748	2305	167	645	20	390
按隶属关系分										
中央										
省区市	614624	348448	162659	96554	138890	304453	1480	9945	2587	12504
地市	636837	327462	153386	134866	225006	267190	2290	16942	4027	17215
县市及以下	1483573	398336	215202	82048	697043	244929	1740	23749	5381	7621

续表 1

	观众人次合计（万人次）	艺术演出观众人次	本年收入合计（千元）	财政补贴收入	上级补助收入	事业收入	演出收入	经营收入	附属单位上缴收入	其他收入
总　计	**2980.21**	**1593.35**	**2370893**	**1359878**	**43549**	**356414**	**197516**	**369963**	**10875**	**230214**
其中:附属剧场	355.04	263.75								
儿童剧场	55.29	30.33	19735	5533	146	4138	908	9657		261
按机构类型分										
剧场	1324.44	864.79	1349534	864630	26617	135152	79169	214173	10635	98327
影剧院	1276.72	470.47	505351	178305	13648	102709	36024	104715	240	105734
书场、曲艺场										
杂技、马戏场										
音乐厅	65.50	52.19	147506	79360	532	57476	39802	7745		2393
综合性	256.93	168.97	348393	226055	1795	55430	36874	42559		22554
其他艺术表演场馆	56.62	36.94	20109	11528	957	5647	5647	771		1206
按隶属关系分										
中央										
省区市	613.57	428.39	741504	409601	15854	175885	101467	81197		58967
地市	715.36	377.00	633386	292697	8264	102287	71573	139643	615	89880
县市及以下	1651.29	787.95	996003	657580	19431	78242	24476	149123	10260	81367

续表 3

	对个人和家庭补助支出	抚恤金和生活补助	其他资本性支出	各种设备、交通工具、图书购置费	资产总计（千元）	固定资产原价	实际使用房屋建筑面积（万平方米）	演（映）出业务用房	实际拥有产权面积（万平方米）
总　计	**80360**	**11200**	**121657**	**25250**	**11352225**	**9275430**	**355.71**	**192.99**	**186.45**
其中:附属剧场							44.20	25.37	15.92
儿童剧场	1633	498	3770	8	138871	88061	6.06	3.40	2.57
按机构类型分									
剧场	39034	6530	38648	15641	6053115	5062402	176.95	95.12	92.56
影剧院	31846	2901	26424	6563	2772067	2454234	108.21	56.34	69.43
书场、曲艺场					80	79			
杂技、马戏场							0.13	0.13	0.13
音乐厅	4056	30	2128	2128	395658	394649	8.26	3.51	1.76
综合性	4281	1295	53979	801	2105426	1338408	57.18	35.78	20.06
其他艺术表演场馆	1143	444	478	117	25879	25658	4.99	2.13	2.50
按隶属关系分									
中央									
省区市	12650	1860	12109	10826	4760165	2833804	57.55	36.38	30.54
地市	39990	3873	28490	5927	2745316	2602781	107.06	53.83	52.66
县市及以下	27720	5467	81058	8497	3846744	3838845	191.10	102.79	103.26

2019年全国文化和旅游部门执行企业

	机构数（个）	从业人员（人）					座席数（个）	演（映）出场次合计（万场次）
			专业技术人才	正高级职称	副高级职称	中级职称		
总　计	**344**	**7654**	**2080**	**58**	**206**	**601**	**262383**	**34.68**
其中：附属剧场	35	411	173	10	31	58	22998	0.30
儿童剧场	14	424	183	5	23	61	14024	0.23
按机构类型分								
剧场	160	3584	973	32	113	275	113434	4.65
影剧院	132	2082	463	4	26	164	85850	25.83
书场、曲艺场	5	12					644	0.06
杂技、马戏场	2	45	18		2	6	4052	0.03
音乐厅	4	227	91	1	4	7	8313	0.11
综合性	33	1467	429	8	38	133	45289	3.98
其他艺术表演场馆	8	237	106	13	23	16	4801	0.02
按隶属关系分								
中央	4	78	2				3216	0.08
省区市	52	1403	421	12	80	124	38213	5.49
地市	132	3442	962	36	104	303	101020	16.71
县市及以下	156	2731	695	10	22	174	119934	12.40

续表

	损益（千元）							
	营业收入		营业成本					营业利润
		艺术演出收入		养老、医疗、失业等保险费	住房公积金和住房补贴	差旅费	工会经费	
总　计	**1295323**	**612901**	**1775741**	**102614**	**36827**	**9786**	**4717**	**-480418**
其中：附属剧场								
儿童剧场	73491	26605	112154	5457	1857	354	278	-38663
按机构类型分								
剧场	500296	293633	757432	46015	13153	2397	1327	-257136
影剧院	341179	60690	403138	29600	11809	807	1113	-61959
书场、曲艺场	9671	826	10635	26				-964
杂技、马戏场	7599	2805	8857	391	220	36	205	-1258
音乐厅	132448	79952	164001	4588	2100	733	559	-31553
综合性	247441	162649	369252	20446	7735	5738	1342	-121811
其他艺术表演场馆	56689	12346	62426	1548	1810	75	171	-5737
按隶属关系分								
中央	30074	13748	24208	798	328	3		5866
省区市	225994	136049	295926	23282	6776	4055	973	-69932
地市	587402	297699	843613	43699	16299	3925	2409	-256211
县市及以下	451853	165405	611994	34835	13424	1803	1335	-160141

会计制度的艺术表演场馆基本情况

艺术演出场次	惠民演出	观众人次合计（万人次）	艺术演出观众人次	资产、负债、所有者权益（千元）						
				资产总计	固定资产原值	当年提取的折旧总额	负债合计	所有者权益合计	实收资本（股本）	国家资本
2.57	**1.26**	**2092.95**	**1001.40**	**5971336**	**3985058**	**422565**	**2699349**	**3271987**	**2247669**	**2089898**
0.19	0.09	111.78	81.56	294674	188987	6377	103754	190920	123414	109852
0.15	0.16	96.86	70.49	163749	56819	4173	89686	74063	46483	41183
1.11	0.50	803.45	549.73	3201243	2492189	255123	1258994	1942249	1497835	1472044
0.93	0.61	828.48	156.50	1177973	827186	95504	601430	576543	397167	358324
0.06		6.82	6.82	9511	5014		6780	2731	756	50
0.03	0.00	14.86	14.86	115912	41044	955	1872	114040	1350	1350
0.09	0.02	100.95	84.97	107930	15488	5013	61086	46844	5551	551
0.34	0.13	321.41	185.65	1229105	549408	60708	734316	494789	237045	150613
0.01	0.00	16.98	2.88	129662	54729	5262	34871	94791	107965	106966
0.08	0.06	41.13	39.83	25217	7616	444	6503	18714	8590	3590
0.42	0.10	406.87	223.08	959088	807834	148721	464228	494860	259790	247253
0.94	0.54	953.32	439.61	2891557	1957953	151164	847596	2043961	1392648	1307835
1.12	0.57	691.63	298.89	2095474	1211655	122236	1381022	714452	586641	531220

营业外收入	政府补助（补贴收入）	营业外支出	利润总额	工资、福利费、税金（千元）			实际使用房屋建筑面积（万平方米）	演（映）出业务用房	实际拥有产权面积（万平方米）
				本年发放工资总额	本年发放福利费总额	本年应交税金			
555104	**440925**	**35870**	**38816**	**442456**	**40339**	**63202**	**297.02**	**134.79**	**157.90**
							19.56	11.84	8.46
51890	50361	3393	9834	33992	5604	1741	25.64	11.50	5.01
280334	237988	8009	15189	202483	20857	26064	141.91	58.45	68.85
81048	43286	21052	-1963	95295	6074	16805	51.50	29.09	37.67
1413		134	315	867		72	0.46	0.13	0.01
600			-658	3255		676	3.49	2.80	1.31
40322	40208	1670	7099	33890	5842	8908	15.14	5.88	4.14
132246	104854	4053	6382	85207	6762	9608	73.62	34.37	42.94
19141	14589	952	12452	21459	804	1069	10.91	4.08	2.98
2		1	5867	4938	260	1090	3.13	0.71	1.63
72492	56080	9767	-7207	81750	3343	11297	47.35	19.19	34.04
276755	221697	9286	11258	208910	16701	28178	137.95	66.21	62.05
205855	163148	16816	28898	146858	20035	22637	108.60	48.68	60.19

2019年非公有制艺术

	机构数（个）	从业人员（人）	专业技术人才	座席数（个）
总　计	**1433**	**41661**	**8876**	**884695**
按机构类型分				
剧场	392	13750	3605	233457
影剧院	77	1494	299	58975
书场、曲艺场	49	933	365	44104
杂技、马戏场	12	1300	269	27393
音乐厅	103	2482	521	30364
综合性	226	9032	1959	333418
其他艺术表演场馆	574	12670	1858	156984

续表

	营业成本	养老、医疗、失业等各种社会保险费	本年发放工资总额	本年应交税金总额
总　计	**9992555**	**388738**	**2219442**	**819753**
按机构类型分				
剧场	3270809	127379	812270	197078
影剧院	616465	19389	93119	110125
书场、曲艺场	91182	3774	31647	7493
杂技、马戏场	693168	11991	103230	21070
音乐厅	330876	14634	92438	8040
综合性	2042439	123305	495724	150113
其他艺术表演场馆	2947616	88266	591014	325834

表演场馆基本情况

演（映）出场次合计（万场次）	艺术演出场次	惠民演出	观众人次合计（万人次）	经营情况（千元）营业收入	艺术演出收入
60.19	**17.80**	**3.01**	**6882.16**	**11161938**	**4227030**
9.80	5.38	0.88	2571.64	3305310	1665653
33.96	1.96	0.16	1387.57	915187	476892
1.08	0.88	0.33	174.86	119790	104791
0.32	0.21	0.08	197.85	756322	627719
1.39	1.10	0.32	178.39	329202	151489
5.77	3.61	0.67	1301.50	2148244	517713
7.88	4.66	0.57	1070.35	3587883	682773

营业利润	营业外收入	政府补贴	资产总计（千元）	实际使用房屋建筑面积（万平方米）	演（映）出业务用房
1185039	**705934**	**410116**	**39947657**	**565.85**	**200.51**
42928	338944	273037	18079021	224.30	97.13
298822	36614	21778	2305439	34.23	17.66
28608	1808	111	108751	2.57	1.29
63154	6143	4970	2665726	13.11	9.38
-1674	66218	63686	333974	12.75	2.76
112934	165936	33854	8695441	191.71	51.99
640267	90271	12680	7759305	87.18	20.31

2019年各地区艺术表演团体

地区	总计						
	机构数（个）	从业人员数（人）					机构数（个）
			专业技术人才	正高级职称	副高级职称	中级职称	
总计	**17795**	**412541**	**170332**	**5030**	**13733**	**29536**	**1513**
北京	370	11183	3733	196	325	720	11
天津	151	3062	2044	218	415	664	16
河北	749	16458	7989	216	498	989	85
山西	779	22570	9215	128	574	1430	92
内蒙古	264	9235	5689	208	718	1567	95
辽宁	238	6972	3319	144	426	1049	14
吉林	95	3608	2387	230	470	686	7
黑龙江	87	3617	2858	321	675	1009	29
上海	311	10303	5319	245	606	991	17
江苏	626	13537	7171	299	834	1722	91
浙江	1550	45700	13296	284	695	1095	44
安徽	2628	37900	12041	83	357	1016	11
福建	455	12889	4943	130	380	1080	68
江西	337	8022	3694	29	177	692	41
山东	1306	25071	10711	186	846	1903	83
河南	2221	51542	18551	194	596	1516	155
湖北	388	10024	5299	239	549	1457	71
湖南	575	12502	5462	97	419	1218	74
广东	397	10284	4714	139	439	826	43
广西	95	3897	1716	67	279	505	12
海南	111	4414	1263	9	36	123	14
重庆	1646	18235	6240	53	187	306	12
四川	732	14304	5396	60	354	971	38
贵州	158	4078	1784	56	189	309	22
云南	304	7728	3769	108	560	1135	74
西藏	85	2436	788	19	88	260	85
陕西	516	18717	8270	180	489	1249	56
甘肃	343	9190	4065	50	283	817	18
青海	100	2569	838	6	89	144	12
宁夏	30	1802	776	33	61	183	1
新疆	132	5739	3969	93	402	1100	107

机构数和从业人员数

按执行会计制度分类							
事业					企业		
从 业 人员数（人）	专业技术人才				机构数（个）	从 业 人员数（人）	专业技术人才
		正高级职称	副高级职称	中级职称			
79655	**56562**	**3331**	**9457**	**20697**	**16282**	**332886**	**113770**
1229	869	131	188	368	359	9954	2864
1804	1570	218	415	664	135	1258	474
2906	1950	89	321	700	664	13552	6039
4507	2947	58	344	982	687	18063	6268
6045	4624	207	715	1567	169	3190	1065
1417	1159	95	238	528	224	5555	2160
1092	932	127	239	335	88	2516	1455
2087	1747	183	458	661	58	1530	1111
2370	2022	191	476	727	294	7933	3297
3217	2627	127	418	987	535	10320	4544
2810	2181	213	528	774	1506	42890	11115
607	500	17	85	179	2617	37293	11541
3447	2599	128	375	1055	387	9442	2344
1154	969	10	82	353	296	6868	2725
4143	3470	147	661	1450	1223	20928	7241
7216	3366	159	483	1222	2066	44326	15185
3472	2438	89	270	1044	317	6552	2861
2877	2281	80	328	938	501	9625	3181
2298	1374	70	212	495	354	7986	3340
774	713	34	133	234	83	3123	1003
693	420	8	26	76	97	3721	843
583	476	23	87	175	1634	17652	5764
2248	1823	50	317	849	694	12056	3573
600	347	11	38	60	136	3478	1437
3216	2434	100	487	1016	230	4512	1335
2436	788	19	88	260			
3125	2291	58	203	664	460	15592	5979
1350	992	17	163	423	325	7840	3073
481	373	5	75	113	88	2088	465
					29	1802	776
4990	3682	93	402	1100	25	749	287

续表

地区				按单位所属部门分			
				文化和旅游部门			
				机构数（个）	从业人员数（人）	专业技术人才	
	正高级职称	副高级职称	中级职称				正高级职称
总计	**1699**	**4276**	**8839**	**2052**	**113764**	**81102**	**4931**
北京	65	137	352	20	2481	1796	196
天津				16	1804	1570	218
河北	127	177	289	121	4446	2990	216
山西	70	230	448	151	7360	4620	127
内蒙古	1	3		96	6055	4628	208
辽宁	49	188	521	30	2815	2225	144
吉林	103	231	351	47	2676	2161	230
黑龙江	138	217	348	39	3206	2657	321
上海	54	130	264	21	3020	2446	236
江苏	172	416	735	126	5829	4770	299
浙江	71	167	321	59	4069	3169	284
安徽	66	272	837	45	2968	2356	80
福建	2	5	25	70	3560	2664	130
江西	19	95	339	70	2071	1586	22
山东	39	185	453	102	5497	4550	184
河南	35	113	294	170	8310	3958	194
湖北	150	279	413	87	5130	3740	239
湖南	17	91	280	97	3934	3047	97
广东	69	227	331	70	4077	2490	139
广西	33	146	271	21	1358	1140	42
海南	1	10	47	18	957	589	9
重庆	30	100	131	20	1519	1028	53
四川	10	37	122	49	3040	2336	60
贵州	45	151	249	39	1708	1123	54
云南	8	73	119	87	3563	2614	106
西藏				85	2436	788	19
陕西	122	286	585	88	5916	4050	176
甘肃	33	120	394	64	3536	2353	50
青海	1	14	31	14	783	559	5
宁夏	33	61	183	13	982	603	33
新疆				107	4990	3682	93

			其他部门					
	副高级职称	中级职称	机构数（个）	从业人员数（人）	专业技术人才	正高级职称	副高级职称	中级职称
	13470	**28846**	**15743**	**298777**	**89230**	**99**	**263**	**690**
	325	720	350	8702	1937			
	415	664	135	1258	474			
	498	937	628	12012	4999			52
	571	1414	628	15210	4595	1	3	16
	718	1567	168	3180	1061			
	426	1049	208	4157	1094			
	470	686	48	932	226			
	675	1009	48	411	201			
	572	921	290	7283	2873	9	34	70
	834	1722	500	7708	2401			
	695	1092	1491	41631	10127			3
	340	946	2583	34932	9685	3	17	70
	379	1066	385	9329	2279		1	14
	154	576	267	5951	2108	7	23	116
	830	1869	1204	19574	6161	2	16	34
	596	1516	2051	43232	14593			
	549	1457	301	4894	1559			
	419	1206	478	8568	2415			12
	436	804	327	6207	2224		3	22
	200	399	74	2539	576	25	79	106
	36	123	93	3457	674			
	187	306	1626	16716	5212			
	354	971	683	11264	3060			
	179	276	119	2370	661	2	10	33
	543	1089	217	4165	1155	2	17	46
	88	260						
	486	1243	428	12801	4220	4	3	6
	283	817	279	5654	1712			
	88	142	86	1786	279	1	1	2
	61	183	17	820	173			
	402	1100	25	749	287			

2019年各地区艺术

地区	总计	话剧、儿童剧、滑稽剧类	其中：儿童剧团	歌舞、音乐类	京剧、昆曲类
总计	**17795**	**1787**	**115**	**2809**	**164**
北京	370	26	8	32	8
天津	151	13	5	14	5
河北	749	31	3	110	13
山西	779	20	2	146	1
内蒙古	264	8	1	53	
辽宁	238	24	12	58	4
吉林	95	7	1	20	
黑龙江	87	12	4	20	1
上海	311	41	16	63	7
江苏	626	74	4	102	16
浙江	1550	122	1	114	29
安徽	2628	467	8	95	8
福建	455	53		38	4
江西	337	53		101	3
山东	1306	248	17	168	38
河南	2221	176	6	138	5
湖北	388	16	3	86	5
湖南	575	58		119	3
广东	397	40	6	65	2
广西	95	5		39	
海南	111	2	1	27	
重庆	1646	123	5	413	2
四川	732	93	4	177	3
贵州	158	9		67	1
云南	304	19		161	1
西藏	85	1		47	
陕西	516	34	5	95	1
甘肃	343	5	1	64	1
青海	100	2		48	
宁夏	30	1		9	1
新疆	132	2	1	108	1

表演团体分剧种机构数

单位：个

其中：京剧	地方戏曲类	杂技、魔术、马戏类	曲艺类	乌兰牧骑	综合性艺术表演团体
151	**4982**	**542**	**934**	**113**	**6464**
7	44	3	21	1	235
5	17	5	16		81
12	298	33	44		220
1	340	3	55		214
	30		3	75	95
4	15	4	12		121
	18	3	6		41
1	11	4	5		34
5	77	8	14		101
11	170	55	28		181
26	815	6	109		355
8	551	188	118	1	1200
4	301	2	20		37
3	126	3	11		40
38	298	82	55		417
5	962	87	229		624
5	88	5	13		175
2	123	2	19		251
2	168	8	48		66
	13	2	1		35
	51	1	14		16
2	16	9	13		1070
3	48	10	17		384
1	3	3	6		69
1	13	3			107
				32	5
1	201	7	20		158
1	160	2	16	1	94
	13		18	1	18
1	7	1	1		10
1	5	3	2	2	9

2019年各地区艺术表演团体

地　区	剧团数（个）	从业人员（人）	专业技术人才	演出场次（万场次）	国内演出场次	农村演出场次
总　计	**17795**	**412541**	**170332**	**296.80**	**295.62**	**171.27**
北　京	370	11183	3733	2.43	2.36	1.03
天　津	151	3062	2044	0.92	0.92	0.22
河　北	749	16458	7989	9.27	9.19	7.65
山　西	779	22570	9215	9.76	9.70	7.61
内蒙古	264	9235	5689	3.36	3.33	2.48
辽　宁	238	6972	3319	7.83	7.81	4.58
吉　林	95	3608	2387	0.65	0.65	0.28
黑龙江	87	3617	2858	1.36	1.33	0.29
上　海	311	10303	5319	7.29	7.27	1.09
江　苏	626	13537	7171	12.11	12.07	5.13
浙　江	1550	45700	13296	37.54	37.50	21.30
安　徽	2628	37900	12041	34.71	34.64	26.31
福　建	455	12889	4943	8.58	8.56	6.94
江　西	337	8022	3694	4.36	4.32	3.34
山　东	1306	25071	10711	13.73	13.63	9.94
河　南	2221	51542	18551	38.98	38.95	27.08
湖　北	388	10024	5299	5.11	5.05	3.07
湖　南	575	12502	5462	40.71	40.69	4.59
广　东	397	10284	4714	4.65	4.62	3.46
广　西	95	3897	1716	1.85	1.84	0.37
海　南	111	4414	1263	1.11	1.11	0.58
重　庆	1646	18235	6240	19.82	19.76	18.26
四　川	732	14304	5396	6.14	6.11	3.47
贵　州	158	4078	1784	2.15	2.09	0.74
云　南	304	7728	3769	7.57	7.56	0.97
西　藏	85	2436	788	0.67	0.65	0.53
陕　西	516	18717	8270	5.58	5.54	4.00
甘　肃	343	9190	4065	3.51	3.48	3.00
青　海	100	2569	838	0.52	0.49	0.32
宁　夏	30	1802	776	0.50	0.49	0.28
新　疆	132	5739	3969	3.73	3.66	2.36

演出及收支基本情况

国内演出观众人次(万人次)		总收入(千元)			总支出(千元)	资产总计(千元)	实际使用房屋建筑面积(万平方米)
	农村观众人次		财政补贴收入	演出收入			
123019.54	**76803.27**	**39699493**	**18456925**	**12677516**	**34330167**	**138887974**	**928.61**
803.44	344.43	1544639	700592	476016	1458191	2647883	15.94
395.87	161.26	511155	304181	114053	552974	9669903	11.01
6854.10	4204.05	961551	419384	371179	803590	4027916	31.73
5209.93	4324.33	992623	455461	436048	2289994	25315483	34.04
2237.97	1524.54	1099944	955617	82718	1100379	1313343	31.94
835.96	170.20	676364	330271	94375	624021	717379	21.63
348.13	139.32	437829	280066	97823	437471	472578	13.14
416.82	116.64	550988	486925	36955	548196	691253	17.09
1224.86	235.47	2146670	922086	672881	2054746	3698476	20.50
4683.40	1829.19	1965448	835892	819132	1699750	1614169	43.16
18261.23	13886.86	3612437	889765	1746101	2808085	8156959	72.72
13398.31	9230.15	1359116	213791	934761	1107589	24574559	60.59
4295.00	2897.58	1161721	583743	472494	1156368	1551905	39.46
3124.50	2202.49	576092	303175	192239	488889	719670	17.17
7055.94	4937.69	1590565	829390	493047	1816067	8499139	49.29
20174.09	12986.62	3571600	1588200	1076251	1897491	3686263	73.55
6048.52	3606.32	1238626	714540	283266	1124730	6932687	34.30
2640.25	1451.47	1072389	536912	435818	948873	1836671	37.38
2600.81	1627.32	1319902	704959	443912	1313693	1720325	29.43
1039.07	219.05	820274	307396	410751	741497	2366063	15.58
1096.23	440.75	882231	91383	415767	575588	5890519	9.30
2976.14	2041.52	811668	175618	471004	750899	1933614	24.36
2642.31	1042.11	1581451	602123	445692	1372826	2846215	33.31
1126.57	400.61	519080	152544	164321	442546	959351	18.98
3539.40	726.87	3003956	1339558	467853	893732	7818980	27.36
549.07	332.88	312036	278194	3452	300751	311010	12.82
4719.86	2792.69	1022911	474116	402985	997496	1953465	41.42
2648.21	1906.39	671107	314714	250278	645586	1501219	23.22
213.28	118.60	331514	257911	35052	198739	334616	5.91
300.18	153.59	204772	93467	25533	183273	267754	2.86
1265.01	729.61	859096	753623	51670	880702	810403	30.67

2019年各地区公有制

地　区	剧团数（个）	从业人员（人）	专业技术人才	正高级职称	副高级职称	中级职称
总　计	**2132**	**117963**	**83067**	**5030**	**13733**	**29536**
北　京	20	2481	1796	196	325	720
天　津	16	1804	1570	218	415	664
河　北	125	4604	3052	216	498	989
山　西	152	7413	4650	128	574	1430
内蒙古	96	6055	4628	208	718	1567
辽　宁	30	2815	2225	144	426	1049
吉　林	47	2676	2161	230	470	686
黑龙江	39	3206	2657	321	675	1009
上　海	23	3293	2628	245	606	991
江　苏	126	5829	4770	299	834	1722
浙　江	64	4169	3222	284	695	1095
安　徽	51	3223	2541	83	357	1016
福　建	72	3631	2691	130	380	1080
江　西	83	2381	1859	29	177	692
山　东	104	5665	4715	186	846	1903
河　南	170	8310	3958	194	596	1516
湖　北	87	5130	3740	239	549	1457
湖　南	98	3954	3063	97	419	1218
广　东	72	4168	2551	139	439	826
广　西	25	1889	1486	67	279	505
海　南	19	983	589	9	36	123
重　庆	20	1519	1028	53	187	306
四　川	49	3040	2336	60	354	971
贵　州	40	1873	1200	56	189	309
云　南	99	3946	2834	108	560	1135
西　藏	85	2436	788	19	88	260
陕　西	91	6002	4071	180	489	1249
甘　肃	67	3635	2381	50	283	817
青　海	26	908	569	6	89	144
宁　夏	13	982	603	33	61	183
新　疆	107	4990	3682	93	402	1100

艺术表演团体基本情况

本团原创首演剧目（个）	演出场次（万场次）	国内演出场　次	农村演出场　次	国内演出观众人次（万人次）	农村观众人　次	本年收入合　计（千元）
1702	**41.52**	**40.33**	**26.26**	**32363.46**	**21205.26**	**24656937**
44	0.83	0.76	0.07	323.32	14.20	1093445
18	0.27	0.27	0.05	138.09	33.70	430822
43	1.96	1.87	1.51	1960.27	1494.52	599834
56	3.36	3.30	2.76	2948.97	2490.30	739145
168	1.27	1.24	0.80	865.22	421.20	998193
28	0.38	0.37	0.08	222.22	39.47	419898
34	0.46	0.45	0.24	304.94	129.80	393782
27	0.54	0.50	0.20	282.10	104.42	518235
62	1.14	1.12	0.34	369.66	54.53	1446421
133	4.70	4.66	2.71	2111.37	1060.57	1413803
48	1.34	1.31	0.75	1450.18	814.04	1189877
41	1.18	1.11	0.64	728.81	436.16	433879
93	1.10	1.07	0.61	650.13	417.96	737152
63	1.23	1.19	0.97	1017.85	696.39	358020
77	2.52	2.42	1.77	2062.59	1500.05	1049910
62	4.90	4.88	4.22	5025.42	4318.97	869464
101	2.16	2.10	1.20	1813.11	1079.35	911725
50	1.35	1.33	0.90	969.33	673.63	656653
53	0.98	0.96	0.58	1027.10	715.65	1001688
31	0.35	0.34	0.20	303.99	150.52	425200
13	0.22	0.22	0.17	256.80	181.08	163190
8	0.35	0.29	0.15	218.58	116.54	259499
29	0.60	0.56	0.19	405.61	151.91	786124
17	0.64	0.58	0.19	714.05	143.77	361298
147	0.94	0.93	0.63	974.35	563.89	2447878
47	0.67	0.65	0.53	549.07	332.88	312036
58	1.87	1.83	1.22	1509.04	1013.27	704929
32	1.44	1.41	1.04	1517.73	1169.07	420701
6	0.23	0.20	0.09	118.59	42.36	220171
9	0.33	0.32	0.18	255.05	137.25	192096
42	1.90	1.84	1.30	974.86	685.15	812131

续表

地　区	财政补贴收　入	演出收入	本年支出合　计（千元）	资产总计（千元）	实际使用房屋建筑面　积（万平方米）	排练练功用房
总　计	**16818530**	**3584861**	**22653133**	**29378740**	**509.49**	**113.01**
北　京	541643	231234	1219712	2248735	8.83	0.91
天　津	302554	82727	486332	407658	7.65	1.92
河　北	408577	120217	576908	1073199	14.53	4.05
山　西	445466	212621	760285	547084	18.59	3.93
内蒙古	951638	15664	1029232	1040563	27.52	5.26
辽　宁	324936	58702	407744	541791	13.39	3.79
吉　林	279982	55548	409143	314504	10.37	2.28
黑龙江	486299	24225	528378	474464	16.11	3.87
上　海	822585	310891	1444617	2345607	13.09	1.51
江　苏	804463	477176	1374748	1095965	29.70	4.64
浙　江	851142	235505	1167013	1273535	21.64	4.03
安　徽	197905	104348	414062	772320	7.91	2.23
福　建	579754	61263	730377	1353245	29.95	3.77
江　西	243113	66852	346477	402562	10.99	1.73
山　东	819760	133627	1093678	640946	24.03	7.39
河　南	661753	129717	786944	661356	19.42	5.59
湖　北	700935	120106	902459	890590	22.94	6.31
湖　南	527570	74556	640677	594237	21.98	5.58
广　东	680157	217516	999744	1349365	21.40	4.46
广　西	307076	32244	471650	949372	7.56	3.73
海　南	85841	35136	165463	172301	3.39	0.44
重　庆	170441	45114	279630	387467	6.85	2.39
四　川	589215	107205	802349	919524	12.57	2.92
贵　州	144398	62827	292605	707503	12.05	1.80
云　南	1296934	35915	595826	375982	13.45	4.10
西　藏	278194	3452	300751	311010	12.82	4.26
陕　西	465787	153703	694958	1270353	23.86	5.62
甘　肃	285744	72297	426008	935320	13.64	3.49
青　海	157372	26611	192073	302445	4.33	1.70
宁　夏	92345	15574	173004	254209	1.78	0.93
新　疆	753623	8199	824851	717324	28.39	3.75

实际拥有产权面积（万平方米）	流动舞台车演出情况			政府采购的公益演出活动情况		
	流动舞台车数量（辆）	利用流动舞台车演出场次（万场次）	利用流动舞台车演出观众人次（万人次）	演出场次（万场次）	演出观众人　次（万人次）	演出补贴收　入（千元）
282.80	**1601**	**11.44**	**8914.57**	**16.04**	**12242.00**	**1326063**
3.50				0.16	63.49	63763
3.22	2	0.02	27.36	0.01	2.55	1877
12.13	74	0.58	571.77	0.49	455.12	30380
9.30	123	0.58	329.10	1.38	1221.05	111961
11.89	119	0.40	233.51	0.73	468.64	30681
6.00	8	0.03	11.40	0.07	45.89	5378
6.08	47	0.19	126.00	0.19	110.98	14962
5.07	22	0.09	60.46	0.18	96.76	37317
4.74			0.50	0.27	52.74	9180
16.03	56	0.58	350.25	0.87	524.04	129758
9.29	11	0.03	33.53	0.41	374.02	62565
3.62	48	0.47	331.61	0.57	361.28	27594
19.43	31	0.07	24.41	0.43	194.06	33390
3.06	68	0.59	338.75	0.64	370.58	17112
10.41	115	1.47	1327.76	1.58	1249.29	106857
13.78	197	3.20	2940.50	2.49	2506.81	163049
17.34	100	0.87	683.29	0.98	726.38	50729
14.94	122	0.83	552.74	0.78	605.13	48511
10.69	13	0.01	12.63	0.12	126.07	30271
0.87	11	0.04	32.59	0.12	81.64	18817
2.22	8	0.02	11.08	0.08	117.25	13420
5.75	3	0.01	12.00	0.15	132.42	16268
9.50	15	0.02	6.62	0.24	199.04	30292
2.58	16	0.03	13.21	0.18	88.97	21489
8.08	67	0.17	162.40	0.33	347.95	6863
9.74	39	0.08	37.31	0.09	49.27	2232
21.73	85	0.36	270.72	0.65	475.77	39318
5.59	60	0.24	204.06	0.51	449.33	46394
3.38	15	0.01	8.98	0.04	27.71	6900
1.55	12	0.10	46.18	0.18	89.85	15275
7.11	114	0.37	153.88	1.02	501.97	29439

2019年各地区文化和旅游部门

地　区	剧团数(个)	补贴团数	从业人员(人)	专业技术人才	正高级职称	副高级职称	中级职称
总　计	**2052**	**1863**	**113569**	**80923**	**4927**	**13434**	**28775**
北　京	20	15	2481	1796	196	325	720
天　津	16	16	1804	1570	218	415	664
河　北	121	92	4446	2990	216	498	937
山　西	151	130	7360	4620	127	571	1414
内蒙古	96	94	6055	4628	208	718	1567
辽　宁	30	22	2815	2225	144	426	1049
吉　林	47	43	2676	2161	230	470	686
黑龙江	39	38	3206	2657	321	675	1009
上　海	21	18	3020	2446	236	572	921
江　苏	126	107	5829	4770	299	834	1722
浙　江	59	53	4069	3169	284	695	1092
安　徽	45	40	2968	2356	80	340	946
福　建	70	70	3560	2664	130	379	1066
江　西	70	58	2071	1586	22	154	576
山　东	102	97	5302	4371	180	794	1798
河　南	170	163	8310	3958	194	596	1516
湖　北	87	84	5130	3740	239	549	1457
湖　南	97	90	3934	3047	97	419	1206
广　东	70	65	4077	2490	139	436	804
广　西	21	20	1358	1140	42	200	399
海　南	18	17	957	589	9	36	123
重　庆	20	19	1519	1028	53	187	306
四　川	49	42	3040	2336	60	354	971
贵　州	39	30	1708	1123	54	179	276
云　南	87	83	3563	2614	106	543	1089
西　藏	85	83	2436	788	19	88	260
陕　西	88	82	5916	4050	176	486	1243
甘　肃	64	58	3536	2353	50	283	817
青　海	14	11	783	559	5	88	142
宁　夏	13	9	982	603	33	61	183
新　疆	107	104	4990	3682	93	402	1100

所属艺术表演团体基本情况

本团原创首演剧目（个）	本团拥有知识产权数量（个）	演出场次（万场次）	国内演出场次	农村演出场次	国内演出观众人次（万人次）	农村观众人次	本年收入合计（千元）
1654	**1324**	**40.50**	**39.35**	**25.61**	**31521.29**	**20664.27**	**23829520**
44	8	0.83	0.76	0.07	323.32	14.20	1093445
18	35	0.27	0.27	0.05	138.09	33.70	430822
42	45	1.88	1.81	1.44	1918.57	1453.42	585356
56	22	3.34	3.28	2.74	2898.97	2442.30	736695
168	30	1.27	1.24	0.80	865.22	421.20	998193
28	10	0.38	0.37	0.08	222.22	39.47	419898
34	27	0.46	0.45	0.24	304.94	129.80	393782
27	14	0.54	0.50	0.20	282.10	104.42	518235
56	121	1.09	1.07	0.33	334.75	53.13	1330147
133	131	4.70	4.66	2.71	2111.37	1060.57	1413803
48	6	1.26	1.23	0.67	1394.08	757.94	1185540
36	28	1.05	0.98	0.56	671.21	391.86	412088
93	28	1.05	1.03	0.57	624.93	392.76	733687
60	22	1.10	1.06	0.88	845.28	588.15	344224
76	22	2.47	2.36	1.73	2035.83	1495.75	1031864
62	87	4.90	4.88	4.22	5025.42	4318.97	869464
101	39	2.16	2.10	1.20	1813.11	1079.35	911725
50	47	1.34	1.32	0.89	957.33	663.63	655192
52	10	0.96	0.93	0.57	1002.50	695.41	985243
25	110	0.31	0.31	0.19	276.86	145.17	376231
13	47	0.21	0.21	0.16	248.80	175.58	162040
8	26	0.35	0.29	0.15	218.58	116.54	259499
29	52	0.60	0.56	0.19	405.61	151.91	786124
17	30	0.61	0.55	0.18	679.05	133.77	342096
147	40	0.83	0.83	0.54	818.66	448.65	2407417
47	19	0.67	0.65	0.53	549.07	332.88	312036
58	171	1.82	1.78	1.17	1494.40	1000.23	698091
32	27	1.40	1.37	1.00	1497.99	1150.96	412871
5		0.15	0.13	0.07	97.69	27.84	212689
9	11	0.33	0.32	0.18	255.05	137.25	192096
42	33	1.90	1.84	1.30	974.86	685.15	812131

续表

地　区	财政补贴收　入	演出收入	本年支出合　计（千元）	资产总计（千元）	固定资产原价	实际使用房屋建筑面　积（万平方米）
总　计	**16355431**	**3422975**	**21865906**	**27554058**	**19389713**	**499.02**
北　京	541643	231234	1219712	2248735	622823	8.83
天　津	302554	82727	486332	407658	442592	7.65
河　北	405727	108841	566315	1068511	378505	14.18
山　西	444292	211350	758129	546465	423144	18.54
内蒙古	951638	15664	1029232	1040563	1203584	27.52
辽　宁	324936	58702	407744	541791	466142	13.39
吉　林	279982	55548	409143	314504	265423	10.37
黑龙江	486299	24225	528378	474464	501602	16.11
上　海	783199	282859	1335035	2281801	1799505	12.56
江　苏	804463	477176	1374748	1095965	529514	29.70
浙　江	851119	231191	1163300	1271459	708736	21.48
安　徽	187330	99546	393013	757064	335124	7.39
福　建	578654	58898	726897	1353045	1070057	29.95
江　西	241859	56053	333029	398697	309942	10.69
山　东	808320	129716	1075160	630908	570395	23.38
河　南	661753	129717	786944	661356	500543	19.42
湖　北	700935	120106	902459	890590	825928	22.94
湖　南	526164	74535	637863	593082	458457	21.93
广　东	669078	212351	983484	1335869	1204509	20.80
广　西	293901	20583	383264	407378	156440	6.84
海　南	84691	35136	164313	171301	132691	3.33
重　庆	170441	45114	279630	387467	283934	6.85
四　川	589215	107205	802349	919524	380441	12.57
贵　州	138669	60883	274080	588854	257212	11.52
云　南	1275338	27486	561046	331658	307691	12.19
西　藏	278194	3452	300751	311010	289984	12.82
陕　西	463560	151883	688637	1256733	888091	23.65
甘　肃	280724	71064	418537	930069	569591	13.44
青　海	155468	22383	185873	296844	178401	4.17
宁　夏	92345	15574	173004	254209	145830	1.78
新　疆	753623	8199	824851	717324	684218	28.39

	实际拥有产权面积（万平方米）	流动舞台车演出情况			政府采购的公益演出活动情况		
排练练功用　房		流动舞台车数量（辆）	利用流动舞台车演出场次（万场次）	利用流动舞台车演出观众人次（万人次）	演出场次（万场次）	演出观众人　次（万人次）	演出补贴收　　入（千元）
110.47	**279.21**	**1563**	**11.26**	**8807.78**	**15.73**	**11976.31**	**1299640**
0.91	3.50				0.16	63.49	63763
1.92	3.22	2	0.02	27.36	0.01	2.55	1877
3.94	11.78	71	0.56	564.57	0.48	454.72	30330
3.91	9.30	123	0.58	329.10	1.36	1171.05	111775
5.26	11.89	119	0.40	233.51	0.73	468.64	30681
3.79	6.00	8	0.03	11.40	0.07	45.89	5378
2.28	6.08	47	0.19	126.00	0.19	110.98	14962
3.87	5.07	22	0.09	60.46	0.18	96.76	37317
1.43	4.21			0.50	0.27	50.68	8494
4.64	16.03	56	0.58	350.25	0.87	524.04	129758
3.97	9.25	11	0.03	33.53	0.39	362.32	62565
2.14	3.53	42	0.42	318.21	0.49	332.28	20671
3.77	19.43	31	0.07	24.41	0.43	194.06	33390
1.63	3.04	64	0.55	309.66	0.62	353.53	16166
7.36	10.41	112	1.46	1326.76	1.55	1237.29	103717
5.59	13.78	197	3.20	2940.50	2.49	2506.81	163049
6.31	17.34	100	0.87	683.29	0.98	726.38	50729
5.58	14.88	121	0.82	550.74	0.78	602.13	48496
4.42	10.61	13	0.01	12.63	0.11	105.82	26131
3.47	0.87	11	0.04	32.59	0.11	67.89	18490
0.39	2.22	7	0.02	5.58	0.07	114.75	12620
2.39	5.75	3	0.01	12.00	0.15	132.42	16268
2.92	9.50	15	0.02	6.62	0.24	199.04	30292
1.75	2.47	16	0.03	13.21	0.18	88.97	21489
3.77	7.45	56	0.14	129.24	0.28	298.63	6103
4.26	9.74	39	0.08	37.31	0.09	49.27	2232
5.50	21.62	82	0.36	267.46	0.65	471.97	38698
3.46	5.53	57	0.21	193.18	0.49	437.74	45392
1.63	3.31	12	0.01	7.68	0.03	15.02	5192
0.93	1.55	12	0.10	46.18	0.18	89.85	15275
3.75	7.11	114	0.37	153.88	1.02	501.97	29439

2019年各地区非公有制

地区	机构数（个）	从业人员（人）	专业技术人才	演员数	国内演出场次（万场次）
总计	**15663**	**294578**	**87265**	**228758**	**255.28**
北京	350	8702	1937	7237	1.60
天津	135	1258	474	1575	0.65
河北	624	11854	4937	9695	7.32
山西	627	15157	4565	12210	6.40
内蒙古	168	3180	1061	2566	2.09
辽宁	208	4157	1094	3790	7.45
吉林	48	932	226	687	0.20
黑龙江	48	411	201	298	0.83
上海	288	7010	2691	5754	6.15
江苏	500	7708	2401	6253	7.41
浙江	1486	41531	10074	31462	36.19
安徽	2577	34677	9500	26809	33.54
福建	383	9258	2252	6406	7.49
江西	254	5641	1835	4351	3.13
山东	1202	19406	5996	16166	11.21
河南	2051	43232	14593	31919	34.07
湖北	301	4894	1559	3686	2.95
湖南	477	8548	2399	6723	39.36
广东	325	6116	2163	4805	3.67
广西	70	2008	230	1255	1.50
海南	92	3431	674	1452	0.89
重庆	1626	16716	5212	14037	19.47
四川	683	11264	3060	7581	5.55
贵州	118	2205	584	1947	1.50
云南	205	3782	935	2905	6.63
西藏					
陕西	425	12715	4199	9788	3.71
甘肃	276	5555	1684	4728	2.07
青海	74	1661	269	1487	0.29
宁夏	17	820	173	700	0.17
新疆	25	749	287	486	1.83

艺术表演团体基本情况

农村演出场次	国外演出场次（万场次）	国内演出观众人次（万人次）	农村观众人次	经营情况（千元）		
				营业收入	企业赞助收入	演出收入
145.01	**16.16**	**90656.08**	**55598.01**	**11888808**	**130316**	**9092655**
0.97	0.08	480.12	330.23	282853	414	244782
0.18		257.78	127.56	73112	1015	31326
6.14	0.16	4893.83	2709.53	241245	2825	250962
4.85	2.72	2260.96	1834.04	237254	998	223427
1.68	0.18	1372.75	1103.34	86338	2210	67054
4.50		613.74	130.73	228433	120	35673
0.04		43.19	9.52	43737		42275
0.09		134.73	12.22	31528	162	12730
0.76	0.02	855.20	180.94	589368	11747	361990
2.42	1.19	2572.03	768.62	424502	8041	341956
20.56	0.03	16811.05	13072.82	1908603	4149	1510596
25.68	0.20	12669.50	8793.99	894454	14453	830413
6.33	0.01	3644.87	2479.62	417974	2768	411231
2.37	0.65	2106.65	1506.10	153384	1385	125387
8.17	6.59	4993.35	3437.64	486905	24423	359420
22.86	1.58	15148.67	8667.65	1299487	10061	946534
1.87		4235.41	2526.96	244295	5847	163160
3.69	0.51	1670.91	777.84	390468	4573	361262
2.87	0.01	1573.70	911.67	287564	6962	226396
0.18		735.08	68.54	392501	100	378507
0.42		839.44	259.67	707951	175	380631
18.11	0.10	2757.56	1924.98	516209	3536	425890
3.27	2.06	2236.70	890.21	709701	4040	338487
0.55	0.01	412.52	256.84	145321	12252	101494
0.34		2565.06	162.97	508002	1511	431938
2.78	0.05	3210.82	1779.42	301435	2583	249282
1.97		1130.48	737.32	218670	3250	177981
0.23		94.70	76.24	9592	156	8441
0.11		45.13	16.35	11109	50	9959
1.06		290.15	44.46	46813	510	43471

续表

地区	农村演出收入	城市演出收入	营业成本	养老、医疗、失业等各种社会保险费	本年发放工资总额
总计	**4252001**	**3398930**	**11677034**	**298513**	**5186200**
北京	55670	187121	238479	10494	87457
天津	15220	12316	66642	2836	23183
河北	154822	86494	226682	5891	157293
山西	157488	63327	1529709	6342	150703
内蒙古	38795	25919	71147	2168	52199
辽宁	5129	19712	216277	2607	26942
吉林	548	11311	28328	881	6356
黑龙江	220	12146	19818	1258	8850
上海	43188	150121	610129	13786	108957
江苏	59792	280458	325002	12198	119334
浙江	1165122	307666	1641072	36777	1137610
安徽	494091	322079	693527	17787	496283
福建	351683	47554	425991	4428	363472
江西	74947	43942	142412	5672	83064
山东	151529	188179	722389	18575	225370
河南	505202	223504	1110547	28516	532102
湖北	56918	100740	222271	6017	85953
湖南	110126	139137	308196	12151	141143
广东	129678	60530	313949	11028	177679
广西	8054	355539	269847	8868	70058
海南	31622	8831	410125	21473	137967
重庆	252467	143144	471269	10093	269943
四川	168389	151675	570477	18798	225513
贵州	23491	74363	149941	7112	73483
云南	11531	127756	297906	12884	140500
西藏					
陕西	125650	109327	302538	9610	180412
甘肃	49419	126058	219578	3116	66531
青海	3587	4358	6666	234	4125
宁夏	5127	4832	10269	706	6168
新疆	2496	10791	55851	6207	27550

本年应交税金总额	营业利润	国外演出利润	营业外收入	政府补贴	资产总计（千元）	实际使用房屋建筑面积（万平方米）
703210	**692287**	**830300**	**3153748**	**1638395**	**109509234**	**419.12**
18872	78162	220	168341	158949	399148	7.11
1467	6470	90	7221	1627	9262245	3.36
6835	14559	500	120472	10807	2954717	17.20
99775	-1288955	40	16224	9995	24768399	15.45
1133	15193	50	15413	3979	272780	4.42
3191	12603		28033	5335	175588	8.24
3275	15409		310	84	158074	2.77
431	11979	20	1225	626	216789	0.98
33781	-10778	510	110881	99501	1352869	7.41
18104	98959	800010	127143	31429	518204	13.46
74339	267526	80	513957	38623	6883424	51.09
12502	200932	550	30783	15886	23802239	52.68
1650	-8017	40	6595	3989	198660	9.50
5387	10973	110	64688	60062	317108	6.18
23974	64479	2440	53750	9630	7858193	25.27
91200	198437	22450	1402649	926447	3024907	54.14
2635	106863	20	82606	13605	6042097	11.36
28125	82270	370	25268	9342	1242434	15.40
9400	-26384	120	30650	24802	370960	8.04
31401	122653		2573	320	1416691	8.01
109877	297831		11090	5542	5718218	5.91
22055	63734	670	35960	5177	1546147	17.51
23678	139235	1400	85626	12908	1926691	20.74
3444	-4618	10	12461	8146	251848	6.93
59989	210097	580	48076	42624	7442998	13.91
7277	10618		16547	8329	683112	17.57
5735	7329	20	31736	28970	565899	9.58
657	2925		101751	100539	32171	1.58
132	840		1567	1122	13545	1.08
2889	-9037		152		93079	2.28

2019年各地区艺术表演

地区	机构数（个）	从业人员（人）	专业技术人才	座席数（个）	演（映）出场次合计（万场次）	艺术演出场次
总计	**2716**	**64507**	**16379**	**1818662**	**128.44**	**24.54**
北京	52	2077	584	35608	20.68	0.94
天津	74	920	211	37093	3.63	0.79
河北	112	2124	616	101462	7.56	0.37
山西	137	1712	508	109957	7.61	0.54
内蒙古	45	961	313	40679	1.83	0.30
辽宁	97	3688	645	54153	2.17	1.76
吉林	70	1318	287	23307	2.11	0.45
黑龙江	64	1315	384	29163	0.52	0.25
上海	50	1789	625	88444	1.82	0.64
江苏	244	3870	900	180042	19.93	1.14
浙江	358	7431	1410	157378	12.21	2.38
安徽	107	4322	1200	54871	1.74	0.61
福建	57	1818	468	47306	6.69	1.41
江西	89	1639	551	45513	7.58	1.17
山东	145	4340	988	102552	3.28	2.21
河南	191	4483	680	137925	2.07	0.66
湖北	67	1087	351	48414	5.21	0.34
湖南	119	4114	1522	99376	2.44	1.67
广东	84	2844	657	79637	1.14	0.37
广西	63	1769	221	13100	2.59	0.61
海南	30	1371	307	19594	0.56	0.38
重庆	49	698	133	29811	2.03	0.53
四川	101	2337	658	95448	1.38	0.89
贵州	18	317	129	1548	0.09	0.07
云南	50	808	289	15843	0.79	0.55
西藏	15	647	146	7144	0.04	0.03
陕西	114	2594	1126	71587	4.33	1.19
甘肃	42	971	233	52449	1.49	0.67
青海	39	224	41	7083	0.57	0.35
宁夏	3	23	13	2596	0.03	0.02
新疆	23	683	164	22909	4.24	1.14

场馆演出及收支基本情况

观众人次合计（万人次）	艺术演出观众	本年收入合计（千元）	财政拨款	艺术演出收入	本年支出合计（千元）	资产总计（千元）	实际使用房屋建筑面积（万平方米）
12561.13	**6785.16**	**17723292**	**2890683**	**5591595**	**15859324**	**62615350**	**1327.52**
1139.83	316.66	1631489	384817	738452	1364688	5215178	37.89
370.23	118.66	366178	12671	35903	296300	1344388	25.29
269.21	120.56	306340	95488	56027	379293	2090392	76.38
366.11	167.77	203455	71510	51014	208502	1102451	57.31
171.11	71.23	212115	30942	57749	400702	2194194	32.35
533.54	441.13	918368	154732	116566	748325	3305591	46.35
207.13	80.45	148596	42333	67481	116894	382631	15.31
136.30	68.96	289110	56317	51182	237341	636927	39.85
563.31	387.62	1442302	352357	357414	1078260	5025030	67.57
891.83	314.38	936810	180038	208964	891094	2082732	132.01
1319.69	763.70	2780355	252699	337266	2483445	11569621	154.46
402.41	205.00	397702	79196	177827	360386	1585389	40.12
368.75	217.07	426162	54050	202498	326530	2295561	48.38
385.72	156.84	512720	296756	71920	994956	1901500	40.58
537.53	305.87	986951	178753	439194	1053566	3552552	106.57
721.11	347.88	824596	70756	237463	618778	2530558	63.65
298.49	185.16	190079	53517	76765	205645	1107011	31.44
786.12	598.48	855263	45747	448947	657849	3087259	50.14
761.12	313.83	1118498	245201	676651	1063703	2750521	73.02
178.33	63.09	205392	3571	19184	179030	480538	9.71
600.94	564.42	578867	11874	376754	335046	1383746	19.16
117.72	49.05	145850	1018	18238	102375	532378	26.15
320.61	214.32	783310	36295	118750	588023	2062305	40.91
46.16	45.42	61599	8300	14054	40593	132458	1.36
160.93	115.27	202420	9715	30966	111981	1620693	13.79
60.39	58.39	202027	642	194697	152708	287626	4.92
412.25	235.61	586983	124172	227986	535507	889097	34.28
165.01	105.12	242418	1183	158596	206132	389384	11.82
81.38	12.28	19547	3102	1664	22010	212152	4.14
14.19	10.00	2633	2072		2329	19568	5.05
89.58	52.74	115092	30859	7679	73127	800946	9.33

2019年各地区公有制

地　区	机构数（个）	从业人员（人）	专业技术人才	正高级职称	副高级职称	中级职称	座席数（个）	演（映）出场次合计（万场次）	艺术演出场次
总　计	**1283**	**22846**	**7503**	**269**	**807**	**2605**	**933967**	**68.25**	**6.74**
北　京	14	965	291	5	31	90	13445	1.18	0.20
天　津	28	278	94	1		4	15770	1.89	0.20
河　北	73	1055	300	10	42	98	38636	4.14	0.14
山　西	91	1237	297	1	15	102	68510	7.22	0.25
内蒙古	17	149	72	2	5	29	20806	1.45	0.12
辽　宁	31	401	82	2	6	22	16422	0.26	0.12
吉　林	26	489	134	2	29	37	14464	1.67	0.13
黑龙江	29	300	64	6	5	15	17752	0.11	0.07
上　海	27	1092	439	21	51	157	23897	0.93	0.45
江　苏	97	1846	506	4	14	103	80109	17.24	0.45
浙　江	71	1486	397	11	20	156	92443	7.06	0.51
安　徽	48	847	428	12	30	153	35487	0.90	0.24
福　建	50	680	200	3	18	65	32252	5.44	0.17
江　西	45	656	357	5	31	122	28313	2.45	0.26
山　东	93	1732	510	5	43	183	64687	1.25	0.38
河　南	135	2389	277	31	33	93	73876	0.41	0.16
湖　北	51	961	310	9	20	122	44599	5.12	0.27
湖　南	60	1008	556	12	76	294	70519	0.71	0.40
广　东	45	1419	381	27	60	94	44386	0.50	0.28
广　西	13	85	8			3	6161	1.76	0.02
海　南	8	423	186	5	20	63	6615	0.08	0.03
重　庆	17	74	28				8226	0.09	0.07
四　川	40	572	352	14	66	181	22912	0.21	0.17
贵　州	5	52	18	1	3	4			
云　南	16	221	133	19	39	43	7629	0.16	0.08
西　藏	14	24	18	12	1	4	3258	0.02	0.01
陕　西	79	1430	851	41	123	284	46101	1.43	0.95
甘　肃	22	467	76		6	29	12118	1.16	0.42
青　海	15	54	8			1	5549	0.16	0.02
宁　夏	3	23	13	1		4	2596	0.03	0.02
新　疆	13	218	98	6	15	39	9759	3.12	0.02

艺术表演场馆基本情况

观众人次合计(万人次)	艺术演出观众	总收入(千元)	财政拨款	艺术演出收入	总支出(千元)	资产总计(千元)	实际使用房屋建筑面积(万平方米)	演(映)出业务用房	实际拥有产权面积(万平方米)
5678.97	**3023.72**	**5855420**	**2480567**	**1364565**	**5866769**	**22667693**	**761.67**	**391.29**	**392.06**
163.84	121.38	956527	368308	284529	828804	3778726	26.63	24.20	26.87
136.75	73.15	54400	10995	4407	51507	212308	12.70	5.15	3.99
115.70	45.94	133507	63904	14606	140239	765072	30.86	19.64	16.39
348.50	156.07	170558	71300	37691	175130	986111	42.52	21.65	36.55
79.73	33.20	30787	23185	335	33033	630644	13.39	5.15	7.45
98.92	63.90	217575	149190	31283	139074	238623	19.28	13.19	13.73
127.19	50.48	67499	42323	5786	72059	163046	10.94	4.90	5.76
51.72	35.58	64880	36407	27696	66047	117439	19.19	10.28	2.49
328.01	287.65	670442	344498	165348	473210	3245382	34.51	17.46	15.57
682.10	189.48	475907	130268	118830	469740	1162125	81.11	33.95	23.23
610.82	313.60	595173	211566	167653	559410	2112968	75.49	36.08	45.00
191.42	101.18	126125	50256	40078	117743	815535	23.09	11.86	10.84
211.81	62.37	129392	32426	24803	127474	277178	28.91	12.87	12.71
281.66	100.07	362140	295267	6680	851347	1141552	32.53	13.66	13.98
337.99	198.83	319661	128928	76651	327148	1373873	68.79	36.28	31.34
226.37	115.05	150863	59551	12631	172339	544132	32.82	16.38	18.37
266.41	174.57	181842	52847	74585	197405	951336	29.50	19.54	14.58
290.02	207.03	89900	27210	20184	84803	392675	19.70	9.90	15.22
291.26	197.72	492262	233771	119491	468765	1094353	55.05	22.67	34.71
47.39	9.64	16340	209	517	15298	37764	3.28	1.43	1.43
27.17	17.13	16127	1096	8307	15102	46034	6.11	2.34	2.99
33.18	27.42	2976	600	1109	3241	15318	9.75	5.76	5.04
93.71	71.08	60866	26179	13994	62098	1070283	15.72	8.92	4.00
		11175			11189	78298	0.76		0.75
78.22	39.50	36936	6885	17975	36434	237906	6.24	2.91	4.59
5.39	3.39	2072	632		2095	12340	2.46	0.27	0.01
272.97	182.38	250926	75733	62504	240542	619042	29.28	16.57	14.22
64.69	43.32	85226	1000	12895	65446	283846	7.69	3.80	4.24
70.27	3.43	5779	3102	249	6147	118331	3.37	1.94	0.75
14.19	10.00	2633	2072		2329	19568	5.05	5.00	0.19
47.46	10.98	44848	30859		27362	80907	6.74	2.96	2.76

2019年各地区文化和旅游部门

地　区	机构数（个）	从业人员（人）					座席数（个）	演（映）出场次合计（万场次）		
			专业技术人才						艺术演出场次	惠民演出
				正高级职称	副高级职称	中级职称				
总　计	**1202**	**19921**	**6457**	**231**	**714**	**2264**	**833087**	**66.48**	**6.19**	**2.90**
北　京	8	211	50			7	7184	1.05	0.08	0.06
天　津	28	278	94	1		4	15770	1.89	0.20	0.16
河　北	69	1019	291	10	42	95	33136	4.13	0.14	0.06
山　西	81	1141	274		12	90	58859	7.19	0.22	0.12
内蒙古	17	149	72	2	5	29	20806	1.45	0.12	0.10
辽　宁	31	401	82	2	6	22	16422	0.26	0.12	0.07
吉　林	25	438	134	2	29	37	12540	1.64	0.12	0.03
黑龙江	29	300	64	6	5	15	17752	0.11	0.07	0.01
上　海	19	461	111	1	2	23	17444	0.76	0.30	0.05
江　苏	85	1496	377	4	13	97	67334	16.30	0.39	0.42
浙　江	63	1375	356	7	19	137	62239	7.02	0.49	0.16
安　徽	44	693	368	9	30	130	30351	0.81	0.22	0.10
福　建	50	680	200	3	18	65	32252	5.44	0.17	0.09
江　西	41	553	274	4	30	106	24500	2.39	0.25	0.07
山　东	88	1635	480	4	43	171	58481	1.23	0.37	0.25
河　南	135	2389	277	31	33	93	73876	0.41	0.16	0.09
湖　北	48	739	293	8	19	119	41775	5.08	0.26	0.07
湖　南	59	988	556	12	76	294	69645	0.71	0.39	0.19
广　东	42	1313	338	26	60	92	42025	0.42	0.26	0.09
广　西	12	85	8			3	6161	1.76	0.02	0.01
海　南	8	423	186	5	20	63	6615	0.08	0.03	0.02
重　庆	17	74	28				8226	0.09	0.07	0.01
四　川	40	572	352	14	66	181	22912	0.21	0.17	0.06
贵　州	5	52	18	1	3	4				
云　南	16	221	133	19	39	43	7629	0.16	0.08	0.02
西　藏	13	24	18	12	1	4	2958	0.01	0.01	0.01
陕　西	77	1400	833	41	122	267	45601	1.41	0.93	0.44
甘　肃	22	467	76		6	29	12118	1.16	0.42	0.06
青　海	11	34	3			1	3595	0.11	0.01	0.01
宁　夏	3	23	13	1		4	2596	0.03	0.02	0.01
新　疆	12	209	96	6	15	39	9069	3.11	0.02	0.01

所属艺术表演场馆基本情况

观众人次合计（万人次）	艺术演出观众	本年收入合计（千元）	财政拨款	艺术演出收入	本年支出合计（千元）	资产总计（千元）	年末固定资产原值	实际使用房屋建筑面积（万平方米）	演（映）出业务用房	实际拥有产权面积（万平方米）
5073.16	**2594.75**	**4221320**	**1800803**	**810417**	**4546645**	**17323561**	**13260488**	**652.73**	**327.79**	**344.35**
59.31	21.70	26354	600	429	26539	114549	102743	4.19	1.81	4.43
136.75	73.15	54400	10995	4407	51507	212308	99017	12.70	5.15	3.99
114.83	45.47	125235	63204	14606	133349	720195	557742	28.17	17.65	15.53
329.29	138.89	166876	69192	36579	171499	907581	805054	37.99	19.06	31.93
79.73	33.20	30787	23185	335	33033	630644	803611	13.39	5.15	7.45
98.92	63.90	217575	149190	31283	139074	238623	73313	19.28	13.19	13.73
98.33	37.61	55495	39323	3138	57933	154878	114910	7.24	4.38	5.76
51.72	35.58	64880	36407	27696	66047	117439	86596	19.19	10.28	2.49
218.23	187.25	348576	203572	42779	307294	2510942	2027776	20.56	9.97	13.06
561.58	132.06	371464	95298	65864	368705	928612	821450	66.52	28.94	20.28
590.33	304.21	517411	165147	154519	507580	1664517	1115262	69.40	33.06	39.91
162.80	81.89	82511	33216	14219	78050	801419	285282	16.05	9.02	9.80
211.81	62.37	129392	32426	24803	127474	277178	246214	28.91	12.87	12.71
263.84	89.26	341801	281346	1390	832235	1129766	902594	19.10	13.07	13.56
325.53	188.64	300924	114848	74410	303649	1364986	1182718	66.15	34.88	29.98
226.37	115.05	150863	59551	12631	172339	544132	464673	32.82	16.38	18.37
223.11	148.08	118430	25469	40703	133423	925033	783555	22.54	12.88	14.28
289.32	206.63	89900	27210	20184	84803	384495	326881	19.01	9.75	14.54
248.15	178.22	465404	222711	109144	443268	1087707	971356	50.79	18.42	30.65
47.39	9.64	16340	209	517	15298	37764	32905	3.28	1.43	1.43
27.17	17.13	16127	1096	8307	15102	46034	36682	6.11	2.34	2.99
33.18	27.42	2976	600	1109	3241	15318	20432	9.75	5.76	5.04
93.71	71.08	60866	26179	13994	62098	1070283	199752	15.72	8.92	4.00
		11175			11189	78298	11629	0.76		0.75
78.22	39.50	36936	6885	17975	36434	237906	234748	6.24	2.91	4.59
4.79	2.79	2072	632		2095	11340	8561	2.34	0.19	0.01
266.53	177.14	250856	75663	62504	240472	614879	463293	29.06	16.39	14.09
64.69	43.32	85226	1000	12895	65446	283846	199638	7.69	3.80	4.24
64.77	2.78	3397	3102	249	4498	89070	87608	3.07	1.66	0.45
14.19	10.00	2633	2072		2329	19568	19269	5.05	5.00	0.19
47.43	10.98	44362	30475		26433	79034	167608	6.56	2.81	2.54

2019年各地区非公有制

地　区	机构数（个）	从业人员（人）	专业技术人才	座席数（个）	演（映）出场次合计（万场次）	艺术演出场次	惠民演出	观众人次合计（万人次）	营业收入	艺术演出收入
总　计	**1433**	**41661**	**8876**	**884695**	**60.19**	**17.80**	**3.01**	**6882.16**	**11161938**	**4227030**
北　京	38	1112	293	22163	19.50	0.74	0.17	976.00	653989	453923
天　津	46	642	117	21323	1.74	0.59	0.32	233.47	308212	31496
河　北	39	1069	316	62826	3.42	0.22	0.07	153.50	135844	41421
山　西	46	475	211	41447	0.39	0.30	0.13	17.61	32396	13323
内蒙古	28	812	241	19873	0.38	0.18	0.04	91.38	157213	57414
辽　宁	66	3287	563	37731	1.91	1.64	0.19	434.62	667523	85283
吉　林	44	829	153	8843	0.44	0.32	0.02	79.94	66137	61695
黑龙江	35	1015	320	11411	0.41	0.18	0.02	84.59	204094	23486
上　海	23	697	186	64547	0.89	0.19	0.06	235.31	761459	192066
江　苏	147	2024	394	99933	2.69	0.69	0.16	209.73	394934	90134
浙　江	287	5945	1013	64935	5.15	1.87	0.33	708.87	2077659	169613
安　徽	59	3475	772	19384	0.85	0.37	0.07	210.99	235097	137749
福　建	7	1138	268	15054	1.26	1.24	0.01	156.94	267515	177695
江　西	44	983	194	17200	5.13	0.92	0.05	104.07	146448	65240
山　东	52	2608	478	37865	2.02	1.82	0.16	199.54	614514	362543
河　南	56	2094	403	64049	1.66	0.50	0.13	494.74	636359	224832
湖　北	16	126	41	3815	0.09	0.06	0.02	32.08	6833	2180
湖　南	59	3106	966	28857	1.73	1.27	0.34	496.10	687626	428763
广　东	39	1425	276	35251	0.64	0.09	0.02	469.86	612782	557160
广　西	50	1684	213	6939	0.83	0.60	0.01	130.94	176268	18667
海　南	22	948	121	12979	0.47	0.35	0.05	573.77	547928	368447
重　庆	32	624	105	21585	1.94	0.45	0.10	84.54	141162	17129
四　川	61	1765	306	72536	1.17	0.72	0.43	226.89	708934	104756
贵　州	13	265	111	1548	0.09	0.07	0.02	46.16	34524	14054
云　南	34	587	156	8214	0.63	0.47	0.02	82.70	162352	12991
西　藏	1	623	128	3886	0.02	0.02		55.00	199883	194697
陕　西	35	1164	275	25486	2.90	0.24	0.04	139.29	285520	165482
甘　肃	20	504	157	40331	0.33	0.25	0.03	100.32	155945	145701
青　海	24	170	33	1534	0.41	0.33		11.11	13328	1415
宁　夏										
新　疆	10	465	66	13150	1.12	1.12	0.01	42.12	69464	7679

艺术表演场馆基本情况

经营情况（千元）							资产总计（千元）	实际使用房屋建筑面积（万平方米）	
营业成本	养老、医疗、失业等各种社会保险费	本年发放工资总额	本年应交税金总额	营业利润	营业外收入	政府补贴			演（映）出业务用房
9992555	**388738**	**2219442**	**819753**	**1185039**	**705934**	**410116**	**39947657**	**565.85**	**200.51**
535884	20118	104834	41252	126318	20973	16509	1436452	11.26	6.09
244793	5667	25610	11192	63419	3566	1676	1132080	12.59	5.11
239054	10624	55506	60634	-103210	36989	31584	1325320	45.52	20.56
33372	495	12911	754	-978	501	210	116340	14.79	1.24
367669	51518	36281	5664	-210457	24115	7757	1563550	18.96	7.58
609251	34692	128883	48249	58295	33270	5542	3066968	27.07	5.02
44835	1177	12543	4388	21303	14960	10	219585	4.38	1.76
171294	9687	46364	44934	32799	20136	19910	519488	20.66	1.57
605050	23072	80659	82330	156409	10401	7859	1779648	33.07	12.37
421354	14825	89964	10012	-26419	65969	49770	920607	50.90	14.54
1924035	39566	385151	108000	153622	107523	41133	9456653	78.97	21.76
242643	10132	88583	5211	-7547	36480	28940	769854	17.03	5.90
199056	3354	54984	23195	68459	29255	21624	2018383	19.47	4.19
143609	3545	32295	15316	2838	4132	1489	759948	8.05	2.90
726418	29105	177075	43174	-111903	52776	49825	2178679	37.78	10.62
446439	16251	81845	85176	197319	37374	11205	1986426	30.82	12.49
8240	404	3428	224	-1407	1404	670	155675	1.93	0.83
573046	22492	238613	59590	114580	77737	18537	2694584	30.44	7.57
594938	11530	86068	8432	17845	13454	11430	1656168	17.98	11.47
163732	7816	57152	8842	12537	12784	3362	442774	6.43	4.17
319944	15197	99898	96413	227985	14812	10778	1337712	13.05	6.44
99134	5610	25290	5804	42028	1712	418	517060	16.40	12.61
525925	23183	125287	20564	183009	13510	10116	992022	25.19	8.90
29404	210	16935	972	5121	15900	8300	54160	0.61	0.14
75547	2514	26139	2800	86805	3132	2830	1382787	7.55	5.62
150613	1609	27942	10403	49269	72	10	275286	2.46	2.46
294965	20864	64039	8594	-9445	50537	48439	270055	5.00	1.39
140686	1523	14515	5421	15259	1247	183	105538	4.14	2.91
15863		5913	77	-2515	440		93821	0.77	0.44
45765	1964	14740	2145	23700	780		720039	2.60	1.88

主要统计指标解释

1. **本团原创首演剧目：**指由戏曲、话剧、歌剧、舞剧、歌舞剧、木偶、皮影等艺术表演团体原生创作并首演且单个剧目演出时间超过一小时的表演剧目，但不包括音乐、舞蹈、曲艺、杂技等单个小节目的创作演出。

2. **演出场次：**指以场为计量单位的在国内和国外的艺术表演的次数。包括售票、包场等有演出收入的场次和政府采购的公益性演出场次及参加汇演、调演等无演出收入的公开演出场次，包括流动舞台车演出场次，不包括彩排和内部观摩等无演出收入的场次。

场数的计算，通常以售票、发票一次（或在其他地点进行一次艺术表演活动相当于剧场演出一场的时间）为一场。按时收费的，按日场、晚场或早场等一般习惯（约 1 至 2 小时）计算。评弹等曲艺演出计算场数，可按演出 1 至 2 小时为一场的原则进行折算。独幕剧或音乐、舞蹈、曲、杂、木、皮节目组成专场演出时，不论包括几个独幕剧或节目，一律按一场计算。

3. **农村演出场次及观众人次：**指本团到（乡镇及以下）农村和林区、牧区、渔区的演出。不论在本省或外省，凡到上述地区演出，均计入农村演出。

4. **演出收入：**指艺术表演团体通过售票或包场演出所取得的票房收入，不包括政府采购的公益性演出补贴收入。

5. **政府采购的公益性演出场次、观众人次：**指本团报告期内不进行售票、免费给社会公众演出并从财政部门获取一定场次补贴的公益性演出场次、观众人次。

6. **政府采购的公益性演出补贴收入：**指本团报告期内因进行公益性演出而取得的补贴收入，为财政拨款的其中项。

7. **座席数：**指公开营业艺术表演场馆可向观众售票的实际座席数。

8. **演（映）出业务用房：**指在艺术表演场馆中用于演（映）出服务的设施面积。多功能艺术表演的场所应包括观众厅、门厅、舞台部分（主台、侧台、后台）的建筑面积和辅助设施——休息室、化妆间、服装间、道具间、舞台设备控制间（灯控间、音控间、放映间等）的建筑面积以及配电设施、消防通道的建筑面积。若属非独立建筑的，则按使用面积计算。

旅　游

5

按年份旅游业主要发展指标

年　份	国内旅游人次（亿人次）	国内旅游收入（亿元）	入境旅游人次（万人次）	入境旅游收入（亿美元）	出境旅游人次（万人次）	旅游总收入（万亿元）
2010年	21.03	12580	13376	458.14	5739	1.57
2011年	26.41	19305	13542	484.64	7025	2.25
2012年	29.57	22706	13241	500.28	8318	2.59
2013年	32.62	26276	12908	516.64	9819	2.95
2014年	36.11	30312	12850	1053.80	10728	3.73
2015年	39.90	34195	13382	1136.50	11689	4.13
2016年	44.35	39390	13844	1200.00	12203	4.69
2017年	50.01	45661	13948	1234.17	13051	5.40
2018年	55.39	51278	14120	1234.17	14972	5.97
2019年	60.06	57251	14531	1313.00	15463	6.63

按年份国内旅游人数和国内旅游收入

年　份	国内旅游人数（亿人次）	比上年增长（%）	国内旅游收入（亿元）	比上年增长（%）
1993	4.10		864.00	
1994	5.24	27.8	1023.51	18.5
1995	6.29	20.0	1375.70	34.4
1996	6.39	1.6	1638.38	19.1
1997	6.44	0.8	2112.70	29.0
1998	6.94	7.8	2391.18	13.2
1999	7.19	3.6	2831.92	18.4
2000	7.44	3.5	3175.54	12.1
2001	7.84	5.4	3522.37	10.9
2002	8.78	12.0	3878.36	10.1
2003	8.70	-0.9	3442.27	-11.2
2004	11.02	26.7	4710.71	36.8
2005	12.12	10.0	5285.86	12.2
2006	13.94	15.0	6229.74	17.9
2007	16.10	15.5	7770.62	24.7
2008	17.12	6.3	8749.30	12.6
2009	19.02	11.1	10183.69	16.4
2010	21.03	10.6	12579.77	23.5
2011	26.41	13.2	19305.39	23.6
2012	29.57	12.0	22706.22	17.6
2013	32.62	10.3	26276.12	15.7
2014	36.11	10.7	30311.86	15.4
2015	39.90	10.5	34195.05	12.8
2016	44.35	11.0	39389.82	15.2
2017	50.01	12.8	45660.77	15.9
2018	55.39	10.8	51278.29	12.3
2019	60.06	8.4	57250.92	11.7

注:2011年起，国内旅游抽样调查方法发生变化，不能与往年数据进行简单比较。

2019年国内旅游基本情况

	总人次数（亿人次）	出游率（%）	总花费（亿元）	人均每次花费（元/人次）
全国总计	**60.06**	**436.79**	**57250.92**	**953.25**
城镇居民合计	**44.71**	**579.89**	**47508.99**	**1062.64**
一季度	12.16	157.72	13663.10	1123.61
二季度	9.90	128.41	8794.09	888.29
三季度	11.72	151.99	13387.22	1142.42
四季度	10.93	141.77	11664.60	1067.18
农村居民合计	**15.35**	**254.56**	**9741.93**	**634.66**
一季度	5.59	92.70	3619.80	647.55
二季度	3.09	51.24	1793.90	580.55
三季度	3.51	58.16	2209.55	629.98
四季度	3.16	52.46	2118.68	669.92

按年份入境旅游人数

单位:万人次

年 份	总计	过夜人数	外国人	港澳台侨胞	#港澳同胞	#台湾同胞
1978	180.92	71.60	22.96	157.96	156.15	
1979	420.39	152.90	36.24	384.15	382.06	
1980	570.25	350.00	52.91	517.34	513.90	
1981	776.71	376.70	67.52	709.19	705.31	
1982	792.43	392.40	76.45	715.98	711.70	
1983	947.70	379.10	87.25	860.45	856.41	
1984	1285.22	514.10	113.43	1171.79	1167.04	
1985	1783.31	713.30	137.05	1646.26	1637.78	
1986	2281.95	900.10	148.23	2133.72	2126.90	
1987	2690.23	1076.00	172.78	2517.44	2508.74	
1988	3169.48	1236.10	184.22	2985.26	2933.56	43.77
1989	2450.14	936.10	146.10	2304.04	2243.09	54.10
1990	2746.18	1048.40	174.73	2571.45	2467.54	94.80
1991	3334.98	1246.40	271.01	3063.97	2955.96	94.66
1992	3811.49	1651.20	400.64	3410.85	3262.57	131.78
1993	4152.69	1898.20	465.59	3687.11	3517.79	152.70
1994	4368.45	2107.00	518.21	3850.24	3699.69	139.02
1995	4638.65	2003.40	588.67	4049.98	3885.17	153.23
1996	5112.75	2276.50	674.43	4438.32	4249.47	173.39
1997	5758.79	2377.00	742.80	5015.99	4794.33	211.76
1998	6347.84	2507.29	710.77	5637.07	5407.53	217.46
1999	7279.56	2704.66	843.23	6436.33	6167.05	258.46
2000	8344.39	3122.88	1016.04	7328.34	7009.93	310.86
2001	8901.29	3316.67	1122.64	7778.65	7434.46	344.20
2002	9790.83	3680.26	1343.95	8446.88	8080.82	366.06
2003	9166.21	3297.05	1140.29	8025.92	7752.73	273.19
2004	10903.82	4176.14	1693.25	9210.57	8842.05	368.53
2005	12029.23	4680.90	2025.51	10003.71	9592.79	410.92
2006	12494.21	4991.34	2221.03	10273.19	9831.84	441.35
2007	13187.33	5471.98	2610.97	10576.36	10113.57	462.79
2008	13002.74	5304.92	2432.53	10570.21	10131.65	438.56
2009	12647.59	5087.52	2193.75	10453.84	10005.44	448.40
2010	13376.22	5566.45	2612.69	10763.53	10249.48	514.06
2011	13542.35	5758.07	2711.20	10831.15	10304.85	526.30
2012	13240.53	5772.49	2719.16	10521.37	9987.35	534.02
2013	12907.78	5568.59	2629.03	10278.75	9762.50	516.25
2014	12849.83	5562.20	2636.08	10213.75	9677.16	536.59
2015	13382.04	5688.57	2598.54	10783.50	10233.64	549.86
2016	13844.38	5926.73	2815.12	11029.26	10456.26	573.00
2017	13948.24	6073.84	2916.53	11031.71	10444.59	587.13
2018	14119.83	6289.57	3054.29	11065.53	10451.93	613.61
2019	14530.78	6572.52	3188.34	11342.43	10729.01	613.42

注：港澳台侨胞是指香港、澳门、台湾同胞和海外华人。

2019年入境外国游客人数基本情况

单位：万人次

项　　目		2019年	占总人数比重（%）
合　计		**4911.36**	**100.0**
按年龄分组	14岁及以下	184.92	3.8
	15－24岁	686.20	14.0
	25－44岁	2439.71	49.7
	45－64岁	1365.75	27.8
	65岁及以上	234.77	4.8
按性别分组	男	2881.29	58.7
	女	2030.07	41.3
按目的分组	会议/商务	628.47	12.8
	观光休闲	1740.31	35.4
	探亲访友	143.17	2.9
	服务员工	714.01	14.5
按方式分组	其他	1685.4	34.3
	船舶	260.67	5.3
	飞机	1912.14	38.9
	火车	68.96	1.4
	汽车	756.44	15.4
	徒步	1913.15	39.0

注：含边民来华旅游人数。

按年份入境旅游人数和国际旅游收入的世界排名

年　份	过夜游客人数（万人次）	世界排名	国际旅游收入（亿美元）	世界排名
1978	71.60		2.63	
1979	152.90		4.49	
1980	350.00	18	6.17	34
1981	376.70	17	7.85	34
1982	392.40	16	8.43	29
1983	379.10	16	9.41	26
1984	514.10	14	11.31	21
1985	713.30	13	12.50	21
1986	900.10	12	15.31	22
1987	1076.00	12	18.62	26
1988	1236.10	10	22.47	26
1989	936.10	12	18.60	27
1990	1048.40	11	22.18	25
1991	1246.40	12	28.45	21
1992	1651.20	9	39.47	17
1993	1898.20	7	46.83	15
1994	2107.00	6	73.23	10
1995	2003.40	8	87.33	10
1996	2276.50	6	102.00	9
1997	2377.00	6	120.74	8
1998	2507.29	6	126.02	7
1999	2704.66	5	140.99	7
2000	3122.88	5	162.24	7
2001	3316.67	5	177.92	5
2002	3680.26	5	203.85	5
2003	3297.05	5	174.06	7
2004	4176.14	4	257.39	7
2005	4680.90	4	292.96	6
2006	4991.34	4	339.49	5
2007	5471.98	4	419.19	5
2008	5304.92	4	408.43	5
2009	5087.52	4	396.75	5
2010	5566.45	3	458.14	4
2011	5758.07	3	484.64	4
2012	5772.49	3	500.28	4
2013	5568.59	4	516.64	4
2014	5562.20	*	1053.80	*
2015	5688.57	4	1136.50	2
2016	5926.73	4	1200.00	2
2017	6073.84	4	1234.17	2
2018	6289.57	4	1271.03	2
2019	6572.52	#	1312.54	#

注：* 由于国际旅游（外汇）收入统计口径调整，数据不能与往年简单对比。
#联合国世界旅游组织尚未公布。

2019年入境外国游客人数（按国籍分）

国　籍	人数 （万人次）	占总数比重 （%）	比上年增长 （%）
*缅甸	1242.18	25.3	0.3
*越南	794.87	16.2	4.8
韩国	434.66	8.9	3.7
俄罗斯	272.26	5.5	12.8
日本	267.63	5.4	-0.5
美国	240.67	4.9	-3.1
*蒙古	186.23	3.8	-2.8
马来西亚	138.35	2.8	7.2
菲律宾	117.77	2.4	-2.1
新加坡	100.85	2.1	3.1
泰国	87.05	1.8	4.6
*印度	86.96	1.8	0.7
加拿大	77.63	1.6	-8.7
澳大利亚	73.45	1.5	-2.3
印度尼西亚	72.48	1.5	2.3
德国	62.22	1.3	-3.2
英国	61.22	1.2	0.7
*朝鲜	55.50	1.1	121.4
法国	49.10	1.0	-1.6
意大利	27.95	0.6	0.6
*老挝	27.85	0.6	-8.8
*哈萨克斯坦	21.16	0.4	8.5
荷兰	19.23	0.4	-2.0
乌克兰	18.24	0.4	0.9
*尼泊尔	17.78	0.4	12.8
西班牙	16.60	0.3	-1.2
新西兰	14.96	0.3	2.2
*巴基斯坦	13.11	0.3	0.1
巴西	12.76	0.3	7.4
孟加拉国	11.38	0.2	12.0
柬埔寨	10.93	0.2	7.6
伊朗	10.48	0.2	8.2
瑞典	10.36	0.2	-5.8
波兰	9.90	0.2	3.8
墨西哥	9.43	0.2	1.9
以色列	9.43	0.2	-3.3
南非	8.56	0.2	2.4
埃及	8.16	0.2	-4.6
土耳其	7.77	0.2	4.5
瑞士	7.05	0.1	-4.7
比利时	6.89	0.1	-0.5
奥地利	6.87	0.1	-2.3
丹麦	6.72	0.1	-4.0
斯里兰卡	6.20	0.1	-1.7
葡萄牙	5.72	0.1	1.6
芬兰	5.72	0.1	-1.4
埃塞俄比亚	5.61	0.1	8.1
罗马尼亚	4.62	0.1	1.4
乌兹别克斯坦	4.52	0.1	10.1
希腊	4.48	0.1	-0.3

注：*含边民来华旅游人数。

2019年入境过夜游客人均天花费情况

单位：美元/人天

项　　目		人均天花费	外国人	香港同胞	澳门同胞	台湾同胞
总平均		**231.06**	**260.08**	**139.47**	**158.79**	**199.87**
按年龄分组	14岁以下	182.76	271.33	82.41	144.25	127.66
	15－24岁	201.56	249.39	108.42	114.19	164.13
	25－44岁	243.48	270.40	155.98	161.00	202.86
	45－64岁	228.77	248.34	146.23	199.65	212.78
	65岁以上	215.97	258.21	107.69	219.37	175.02
按性别分组	男	231.46	261.47	134.23	158.45	192.92
	女	230.56	258.29	146.33	159.11	207.01
按职业分组	政府工作人员	260.63	273.30	203.29	242.36	210.01
	专业技术人员	247.11	275.21	155.56	161.55	194.84
	职　　员	236.99	260.85	161.68	158.30	200.97
	技工/工人	196.09	231.22	115.95	148.60	199.05
	商贸人员	262.84	286.49	182.12	201.24	218.39
	服务员/推销员	212.01	247.63	125.62	170.47	166.24
	退休人员	191.11	220.70	108.70	183.47	181.68
	家庭妇女	201.65	216.23	104.52	168.74	274.18
	军　　人	295.97	276.13	370.45	357.79	
	学　　生	204.37	253.17	99.94	107.33	149.85
	其　　他	233.85	254.49	136.31	185.18	197.63
按目的分组	观光游览	230.92	250.48	168.75	156.76	213.61
	休闲度假	238.26	275.99	133.36	165.89	206.79
	探亲访友	153.43	206.86	88.91	118.57	150.18
	商　　务	242.64	259.85	164.48	173.97	209.82
	会　　议	253.64	269.72	176.28	234.27	187.57
	宗教朝拜	233.84	249.68	240.02	166.43	183.36
	文体科技交流	246.06	260.53	176.53	167.77	185.66
	购物	362.46	403.01	190.05	109.74	365.33
	医疗保健	226.88	236.77	211.96	100.14	169.16
	其　　他	248.64	265.47	143.59	176.21	147.24

2019年各地区入境过夜游客人均天花费情况

地　区	人均天花费(美元/人天)	外国人	香港同胞	澳门同胞	台湾同胞
全　国	**231.06**	**260.08**	**139.47**	**158.79**	**199.87**
北　京	309.66	316.70	250.71	258.96	283.97
天　津	256.83	265.56	210.47	241.41	244.50
河　北	200.16	199.24	208.54	173.39	181.52
山　西	161.81	163.96	143.55	140.70	151.85
内蒙古	200.40	205.96	186.26	228.56	185.27
辽　宁	213.04	221.03	265.34	219.56	196.83
吉　林	194.46	209.70	170.68	135.57	153.98
黑龙江	193.47	191.04	208.59	181.05	200.29
上　海	288.75	293.08	251.39	236.04	271.05
江　苏	295.99	307.04	287.21	243.49	273.63
浙　江	247.39	250.99	230.91	216.76	230.11
安　徽	204.48	208.83	174.31	166.72	160.63
福　建	241.69	278.54	174.25	180.44	195.00
江　西	230.77	231.11	215.08	211.26	224.60
山　东	260.09	282.58	200.59	185.82	198.48
河　南	205.50	199.87	230.73	219.02	219.97
湖　北	211.63	223.08	187.06	197.61	214.31
湖　南	206.64	214.95	168.61	179.87	207.28
广　东	200.34	220.74	179.28	154.96	211.79
广　西	216.35	219.17	195.86	215.78	224.15
海　南	211.46	209.00	212.67	234.03	216.39
重　庆	239.09	241.94	224.75	232.88	251.74
四　川	195.31	199.84	185.82	174.39	189.71
贵　州	181.41	208.09	163.90	153.19	152.52
云　南	283.29	300.74	236.00	263.72	269.41
西　藏	259.55	257.48	207.51	259.84	239.16
陕　西	250.73	248.88	259.75	241.58	263.99
甘　肃	194.83	197.22	194.77	180.23	149.45
青　海	157.25	162.09	145.05	140.42	144.52
宁　夏	162.45	180.80	124.15	153.75	145.40
新　疆	250.30	258.70			230.88

2019年各地区入境过夜游客人均天花费构成情况

地　区	人均天花费(美元/人天)	人均天消费构成(%)								
		长途交通	游览	住宿	餐饮	购物	娱乐	邮电通讯	市内交通	其他服务
北　京	309.66	28.4	4.5	19.0	9.4	24.5	1.4	0.4	4.0	8.3
天　津	256.83	42.5	2.2	20.1	8.9	15.4	2.6	0.3	2.5	5.6
河　北	200.16	29.6	4.3	17.4	9.0	21.4	2.8	2.0	1.5	11.9
山　西	161.81	21.1	13.8	23.4	10.7	6.0	0.6	0.6	1.4	22.5
内蒙古	200.40	19.9	4.4	16.8	10.8	31.2	4.4	0.7	0.5	11.3
辽　宁	213.04	26.2	6.0	17.1	12.5	20.2	3.1	0.9	3.0	10.9
吉　林	194.46	23.9	6.6	6.3	6.6	38.9	3.1	1.9	4.0	8.7
黑龙江	193.47	25.9	2.5	16.8	9.0	31.1	2.1	0.2	1.6	10.6
上　海	288.75	35.3	3.8	26.1	12.1	12.7	3.7	0.2	3.4	2.8
江　苏	295.99	23.2	2.3	20.6	8.9	19.8	4.4	1.5	1.8	17.6
浙　江	247.39	30.6	2.4	21.3	8.1	23.1	1.9	0.5	2.3	9.6
安　徽	204.48	23.7	5.1	11.9	9.9	28.7	4.7	1.1	2.0	12.9
福　建	241.69	39.0	1.6	17.6	9.1	21.0	2.0	0.8	2.0	6.8
江　西	230.77	11.4	8.6	16.6	19.5	29.9	5.4	0.2	0.3	8.1
山　东	260.09	38.3	3.7	17.9	9.7	20.9	3.7	0.5	1.5	3.9
河　南	205.50	12.0	5.2	10.8	8.6	18.1	20.7	1.0	1.8	21.9
湖　北	211.63	25.5	5.5	17.3	9.4	27.0	2.3	0.6	1.2	11.2
湖　南	206.64	13.8	8.6	8.6	6.5	30.9	1.4	1.8	0.7	27.6
广　东	200.34	27.1	2.7	17.2	12.5	23.9	5.7	0.7	2.5	7.8
广　西	216.35	20.2	6.4	11.4	7.9	20.0	3.5	1.7	4.4	24.5
海　南	211.46	36.4	3.6	15.2	11.3	21.3	2.8	0.3	1.8	7.2
重　庆	239.09	8.2	2.7	24.0	18.0	20.7	1.6	0.1	0.4	24.3
四　川	195.31	22.6	3.7	18.0	9.0	24.6	2.0	0.8	2.7	16.6
贵　州	181.41	31.4	4.5	16.8	9.2	16.7	2.4	1.1	2.6	15.4
云　南	283.29	30.8	4.1	18.1	9.7	21.1	2.5	0.5	1.6	11.6
西　藏	259.55	11.9	5.9	14.3	5.2	36.9	0.3	0.1	4.7	20.8
陕　西	250.73	17.9	7.6	10.1	6.0	28.7	3.3	0.5	1.1	24.8
甘　肃	194.83	24.1	7.9	21.4	8.7	24.9	2.3	0.4	1.5	8.8
青　海	157.25	25.7	8.8	14.5	5.6	24.9	1.2	2.0	6.6	10.7
宁　夏	162.45	30.0	5.2	17.2	8.1	22.4	0.9	3.1	2.3	10.8
新　疆	250.30	46.1	1.7	16.5	7.2	19.2	0.7	0.4	0.7	7.5

按年份出境旅游人数

年　份	出境旅游人数 （万人次）	比上年增长 （%）
1998	842.56	
1999	923.24	9.6
2000	1065.06	15.4
2001	1213.31	13.9
2002	1660.23	36.8
2003	2022.19	21.8
2004	2885.29	42.7
2005	3102.63	7.5
2006	3452.36	11.3
2007	4095.40	18.6
2008	4584.44	11.9
2009	4765.63	4.0
2010	5738.65	20.4
2011	7025.00	22.4
2012	8318.27	18.4
2013	9818.52	18.0
2014	10727.55	19.5
2015	11688.58	9.0
2016	12202.79	4.3
2017	13050.71	7.0
2018	14971.84	14.7
2019	15463.25	3.3

注:2014年起统计口径由出境人数调整为出境旅游人数。

2019年各地区旅行社基本情况

地区	机构数（个）	从业人员（人）	营业收入（千元）			利润总额（千元）	固定资产原价（千元）
			国内旅游营业收入	入境旅游营业收入	出境旅游营业收入		
总　计	**38943**	**415941**	**275096733**	**26919748**	**214555884**	**4328423**	**22509188**
北　京	3062	38900	21661755	3788580	50813715	-68719	2511558
天　津	502	4397	11308055	219211	881760	-92419	344423
河　北	1513	8948	2278465	84058	1045639	84177	174465
山　西	927	5032	1124134	205086	1340535	27652	229101
内蒙古	1147	6387	1283246	91779	484974	22129	246115
辽　宁	1524	9540	3846856	1013340	4509983	45583	426637
吉　林	701	5046	1133554	166665	895679	15118	153444
黑龙江	837	4816	1631144	228070	1012832	-9084	209704
上　海	1758	29707	48164326	2197448	34710613	2177718	1684257
江　苏	2943	31261	34236827	1025139	17741846	52207	2979596
浙　江	2769	31057	17730721	689699	14801330	114012	1385526
安　徽	1487	12619	6125198	463360	2413664	46053	424124
福　建	1181	17604	11207031	1398971	7007758	113566	631830
江　西	909	6913	3749110	326733	2044015	70852	427268
山　东	2613	22032	9034610	1344236	6233209	42967	1797475
河　南	1156	11949	2483561	246881	2045968	36813	224315
湖　北	1267	18318	7472398	468932	3655965	82185	907441
湖　南	1143	19322	8975744	1948713	4371317	155034	699283
广　东	3281	47059	35967264	5003707	32768981	1330137	1747104
广　西	850	10678	3683065	631066	2394472	5544	167569
海　南	483	6216	5562436	748863	478521	593	90177
重　庆	673	12375	10455742	1229211	10350603	-66813	1846475
四　川	1242	11818	4320242	442463	3936127	164012	1014064
贵　州	594	5533	3389113	313067	938578	6626	212740
云　南	1105	11793	7284289	633555	2468114	-2868	866596
西　藏	310	2285	436024	286405	134	-3864	111054
陕　西	862	9986	5132843	1287044	3631228	-44772	203951
甘　肃	723	4783	1627230	172984	356730	2971	137215
青　海	515	3300	969672	55596	427359	14793	437935
宁　夏	164	1785	586479	53682	247520	4161	34951
新　疆	540	2833	1303922	57343	141685	754	141168

2019年各地区旅行社组织、接待国内游客情况

地　区	组团		接待	
	人数（人次）	人天数	人数（人次）	人天数
总　计	**176662910**	**528684178**	**184726615**	**442126843**
北　京	5232812	25460278	3578233	14335615
天　津	3513491	8575106	1233916	2924774
河　北	2837507	7487463	1485120	3498469
山　西	1623923	6123277	1546120	5915931
内蒙古	477633	1918410	991960	3152345
辽　宁	6107676	36733481	4546749	24936884
吉　林	866172	3673267	552477	1326561
黑龙江	479657	1830798	982448	2728040
上　海	10853881	30617531	6657622	13031678
江　苏	21781591	53508416	23134642	40147119
浙　江	17272687	41520727	22470733	39244109
安　徽	5197860	15320281	8411672	18271392
福　建	10868667	36332992	11319800	28103041
江　西	3139869	9030870	2873342	6369387
山　东	11873525	37729826	8088092	21524740
河　南	2153636	6449846	1506880	2897838
湖　北	10482973	25978863	16150907	28763281
湖　南	9350570	26772209	10249984	25893819
广　东	22118331	53710771	13175892	25177483
广　西	1857197	5897072	5676617	15708736
海　南	725209	1607055	7797767	24166778
重　庆	12347378	40202276	6633568	10547213
四　川	6020649	18006125	4601954	15913407
贵　州	1364411	4999972	3491402	10933336
云　南	2771734	9331868	8448749	25918658
西　藏	98370	302641	496866	2311170
陕　西	3504399	13074433	4940975	14689279
甘　肃	397409	1769040	947834	3087244
青　海	536995	1366838	1116497	4234614
宁　夏	433301	1785643	626509	2195107
新　疆	241934	859446	610802	2196614

2019年各地区旅行社组织、接待入境旅游者情况

地区	外联		接待	
	人数（人次）	人天数	人数（人次）	人天数
总计	**12272892**	**47808747**	**18296248**	**59112680**
北京	1381417	4971052	1196055	3954381
天津	83244	247153	96586	261429
河北	57213	279089	85844	294656
山西	57318	402663	122062	602059
内蒙古	73912	201640	117199	449055
辽宁	1825469	6898013	1967253	7168629
吉林	163026	441142	308762	815919
黑龙江	44859	330782	132765	654841
上海	466326	1698556	650872	1933596
江苏	340600	1352074	1483119	2602259
浙江	397360	1859322	976242	2143298
安徽	71930	409072	166416	600687
福建	1368241	6810327	1680421	6134560
江西	23833	128897	100050	342319
山东	931272	4257243	987279	4538493
河南	164439	604021	140050	382750
湖北	296211	822317	795602	1595265
湖南	490810	2656654	1055486	4979200
广东	2377637	6135300	3032009	7550081
广西	255317	745001	286179	1113535
海南	164986	230540	372636	1698135
重庆	100980	238844	370568	611279
四川	188939	1117730	327008	1934374
贵州	32821	150723	204701	936179
云南	120114	412996	332015	1084375
西藏	47681	211503	135620	381271
陕西	696948	3928387	999638	3546512
甘肃	29760	179022	48576	184381
青海	8863	27147	47005	141336
宁夏	2555	17982	33440	250408
新疆	4548	23504	29233	156250

2019年全国星级饭店基本情况

类型	饭店数(个)	从业人员(万人)	客房数(间/套)	床位数(张)	客房出租率(%)	营业收入(亿元)	营业利润(亿元)	固定资产原价(亿元)
一、饭店经济类型								
合计	**8920**	**106.16**	**1203831**	**2077879**	**55.18**	**1907.77**	**43.64**	**4679.79**
内资企业								
国有企业	1872	23.44	272817	496012	55.83	565.57	-6.98	1309.92
集体企业	220	1.68	23046	51708	54.60	31.87	0.16	81.61
股份合作企业	194	1.57	22598	41356	50.26	24.44	-1.60	77.68
国有联营	13	0.08	1217	2304	54.79	0.52	-0.07	5.96
集体联营	10	0.05	1221	2257	58.28	-0.15	0.08	0.72
国有与集体联营	38	0.39	4936	8305	49.00	3.92	-0.17	17.87
其他联营	18	0.13	2595	4363	60.54	2.28	0.23	2.98
国有独资公司	269	4.16	45920	73581	59.83	97.57	0.87	211.69
其他有限责任公司	869	10.47	138036	226819	57.98	224.60	7.48	510.91
股份有限公司	614	6.13	90352	156286	53.66	119.19	2.57	325.44
私营独资	1669	8.31	149300	258268	50.09	129.54	4.22	303.37
私营合伙	258	1.46	24158	45730	52.78	21.78	1.35	56.91
私营有限责任公司	1928	34.25	248853	429302	52.48	286.66	-9.03	772.31
私营股份有限公司	200	1.80	31685	55462	54.29	30.42	-1.21	75.25
其他	346	2.91	43219	69589	59.78	75.76	6.69	156.93
港澳台商投资								
与港澳台商合资经营	83	2.08	24211	35150	66.86	69.60	8.72	172.19
与港澳台商合作经营	26	0.60	5981	9409	63.12	16.10	0.17	43.03
港澳台商独资	79	1.80	21074	32364	61.37	54.64	3.85	180.39
港澳台商投资股份有限公司	12	0.42	3523	5181	55.53	7.40	0.08	25.26
外商投资								
中外合资经营	87	2.03	23071	35738	59.59	70.57	13.27	156.69
中外合作经营	24	0.59	5751	8519	65.21	20.16	2.98	26.52
外资企业	56	1.31	15579	23463	62.60	43.28	8.30	125.54
外商投资股份有限公司	25	0.48	4379	6231	63.61	12.32	1.59	40.61
其他外商投资	10	0.02	309	482	54.93	-0.25	0.10	0.02
二、饭店星级								
五星级	822	25.02	259925	392229	60.94	814.68	59.36	1936.40
四星级	2443	52.73	442909	739707	55.11	661.77	-8.53	1703.90
三星级	4350	25.21	422740	793437	52.15	384.74	-7.83	943.49
二星级	1268	3.13	74061	145304	51.95	46.09	0.60	93.23
一星级	37	0.07	4199	7202	51.43	0.49	0.05	2.77

2019年各地区星级饭店机构情况

单位：个

地　区	合计	五星级	四星级	三星级	二星级	一星级
全　国	**8920**	**822**	**2443**	**4350**	**1268**	**37**
北　京	439	64	124	193	63	1
天　津	71	13	29	23	6	
河　北	320	21	120	135	43	1
山　西	190	14	52	94	30	
内蒙古	205	12	32	98	63	
辽　宁	304	25	68	159	51	1
吉　林	94	3	25	55	11	
黑龙江	155	6	37	93	19	
上　海	190	70	59	52	9	
江　苏	408	77	136	176	19	
浙　江	528	80	174	203	67	4
安　徽	268	23	112	115	18	
福　建	290	50	130	103	6	1
江　西	310	15	126	157	12	
山　东	502	34	140	289	39	
河　南	361	21	81	214	45	
湖　北	330	22	82	167	57	1
湖　南	302	19	65	161	57	
广　东	586	103	130	309	43	1
广　西	383	10	92	220	60	
海　南	101	21	33	41	4	2
重　庆	159	27	47	64	20	1
四　川	370	33	114	137	85	1
贵　州	225	6	66	97	52	5
云　南	415	17	72	195	123	7
西　藏	165	3	44	68	46	4
陕　西	287	16	48	178	45	
甘　肃	315	2	73	171	67	2
青　海	207	2	41	116	46	2
宁　夏	89		33	44	9	3
新　疆	297	13	48	189	47	

2019年各地区星级饭店主要经济指标情况

地　区	饭店数（个）	从业人员（万人）	客房数（间/套）	床位数（张）	营业收入（亿元）	营业利润（亿元）	平均客房出租率（%）	客房收入（亿元）	餐饮收入（亿元）	其他收入（亿元）	平均房价（元/夜间）	固定资产原价（亿元）
全　国	**8920**	**106.16**	**1203831**	**2077879**	**1907.77**	**43.64**	**55.18**	**810.63**	**728.61**	**368.53**	**353.00**	**4679.79**
北　京	439	5.43	74403	124800	199.91	14.25	66.86	99.38	53.66	46.88	564.46	525.96
天　津	71	1.10	13344	19809	7.15	2.15	52.17	3.35	2.47	1.34	397.73	65.29
河　北	320	3.62	45703	83637	55.12	-3.65	47.05	20.92	25.90	8.30	286.26	158.93
山　西	190	1.74	21843	39082	19.57	-2.60	48.26	8.66	8.74	3.17	223.78	69.24
内蒙古	205	1.66	25790	45703	23.22	-2.02	42.92	9.38	11.19	2.58	242.11	101.83
辽　宁	304	2.19	33771	57533	38.48	-2.25	47.60	16.80	15.46	6.22	305.11	135.94
吉　林	94	0.69	12668	23241	9.56	-1.81	48.14	5.24	5.07	1.25	247.04	42.33
黑龙江	155	0.97	18277	32803	13.09	-0.43	40.55	7.91	4.20	1.98	268.23	52.28
上　海	190	4.13	52152	76765	183.19	19.56	65.77	93.32	59.08	28.79	749.49	307.50
江　苏	408	5.77	64960	101164	143.98	2.12	57.75	50.37	74.65	20.06	368.48	320.00
浙　江	528	7.30	89507	137310	160.59	0.81	56.26	61.86	77.56	20.17	359.36	369.00
安　徽	268	2.78	38789	64784	48.26	-0.75	53.96	19.61	24.04	4.60	279.34	141.97
福　建	290	4.19	48135	80031	80.20	2.45	58.76	35.87	36.47	7.85	365.83	163.70
江　西	310	2.39	44121	73181	34.21	0.23	50.43	18.09	14.68	3.44	226.77	200.25
山　东	502	6.34	75535	131194	116.09	-2.53	53.12	44.52	57.42	13.15	323.50	286.05
河　南	361	3.57	48781	86987	58.22	-0.99	53.93	22.78	25.22	10.22	253.10	139.71
湖　北	330	2.79	45002	92468	49.28	-0.69	54.32	24.16	19.02	5.76	292.51	126.07
湖　南	302	3.16	40006	66551	50.81	1.06	60.37	23.31	21.31	7.19	260.98	142.42
广　东	586	8.31	90582	150016	196.24	14.43	59.87	85.05	79.42	31.77	415.25	371.12
广　西	387	2.21	40942	70767	32.36	2.06	51.94	16.21	13.25	4.90	219.45	88.20
海　南	101	1.63	22687	38212	32.29	3.16	56.14	19.08	9.13	4.09	434.51	106.81
重　庆	159	1.29	18797	35629	22.93	0.21	53.89	11.21	8.23	3.49	330.09	59.29
四　川	370	3.94	48947	79199	171.88	2.12	58.47	31.45	23.43	110.31	341.88	204.66
贵　州	225	1.21	22615	40181	20.90	0.20	54.13	11.13	6.24	3.52	266.73	54.35
云　南	415	20.72	47877	95222	37.11	-1.13	52.40	19.62	10.50	7.00	237.85	151.49
西　藏	165	0.21	5306	9489	3.11	-0.14	51.16	2.10	0.58	0.44	235.54	14.05
陕　西	287	2.67	39271	75422	44.49	-0.04	55.11	19.77	21.69	4.03	276.37	103.82
甘　肃	315	1.54	27513	52085	18.40	-0.70	45.06	9.37	7.15	1.88	226.40	55.47
青　海	207	0.64	12267	22297	8.58	-0.04	47.27	4.94	3.02	0.63	251.73	27.79
宁　夏	89	0.14	2565	4499	1.54	-0.29	43.69	0.74	0.69	0.11	183.15	4.20
新　疆	297	1.56	25703	56529	22.55	-1.13	51.70	11.74	7.91	2.91	219.06	72.67

2019年各地区五星级饭店经营情况

地 区	饭店数(个)	从业人员数(人)	客房数(间/套)	床位数(张)	平均客房出租率(%)	营业收入(亿元)	客房收入(亿元)	餐饮收入(亿元)	其他收入(亿元)	营业利润(亿元)	平均房价(元/夜间)	固定资产原价(亿元)
全 国	**822**	**250211**	**259925**	**392229**	**60.94**	**814.68**	**334.39**	**288.52**	**191.77**	**59.36**	**596.56**	**1936.40**
北 京	64	14814	16058	23464	70.83	69.28	33.87	21.13	14.28	7.66	831.85	227.59
天 津	13	3454	3781	4989	64.86	7.78	4.63	2.81	0.34	0.83	521.56	31.39
河 北	21	7553	6354	9510	61.68	14.44	5.64	7.33	1.46	-2.29	407.20	53.76
山 西	14	2397	3204	5349	43.59	2.42	1.00	1.32	0.10	-0.63	237.64	20.63
内蒙古	12	4085	4248	6506	48.67	7.39	3.14	3.46	0.78	-0.89	415.83	40.70
辽 宁	25	5988	7167	10899	53.41	13.86	6.47	5.89	1.50	-0.05	476.87	41.42
吉 林	3	913	606	816	66.29	2.05	0.77	0.74	0.55	-0.14	533.87	11.83
黑龙江	6	1219	1710	2521	51.67	3.04	1.64	1.29	0.11	0.10	508.95	6.55
上 海	70	24852	27736	38940	69.01	125.88	67.35	43.98	14.55	25.09	962.13	207.76
江 苏	77	22930	22792	32911	59.64	72.09	26.37	33.18	12.55	2.21	515.23	189.68
浙 江	80	21596	21630	32721	55.60	55.84	21.91	27.52	6.41	-0.69	515.48	166.65
安 徽	23	6303	7659	11759	61.42	13.39	6.02	6.21	1.16	0.05	357.22	38.28
福 建	50	16295	15137	21773	63.47	36.68	17.93	15.48	3.26	2.04	522.59	88.30
江 西	15	3764	4457	6784	57.97	7.30	3.29	3.19	0.81	0.42	352.39	22.69
山 东	34	12419	12328	18180	56.36	34.22	14.76	15.99	3.47	1.82	593.61	101.03
河 南	21	6677	5809	8993	60.94	13.38	6.04	6.41	0.93	-0.57	479.76	42.30
湖 北	22	6441	7283	10275	63.35	16.55	9.13	6.32	1.09	1.48	549.90	32.80
湖 南	19	7432	6728	10679	61.36	15.12	6.16	6.83	2.13	0.60	413.34	52.03
广 东	103	36620	36052	53447	60.37	104.68	46.23	45.10	13.35	11.67	605.65	232.68
广 西	10	2631	2114	3268	52.13	4.65	1.75	1.95	0.96	-0.10	447.52	18.56
海 南	21	9627	9497	15374	61.60	23.49	14.25	6.63	2.61	3.43	682.78	69.09
重 庆	27	5003	5881	14172	62.26	12.48	6.06	4.78	1.65	1.54	464.59	31.37
四 川	33	10842	11712	17553	55.63	125.20	11.93	8.14	105.13	3.98	564.54	89.06
贵 州	6	1560	1669	2611	59.14	3.45	1.76	1.40	0.28	0.45	490.12	12.05
云 南	17	4780	6015	9407	60.32	8.22	5.10	2.78	0.33	0.36	483.11	52.99
西 藏	3											
陕 西	16	5692	6081	9133	68.43	14.17	7.22	5.83	1.12	1.89	511.97	25.68
甘 肃	2	418	395	619	40.24	0.51	0.27	0.12	0.12	-0.20	478.54	5.24
青 海	2	870	1097	1979	52.37	1.93	1.11	0.88	-0.06	-0.17	530.83	1.85
宁 夏												
新 疆	13	3036	4725	7597	52.93	5.19	2.59	1.81	0.79	-0.53	306.55	22.41

2019年各地区A级旅游景区机构情况

单位：个

地　区	合计	5A级	4A级	3A级	2A级	A级
全　国	**12402**	**280**	**3720**	**6198**	**2101**	**103**
北　京	238	8	72	119	38	1
天　津	95	2	30	43	20	
河　北	420	10	118	160	132	
山　西	216	8	99	87	20	2
内蒙古	375	6	132	102	134	1
辽　宁	512	6	121	317	62	6
吉　林	231	7	63	111	43	7
黑龙江	411	6	104	175	105	21
上　海	113	3	62	48		
江　苏	615	24	203	255	133	
浙　江	798	18	217	446	109	8
安　徽	605	11	191	299	104	
福　建	375	9	97	215	54	
江　西	421	12	146	226	37	
山　东	1229	12	224	638	351	4
河　南	519	14	171	229	104	1
湖　北	421	12	142	228	38	1
湖　南	482	9	121	326	24	2
广　东	414	14	183	200	17	
广　西	560	7	247	293	13	
海　南	62	6	19	25	12	
重　庆	242	9	105	76	51	1
四　川	679	13	269	275	119	3
贵　州	420	7	120	282	11	
云　南	343	8	74	165	73	23
西　藏	127	4	20	56	33	14
陕　西	460	10	116	290	43	1
甘　肃	115	3	25	69	18	
青　海	312	5	99	132	75	1
宁　夏	96	4	23	42	25	2
新　疆	496	13	107	269	103	4

2019年各地区A级旅游景区基本情况

地　区	A级景区总　数	A级景区从业人员(人)	固定从业人员(人)	A级景区接待人次(万人次)	A级景区旅游营业收入(亿元)	A级景区门票收入(亿元)
全　国	**12402**	**1620170**	**962115**	**647499.25**	**5065.97**	**944.92**
北　京	238	32021	25139	26300.68	98.16	25.42
天　津	95	8127	6481	5274.42	18.30	7.52
河　北	420	69435	39469	16585.26	86.05	19.79
山　西	216	40530	16778	9218.48	154.65	20.44
内蒙古	375	52255	39493	5382.26	29.49	10.35
辽　宁	512	64660	32859	12563.40	60.17	42.30
吉　林	231	13464	7341	4298.02	55.33	5.37
黑龙江	411	39182	20196	11487.69	91.96	10.07
上　海	113	13832	10005	16205.00	67.82	24.24
江　苏	615	75899	61419	57706.67	225.85	61.07
浙　江	798	70749	46508	51230.89	538.15	98.97
安　徽	605	79407	64150	31189.70	230.11	39.43
福　建	375	28229	21234	42633.50	51.71	21.48
江　西	421	45120	33602	18569.89	610.81	46.77
山　东	1229	132072	82320	44924.17	275.39	70.60
河　南	519	74953	36552	28269.73	103.66	46.70
湖　北	421	53687	38083	18375.60	192.25	36.37
湖　南	482	135294	39062	28784.30	306.68	46.38
广　东	414	77196	57362	35636.13	249.06	54.94
广　西	560	50016	31964	23497.85	94.26	24.14
海　南	62	23155	18685	4610.20	42.35	14.74
重　庆	242	23612	16283	17630.01	88.57	18.91
四　川	679	165936	79455	40429.71	708.00	44.36
贵　州	420	47514	26608	21312.11	207.32	19.88
云　南	343	60167	28007	16737.29	77.21	23.81
西　藏	127	3350	1208	409.21	3.75	1.12
陕　西	460	64129	35248	26715.26	135.49	37.39
甘　肃	115	29721	18009	17436.35	68.37	10.01
青　海	312	4094	2142	1149.76	8.30	2.18
宁　夏	96	10740	8252	2127.04	11.08	3.83
新　疆	496	31624	18201	10808.67	175.65	56.33

2019年各地区5A级旅游景区基本情况

地　区	景区总数	固定从业人员（人）	接待人次（万人次）	旅游总收入（亿元）	门票收入（亿元）
全　国	**280**	**164291**	**120861.89**	**2132.08**	**370.73**
北　京	8	5931	8103.70	24.82	7.01
天　津	2	545	784.95	0.76	0.31
河　北	10	4132	2467.07	27.95	5.90
山　西	8	4526	1985.90	133.60	9.23
内蒙古	6	1784	429.65	6.85	3.46
辽　宁	6	416	176.57	1.35	0.99
吉　林	7	1248	604.19	4.77	2.19
黑龙江	6	1141	696.51	41.54	1.15
上　海	3	1310	1252.13	17.07	7.17
江　苏	24	27128	15386.07	134.22	32.35
浙　江	18	11899	10139.38	226.41	43.96
安　徽	11	11851	3416.05	141.22	18.28
福　建	9	3029	26142.26	7.84	2.63
江　西	12	10241	3556.18	485.90	27.14
山　东	12	7612	4132.53	38.01	17.12
河　南	14	6217	3014.89	28.87	16.32
湖　北	12	7337	4066.11	120.23	13.14
湖　南	9	10847	7251.27	182.84	13.38
广　东	14	12015	6059.99	146.81	23.62
广　西	7	1823	842.64	5.37	2.20
海　南	6	4521	1394.26	18.32	6.11
重　庆	9	3420	1308.04	20.15	7.36
四　川	13	5045	3779.62	89.56	15.27
贵　州	7	3245	2852.46	36.74	6.45
云　南	8	5500	2021.90	23.49	8.55
西　藏	4	80	38.82	0.33	0.33
陕　西	10	5485	5277.25	33.98	21.65
甘　肃	3	954	985.55	7.25	4.04
青　海	5	450	120.92	3.21	0.12
宁　夏	4	1873	466.13	4.81	2.08
新　疆	13	2686	2108.90	117.81	51.20

6 文化市场

近年来全国文化市场经营机构基本情况

年 份	机构数（个）	从业人员（人）	资产总计（万元）	营业收入（万元）	利润总额（万元）
2006年	166406	945418	4515546	4148403	885730
2007年	217643	1197610	12956212	7089004	1749171
2008年	221253	1254641	12532138	7465936	1593758
2009年	223893	1288615	12074316	5736445	2939123
2010年	230659	1375660	13806937	8654903	3264805
2011年	238455	1415526	16540928	9766472	3620262
2012年	231132	1416028	18997555	10337954	3585366
2013年	226584	1451818	44258484	13665714	3930246
2014年	220164	1323902	25641255	16142494	4682893
2015年	231709	1564660	53671039	29656347	10020910
2016年	242686	1609329	66760690	44989191	10345244
2017年	257345	1733235	94634340	96723615	12241695
2018年	237055	1667316	120209428	58884050	7182744
2019年	218447	1557344	248140886	92305502	14102049

近年来全国娱乐场所基本情况

年 份	机构数（个）	从业人员（人）	资产总计（万元）	营业收入（万元）	利润总额（万元）
2006年	51742	490289	2990424	2101890	329557
2007年	82174	611108	5927457	3546201	583689
2008年	84356	639511	7048155	3709413	659403
2009年	82200	636800	6271305	4130085	1367846
2010年	85854	703520	7635552	4772099	1718734
2011年	92577	758377	9661392	5661798	1939320
2012年	90271	765250	11136779	6048764	1982344
2013年	89652	835658	34317748	8842052	2084672
2014年	84179	729516	16144969	11023662	2606315
2015年	79816	673640	11050577	5570354	1361661
2016年	77071	632527	10510102	5387254	1257926
2017年	78616	600106	10313538	5468701	1306909
2018年	70584	528238	9212288	5209738	1123267
2019年	67358	542514	17277257	5359387	717719

近年来全国互联网上网服务营业场所（网吧）基本情况

年 份	机构数（个）	从业人员（人）	资产总计（万元）	营业收入（万元）	营业利润（万元）
2006年	114273	443745	2210843	2016913	329557
2007年	133163	539460	4304405	3434114	1036162
2008年	134267	565707	5307279	3645153	913361
2009年	138048	580749	5585437	3785362	1510735
2010年	140376	584912	5864306	3626809	1490620
2011年	141275	567170	6282208	3754922	1565375
2012年	135683	529362	8818719	3539807	1431362
2013年	131013	478242	8051486	3879399	1425890
2014年	129289	452105	7429194	4477597	1962040
2015年	134847	480260	6939291	4009643	1302975
2016年	141587	488209	7484979	4323160	1312916
2017年	143434	440853	6947788	3825868	1071760
2018年	124266	346686	5592315	2946316	767578
2019年	116807	311859	4858896	2443944	416879

2019年全国文化市场经营机构基本情况

	机构数（个）	从业人员（人）	资产总计（千元）	损益（千元）				
				营业收入	营业成本			营业利润
						养老、医疗、失业等保险费	本年发放工资总额	
总 计	**218447**	**1557344**	**2481408858**	**923055020**	**777122445**	**15496284**	**112160163**	**141020487**
按城乡分								
城市	91915	755140	2146174684	839259084	704916153	13633296	89927236	128951795
县城	78913	672954	259947479	68895868	59307642	1559992	18670354	10070225
县以下	47619	129250	75286695	14900068	12898650	302996	3562573	1998467
按经营范围分								
娱乐场所	67358	542514	172772565	53593871	46416156	1427736	16796946	7177186
互联网上网服务营业场所（网吧）	116807	311859	48588957	24439437	20225172	541323	8382361	4168792
非公有制艺术表演团体	15663	294578	109509234	11888808	11677034	298513	5186200	692287
非公有制艺术表演场馆	1433	41661	39947657	11161938	9992555	388738	2219442	1185039
经营性互联网文化单位	7050	270276	964895958	603551489	520270382	6887057	44883716	77601246
艺术品经营机构	6026	24333	48831950	8845177	7042731	207362	1345042	1802457
演出经纪机构	4110	72123	1096862537	209574300	161498415	5745555	33346456	48393480

2019年全国娱乐

	机构数（个）	从业人员（人）	资产总计（千元）	营业收入
总　计	**67358**	**542514**	**172772565**	**53593871**
按城乡分				
城市	22695	267463	95760229	28878890
县城	25525	211969	54392273	19000505
县以下	19138	63082	22620063	5714476
按经营类别分				
歌舞娱乐场所	51070	503048	146378879	47581261
游艺娱乐场所	15657	33901	21025715	5323688
其他	631	5565	5367970	688923

2019年全国互联网上网服务

	机构数（个）	从业人员（人）	资产总计（千元）	营业收入
总　计	**116807**	**311859**	**48588957**	**24439437**
按城乡分				
城市	55684	148719	22940450	12592798
县城	33566	104210	17399911	7959596
县以下	27557	58930	8248596	3887043

场所基本情况

损益（千元）					游戏游艺设备数量（个）	游戏游艺设备进出口数量（个）
营业成本	养老、医疗、失业等保险费	本年发放工资总额	本年应交税金总额	营业利润		
46416156	**1427736**	**16796946**	**1848636**	**7177186**	**481203**	**71841**
26140601	874805	8508330	1008309	2737767	258030	32353
15583149	400182	6423892	538660	3417349	171089	30014
4692406	152749	1864724	301667	1022070	52084	9474
41009026	1224787	15366640	1653922	6571713	161221	47843
4771335	182629	1248986	177149	552345	310296	21489
635796	20319	181320	17564	53127	9686	2509

营业场所（网吧）基本情况

损益（千元）					经营面积（万平方米）	终端数量（个）	本年新增投入（千元）
营业成本	养老、医疗、失业等保险费	本年发放工资总额	本年应交税金总额	营业利润			
20225172	**541323**	**8382361**	**292506**	**4168792**	**6432807**	**2248**	**7185080**
10975589	271946	4346148	163543	1588855	3081016	1077	3242070
6155044	169661	2660235	81318	1790384	2109143	752	2479630
3094539	99716	1375978	47645	789553	1242648	419	1463380

2019年全国经营性互联网

	机构数（个）	从业人员（人）	资产总计（千元）	损益(千元)					
				营业收入	网络游戏	网络音乐	网络动漫	网络表演	其他
总　　计	**7050**	**270276**	**964895958**	**603551489**	**604568**	**60854899**	**12884119**	**66213740**	**343718127**
按城乡分									
城市	6228	262112	945053017	586485266	407320	60801861	11379662	65931340	331103523
县城	571	6115	7852142	12733353	197248	42716	1465241	264560	8772854
县以下	251	2049	11990799	4332870		10322	39216	17840	3841750
按经营类别分									
网络游戏	18	443	240725	625261	604568				19934
网络音乐	756	28905	167471589	162317771		60548108	205017	12364660	94134555
网络动漫	1207	104782	324924950	166559754		42039	12516336	1860	141998023
网络表演	1424	38235	96074218	101982141		225613	12358	53815050	37937983
其他	3645	97911	376184476	172066562		39139	150408	32170	69627632

续表

	本年应交税金总额	经营面积（万平方米）	知识产权（种）	拥有自主知识产权网络游戏数	拥有自主知识产权网络音乐数	拥有自主知识产权网络动漫数	注册用户数（个）	运营网络文化产品数（个）
总　　计	**16655003**	**285.25**	**591857**	**191**	**105180**	**169445**	**45518370516**	**502021297**
按城乡分								
城市	16337369	272.93	559786	132	92154	167322	45008912960	500586832
县城	256464	9.32	31311	59	12942	2051	336136309	838150
县以下	61170	3.00	760		84	72	173321247	596315
按经营类别分								
网络游戏	39490	0.45	201	191			40042836	52
网络音乐	2575706	36.24	104515		94781	3249	6937231041	306374594
网络动漫	6493254	57.87	233298		2545	161177	5770929315	1799691
网络表演	2807244	46.50	163181		4178	178	15315780250	180009980
其他	4739309	144.19	90662		3676	4841	17454387074	13836980

文化单位基本情况

								工资、福利费、税金(千元)	
营业成本	养老、医疗、失业等保险费	住房公积金和住房补贴	差旅费	工会经费	营业利润	营业外收入	政府补助	本年发放工资总额	本年支付的职工福利费
520270382	**6887057**	**2562905**	**1608293**	**1185779**	**77601246**	**6759536**	**2242343**	**44883716**	**2347343**
504723698	6650651	2449025	1540490	1181671	76081699	6186050	2213534	43333332	2310815
11364614	213217	108479	62202	3579	1368746	67259	24430	1433236	29233
4182070	23189	5401	5601	529	150801	506227	4379	117148	7295
446124	5707	2263	2994	102	179137	6134	3336	95807	2788
139168038	1811249	650351	239790	60701	19166378	638972	267360	6765562	196799
146667526	1818336	805722	494095	28364	19893798	2121634	304820	12924077	756779
91273018	1222265	385850	297771	1027643	10709591	1568146	973276	10122053	464991
142715676	2029500	718719	573643	68969	27652342	2424650	693551	14976217	925986

									出口情况	
网络音乐数	国产网络音乐数量	进口网络音乐数量	网络动漫数	国产网络漫画数量	进口网络动画数量	网络表演主播数	国内网络主播数	国外网络主播数	出口额(千元)	出口网络文化产品数量(个)
317831521	**141962516**	**177752986**	**3601804**	**3538108**	**44891**	**64639364**	**55272338**	**9365952**	**2137631**	**2988**
317533297	141668410	177752759	3583055	3519855	44802	61800079	52433062	9365947	2117872	2926
272133	268034	223	16849	16455		2839071	2839062	5	17197	34
26091	26072	4	1900	1798	89	214	214		2562	28
									2171	1
267026933	91228429	177683045	26824	21813	5043	1961977	1961926	48	8511	115
38129	27795	9931	348955	293900	36429	352	352		204294	2139
50232900	50232744	41	3200947	3200812	24	62158492	52791688	9365764	37926	96
533559	473548	59969	25078	21583	24	518543	518372	140	1884729	637

2019年全国艺术品

	机构数（个）	从业人员（人）	资产总计（千元）	损益（千元）						
				营业收入	营业成本					
						养老、医疗、失业等保险费	住房公积金和住房补贴	差旅费	工会经费
总　计	**6026**	**24333**	**48831950**	**8845177**	**7042731**	**207362**	**58591**	**106004**	**15119**
按城乡分									
城市	3674	13116	28133137	6304172	5228397	165598	47070	83872	11305
县城	1765	6832	18987699	1871030	1163835	17971	6274	14781	2153
县以下	587	4385	1711114	669975	650499	23793	5247	7351	1661
按经营类别分									
画廊	1558	3527	4687739	1271547	1088921	26137	10556	11219	1710
画店	1341	2100	1647791	240550	199136	5489	1099	4681	380
艺术品拍卖企业	232	1903	6405204	955812	730443	26411	8562	29909	1091
艺术品展览机构	557	4181	7629727	1224384	1014322	41245	10187	16116	2093
艺术品电商平台企业	401	2840	3171448	1315096	1023967	29510	7870	13931	1444
文化产权交易所	329	1195	2468759	319604	257769	8323	3878	4109	1426
艺术品鉴定机构	39	180	704820	92836	45507	1889	572	888	85
艺术品评估机构	21	91	510783	5049	4142	310	50	291	19
艺术品进出口经营单位	1548	8316	21605679	3420299	2678524	68048	15817	1544	6871

2019年全国演出

	机构数（个）	从业人员（人）		资产总计（千元）	损益（千元）	
			演出经纪人员		营业收入	营业成本
总　计	**4110**	**72123**	**11944**	**1096862537**	**209574300**	**161498415**
按城乡分						
城市	3634	63730	10637	1054287851	204997958	157847868
县城	390	7589	1114	11858563	4280638	3371411
县以下	86	804	193	30716123	295704	279136

经营机构基本情况

	工资、福利费、税金（千元）			经营面积（万平方米）	拍卖情况					
营业利润	本年发放工资总额	本年支付的职工福利费	本年应交税金总额		交易量（件）	交易金额（千元）	结算数量（件）	结算金额（千元）	展览/预展场次（次）	艺术活动数量（次）
1802457	**1345042**	**75165**	**458928**	**248.88**	**14099219**	**119178488**	**7126959**	**170773237**	**32699**	**40857**
1075787	1004041	48386	384345	107.37	2763697	84617572	3740079	94932674	15894	22948
707193	186107	15118	42372	65.87	1111892	11564413	990949	62782349	11936	7888
19477	154894	11661	32211	75.64	10223630	22996503	2395931	13058214	4869	10021
182626	176493	14637	33855	33.10	315275	27902843	305115	22438063	2795	5657
41421	55277	1881	8715	9.38	134926	7109279	126525	11438680	1527	1677
225373	180030	6698	179438	14.60	82134	12075720	78349	42532159	1527	5711
210057	223312	12798	41068	64.08	487800	3967993	469495	2837203	8240	11428
291130	183652	10525	73379	14.75	693838	34660851	1810481	34507959	9802	2517
61835	87012	3688	13763	11.14	9056378	21090364	2505969	12552686	1802	2430
47328	19855	541	7897	0.55	74642	93269	71280	93553	202	645
906	1692	93	122	0.25	1697	1923	1522	1876	10	27
741781	417719	24304	100691	101.04	3252529	12276246	1758223	44371058	6794	10765

经纪机构基本情况

		工资、福利费、税金（千元）			演出场次（万场次）	观众人次（万人次）	经营面积（万平方米）
养老、医疗、失业等保险费	营业利润	本年发放工资总额	本年支付的职工福利费	本年应交税金总额			
5745555	**48393480**	**33346456**		**4958683**	**47.04**	**22163.37**	**1206.56**
5670296	47467687	32735385		4762653	44.48	20529.66	1131.68
71710	909227	561242		184990	2.10	1337.73	56.89
3549	16566	49829		11040	0.46	295.97	17.99

2019年全国各地区文化市场经营机构基本情况

地区	机构数（个）	从业人员（人）	资产总计（千元）	损益（千元）				
				营业收入	营业成本	养老、医疗、失业等保险费	本年发放工资总额	营业利润
全　国	**218447**	**1557344**	**2481408858**	**923055020**	**777122445**	**15496284**	**112160163**	**141020487**
北　京	2222	69347	278106454	188487742	154373717	2287524	11693363	28473531
天　津	1969	13950	44838199	48319082	45065086	173204	1053339	3253992
河　北	5908	34838	12071843	2379305	2281760	58769	792486	97428
山　西	4105	33657	41782583	1706907	2794028	32698	590501	-1084190
内蒙古	3913	18521	20949962	4602718	3922516	85381	2474708	680203
辽　宁	4807	28597	15809892	3426237	3209895	126672	856650	212865
吉　林	3612	15272	8066058	1957435	1396883	36556	388538	560427
黑龙江	5225	15169	4227984	1663011	1524304	51729	420298	129520
上　海	3284	61640	326708665	128557639	98441433	1502475	17150756	30246152
江　苏	22340	81327	48531291	16148612	14629674	418220	3646176	1515179
浙　江	13960	142682	939328025	66600231	59331521	854303	7192297	7514612
安　徽	13745	78137	52559972	30223076	24849213	272144	3533282	5373861
福　建	5026	62238	22836033	14773393	12294917	184569	3187117	2478485
江　西	5232	37076	15151087	11852828	10477166	94714	1176714	1375662
山　东	17582	60855	34705927	11326925	8380129	294088	2096707	3247113
河　南	15075	91340	19551322	11047085	9464211	178108	1902276	1596125
湖　北	8098	40990	32277425	27565270	22275787	293901	3200410	5365385
湖　南	12218	76067	42708327	22833564	19989104	243473	3288818	2844461
广　东	13246	212384	379662259	261602567	221356964	2804275	29207558	40245659
广　西	4877	33607	13054728	4006916	3198643	96974	1056518	758011
海　南	2490	20389	13410789	4028887	3429747	94839	796670	599137
重　庆	7578	51021	10286035	8217392	7347477	124063	1632313	884357
四　川	13843	88678	38270891	28518391	27323519	4815588	9048963	1194878
贵　州	6209	42779	12387532	8849055	7810500	118941	1533158	1038575
云　南	8095	48363	19273555	4481262	3615545	64457	1416107	865728
西　藏	948	9855	1676257	1017205	713827	6694	304563	303378
陕　西	4928	37045	9682482	3024533	2765398	79745	937030	266994
甘　肃	3581	21468	12488649	2203439	1894365	36306	566884	314103
青　海	785	7460	1593433	530914	459886	10573	179043	70837
宁　夏	1039	5966	3448377	465897	647178	7032	320455	-181279
新　疆	2507	16626	5962828	2637508	1858061	48278	516470	779302

2019年各地区娱乐场所基本情况

地区	机构数（个）	从业人员（人）	资产总计（千元）	损益（千元）					
				营业收入	营业成本	养老、医疗、失业等保险费	本年发放工资总额	本年应交税金总额	营业利润
全国	**67358**	**542514**	**172772565**	**53593871**	**46416156**	**1427736**	**16796946**	**1848636**	**7177186**
北京	520	6220	3913979	697110	618959	31053	195995	25771	78151
天津	539	4128	5696519	494214	470050	17275	146229	14814	24166
河北	1607	10822	5020411	926212	829618	24361	313107	22915	96594
山西	1142	8907	7226824	590917	489829	10483	202730	42255	101089
内蒙古	1627	7227	6919114	740658	567769	20688	215693	83149	172889
辽宁	2219	11139	4615261	979889	866104	33527	359648	89877	113786
吉林	1395	6018	1360488	547918	426121	10050	144159	10368	121797
黑龙江	2032	5773	1098841	454053	350913	10159	123965	14915	103141
上海	1002	11083	2563203	2050589	1942994	90074	431844	64603	107595
江苏	8657	35836	15252357	3609346	3377349	130316	1187715	108202	231996
浙江	4146	52880	13621767	6658640	5959537	171653	1752576	230496	699105
安徽	3473	18154	6265400	1653811	1397332	35707	548960	30636	256479
福建	2259	34418	5270556	3996327	3490338	63350	1243268	111214	505991
江西	1651	15806	5431619	1440421	1151946	32630	515889	32239	288469
山东	3502	14179	4690776	1339568	1164713	43767	421965	29691	174356
河南	2281	16640	2354841	1110156	914172	20326	384461	37012	195984
湖北	1540	12605	7497029	1275155	1093918	32782	405100	30270	181236
湖南	2479	28166	10714210	2732254	2358903	58590	959640	106029	373351
广东	4326	65084	13206159	6096045	5490695	251313	1950807	237085	605350
广西	1828	18301	2887368	1620312	1358317	37238	527806	39047	261996
海南	860	8685	3821578	629453	598179	26189	245509	21595	31274
重庆	1813	14973	2112003	1596536	1422506	43406	536160	48834	174029
四川	4296	33816	11558174	3194884	2683317	87962	976189	78883	511547
贵州	2404	26130	4674207	2661593	2056971	54089	828818	196115	604623
云南	4361	33096	7827884	2670925	2222315	29212	899540	51421	448609
西藏	602	7773	1029728	664981	443931	3722	224831	12272	221050
陕西	1294	10019	4823912	953478	825962	15684	306289	29825	127516
甘肃	1504	8647	6105131	927953	758528	14660	285534	19237	169423
青海	311	3061	541749	250302	204438	3632	86673	6221	45865
宁夏	525	2814	3035841	274451	216326	3667	86627	4363	58125
新疆	1163	10114	1635637	755722	664112	20174	289219	19285	91609

2019年各地区互联网上网

地 区	机构数（个）	从业人员（人）	资产总计（千元）	营业收入
全 国	**116807**	**311859**	**48588957**	**24439437**
北 京	445	1995	257551	108019
天 津	956	2398	402161	179373
河 北	3495	9724	1210057	589267
山 西	2135	7159	1045924	427667
内蒙古	1923	5904	960488	426971
辽 宁	2007	5655	816575	374194
吉 林	1804	5339	820851	341266
黑龙江	2943	6596	915106	372982
上 海	831	4303	723242	515006
江 苏	11333	18952	3349705	1735284
浙 江	6181	16709	2845575	1703097
安 徽	7196	16496	2914313	1372399
福 建	1831	5187	729147	470319
江 西	3133	11198	2022483	1051602
山 东	11134	15120	2162233	1025857
河 南	9625	22525	2981987	1339362
湖 北	5815	14336	2549820	1274474
湖 南	8799	24669	4113021	1940484
广 东	6298	20556	2670639	1661888
广 西	2772	8813	977508	568231
海 南	1120	2554	329973	147983
重 庆	3549	12001	1752554	999626
四 川	8097	29452	4476649	2365828
贵 州	3483	11360	1988605	1018353
云 南	3391	9196	1485589	659065
西 藏	343	1457	366143	152255
陕 西	2885	10175	1525336	667710
甘 肃	1283	4373	929664	395950
青 海	315	1655	322365	128492
宁 夏	484	1784	299192	125021
新 疆	1201	4218	644501	301412

服务营业场所（网吧）基本情况

损益（千元）				
营业成本	养老、医疗、失业等保险费	本年发放工资总额	本年应交税金总额	营业利润
20225172	**541323**	**8382361**	**292506**	**4168792**
104693	5470	44719	1384	1819
162392	4609	62460	2291	16984
493799	9433	213628	5172	95356
351469	5582	143616	4469	75634
327669	5967	132201	13887	99298
329568	7433	124082	4006	40681
285224	7813	111354	5553	55917
292429	5925	115004	3927	71099
479253	18258	169487	9796	34782
1434340	43011	595777	17084	297716
1449474	58269	600536	25795	253635
1056516	36153	427992	9330	315885
400301	6209	177561	2992	70025
785395	29993	331958	17288	266210
815596	30094	330097	11248	210312
1024951	20994	474793	15689	310769
1030512	27586	423992	14335	233883
1645843	37506	668893	23068	294647
1551921	57399	650067	22388	110027
444939	8545	194691	25256	123025
138439	5572	57177	2082	9544
843072	16048	355173	4708	152208
1966636	46365	816060	17712	399212
772667	14409	300811	11008	245706
534418	5162	225726	5864	124658
119218	1363	51790	809	33038
583850	8511	259386	6501	80001
308321	4669	111208	3311	84417
113268	1481	48299	998	15013
114617	2126	44539	1342	10407
264382	9368	119284	3213	36884

2019年各地区经营性互联网

地区	机构数(个)	从业人员(人)	资产总计(千元)	损益(千元)						
				营业收入	网络游戏	网络音乐	网络动漫	网络表演	其他	营业成本
全　国	**7050**	**270276**	**964895958**	**603551489**	**604568**	**60854899**	**12884119**	**66213740**	**343718127**	**520270382**
北　京	716	45695	191273239	151782097		301026	1446279	3527290	79765302	119178997
天　津	104	3655	20873714	34036439		215471	4061	12330320	18086574	31952130
河　北	42	387	144678	233156		20	20100	360	157774	232873
山　西	38	610	157950	140970		162	68	1810	42826	137561
内蒙古	13	124	592839	8513		94		1500	5926	6772
辽　宁	48	2326	3734675	661041		1500	851	1340	609079	669887
吉　林	50	1017	1474737	746520		200	6272		2527	407757
黑龙江	44	428	482729	100428			247	2600	9861	87250
上　海	640	32827	262969175	68817661		42280116	934953	2931490	27265948	59603478
江　苏	333	5195	5953885	5238692		173866	141726	230010	3871104	4831919
浙　江	853	15882	47999515	44581945	604568	2256715	1800170	2223200	29437003	40883044
安　徽	274	4284	17261211	25355042		6575	2561495	2781680	9935694	20986504
福　建	244	7357	10051917	6880624		12835	1312608	238120	3351310	5243885
江　西	98	2552	6109067	8653934		8948	24479	12270	7043247	7859159
山　东	228	3975	8550658	6253116		581	2239	6420	2642598	3382155
河　南	294	4422	7090974	5920074		3480	33926	20950	655771	5390405
湖　北	312	6339	8785756	11715741		1666	100053	7978540	423087	9092862
湖　南	89	4620	14524603	11613074		4336	62058	2304160	8802379	10302742
广　东	1265	106987	337067455	198032661		11469151	1229364	31029040	145306532	181003822
广　西	90	1404	1184314	894234		431	4129	5220	837831	599071
海　南	277	3768	1757790	1762868		198	71217	240500	1219866	1672166
重　庆	314	4557	2942543	3716283		6232	38399	242250	512197	3311930
四　川	384	8160	9245638	13931920		4084278	3060607	96270	2574553	11393547
贵　州	78	1208	2864945	1125149		22692			151184	1074093
云　南	34	647	463248	185330			100	70	134209	213000
西　藏										
陕　西	83	1199	685936	438230		1352	28539	7430	182370	417310
甘　肃	85	383	204736	55133		165	149	900	24886	50820
青　海	6	46	7731	545		35				2026
宁　夏	1	1	200							100
新　疆	13	221	440100	670069		2774	30		666489	283117

文化单位基本情况

							工资、福利费、税金（千元）	
养老、医疗、失业等保险费	住房公积金和住房补贴	差旅费	工会经费	营业利润	营业外收入	政府补助	本年发放工资总额	本年支付的职工福利费
6887057	**2562905**	**1608293**	**1185779**	**77601246**	**6759536**	**2242343**	**44883716**	**2347343**
1943009	977201	301868	74021	26922112	1456760	706728	9833254	332689
101893	37309	31392	2710	2084304	413382	255191	531884	17311
3033	464	1077	126	286	4294	4213	14419	779
3907	483	1197	656	3407	4077	1973	35372	1716
479	20	94	16	1741	203	200	2291	63
23611	11449	2470	2248	-8848	28451	1318	100175	4852
10713	7683	2527	413	338763	850	190	70919	3464
3062	1183	943	423	13177	2165	2008	15727	876
1057049	310606	167863	25385	9214194	683958	360633	5424803	269469
74231	26774	26648	1723	406775	72133	46230	638773	35259
449565	121037	121849	10109	3698913	2070273	232465	2418166	103442
166026	20348	123916	1001056	4368532	163180	61238	1918236	645848
76985	58017	29816	10013	1636737	93312	72153	972733	51976
15835	4339	8953	1314	794777	29012	7728	160832	14821
119951	46662	17135	680	2870962	112848	29402	667068	29543
73733	16295	13018	2764	529668	60340	29510	313181	13097
105794	32863	32828	7217	2624020	97626	62451	1058136	20883
62737	21503	36269	4506	1310332	78043	47286	907240	22734
1492061	579453	528927	24657	17028833	701272	235994	15357472	699194
12498	3297	2960	578	295163	7916	6274	111645	3250
19096	5436	5461	750	90694	533236	9710	199595	14275
29911	10571	17583	843	404347	14227	3390	292278	13816
1000712	262961	119051	8974	2538367	63251	30892	3555727	34907
17576	3268	6236	3315	51055	16990	15190	128975	5937
8707	1359	2585	109	-27671	6142	4729	60881	1613
10838	1529	3662	516	20916	33247	6633	66937	3892
2195	327	852	222	4319	4340	820	12093	844
82		110	55	-1481	2273	2273	688	
		50		-100				
1768	468	953	380	386952	5735	5521	14216	793

续表

地　区	经营面积（万平方米）	知识产权（种）	拥有自主知识产权网络游戏数	拥有自主知识产权网络音乐数	拥有自主知识产权网络动漫数	注册用户数（个）	运营网络文化产品数（个）	网络音乐数
全　国	**285.25**	**591857**	**191**	**105180**	**169445**	**45518370516**	**502021297**	**317831521**
北　京	39.10	49139		3297	3857	9266843695	8436362	4581589
天　津	5.72	1393		468	328	578233870	456985	2518
河　北	0.65	407		16	3	1093169	885	99
山　西	1.41	21165		21013	16	4920746	21562	22197
内蒙古	0.45	51		1		464204	1110	20200
辽　宁	1.92	250		71	180	114589574	40646	20064
吉　林	4.65	322		1	35	1571471	1200	2810
黑龙江	1.06	491			400	2539523	100132	40
上　海	43.65	64159		13326	40034	8274127270	685439	4439286
江　苏	10.46	17891		16	1692	1645152436	24947220	24800585
浙　江	21.73	8922	191	2126	2182	7580394500	114543145	70284030
安　徽	6.06	1741		44	159	125789705	1928706	854
福　建	10.00	24752		13135	9270	1143584218	380843	294409
江　西	4.53	5751		412	906	93489773	13369	672
山　东	9.24	2980		185	5000	104523752	316843	5395
河　南	16.78	2017		435	227	30258052	76308	33631
湖　北	9.50	9266		150	340	1072486998	2312291	10496
湖　南	7.12	4798		805	1973	754678443	594676	7078
广　东	53.33	166970		28035	99130	9866285785	299479523	174194844
广　西	2.00	989		27	52	172048130	46424	1157
海　南	6.54	1472		61	912	3488077847	100034	182
重　庆	6.69	152182		3205	419	109925674	157575	4370
四　川	14.33	22809		17871	2209	992089122	39105595	39050109
贵　州	3.16	454		69		75197259	6817	10629
云　南	1.75	233		30	3	7005459	8130012	725
西　藏								
陕　西	1.94	582		5	66	12062743	113538	10153
甘　肃	1.04	274		1	49	774101	15051	12
青　海	0.07	231		225		68931	10	26606
宁　夏	0.01	1				10		
新　疆	0.37	30165		150	3	94056	8996	6781

								出口情况	
国产网络音乐数量	进口网络音乐数量	网络动漫数	国产网络漫画数量	进口网络动画数量	网络表演主播数	国内网络主播数	国外网络主播数	出口额（千元）	出口网络文化产品数量（个）
141962516	**177752986**	**3601804**	**3538108**	**44891**	**64639364**	**55272338**	**9365952**	**2137631**	**2988**
3668858	912653	36303	29519	6765	50808952	41443469	9365483	65859	1554
2518		1424	1422		304591	304585		60488	92
99		5	5		3	3		20	1
22197	1020	109	108	61	157	157			
10200	10000				3	3			
20064		601	601		6934	6934		2169	130
2810		570	175						3
40		438	437		100050	100050		1350	1
2206768	2121807	140011	119950	20060	271671	271547	124	1337243	138
1000428	23800147	2859	2733	111	2312320	2312313		158382	67
14260525	58023536	18619	18290	538	2237039	2237039		19434	30
844		313	311		1587	1563		113740	16
124307	169783	39963	32364	6973	44468	44468		133931	135
676	4	557	552	5	1341	1341		130	25
4308	1000	5981	994		287428	287425	1	6393	6
32126	5	2379	2374		3636	3628		75820	8
10495		314	314		122007	121901	40	6931	13
7078		6952	6377	528	19604	19554		12945	123
88488132	85706534	3315163	3293061	9234	7794017	7793748	219	69152	450
397	510	1105	602	503	41436	41390	46	1922	11
180	1	871	767	10	97477	97475	1	13556	29
4335		468	458		152833	151960	32	28112	11
32049113	7000986	22710	22604	103	31631	31615	5	22753	132
6766		13	13		6	6		4151	3
700		169	169		2	2		20	2
5153	5000	3853	3854		155	155	1	2000	2
12		51	51		14	5		1130	6
26606									
6781		3	3		2	2			

2019年各地区艺术品

地　区	机构数（个）	从业人员（人）	资产总计（千元）	损益（千元）					
				营业收入	营业成本	养老、医疗、失业等保险费	住房公积金和住房补贴	差旅费	工会经费
全　国	**6026**	**24333**	**48831950**	**8845177**	**7042731**	**207362**	**58591**	**106004**	**15119**
北　京	62	686	4038491	595716	524266	18592	6881	14529	96
天　津	26	146	84471	21530	20119	1717	645	878	65
河　北	34	280	204176	22958	18439	475	60	171	33
山　西	59	768	1450150	170159	150382	4115	565	2521	417
内蒙古	74	403	211162	20793	15947	463	52	433	38
辽　宁	181	741	969133	89997	91259	1949	285	1728	222
吉　林	185	376	3289306	26515	31359	1025	393	829	58
黑龙江	19	69	32336	32516	23324	83	42	445	81
上　海	260	2635	6483865	1565526	1343155	60451	15845	28555	2372
江　苏	754	3163	13895538	850054	696866	32424	11995	10489	2345
浙　江	661	2208	5012876	1339440	943533	23260	6130	8294	1604
安　徽	137	473	1049891	403053	227490	1524	77	1569	326
福　建	152	468	293564	160017	121708	3217	1030	1880	320
江　西	19	115	218369	31599	34308	697	324	192	79
山　东	1224	2884	3352212	590993	489844	15741	3766	4651	877
河　南	666	1172	1086354	501129	338560	10182	2620	2946	1051
湖　北	55	113	74206	18891	10295	435	30	681	66
湖　南	203	1613	1048902	605954	267267	9627	2539	4816	989
广　东	405	1280	1715419	334450	386022	7051	2140	10287	177
广　西	14	12	540	177	180			13	
海　南	12	23	3840	1033	855				
重　庆	154	618	831465	868754	850011	4716	1366	2796	797
四　川	130	1220	830592	189729	151419	5578	895	2256	1621
贵　州	26	327	53880	33361	28845	155	75	583	154
云　南	8	9	3491	470	328	13			
西　藏	2	2	5100	86	65				
陕　西	124	533	1328801	102236	85399	467	2	1443	177
甘　肃	336	1069	891726	166822	107881	2815	774	2151	499
青　海	37	405	268104	47154	35323	136	21	507	620
宁　夏	4	491	90040	52950	45000	365		300	20
新　疆	3	31	13950	1115	3282	89	39	61	15

经营机构基本情况

营业利润	工资、福利费、税金（千元）			经营面积（万平方米）	拍卖情况					
	本年发放工资总额	本年支付的职工福利费	本年应交税金总额		交易量（件）	交易金额（千元）	结算数量（件）	结算金额（千元）	展览/预展场次（次）	艺术活动数量（次）
1802457	**1345042**	**75165**	**458928**	**248.88**	**14099219**	**119178488**	**7126959**	**170773237**	**32699**	**40857**
71450	128473	3100	139775	4.42	62804	5870712	58388	1931223	6022	528
1411	6266	372	718	1.00	7518	68707	7187	65860	52	41
4519	2198	76	488	5.74	27753	172080	26932	171613	169	169
19777	26191	2543	5852	21.34	46276	1273041	64960	3751304	699	851
4849	4036	155	439	3.13	91081	3014056	92050	2611807	479	234
-1260	13542	533	2632	9.85	430110	37031	143277	1527082	528	1592
-4845	7278	342	636	2.30	107861	27632	99178	21586	401	633
9191	1614	56	430	1.90	15727	477263	15727	477263	125	86
222371	260895	9483	76415	17.64	460572	52863784	481009	68441450	2598	1611
153192	210796	16369	26910	20.79	426814	724602	423262	30671106	1106	3412
395908	187005	13801	83763	11.22	116955	14085965	186392	5584357	1998	6330
175563	11341	679	1151	6.14	14033	383083	13792	381743	424	181
38311	29827	1103	15821	10.62	103082	173101	102907	157241	137	225
-2709	2784	253	206	2.01	1843	33202	1811	29181	226	233
101151	86552	4239	22928	47.87	538457	10072259	430746	11110102	3228	4383
162567	52184	4266	14662	13.82	354636	2562069	362859	5093305	6257	3997
8596	2751	267	3231	0.55	3148	1567889	2650	1489382	163	1051
338686	85552	4843	17595	21.21	1622849	1134717	502137	21335647	1347	2153
-51572	65734	3220	22042	9.63	532136	4066294	1659797	2329237	1478	1021
-3	38		20	0.07	613	210	613	210	5	3
178	370		10	0.07	607	801	749	80937	13	20
18743	54944	4192	3446	4.55	207341	33614	192829	31219	1157	934
38311	49235	1592	9667	10.44	199996	401929	166317	107354	696	1780
4515	5223	495	667	0.74	7759	14711	6671	14213	66	946
142	237		15	0.08	1315	260	1200	1110	11	9
21				0.01	1009	86	1009	86		
16837	11385	694	2248	3.51	108823	60449	101021	2050145	1165	1463
58942	24173	1626	4353	10.31	8358291	11611504	1767651	329846	1872	6759
11831	10254	736	1230	3.19	215511	8435427	182392	10967058	172	113
7950	3328	78	1543	2.54	34200	10900	31352	9480	71	68
-2166	836	52	35	2.23	99	1110	94	1090	34	31

2019年各地区演出经纪

地　区	机构数（个）	从业人员（人）		资产总计（千元）	损益（千元）	
			演出经纪人员		营业收入	营业成本
全　国	**4110**	**72123**	**11944**	**1096862537**	**209574300**	**161498415**
北　京	91	4937	327	76787594	34367958	33172439
天　津	163	1723	476	7387009	13206202	12148960
河　北	67	702	183	1212484	230623	241295
山　西	58	581	197	7016996	107544	101706
内蒙古	80	871	256	10430029	3162232	2565543
辽　宁	78	1292	294	2431692	425160	427549
吉　林	86	761	208	743017	185342	173259
黑龙江	104	877	233	962695	467410	579276
上　海	240	3085	794	50836663	54258030	33857374
江　苏	616	8449	1453	8640995	3895800	3542844
浙　江	346	7527	1033	853508215	8330847	6530826
安　徽	29	578	97	497064	309220	245201
福　建	150	4412	489	4273806	2580617	2413638
江　西	33	781	128	292493	375440	360337
山　东	240	2683	630	5913176	1015972	1079014
河　南	102	1255	281	1025833	240518	239137
湖　北	59	2577	156	7172842	13029881	10817689
湖　南	112	5345	408	8370573	4863704	4533107
广　东	588	10936	1568	22975459	54577177	32015617
广　西	53	1385	191	6145533	355193	362557
海　南	107	980	342	441678	231671	290039
重　庆	90	1532	293	584263	378822	349555
四　川	192	3001	669	9241125	7417395	10032198
贵　州	87	1284	228	2499887	3830754	3698579
云　南	62	1046	224	667558	295118	272031
西　藏						
陕　西	82	1240	251	365330	275924	255374
甘　肃	77	937	200	3685955	282966	308551
青　海	18	462	55	327492	81501	82302
宁　夏	8	56	21	9559	2366	260866
新　疆	92	828	259	2415522	792913	541552

机构基本情况

		工资、福利费、税金（千元）				
养老、医疗、失业等保险费	营业利润	本年发放工资总额	本年应交税金总额	演出场次（万场次）	观众人次（万人次）	经营面积（万平方米）
5745555	**48393480**	**33346456**	**4958683**	**47.04**	**22163.37**	**1206.56**
258788	1195519	1298631	909009	5.60	1117.09	6.63
39207	1057238	257707	687761	6.22	658.98	14.61
4952	-10676	36335	17499	0.41	113.38	33.53
1774	5836	18978	6636	0.24	136.36	44.25
4098	596690	2032007	193845	0.69	305.35	18.87
22853	-2392	103378	44936	0.36	241.41	24.61
4897	12083	35929	7465	0.47	198.49	2.35
21555	-111866	108774	26327	0.60	565.30	17.31
239785	20521579	10674111	697057	3.01	924.17	157.47
111215	352960	803817	161644	5.56	4503.78	225.97
75213	2045903	711253	572336	6.71	2841.69	84.38
4815	64017	41887	22547	0.52	129.98	1.95
27026	166979	345272	101102	3.61	397.20	32.26
6342	15104	49892	10338	0.10	29.87	6.43
36855	-62244	188580	42277	1.36	613.72	42.72
8106	1381	63710	8795	0.55	480.16	14.65
120883	2212194	1221050	212202	0.16	695.92	13.94
40370	330595	287737	145881	2.36	2892.09	55.35
973893	22561560	10919731	841627	4.21	2168.60	93.13
22009	-57360	95128	21931	0.27	257.64	155.70
7312	-58369	56154	10676	0.34	73.50	3.86
14279	29268	98525	13761	0.44	176.89	29.86
3632990	-2614803	3300952	75196	0.45	325.91	8.13
25390	132173	178913	51451	0.46	218.35	9.17
5965	23088	63084	20852	0.98	460.97	52.47
13771	20551	48582	9336	0.73	368.54	19.89
7328	-25586	52830	10290	0.43	165.90	30.09
5008	-801	23091	2186	0.04	36.99	3.81
168	-258501	179793	71	0.01	2.55	0.35
8708	251360	50625	33649	0.18	1062.64	2.83

主要统计指标解释

1．**藏品**：藏品是文博机构根据收藏品的文化属性、自然属性等情况所划分的文物藏品、标本藏品、模型藏品（含具有收藏、展示价值的雕塑、绘画等艺术作品）和复制品藏品的总和。本指标所统计的藏品是指报告期末，该机构已经整理并登记入账的藏品数。尚未整理或正在整理的藏品，应在整理造册入账后列入下年统计。一级品、二级品、三级品均根据入账情况如实填写。

藏品数：指按历年来以件、套为计量单位统计的藏品数量。即单件藏品编一个号者按一件计算，成套藏品按整体编一个号者，也按一件计算（其组成部分即使有分号，也按一件计）。不易计数的藏品，如粮食、药材及液体等，不论数量多少，均按一件计算。

2．**本年新增藏品数**：指本年从各种渠道获得的新增入库藏品总数。

3．**本年从有关部门接收文物数**：指本年从公安、工商、海关等司法及检查部门移交接收的文物。

4．**本年藏品征集数**：本年从社会上征集为馆藏的文物数量（包括标本数）。

5．**本年修复文物数**：本年运用技术手段进行修复保养的馆藏文物数量（包括标本）。

6．**基本陈列**：指由本馆设计布陈、地点固定、时间较长的展出。

7．**举办展览**：展览指在本机构内设置，由本馆设计布陈、形式比较多样的展出。同一内容的巡回展览，均按一个计算。展览的计量单位不是指每次展出的文物藏品件数。与系统外机构合办的展览，由本馆统计；与系统内机构合办的，由主办馆统计。基本陈列不作为展览统计。

8．**参观人次和未成年人参观人次**：参观人次指本报告期末，向社会开放的文物保护管理机构当年接待的所有参观人次的累计数。

未成年人参观人次是指接待有组织的集体参观人次与零散观众中能够确切统计的未成年人参观人次的总和。

9．**本年承担课题、项目数**：指本机构报告期内承担的课题和项目数量。

10．**专利数**：向中央及地方专利局申请并得到承认的专利数量。

11．**专著或图录**：由本单位人员完成，经过正式出版部门编印出版的科技专著、高等院校教科书、科普著作和论文集。

12．**论文数**：是指由本机构的人员完成，并在省级以上刊物公开发表的论文数之和。

13．**古建维修报告**：地上不可移动文物维修保护工程全过程记录及应用技术研究介绍的综合性技术报告。

7 文　物

按年份各地区文物业藏品数

单位：件/套

地　区	1995年	2000年	2005年	2010年	2015年	2017年	2018年	2019年
总　计	**11331575**	**12491531**	**19964963**	**28642200**	**41388558**	**48506647**	**49604379**	**51301927**
北　京	167342	181864	1152341	3735879	3678397	4356056	4422918	4426246
天　津	546695	553684	598813	955735	1025328	1055710	1049957	1056414
河　北	617098	668097	527123	554831	613234	533944	553930	564751
山　西	394648	397373	897875	775959	1197673	1626580	1799227	1759224
内蒙古	352021	367847	442177	461499	572423	754368	1009656	1055315
辽　宁	225092	214994	423106	724758	754521	624845	644488	890550
吉　林	163694	168976	190796	299574	461091	658898	653784	669961
黑龙江	162820	166115	168899	218877	773220	1018121	990509	1016202
上　海	203424	268984	1496698	1444185	3850202	4608884	4692055	4907843
江　苏	771836	803066	1933152	2490474	2601976	2659818	2676969	2839683
浙　江	396543	494206	869053	896263	1331284	1532324	1504325	1554476
安　徽	328780	432385	446566	822095	1021742	1023988	1057972	1086317
福　建	218598	263587	419697	445866	561053	648149	710838	684439
江　西	202575	241239	387165	643335	609512	627413	626591	614660
山　东	591720	792763	811316	1448056	2090547	4506067	4506001	4617164
河　南	1021544	1260014	1435202	1833281	2101398	2001997	2065508	2102575
湖　北	560737	615162	983730	1464517	1947865	2076765	2112271	2451046
湖　南	278609	277841	532768	857677	985246	1000353	1012975	1016508
广　东	456762	498102	988920	1121797	1283237	1362898	1398121	1561236
广　西	232666	211091	301908	347472	508649	324351	379337	388157
海　南	24938	48731	30140	58398	45155	80486	166662	150445
重　庆		237413	301849	754363	689914	643174	625321	624807
四　川	675154	457941	752459	1147088	3679655	4301584	4241906	4312962
贵　州	36892	41579	54690	119594	139048	192914	182108	153374
云　南	214693	244475	299465	453712	1301043	1394886	1518885	1668431
西　藏	127026	68650	212691	143071	262984	276213	265886	287755
陕　西	502005	533192	883408	946083	2885836	4004127	4046736	4077113
甘　肃	249723	280812	429726	546332	609895	537364	556849	695668
青　海	75233	97052	141121	186276	179008	103128	93724	91858
宁　夏	37881	48620	77025	84093	103783	387188	395521	367622
新　疆	72457	94477	107777	150646	241046	246548	245892	262365

按年份各地区博物馆机构数

单位：个

地　区	1995年	2000年	2005年	2010年	2015年	2017年	2018年	2019年
总　计	**1194**	**1384**	**1581**	**2435**	**3852**	**4721**	**4918**	**5132**
北　京	17	25	34	41	40	71	82	81
天　津	14	14	18	18	22	62	65	68
河　北	31	43	46	65	107	122	134	136
山　西	69	76	86	89	100	138	152	158
内蒙古	17	25	33	54	84	93	109	125
辽　宁	26	30	39	61	64	65	65	65
吉　林	16	16	18	57	76	107	107	107
黑龙江	29	41	46	76	158	183	191	193
上　海	12	11	25	27	99	98	100	98
江　苏	72	86	99	213	312	322	329	345
浙　江	59	68	80	100	224	308	337	366
安　徽	30	37	43	120	171	196	201	219
福　建	64	81	82	94	98	123	128	130
江　西	82	81	82	108	137	139	144	143
山　东	56	59	75	114	312	485	517	541
河　南	66	70	79	111	248	334	334	340
湖　北	88	94	91	120	175	199	200	213
湖　南	57	66	73	81	113	120	121	117
广　东	114	128	146	169	177	184	184	241
广　西	37	39	49	64	124	132	131	131
海　南	17	15	16	16	18	19	19	27
重　庆		14	18	37	78	94	100	104
四　川	54	50	55	108	225	255	252	256
贵　州	4	8	11	59	73	84	91	91
云　南	22	30	32	120	86	125	137	140
西　藏	2	2	2	2	7	7	7	7
陕　西	59	67	82	106	249	282	294	294
甘　肃	52	65	69	102	150	204	215	224
青　海	8	14	15	18	23	23	24	24
宁　夏	3	4	6	6	12	54	54	55
新　疆	12	23	28	71	86	90	91	90

2019年全国文物业

	机构数（个）	从业人员（人）	专业技术人才	正高级职称	副高级职称
总　计	**10562**	**162285**	**52717**	**2652**	**7460**
按单位类型分					
文物科研机构	126	4313	2727	329	613
文物保护管理机构	3518	30689	9004	173	982
博物馆	5132	107993	39312	2047	5647
文物商店	83	1344	542	14	52
其他文物机构	1703	17946	1132	89	166
按隶属关系分					
中央	12	3092	1999	207	507
省区市	328	18526	9263	777	1868
地市	1809	49093	17476	809	2704
县市区	8413	91574	23979	859	2381
按部门分					
文物部门	8750	134959	44995	1903	6324
其他部门	1812	27326	7722	749	1136

续表 1

	本年从有关部门接收文物数	本年藏品征集数	本年修复藏品数（件/套）	一级品	二级品
总　计	**81498**	**358400**	**90965**	**424**	**3022**
按单位类型分					
文物科研机构	5136	11	21389	18	511
文物保护管理机构	5361	12382	19385	4	108
博物馆	70779	329731	48504	398	1535
文物商店					
其他文物机构	222	16276	1687	4	868
按隶属关系分					
中央	1010	2959	2464	32	192
省区市	3643	21931	24471	225	2333
地市	59927	137264	26289	66	314
县市区	16918	196246	37741	101	183
按部门分					
文物部门	79485	244975	83287	395	2987
其他部门	2013	113425	7678	29	35

基本情况

中级职称	安全保卫人员	登记注册志愿者（人）	文物藏品（件/套）	在藏品数中（件/套）一级品	二级品	三级品	本年新增藏品
21149	**33944**	**197321**	**51293830**	**90551**	**604796**	**3209814**	**877606**
1001	323	354	1522789	1589	4172	28717	167110
3766	5849	10236	1659712	8177	25054	140769	66367
15657	27548	186502	39548334	79265	563792	2985829	627190
223			7904158	185	662	7893	
502	224	229	658837	1335	11116	46606	16939
818	528	799	3338663	14941	282778	780118	4426
3579	2904	20321	18475183	31201	153633	1223544	173841
7582	9817	70118	10235089	17652	82738	628059	281236
9170	20695	106083	19244895	26757	85647	578093	418103
18417	27714	146149	38698042	84942	583107	3128436	732623
2732	6230	51172	12595788	5609	21689	81378	144983

三级品	基本陈列（个）	临时展览（个）	参观人次（万人次）	未成年人参观人次	门票销售总额（千元）	本年收入合计（千元）	财政补助收入
11266	**15024**	**15678**	**131669.83**	**31642.52**	**8911587**	**62119252**	**48698331**
2066	13	15	308.76	9.05	155139	3894947	2087024
706	1167	806	19135.91	2980.55	3480534	9895190	6799883
8368	13844	14857	112225.16	28652.93	5275914	33763420	27662129
						775583	14265
126						13790112	12135030
1895	47	131	2953.32	347.72	841533	2773411	1965250
4078	524	1068	13868.32	3112.63	1867793	11780360	8934945
3175	3970	5461	43051.53	9492.38	2761909	20043928	16349817
2118	10483	9018	71796.66	18689.79	3440352	27521553	21448319
10789	10200	12835	107071.40	26029.94	7118469	55243103	44457420
477	4824	2843	24598.43	5612.58	1793118	6876149	4240911

续表 2

	本年收入合计（千元）				
	上级补助收入	事业收入	经营收入	附属单位上缴收入	其他收入
总　计	**1697930**	**5256619**	**2838585**	**13677**	**3614110**
按单位类型分					
文物科研机构	1247	1545194	133589		127893
文物保护管理机构	608117	1507689	746343	8821	224337
博物馆	1082748	2024812	1901121	4856	1087754
文物商店					761318
其他文物机构	5818	178924	57532		1412808
按隶属关系分					
中央		584226	45613	1862	176460
省区市	38206	1760689	186907	277	859336
地市	390570	1548268	497768	1194	1256311
县市区	1269154	1363436	2108297	10344	1322003
按部门分					
文物部门	1155616	4852075	1785845	10180	2981967
其他部门	542314	404544	1052740	3497	632143

续表 3

	福利费	各种税金支出	对个人和家庭补助支出	抚恤金和生活补助	其他资本性支出
总　计	**261837**	**256483**	**1095858**	**122003**	**7115557**
按单位类型分					
文物科研机构	5496	70788	41037	6740	459582
文物保护管理机构	67442	59309	260164	16489	809426
博物馆	174232	114819	605555	65681	4786382
文物商店					
其他文物机构	14667	11567	189102	33093	1060167
按隶属关系分					
中央	4532	16457	69826	4073	153941
省区市	49941	70637	156945	20397	1922599
地市	78817	82811	516031	39869	2509572
县市区	128547	86578	353056	57664	2529445
按部门分					
文物部门	233172	201454	956957	106805	6338949
其他部门	28665	55029	138901	15198	776608

本年支出合计（千元）	基本支出	项目支出	经营支出	在支出合计中：			
				工资福利支出	商品和服务支出		
						差旅费	劳务费
61083492	**21351353**	**33829723**	**1822943**	**15002162**	**20739360**	**554807**	**2415747**
3689529	890414	2685015	74911	593586	2389403	97453	590569
9265139	3897601	4627551	386971	2784636	2778560	36720	333896
33918453	14014861	16754194	1318499	10015094	11935531	354823	1197823
725347							
13485024	2548477	9762963	42562	1608846	3635866	65811	293459
2581044	1114264	1358208	580	669696	1419202	30879	139199
11077398	3325117	6848544	106302	2437422	4863134	190855	636279
19692801	7037936	11511257	345660	4919069	6955509	118456	887315
27732249	9874036	14111714	1370401	6975975	7501515	214617	752954
53237718	18335543	30848170	1000338	12838176	18977001	495188	2273503
7845774	3015810	2981553	822605	2163986	1762359	59619	142244

各种设备、交通工具、图书购置费	资产总计（千元）	固定资产原值	实际使用房屋建筑面积（万平方米）	展览用房	文物库房	实际拥有产权面积（万平方米）
903932	**190758867**	**107386304**	**4839.66**	**1489.84**	**275.34**	**2687.42**
82852	5203362	1678003	85.97		11.84	21.42
36324	21200661	10751727	1629.32	106.07	17.14	323.20
668060	144764659	87141393	2959.06	1381.76	239.09	2272.11
	2433862	369062	16.14		5.66	10.56
116696	17156323	7446119	149.17	2.01	1.61	60.12
86351	6935116	6390733	61.03	11.09	6.17	49.70
309772	37760711	19752028	339.58	105.82	54.01	215.81
285052	59210220	32364772	1279.49	422.10	73.40	651.42
222757	86852820	48878771	3159.57	950.84	141.76	1770.49
799445	130534574	79279712	3702.69	1104.62	204.66	2114.00
104487	60224293	28106592	1136.97	385.22	70.68	573.42

2019年全国文物保护

	机构数（个）	从业人员（人）	专业技术人才	正高级职称	副高级职称
总　计	**3518**	**30689**	**9004**	**173**	**982**
按隶属关系分					
中央	1	89	28	4	8
省区市	13	373	170	6	34
地市	308	10580	2956	116	471
县市区	3196	19647	5850	47	469
按部门分类					
文物部门	3441	27848	8553	157	895
其他部门	77	2841	451	16	87
按机构类型分					
区域性文物保护管理机构	1919	15942	5912	125	637
专门为一处或几处文物保护单位设立的保护管理机构	1599	14747	3092	48	345

续表 1

	在藏品数中（件/套）		本年修复文物数（件/套）		
	本年从有关部门接收文物数	本年藏品征集数		一级品	二级品
总　计	**5361**	**12382**	**19385**	**4**	**108**
按隶属关系分					
中央					
省区市			3		
地市	121	2278	1296		69
县市区	5240	10104	18086	4	39
按部门分类					
文物部门	5361	12376	19295	3	108
其他部门		6	90	1	
按机构类型分					
区域性文物保护管理机构	4922	11908	18911	4	108
专门为一处或几处文物保护单位设立的保护管理机构	439	474	474		

管理机构基本情况

中级职称	安全保卫人员	登记注册志愿者人数（人）	藏品数（件/套）	文物藏品	一级品	二级品	三级品	本年新增藏品
3766	**5849**	**10236**	**1659712**	**690569**	**8177**	**25054**	**140769**	**66367**
16	8	119	16704					2
43	69		111589	438	372	1124	7744	
1284	1509	2708	129362	69173	1009	2821	12257	2910
2423	4263	7409	1402057	620958	6796	21109	120768	63455
3543	5536	10017	1636163	689014	8084	24739	138666	66359
223	313	219	23549	1555	93	315	2103	8
2515	2947	7065	1338141	606795	5236	15880	98713	64918
1251	2902	3171	321571	83774	2941	9174	42056	1449

三级品	基本陈列（个）	临时展览（个）	参观人次（万人次）	未成年人参观人次	本地居民参观人次	境外观众参观人次	举办社会教育活动（次）	参加活动人次（万人次）
706	**1167**	**806**	**19135.91**	**2980.55**	**6185.46**	**389.78**	**23525**	**633.33**
	13	50	410.00	94.00	50.00	4.00	90	0.85
3	1		200.07	0.73	55.48	3.86	13	1.08
199	475	391	6898.44	774.18	1825.93	111.60	6189	267.52
504	678	365	11627.40	2111.63	4254.06	270.32	17233	363.89
706	1148	750	15890.14	2665.76	5535.95	361.23	23321	499.12
	19	56	3245.77	314.79	649.51	28.55	204	134.21
703	916	655	7596.31	1411.70	2704.73	217.06	17702	306.50
3	251	151	11539.61	1568.84	3480.74	172.72	5823	326.83

续表 2

			本年完成科研成果		
	未成年人参加人次	门票销售总额（千元）	省部级及以上科研课题数（个）	专著或图录（册）	论文数（篇）
总　　计	**271.55**	**3480534**	**15**	**61**	**226**
按隶属关系分					
中央	0.75	103584		1	4
省区市	0.43	167388	2	3	22
地市	99.89	1645509	8	25	72
县市区	170.49	1564053	5	32	128
按部门分类					
文物部门	207.31	2577079	15	60	221
其他部门	64.24	903455		1	5
按机构类型分					
区域性文物保护管理机构	133.27	1075486	10	37	137
专门为一处或几处文物保护单位设立的保护管理机构	138.28	2405048	5	24	89

续表 3

	其他收入	本年支出合计（千元）	基本支出	项目支出	经营支出
总　　计	**224337**	**9265139**	**3897601**	**4627551**	**386971**
按隶属关系分					
中央	1402	130718	129471	1247	
省区市	549	222428	107643	103766	
地市	80302	3669146	1582873	1871029	55914
县市区	142084	5242847	2077614	2651509	331057
按部门分类					
文物部门	151297	8314188	3578293	3998274	386961
其他部门	73040	950951	319308	629277	10
按机构类型分					
区域性文物保护管理机构	115184	5686683	2226274	2984009	284551
专门为一处或几处文物保护单位设立的保护管理机构	109153	3578456	1671327	1643542	102420

古建维修、考古发掘报告（册）	获国家奖（个）	获省、部奖（个）	本年收入合计（千元）	财政补助收入	上级补助收入	事业收入	经营收入	附属单位上缴收入
38	**6**	**18**	**9895190**	**6799883**	**608117**	**1507689**	**746343**	**8821**
			141551	18032		120255		1862
			285080	188578	2763	93190		
19	1	11	3654961	2531912	189071	779161	73589	926
19	5	7	5813598	4061361	416283	515083	672754	6033
38	6	18	8986104	6095149	607507	1379229	745963	6959
			909086	704734	610	128460	380	1862
38	3	4	5851925	4188093	406710	751601	390049	288
	3	14	4043265	2611790	201407	756088	356294	8533

在支出合计中：							
工资福利支出	商品和服务支出	差旅费	劳务费	福利费	各种税金支出	对个人和家庭补助支出	抚恤金和生活补贴
2784636	**2778560**	**36720**	**333896**	**67442**	**59309**	**260164**	**16489**
44811	77397	571	466	3938	3917	225	225
71756	130146	2810	1242	263	764	1005	153
1105266	1306627	13392	177908	32410	39059	164239	7196
1562803	1264390	19947	154280	30831	15569	94695	8915
2552125	2418884	34278	302334	62026	46929	185609	13324
232511	359676	2442	31562	5416	12380	74555	3165
1667855	1609830	25243	223661	47665	41597	129749	10179
1116781	1168730	11477	110235	19777	17712	130415	6310

续表 4

	其他资本性支出	各种设备、交通工具、图书购置费	资产总计（千元）	固定资产原值	实际使用房屋建筑面积（万平方米）
总　计	**809426**	**36324**	**21200661**	**10751727**	**1629.32**
按隶属关系分					
中央	2319	2204	526485	418686	2.71
省区市	4682	286	419516	103867	1.26
地市	278424	9574	12089779	5221887	317.22
县市区	524001	24260	8164881	5007287	1308.14
按部门分类					
文物部门	785211	30407	18208054	9392251	1354.37
其他部门	24215	5917	2992607	1359476	274.95
按机构类型分					
区域性文物保护管理机构	398454	23248	11082886	6634527	196.59
专门为一处或几处文物保护单位设立的保护管理机构	410972	13076	10117775	4117200	1432.73

续表 5

	进行考古发掘情况			
	出土器物（件/套）	原址保护展示面积（万平方米）	异地保护展示面积（万平方米）	主办刊物（种）
总　计	**32415**	**173.35**	**0.82**	**31**
按隶属关系分				
中央				
省区市	820			
地市	7376	0.51	0.80	11
县市区	24219	172.84	0.02	20
按部门分类				
文物部门	32415	173.35	0.82	31
其他部门				
按机构类型分				
区域性文物保护管理机构	32296	11.70	0.82	22
专门为一处或几处文物保护单位设立的保护管理机构	119	161.65		9

		实际拥有产权面积（万平方米）	文物保护规划和方案设计（个）	文物保护维修情况			
展览用房	文物库房（含标本室）			国保单位保护维修项目数（个）	保护维修面积（平方米）	省保单位保护维修项目数（个）	市、县保单位保护维修项目数（个）
106.07	**17.14**	**323.20**	**974**	**662**	**17700003**	**504**	**595**
1.17	0.04			3	27360		
0.32	0.04	4.20	2	10	647		
23.83	3.14	101.10	80	103	4197093	44	24
80.76	13.92	217.90	892	546	13474903	460	571
103.19	16.89	316.23	972	648	17652426	504	593
2.88	0.26	6.98	2	14	47577		2
62.19	10.51	188.39	853	437	12100538	471	583
43.89	6.64	134.81	121	225	5599465	33	12

国际合作项目数（个）	文博单位举办新媒体情况			
	举办网站（个）	网站年访问量（次）	举办微信公众号、微博（个）	举办微信公众号、微博关注人数（人）
6	**72**	**13468133**	**236**	**10158241**
5	1	1280000	3	414000
	1	212000	1	147
1	22	8688068	88	5923605
	48	3288065	144	3820489
1	70	11909303	227	9435201
5	2	1558830	9	723040
1	35	9847826	133	3211355
5	37	3620307	103	6946886

2019年全国博物馆

	机构数（个）	从业人员（人）	专业技术人才	正高级职称	副高级职称	中级职称
总　计	**5132**	**107993**	**39312**	**2047**	**5647**	**15657**
其中：免费开放	4377	82948	31827	1697	4552	12740
按机构类型分						
综合性	1821	43235	18564	835	2810	7813
历史类	1769	41488	12688	540	1669	4966
艺术类	518	6478	2532	276	355	887
自然科技类	191	4773	2123	150	334	792
其他	833	12019	3405	246	479	1199
按隶属关系分						
中央	3	2402	1630	143	415	660
省区市	150	13535	6734	503	1353	2637
地市	1124	32638	13186	610	2004	5750
县市区	3855	59418	17762	791	1875	6610
按系统分类						
文物部门	3480	84502	32369	1349	4634	13280
其他部门	560	12659	4048	230	587	1603
非国有	1092	10832	2895	468	426	774

续表 1

	在藏品数中（件/套）		本年修复文物数（件/套）			
	本年从有关部门接收文物数	本年藏品征集数		一级品	二级品	三级品
总　计	**70779**	**329731**	**48504**	**398**	**1535**	**8368**
其中：免费开放	40950	271059	42329	301	1315	7847
按机构类型分						
综合性	38212	140561	27688	263	1184	6495
历史类	2821	64808	13477	106	297	1257
艺术类	176	6430	2104	3	17	383
自然科技类	310	53915	2053	18	22	106
其他	29260	64017	3182	8	15	127
按隶属关系分						
中央	1010	2959	2268	21	166	1877
省区市	3643	21931	11435	217	997	2339
地市	54667	119636	15664	64	234	2653
县市区	11459	185205	19137	96	138	1499
按系统分类						
文物部门	68766	216312	40916	370	1500	7891
其他部门	1185	26415	1678	26	21	272
非国有	828	87004	5910	2	14	205

基本情况

安全保卫人员	登记注册志愿者人数（人）	藏品数（件/套）	文物藏品	一级品	二级品	三级品	本年新增藏品
27548	**186502**	**39548334**	**22546053**	**79265**	**563792**	**2985829**	**627190**
21061	157859	31342995	17137153	58780	279498	2269385	419963
11385	84063	17094403	12396887	44179	174172	1822079	247393
10501	55313	9767738	7008587	25611	303598	857146	93250
1558	9524	2408486	180847	2423	38151	138402	15181
926	24780	3986713	205236	3113	14198	33497	163352
3178	12822	6290994	2754496	3939	33673	134705	108014
514	680	3306602	3306602	14941	282778	780118	4424
2699	20204	10634736	7770263	29225	144502	1194018	35616
8106	67061	8075103	4977967	16029	74803	577309	234096
16229	98557	17531893	6491221	19070	61709	434384	353054
21631	135549	29438375	19659642	74044	545940	2910551	482215
2864	36726	2622868	480053	2552	8201	33422	43690
3053	14227	7487091	2406358	2669	9651	41856	101285

基本陈列（个）	临时展览（个）	参观人次（万人次）	未成年人参观人次	本地居民参观人次	境外观众参观人次	举办社会教育活动（次）	参加活动人次（万人次）
13844	**14857**	**112225.16**	**28652.93**	**54761.30**	**2925.68**	**375216**	**12352.46**
12182	13495	91454.26	25250.74	46716.26	2274.31	302394	10228.72
5329	7759	36487.68	10735.55	19211.25	1073.62	145885	4702.19
3893	3763	54882.64	12439.40	25717.89	1347.83	141875	5048.57
1221	1504	5167.62	1310.64	2629.51	160.66	17095	402.33
1282	360	5123.28	1774.40	2188.33	104.10	45935	417.28
2119	1471	10563.94	2392.94	5014.33	239.47	24426	1782.09
34	81	2543.32	253.72	86.42	187.04	14662	52.99
517	1066	13575.73	3105.94	6458.09	479.82	48500	1940.95
3488	5057	35936.85	8715.11	19104.54	764.86	113880	3988.26
9805	8653	60169.26	16578.16	29112.25	1493.96	198174	6370.26
9039	12070	90872.50	23355.13	43606.21	2404.93	284114	10069.99
1354	1020	13890.27	3247.17	7286.45	289.77	78598	1621.61
3451	1767	7462.39	2050.63	3868.64	230.98	12504	660.86

续表 2

			本年完成科研成果			
	未成年人参加人次	门票销售总额（千元）	省部级及以上科研课题数（个）	专利（个）	专著或图录（册）	论文数（篇）
总　计	**4993.01**	**5275914**	**603**	**319**	**1082**	**5934**
其中：免费开放	4339.74	378443	439	265	855	4800
按机构类型分						
综合性	2068.48	751723	318	74	465	3157
历史类	1990.73	3801671	128	39	331	1902
艺术类	202.85	28115	19	53	136	305
自然科技类	214.36	338704	76	12	54	299
其他	516.59	355701	62	141	96	271
按隶属关系分						
中央	24.81	737949	28		122	606
省区市	556.06	1677121	264	47	317	2215
地市	1434.21	984545	144	62	326	1904
县市区	2977.93	1876299	167	210	317	1209
按系统分类						
文物部门	3986.55	4386251	500	128	856	5162
其他部门	671.07	828761	90	122	103	673
非国有	335.39	60902	13	69	123	99

续表 3

	附属单位上缴收入	其他收入	捐赠收入	本年支出合计（千元）	基本支出	项目支出
总　计	**4856**	**1087754**	**72310**	**33918453**	**14014861**	**16754194**
其中：免费开放	4569	839115	50593	24667423	10001286	12786094
按机构类型分						
综合性	2947	432488	17498	14651621	5910888	7646528
历史类	1200	396156	30998	12573273	5169106	6134087
艺术类	445	81695	8310	1633283	691337	766316
自然科技类	210	72453	673	1742510	774598	838142
其他	54	104962	14831	3317766	1468932	1369121
按隶属关系分						
中央		60101		1816879	728162	1088137
省区市	277	126699	18843	7175174	2512922	4579330
地市	268	406936	14548	10062905	4313206	5314089
县市区	4311	494018	38919	14863495	6460571	5772638
按系统分类						
文物部门	3221	839481	37132	27351502	11322139	14407408
其他部门	30	108699	12176	3808280	1780523	1556053
非国有	1605	139574	23002	2758671	912199	790733

古建维修、考古发掘报告（册）	获国家奖（个）	获省、部奖（个）	本年收入合计（千元）	财政补助收入	上级补助收入	事业收入	经营收入
94	**125**	**523**	**33763420**	**27662129**	**1082748**	**2024812**	**1901121**
75	106	441	24119938	21225887	947574	668628	434165
66	49	192	13961795	12256617	338747	733655	197341
9	25	96	13917540	10950259	625766	832072	1112087
4	42	106	1503498	1214935	18548	84609	103266
		43	1726971	1247435	16999	238141	151733
15	9	86	2653616	1992883	82688	136335	336694
5	3	7	1972028	1567959		298355	45613
16	23	115	7798104	7166846	34077	407168	63037
32	50	211	10399930	8961808	200537	472027	358354
41	49	190	13593358	9965516	848134	847262	1434117
83	80	371	28130238	24149003	541044	1748728	848761
7	7	72	4008532	2708631	208116	269946	713110
4	38	80	1624650	804495	333588	6138	339250

经营支出	在支出合计中：						
	工资福利支出	商品和服务支出	差旅费	劳务费	福利费	各种税金支出	对个人和家庭补助支出
1318499	**10015094**	**11935531**	**354823**	**1197823**	**174232**	**114819**	**605555**
568057	7232536	8369850	305058	1018136	123230	61197	416140
279208	4383106	5113701	226515	640073	98839	46911	279223
613314	3840594	4932001	81252	397796	37565	24014	253313
97428	496406	401843	15985	30815	7513	7123	21927
85680	470981	689680	12092	43509	5116	22426	15915
242869	824007	798306	18979	85630	25199	14345	35177
580	516455	1010863	10549	95240	403	6122	65027
46829	1843313	2942041	98414	286086	44183	10784	115236
232191	3152414	3700031	78415	391713	40113	27885	257439
1038899	4502912	4282596	167445	424784	89533	70028	167853
495904	8087761	10537784	297699	1087244	150995	72170	541396
387368	1207876	1219310	20974	85167	14747	35595	58280
435227	719457	178437	36150	25412	8490	7054	5879

续表 4

	抚恤金和生活补贴	其他资本性支出	各种设备、交通工具、图书购置费	资产总计(千元)	固定资产原值
总　计	**65681**	**4786382**	**668060**	**144764659**	**87141393**
其中：免费开放	53565	3592841	527373	109373732	66554298
按机构类型分					
综合性	32364	2513715	427732	50281328	34919171
历史类	25590	1344296	125824	40312238	25407964
艺术类	3069	366071	27656	15937724	6825693
自然科技类	2517	314292	54193	12978792	9491296
其他	2141	248008	32655	25254577	10497269
按隶属关系分					
中央	3165	99432	51499	4598911	4955972
省区市	12370	1712370	245836	30659973	18097202
地市	27348	1509775	239808	37359808	24146446
县市区	22798	1464805	130917	72145967	39941773
按系统分类					
文物部门	53740	4033994	569490	88783091	60716590
其他部门	9629	556651	63222	36382406	17682481
非国有	2312	195737	35348	19599162	8742322

续表 5

	进行考古发掘情况			
	考古发掘面积(万平方米)	出土器物(件/套)	原址保护展示面积(万平方米)	异地保护展示面积(万平方米)
总　计	**89.55**	**90151**	**9.86**	**0.29**
其中：免费开放	88.87	56757	9.35	0.29
按机构类型分				
综合性	49.04	45218	5.84	0.09
历史类	30.88	8739	3.71	
艺术类	0.19	1004	0.05	
自然科技类	3.00	3337	0.10	
其他	6.44	31853	0.15	0.20
按隶属关系分				
中央	0.24	1039		
省区市	6.52	15467	0.44	0.08
地市	9.09	50205	3.49	0.21
县市区	73.71	23440	5.93	
按系统分类				
文物部门	89.55	90147	9.21	0.09
其他部门			0.42	
非国有		4	0.23	0.20

实际使用房屋建筑面积（万平方米）	展览用房	文物库房（含标本室）面积	实际拥有产权面积（万平方米）	文物保护规划和方案设计（个）	文物保护单位保护维修情况			
					国保单位保护维修项目数（个）	保护维修面积（平方米）	省保单位保护维项修目数（个）	市、县保单位保护维修项目数（个）
2959.06	**1381.76**	**239.09**	**2272.11**	**1120**	**476**	**7646527**	**383**	**375**
2406.00	1106.88	202.37	1819.33	986	362	6986968	362	352
1425.68	583.64	132.11	808.96	629	209	4731094	260	290
851.66	416.40	49.37	915.03	307	222	2793814	93	61
166.01	91.23	17.15	90.10	63	7	30217	10	6
162.00	106.79	11.08	91.21	15	2	2200	5	9
353.72	183.69	29.38	366.81	106	36	89202	15	9
49.34	9.92	5.74	45.90	24	12	21554		
294.73	104.70	41.04	187.15	191	24	105333	9	
857.89	398.27	64.79	530.16	249	136	2607842	39	38
1757.10	868.87	127.51	1508.91	656	304	4911798	335	337
2144.23	999.42	169.72	1709.54	922	451	7554851	372	372
334.59	175.20	14.92	288.16	34	23	87076	8	1
480.23	207.14	54.44	274.41	164	2	4600	3	2

主办刊物（种）	国际合作项目数（个）	文博单位举办新媒体情况			
		举办网站（个）	网站年访问量（次）	举办微信公众号、微博（个）	举办微信公众号、微博关注人数（次）
285	**381**	**1316**	**1414456857**	**8474**	**124672654**
223	315	1117	1192824695	7200	65862615
90	128	567	214360391	4197	44343685
95	141	392	221265107	2795	45035047
35	49	120	27265969	340	6083334
25	12	65	34923100	241	4872899
40	51	172	916642290	901	24337689
22	5	2	32688444	8	14436517
86	40	98	109749043	951	33720705
61	119	448	122451777	2749	21380615
116	217	768	1149567593	4766	55134817
189	250	946	1328841540	7163	105555423
19	45	171	73136310	532	9993176
77	86	199	12479007	779	9124055

2019年全国文物

	机构数（个）	从业人员（人）					库存文物数（件/套）	
			专业技术人才					一级品
				正高级职称	副高级职称	中级职称		
总　计	**83**	**1344**	**542**	**14**	**52**	**223**	**7904158**	**185**
按隶属关系分								
中央								
省区市	35	791	322	12	30	121	6707023	157
地市	34	440	172	1	12	77	1143669	28
县市区	14	113	48	1	10	25	53466	
按系统分类								
文物部门	59	931	427	7	40	181	5451337	50
其他部门	24	413	115	7	12	42	2452821	135

续表

	损益（千元）							
	主营业务收入	营业成本					营业利润	营业外收入
			养老、医疗、失业等各种社会保险费	住房公积金和住房补贴	差旅费	工会经费		
总　计	**685485**	**719986**	**34599**	**17597**	**8532**	**2436**	**32481**	**23116**
按隶属关系分								
中央								
省区市	390474	382650	24408	12673	5962	1658	45605	13259
地市	268443	294905	8705	4389	1928	756	-3328	6991
县市区	26568	42431	1486	535	642	22	-9796	2866
按系统分类								
文物部门	507454	519032	21020	12629	4790	1537	35166	19621
其他部门	178031	200954	13579	4968	3742	899	-2685	3495

商店基本情况

二级品	三级品	资产、负债、所有者权益（千元） 资产总计	固定资产原价	当年提取的折旧总额	负债合计	所有者权益合计	实收资本	国家资本金	损益（千元） 营业收入
662	**7893**	**2433862**	**369062**	**18779**	**590895**	**1842967**	**486875**	**254825**	**752467**
514	2215	1705296	221997	12187	332998	1372298	369647	179647	428255
148	5678	657135	131281	4617	215820	441315	74422	57991	291577
		71431	15784	1975	42077	29354	42806	17187	32635
29	5560	1675982	192134	10194	366278	1309704	206565	191825	554198
633	2333	757880	176928	8585	224617	533263	280310	63000	198269

政府补助（补贴收入）	营业外支出	利润总额	工资、福利费、税金（千元） 本年发放工资总额	本年支付的职工福利费	本年应交税金总额	实际使用房屋建筑面积（万平方米）	营业用房	库房	实际拥有产权面积（万平方米）
14265	**5361**	**50236**	**148109**	**8870**	**40891**	**16.14**	**7.87**	**5.66**	**10.56**
11283	5173	53691	92646	5968	28045	10.03	4.20	4.22	5.29
2908	164	3499	47971	2596	11628	4.57	3.03	1.33	3.59
74	24	-6954	7492	306	1218	1.54	0.65	0.12	1.68
14222	3369	51418	96680	5343	33166	12.29	5.64	4.61	8.75
43	1992	-1182	51429	3527	7725	3.85	2.23	1.06	1.82

2019年文物保护科学

	机构数（个）	从业人员（人）	专业技术人才	正高级职称	副高级职称	中级职称	安全保卫人员	登记注册志愿者人数（人）
总　计	**126**	**4313**	**2727**	**329**	**613**	**1001**	**323**	**354**
按性质分类								
考古研究	83	2978	1911	252	437	692	166	231
古建研究	15	549	375	27	66	142	49	30
其他研究	28	786	441	50	110	167	108	93
按隶属关系分类								
中央	1	121	92	12	32	37	5	
省区市	44	2320	1590	233	372	570	124	81
地市	70	1753	973	74	196	373	169	273
县市区	11	119	72	10	13	21	25	
按经费来源分类								
文物经费	106	3679	2306	263	516	845	296	354
科研经费	11	480	366	61	88	134	17	
其他经费	9	154	55	5	9	22	10	

续表 1

	三级品	基本陈列（个）	临时展览（个）	参观人次（万人次）	未成年人参观人次	本地居民参观人次	境外观众参观人次	举办社会教育活动（次）
总　计	**2066**	**13**	**15**	**308.76**	**9.05**	**93.50**	**1.70**	**345**
按性质分类								
考古研究	1057	13	6	85.46	6.73	79.85	1.06	166
古建研究	33		7	2.00	0.50	0.70		3
其他研究	976		2	221.30	1.82	12.95	0.64	176
按隶属关系分类								
中央	18							
省区市	1724	6	2	92.52	5.96	77.95	1.60	248
地市	233	7	13	216.24	3.09	15.55	0.10	97
县市区	91							
按经费来源分类								
文物经费	1986	13	14	298.27	8.12	84.20	1.36	319
科研经费	80							25
其他经费			1	10.49	0.93	9.30	0.34	1

研究机构基本情况

藏品数（件/套）	文物藏品	一级品	二级品	三级品	在藏品数中（件/套） 本年新增藏品	本年从有关部门接收文物数	本年藏品征集数	本年修复文物数（件/套）	一级品	二级品
1522789	**901194**	**1589**	**4172**	**28717**	**167110**	**5136**	**11**	**21389**	**18**	**511**
1101114	487126	1548	3417	23193	156528	5136	11	15992		164
409883	407999	34	696	4831	10582			696	2	1
11792	6069	7	59	693				4701	16	346
4419								55	11	26
791699	277787	1253	2457	15500	138225			11727	5	474
721318	618380	270	1631	12308	28874	5136		9220	2	11
5353	5027	66	84	909	11		11	387		
1240139	884380	1334	3771	26965	166095	5136	11	17174	18	511
281191	16814	246	360	1384	1015			4215		
1459		9	41	368						

参加活动人次（万人次）	未成年人参加人次	门票销售总额（千元）	本年完成科研成果 省部级及以上科研课题数（个）	专利（个）	专著或图录（册）	论文数（篇）	古建维修、考古发掘报告（册）	获国家奖（个）	获省、部奖（个）	本年收入合计（千元）
7.39	**3.41**	**155139**	**110**	**4**	**92**	**978**	**210**	**11**	**55**	**3894947**
1.79	0.76	23284	51	1	64	772	183	10	35	3134349
0.15	0.01		10		11	49	22	1	2	325778
5.45	2.64	131855	49	3	17	157	5		18	434820
			23	1	14	83	3		11	144494
6.01	2.85	23284	73	3	58	652	164	9	25	2418309
1.38	0.56	131855	14		19	242	43	2	19	1258720
					1	1				73424
7.01	3.35	153179	99	4	78	813	196	6	49	3284651
0.23	0.06		9		13	156	14	5	6	567782
0.15		1960	2		1	9				42514

续表 2

	本年收入合计（千元）						本年支出合计（千元）	
	财政补助收入	上级补助收入	事业收入	经营收入	附属单位上缴收入	其他收入		基本支出
总　　计	**2087024**	**1247**	**1545194**	**133589**		**127893**	**3689529**	**890414**
按性质分类								
考古研究	1633267	1149	1319558	61881		118494	2927429	596941
古建研究	143109		131011	50710		948	316822	79557
其他研究	310648	98	94625	20998		8451	445278	213916
按隶属关系分类								
中央	62635		77177			4682	163289	133844
省区市	1046684	735	1240055	90205		40630	2295645	469593
地市	957970	288	227962	42128		30372	1179441	274300
县市区	19735	224		1256		52209	51154	12677
按经费来源分类								
文物经费	1723860	1247	1333802	108376		117366	3138205	801256
科研经费	340841		201964	20998		3979	513287	73450
其他经费	22323		9428	4215		6548	38037	15708

续表 3

	各种设备购置费	资产总计（千元）	固定资产原值	公用房屋建筑面积（万平方米）	文物库房（含标本室）面积	实验室面积	实际拥有产权面积（万平方米）	文物保护规划和方案设计（个）
总　　计	**82852**	**5203362**	**1678003**	**85.97**	**11.84**	**2.47**	**21.42**	**330**
按性质分类								
考古研究	74258	3776993	1077973	27.99	10.01	0.87	11.60	41
古建研究	2483	463083	94471	46.01	0.88	0.03	0.83	130
其他研究	6111	963286	505559	11.97	0.94	1.56	8.99	159
按隶属关系分类								
中央	5060	473806	261660	3.01	0.28	0.13	2.99	116
省区市	61772	3832497	1008089	23.57	7.35	0.72	12.01	175
地市	15422	855972	396699	58.75	4.08	1.55	6.42	39
县市区	598	41087	11555	0.64	0.13	0.06		
按经费来源分类								
文物经费	73646	4374407	1360699	35.05	10.54	1.37	15.94	304
科研经费	9202	778791	309994	7.34	1.05	1.09	1.28	25
其他经费	4	50164	7310	43.58	0.24		4.20	1

项目支出	经营支出	在支出合计中：								
		工资福利支出	商品和服务支出					对个人和家庭补助支出		其他资本性支出
				差旅费	劳务费	福利费	税金支出		抚恤金和生活补贴	
2685015	**74911**	**593586**	**2389403**	**97453**	**590569**	**5496**	**70788**	**41037**	**6740**	**459582**
2276708	46171	399638	1968511	78664	466022	3873	58303	32567	5820	367857
194137	11549	65134	184777	6111	77749	1064	7505	5454	530	29019
214170	17191	128814	236115	12678	46798	559	4980	3016	390	62706
29445		47902	101371	8053	33783		4114	1406	66	12610
1758247	36223	344743	1544917	78189	324155	3859	57066	25935	5732	199979
859171	38363	188855	705204	10034	214168	1568	9533	13504	896	245398
38152	325	12086	37911	1177	18463	69	75	192	46	1595
2246742	51018	515096	2013520	83839	481023	4431	57083	33381	2254	436730
422646	17191	67361	367143	12499	106028	936	13460	5811	4375	12473
15627	6702	11129	8740	1115	3518	129	245	1845	111	10379

进行考古发掘情况				国际合作项目数（个）	主办刊物（种）	文博单位举办新媒体情况			
考古发掘面积（万平方米）	出土器物（件/套）	原址保护展示面积（万平方米）	异地保护展示面积（万平方米）			举办网站（个）	网站年访问量（次）	举办微信公众号、微博（个）	举办微信公众号、微博关注人数（人）
77.38	**146092**	**3.22**	**0.06**	**28**	**18**	**18**	**3064001**	**54**	**18014516**
75.92	135510	3.22	0.06	14	14	11	2981478	40	17578526
1.46	10582			5	2	4	24641	6	5663
				9	2	3	57882	8	430327
				9	1				
52.55	83177	1.93	0.01	14	15	10	951558	29	1468625
23.18	56383	1.23	0.06	5	2	8	2112443	25	16545891
1.64	6532	0.06							
66.98	114422	3.16	0.06	21	14	13	814659	48	1061739
10.31	31670	0.06		5	3	5	2249342	5	16950625
0.09				2	1			1	2152

2019年全国各地区

地区	机构数（个）	从业人员（人）					安全保卫人员	登记注册志愿者（人）
			专业技术人才	正高级职称	副高级职称	中级职称		
总计	**10562**	**162285**	**52717**	**2652**	**7460**	**21149**	**33944**	**197321**
北京	144	6781	1547	54	214	487	1655	11538
天津	88	1621	729	29	115	283	242	2558
河北	475	8451	2315	121	423	874	1845	2314
山西	411	8906	2292	60	284	864	1661	2778
内蒙古	228	2652	1389	67	243	584	456	2568
辽宁	144	3554	1391	67	214	754	579	2972
吉林	170	1919	1031	78	210	375	308	1306
黑龙江	277	2934	1357	104	288	592	671	4438
上海	127	3493	1957	60	183	782	468	9739
江苏	453	9087	2845	168	448	1166	1935	19121
浙江	557	10652	2895	220	476	1158	1841	18885
安徽	324	3856	1513	67	195	580	1024	5144
福建	192	3227	1147	92	161	426	795	4880
江西	242	4262	1370	69	162	575	982	5376
山东	727	11981	4203	229	642	1753	2185	11972
河南	641	12377	3035	162	426	1268	2977	20523
湖北	336	5544	2402	119	265	1042	1199	8318
湖南	271	4862	1258	37	132	513	853	5762
广东	358	6073	2332	71	231	1004	1069	10846
广西	215	2754	1167	57	131	495	632	5864
海南	61	883	194	1	13	48	240	466
重庆	186	3443	1145	69	172	395	806	15513
四川	494	8973	2328	91	216	844	2377	5764
贵州	204	2297	542	12	54	170	432	999
云南	386	2813	1637	65	324	750	602	1827
西藏	1397	1559	230	3	21	59	342	
陕西	674	15416	3509	172	358	1349	3274	6848
甘肃	385	4864	1771	52	199	690	932	5231
青海	108	659	228	6	36	92	102	74
宁夏	81	1186	411	21	70	156	320	546
新疆	194	2114	548	22	47	203	612	2352

文物业基本情况

文物藏品（件/套）	一级品	二级品	三级品	在藏品数中（件/套）			本年修复藏品数（件/套）	一级品
				本年新增藏品数（件/套）	本年从有关部门接收文物数（件/套）	本年藏品征集数（件/套）		
51293830	**90551**	**604796**	**3209814**	**877606**	**81498**	**358400**	**90965**	**424**
4426246	3459	12816	88980	25675	36	25118	1305	1
1056414	1050	5435	134980	3175	63	1098	100	7
564751	1491	13728	46647	13338	4429	7106	1037	10
1759224	4113	9061	59425	8984	3289	889	4114	157
1055315	2700	7986	13166	4420	2912	857	1043	4
890550	2002	15224	157789	4670	6	3772	308	3
669961	568	6011	31459	6736	541	4924	686	1
1016202	2709	5909	47925	10238	341	7349	218	
4907843	2648	41108	174127	16546	720	13232	363	10
2839683	3705	21308	254811	44563	17280	7216	4091	43
1554476	2375	11043	81953	30584	5732	15339	3067	13
1086317	2669	6010	60929	10878	663	2966	997	7
684439	1096	3064	105041	8993	32	8061	385	4
614660	1645	6023	47219	6249	5	4655	295	
4617164	5964	14573	104414	105924	134	18480	8876	14
2102575	2888	18032	267456	62053	1171	45994	6162	19
2451046	3107	8948	120592	51308	392	48909	11870	3
1016508	1911	6861	66655	6582	1049	4001	5054	1
1561236	1580	16109	69554	75191	29785	19729	2935	7
388157	331	5395	40300	8627	461	6977	332	
150445	193	731	3241	2677	1	1899	5	
624807	1146	2534	28770	13029	529	7200	2593	4
4312962	5505	15278	131259	87163	1762	77882	19903	4
153374	158	901	3009	5622	133	4790	134	
1668431	1031	2218	19268	107131	923	2237	3338	1
287755	5758	31781	64285	768		684	13	
4077113	7176	14758	83923	16790	7235	8217	2759	64
695668	4757	12471	105937	126135	648	2824	2986	
91858	690	1363	2792	2324		567	124	
367622	367	3848	8772	2289		948	468	
262365	818	1491	5018	4518	216	1521	2940	15

续表 1

地　区	二级品	三级品	基本陈列（个）	临时展览（个）	参观人次（万人次）	未成年人参观人次（万人次）	门票销售总额（千元）	本年收入合计（千元）
总　计	**3022**	**11266**	**15024**	**15678**	**131669.83**	**31642.52**	**8911587**	**62119252**
北　京	6	23	249	283	3964.09	597.55	619205	4623408
天　津	24	17	201	257	1486.90	377.04	34076	502077
河　北	124	198	347	461	4457.63	1251.93	501923	1819735
山　西	980	1000	320	214	3502.55	714.06	447245	3396818
内蒙古	509	61	381	240	1602.99	477.22	8449	812730
辽　宁	31	155	536	546	2722.44	534.19	184367	948244
吉　林	1		203	365	1120.74	370.86	45150	514827
黑龙江	7	42	455	489	2223.86	602.51	687	474063
上　海	24	116	255	460	2792.07	698.20	441659	2738923
江　苏	82	231	918	1162	10317.99	2398.34	333602	3322360
浙　江	29	213	1096	1463	12006.25	2545.34	658683	5375677
安　徽	20	151	613	530	3269.79	1023.20	25519	1096606
福　建		24	350	971	4435.13	1240.22	31818	963896
江　西	2	10	417	374	4100.85	1372.34	10014	1015634
山　东	261	1027	1772	1221	9147.87	2630.89	720197	2824768
河　南	109	1219	741	867	7480.59	2231.28	446578	2862908
湖　北	256	1804	611	549	4908.61	1419.49	160015	1827359
湖　南	93	551	276	316	7164.48	2139.10	22094	2155967
广　东	28	44	1105	1389	7284.05	1891.53	248935	6259924
广　西	23	134	290	324	2213.30	546.06	909	615593
海　南			82	137	663.04	188.57	3750	808593
重　庆	13	194	257	398	3823.04	613.85	112914	1008575
四　川	45	1048	686	570	7970.13	1646.16	644068	2566816
贵　州	12	3	192	115	1917.20	346.25	9081	387918
云　南	16	542	604	420	3024.87	717.71	12081	823847
西　藏	2	11	3	4	428.70	45.48	163624	924279
陕　西	98	316	778	524	8982.83	1282.46	1664928	5316306
甘　肃	7	53	911	643	3596.51	932.14	410217	2042855
青　海			45	21	232.32	49.87	540	345020
宁　夏	2	128	128	93	1078.34	218.17	82290	318871
新　疆	26	56	155	141	797.37	192.80	25436	651244

财政补助收入	上级补助收入	事业收入	经营收入	附属单位上缴收入	其他收入	本年支出合计（千元）	基本支出	项目支出
48698331	**1697930**	**5256619**	**2838585**	**13677**	**3614110**	**61083492**	**21351353**	**33829723**
3052378	28389	994110	346539		201992	4428764	1560650	2403775
384598	1635	35267	23773	210	56594	523581	353398	116524
1396687	550	373164	22751		26583	1795645	874029	890918
2985004	66803	103203	92257		149551	3243112	795918	2144522
733137	14672	5083	21182	10	38646	814662	320910	459003
852066	59817	10224	6554		19583	906568	513380	349683
474703	3979	12972	524		22649	485444	210085	242122
414669	36407	1309	4090		17588	444078	251482	190620
2014014	19855	339986	108860	67	256141	2400644	967980	1200612
2681185	54054	93506	164635	53	328927	3373764	1447482	1543025
3659439	125758	682461	394635	956	512428	5383384	1870696	2648651
856486	74892	69615	7678	220	87715	1176513	362101	707719
819810	43174	10154	50551	230	39977	967877	330358	584243
823216	96749	13889	38853	50	42877	932597	320224	497357
1812011	48743	126909	509585	3500	324020	2759957	953407	1230508
2214280	43761	424378	91453		89036	2819550	1138005	1455446
1189291	100715	181844	89886	5965	259658	1774306	582151	1051398
1935773	39176	44859	19299		116860	2197539	714424	945023
5534606	320562	193623	14397		196736	5547552	1444984	3971127
510176	34942	7985	49764	215	12511	725133	215044	440691
766059	2357	3084	5710		31383	858198	65772	673382
808695	56241	63370	27686		52583	1226173	349233	791155
2045204	18271	353939	38357		111045	2553366	703087	1768049
362717	13653	9973	7029		-5454	348210	145728	162917
681569	9792	95266	5466		31754	781503	307189	428935
725161	107354	74885	9794	50	7035	696289	178086	471613
4134374	175199	193586	566049	289	246809	6006951	1918075	3332764
1810984	27256	136924	2630		65061	2051014	961626	954622
274442	43069	10709			16800	295512	78323	208547
210536	9118	229	69965		29023	342666	113032	191309
569811	20987	5887	3020		51539	641896	190230	415255

续表 2

地区	经营支出	在支出合计中：						
		工资福利支出	商品和服务支出	差旅费	劳务费	福利费	各种税金支出	对个人和家庭补助支出
总　计	**1822943**	**15002162**	**20739360**	**554807**	**2415747**	**261837**	**256483**	**1095858**
北　京	274953	1144635	1752300	7262	86779	40228	40306	80183
天　津	11865	213912	173973	2408	4228	2466	1345	9163
河　北	30535	599981	757929	10820	107049	7989	7435	73230
山　西	75116	561051	810605	17328	91744	6069	10188	31234
内蒙古	16296	224654	238689	8525	39242	1283	746	8386
辽　宁	598	361697	374170	7524	71150	1326	934	20854
吉　林	6639	139763	164946	5964	33907	1439	1832	8906
黑龙江	1971	181233	146885	4623	20578	931	26	16122
上　海	66486	573955	942204	10271	18279	9469	23082	4944
江　苏	99107	959748	1298308	24915	148670	7993	15061	69400
浙　江	259636	1459539	1684607	41720	183609	60738	36700	68087
安　徽	30612	260012	378329	10895	42748	4242	1080	26825
福　建	36579	214896	307912	8216	42240	1174	2280	9194
江　西	35967	256743	307675	11800	27999	5494	652	18681
山　东	217336	694879	815779	17803	91837	8022	15337	119940
河　南	63127	731773	933088	26451	318600	6419	32895	45579
湖　北	63632	443142	582001	35676	84945	4558	4527	27930
湖　南	15732	538027	982510	74105	82434	13323	10621	31881
广　东	18004	1006907	1675184	22751	94906	25263	2882	171018
广　西	6259	203427	228469	17035	17456	7935	787	8048
海　南	1807	56042	135608	4894	32779	231	2481	1000
重　庆	23793	274392	422226	28265	84958	2244	2954	10927
四　川	28186	662910	1132194	31290	185834	14144	13887	35355
贵　州	4520	122602	71976	3277	18238	837	704	8387
云　南	3411	229765	201062	11543	35122	2436	860	6387
西　藏	5917	134730	108015	2291	946	28		4333
陕　西	355864	1337910	1790598	28469	179820	12900	5454	35986
甘　肃	43044	470417	572686	33913	82367	5608	2751	59330
青　海	35	64596	65415	3034	7784	1010	657	3829
宁　夏	24751	81104	75399	2596	9324	153	1292	2728
新　疆	585	128024	189416	8264	30976	1353	270	8165

抚恤金和生活补助	其他资本性支出	各种设备购置费	资产总计（千元）	固定资产原值	实际使用房屋建筑面积（万平方米）	展览用房	文物库房	实际拥有产权面积（万平方米）
122003	**7115557**	**903932**	**190758867**	**107386304**	**4839.66**	**1489.84**	**275.34**	**2687.42**
5921	217226	52752	10351553	6645988	115.45	42.20	6.69	80.99
710	10989	7207	3834300	2508343	33.18	15.97	3.85	59.38
4027	332290	22522	4276720	3230646	96.67	48.19	7.59	79.20
4245	918389	99740	9090947	2861127	119.23	43.98	8.75	136.24
2153	134031	16109	3501820	3292365	83.70	40.47	5.56	42.64
3229	37917	2795	3542167	2898353	67.71	30.22	6.55	116.45
1072	65498	14781	955386	616876	46.97	24.69	4.02	18.35
1033	32679	3847	2581167	2376141	69.90	42.92	5.30	27.90
994	418302	23197	11553719	6098442	89.61	38.22	8.54	40.05
7981	447229	51477	15370570	9558160	286.56	128.00	15.86	201.34
5314	409496	72925	23386422	7697613	224.98	108.84	15.64	105.56
7816	65015	13302	4943646	4018963	108.75	50.06	7.93	66.26
690	90936	9853	1999205	1139255	100.15	33.05	5.47	66.84
2419	71104	7947	2216739	1611710	126.91	40.34	6.03	164.37
4917	304545	63763	11871355	8275777	316.06	157.03	29.82	399.79
4844	630061	47551	7237749	3996021	153.40	73.69	16.56	90.56
2242	224779	22364	3935805	1873276	297.81	102.19	26.23	93.78
4266	267601	34935	5380452	2004928	78.71	31.51	8.18	66.20
17050	222906	42492	11334304	4462660	171.26	63.35	12.30	162.12
1197	56531	2119	1755557	1070005	64.03	28.92	5.34	24.34
48	482436	35533	1837207	364049	18.67	5.74	1.64	14.53
3526	215485	14281	2948703	1484287	76.88	38.86	6.09	37.01
8361	192607	33389	10597967	5921867	172.51	77.50	13.54	153.97
1639	38015	6211	1292060	596703	39.15	18.15	2.95	23.50
900	170858	7935	3406152	1279512	82.15	33.07	6.34	50.12
402	5576	50	1194683	161070	1375.08	1.58	3.74	7.89
9633	436871	23031	13736985	8228324	174.92	69.40	14.23	154.18
9747	224109	61915	6197138	4586466	106.45	45.15	8.79	111.48
173	49709	7685	562552	495380	11.71	5.57	0.90	11.19
507	17573	1827	1375200	946221	28.50	17.57	1.96	15.87
874	170853	14046	1555521	695043	41.59	22.34	2.79	15.64

2019年全国各地区文物

地区	机构数（个）	从业人员（人）					
			专业技术人才				安全保卫人员
				正高级职称	副高级职称	中级职称	
总计	**3518**	**30689**	**9004**	**173**	**982**	**3766**	**5849**
北京	26	1717	193		4	50	493
天津	8	75	57	2	13	20	3
河北	163	3662	842	28	127	335	924
山西	129	1702	530	3	30	167	441
内蒙古	95	713	418	7	63	179	77
辽宁	61	1183	346	7	44	185	128
吉林	52	158	114	4	25	57	3
黑龙江	81	221	181	15	35	79	21
上海	7	100	72	1	5	23	4
江苏	48	413	151	3	17	72	47
浙江	92	2608	757	39	118	317	259
安徽	93	472	269	5	28	93	81
福建	50	439	114	6	10	50	77
江西	66	393	146	2	9	54	86
山东	98	2271	736	8	102	389	98
河南	126	2408	482	7	58	220	457
湖北	46	623	276		14	147	185
湖南	83	947	234	1	7	92	178
广东	31	304	82		2	30	45
广西	70	358	163	1	6	78	42
海南	12	215	30		1	4	61
重庆	38	228	97	1	15	44	30
四川	172	1876	502	5	27	163	374
贵州	69	326	145		11	44	56
云南	137	786	584	7	124	298	113
西藏	1259	1163	111	1	12	21	315
陕西	215	3823	852	9	32	395	844
甘肃	55	558	264	3	12	67	132
青海	28	57	17	1	3	7	18
宁夏	22	294	120	1	18	50	100
新疆	85	507	91	2	2	20	149

保护管理机构基本情况

登记注册志愿者人数（人）	藏品数（件/套）					在藏品数中（件/套）		
		文物藏品	一级品	二级品	三级品	本年新增藏品	本年从有关部门接收文物数	本年藏品征集数
10236	**1659712**	**690569**	**8177**	**25054**	**140769**	**66367**	**5361**	**12382**
2	21949	8622	200	367	1507	1		
	508	44		2	71			
185	97274	93268	280	1696	9900	5966	4123	1308
228	155784	43048	429	687	2732	232	12	220
100	78698	18866	84	341	1143	16		16
92	45266	8573	111	715	9484	441		
12	4775	4652	4	18	127			
18	14012	11041	25	222	811	395		395
114	2969				10			
281	28382	18454	76	178	861			
2072	78657	40483	111	321	3630	859	226	609
401	39766	9349	235	412	7619	315	214	79
508	4688	13	2	8	558			
687	32887	9026	63	362	1995	116		16
56	146246	47381	41	260	2163	46077		3801
504	106353	50250	307	2001	21855	464	85	40
175	30902	11755	78	222	1222	615	345	2
343	73847	35911	160	536	5924	551	21	218
107	19124	12150		23	368	846		34
466	22720	9752	23	345	2998	277		143
9	978	538				104		104
1601	30153	25213	9	200	1823	755		753
277	130392	107623	864	1427	18252	778	138	313
151	9448	4902	32	159	530	1595		1238
447	113138	34375	179	138	1842	3112	74	529
	205171	36712	4476	12961	35311	84		
972	120784	24544	265	906	6039	2235	120	2037
188	1868	1406	32	64	107	3	3	
6	3049	1570	36	62	59	1		1
106	20943	20266	52	416	1761	526		526
9	2277	782	3	5	67	1		

续表 1

地　　区	本年修复文物数（件/套）				基本陈列（个）	临时展览（个）	参观人次（万人次）
		一级品	二级品	三级品			
总　　计	**19385**	**4**	**108**	**706**	**1167**	**806**	**19135.91**
北　　京					16	15	1475.24
天　　津							
河　　北	52				34	10	1049.71
山　　西	68		8	14	8	5	844.37
内 蒙 古	12			8	17	14	118.99
辽　　宁					330	318	480.39
吉　　林							
黑 龙 江					3	3	5.97
上　　海					3	11	24.01
江　　苏					31	7	283.86
浙　　江	41	2	3	7	119	70	3976.60
安　　徽	40	1			53	26	290.64
福　　建					9	14	268.28
江　　西	20		1	4	42	28	308.96
山　　东	31		1	18	19	14	1488.68
河　　南	15				18	9	1049.43
湖　　北	40	1	2	17	10	10	798.63
湖　　南	364			12	45	21	752.71
广　　东					57	37	418.57
广　　西					29	13	219.20
海　　南					16	1	303.67
重　　庆	135				9	11	29.61
四　　川	17547		33	139	40	21	740.82
贵　　州					15	4	71.43
云　　南	237		2	202	105	37	617.38
西　　藏	3			3	1		411.94
陕　　西	210		56	154	101	33	2190.17
甘　　肃	360				6	2	198.20
青　　海							0.05
宁　　夏	210		2	128	13	11	219.83
新　　疆					5	11	88.57

							本年完成科研成果	
未成年人参观人次	本地居民参观人次	境外观众参观人次	举办社会教育活动（次）	参加活动人次（万人次）	未成年人参加人次	门票销售总额（千元）	省部级及以上科研课题数（个）	专著或图录（册）
2980.55	**6185.46**	**389.78**	**23525**	**633.33**	**271.55**	**3480534**	**15**	**61**
275.63	740.82	66.57	94	2.53	1.05	444212		4
			2	0.50	0.05			
232.89	1033.57	16.14	195	22.60	15.99	399684		2
87.69	131.73	19.56	67	4.41	0.99	135811	1	
29.12	74.52	5.92	36	4.32	1.76	6182		1
53.09	57.69	28.70	67	11.03	7.10	31242		1
1.75	5.75		5	1.01	0.61			
10.65	14.25	0.01	123	0.62	0.30			1
70.64	223.63	0.87	262	9.45	4.66	10970		1
244.59	338.94	42.96	9365	74.87	18.52	588486	2	8
71.39	106.83	3.70	118	12.72	7.13	14600		
58.06	62.43	7.15	181	7.12	3.60	27934		1
105.97	151.70	4.57	105	62.71	26.05	3098		
121.09	129.52	21.58	230	11.79	9.43	590125	1	
149.56	232.87	4.68	60	20.64	4.00	374163		8
199.58	268.86	19.53	74	26.66	23.86	147429	1	
252.78	278.93	31.13	398	42.10	13.26	13230		1
53.06	186.43	8.81	360	12.01	11.04	34424		1
41.28	165.98	7.21	189	3.17	2.28			4
75.50	186.09	15.12	127	130.13	59.55	3750		
11.11	18.28	0.18	142	4.13	2.17	140		4
96.96	142.60	28.53	978	18.07	11.44	241650	7	10
17.89	34.70	5.92	252	7.87	4.12	9040		1
148.40	252.96	5.47	4392	60.75	14.61	9744	1	4
42.18	83.43	3.92	22	0.23	0.10	163624	2	2
345.04	957.81	18.05	353	52.74	10.63	87073		5
27.08	157.31	12.24	80	3.85	2.74	24589		
			3	0.16	0.02	540		
49.07	80.06	7.19	477	13.82	10.89	4827		
14.52	17.81	0.07	4678	10.49	2.88	10383		1

续表 2

地　区	论文数（篇）	古建维修、考古发掘报告（册）	获国家奖（个）	获省、部奖（个）	本年收入合计（千元）	财政补助收入	上级补助收入
总　计	**226**	**38**	**6**	**18**	**9895190**	**6799883**	**608117**
北　京					1199395	641915	42
天　津	3				38207	18985	
河　北	6				762380	491152	300
山　西	4			8	478874	354358	46705
内蒙古	4				186966	176966	9942
辽　宁	3				261936	187706	58490
吉　林	2				39920	36506	
黑龙江	1				68608	68608	
上　海	4				50544	44366	
江　苏	8		2		240523	233418	3774
浙　江	27	7		1	1569038	678011	69939
安　徽	21	3			171892	119848	49609
福　建	1				126753	62674	20118
江　西	1				166700	117122	42262
山　东	8				552578	527192	266
河　南					496383	356071	20395
湖　北	7				163178	92556	38334
湖　南	20	4	1		344014	307248	14003
广　东	2				135557	110135	2074
广　西	10				98402	76553	19112
海　南					35760	27948	858
重　庆	16				97065	96520	330
四　川	13	17		2	715125	688761	8811
贵　州	3	4	2	1	56627	44202	2527
云　南	6	3			199493	185523	2858
西　藏	8			5	350981	157312	107354
陕　西	1		1		809256	588706	65962
甘　肃	39			1	118903	107116	7994
青　海					12803	11933	870
宁　夏	4				124203	104887	6533
新　疆					81575	67553	8655

事业收入	经营收入	附属单位上缴收入	其他收入	本年支出合计（千元）	基本支出	项目支出	经营支出	工资福利支出
1507689	**746343**	**8821**	**224337**	**9265139**	**3897601**	**4627551**	**386971**	**2784636**
223765	329407		4266	1132452	389277	477564	265199	348538
19051			171	28646	13584	14762		12836
246962	2758		21208	723992	430695	292027	1270	276723
46319	30840		652	456882	125333	292632	35610	94444
2			56	164659	75479	87278		60040
8400	6394		946	266285	235626	22926	238	144742
60			3354	37060	14402	22658		12323
				58993	26605	32388		19636
5887			291	71390	27492	43898		23934
793	2022		516	222992	98097	121346	3547	72596
510616	243619	926	65927	1157812	669123	465335	2418	407437
			2435	149633	57823	79869	310	37107
366	35072		8523	126666	37208	63153	21555	36042
3445			3871	123440	36505	83143	226	21632
9211	10803		5106	533020	152746	365751	6744	119873
69300	43719		6898	444796	272250	138775	16526	159521
13941	7982	5695	4670	156484	67078	78053	4291	49247
3184	8850		10729	339781	112225	205853	9837	65022
20115	363		2870	113574	54718	55600	2175	28072
2689			48	137104	26874	109536	90	22418
3067	3696		191	28299	14433	10622	1059	15984
215				100478	24157	75285	220	17944
2399	6307		8847	736523	137402	594417	2560	176286
9688			210	53339	30030	13723	100	18745
341			10771	248271	95745	140161	70	80899
74885	9794	50	1586	297538	102943	151990	5917	80127
109747	4117	288	40436	792787	300408	323895	4877	244962
2757	600		436	122615	70527	44558	2122	44945
				16777	6247	10160	10	3941
229			12554	184627	28857	146444		23072
			5367	107506	34241	62502		20737

续表 3

地区	在支出合计中:						
	商品和服务支出	差旅费	劳务费	福利费	各种税金支出	对个人和家庭补助支出	抚恤金和生活补贴
总计	**2778560**	**36720**	**333896**	**67442**	**59309**	**260164**	**16489**
北京	154151	465	19831	17300	5780	36999	393
天津	13879	436	761	52	732	468	121
河北	271336	1063	35413	5580	606	28708	1221
山西	85751	1093	6860	691	568	1784	425
内蒙古	70283	926	5118	303	45	3597	739
辽宁	83964	795	14872	1075	125	12860	1577
吉林	9372	264	1186	39		329	62
黑龙江	21556	296	2351	12		1479	374
上海	40013	270	1087	424	21	128	
江苏	108152	1501	6385	503	12	5267	968
浙江	456649	2932	28467	28163	26097	39094	255
安徽	33919	1034	3731	249	125	5997	1711
福建	45963	343	2787	624	1902	2052	96
江西	14073	471	1741	527	19	1337	59
山东	284137	1022	22006	443	5895	66580	2059
河南	119099	2400	22136	992	3544	14845	1243
湖北	29546	630	4015	383	73	3258	463
湖南	93261	3562	8023	715	3	3343	596
广东	69202	98	7265	435	30	2680	133
广西	10614	774	826	274	7	732	256
海南	7694	402	2345		35	109	18
重庆	33284	1987	6966	222		695	62
四川	242368	4530	91871	1287	8437	6694	863
贵州	5671	629	614	85	8	474	94
云南	71483	2287	7867	426	74	2265	438
西藏	92461	714	145			388	
陕西	162179	2148	18812	1758	252	8033	1397
甘肃	21662	2099	3981	161	168	6274	55
青海	978	107	255	35		48	18
宁夏	34375	354	2775		834	331	45
新疆	14088	517	2938	746		3091	523

其他资本性支出	各种设备、交通工具、图书购置费	资产总计（千元）	固定资产原值	实际使用房屋建筑面积（万平方米）	展览用房	文物库房（含标本室）	实际拥有产权面积（万平方米）	文物保护规划和方案设计（个）
809426	**36324**	**21200661**	**10751727**	**1629.32**	**106.07**	**17.14**	**323.20**	**974**
77004	16012	1000430	314939	9.75	1.31	0.14	3.88	2
301	301	59807	8356	0.10		0.03		7
136929	1990	1037165	394804	14.74	5.54	1.09	8.16	16
59771	203	650137	457598	15.23	5.73	0.79	46.36	32
12704	946	358424	256076	7.50	2.91	0.46	2.32	16
10303	392	126013	100832	11.77	2.33	0.34	91.58	14
14096	13	20435	5674	0.24	0.01	0.02	0.02	8
3613	100	20719	18016	1.07	0.26	0.09	0.27	2
229	22	40494	48930	1.12	0.65	0.05	0.17	1
20895	797	269680	133120	4.14	2.09	0.28	2.96	5
49459	612	4669683	2544737	38.85	21.25	0.72	10.79	146
6077	344	2088273	2037573	9.95	4.00	0.57	1.91	151
14040	99	210924	34857	2.90	0.86	0.07	0.63	86
6594	151	162218	83083	11.02	4.57	0.30	2.44	33
28907	1444	1269837	533800	27.73	8.05	0.49	3.50	36
30978	3646	2266514	591726	18.81	7.16	1.65	12.72	26
6168	294	144917	103159	13.37	2.29	0.20	2.88	24
32856	33	814981	226419	10.75	4.24	0.89	17.27	70
155	77	101746	49291	10.42	3.89	0.15	0.13	34
10593		62826	29078	4.63	2.22	0.28	2.01	13
190	137	72180	62365	1.45	0.72	0.01	5.48	6
15113	539	65760	21587	3.56	1.51	0.79	0.75	13
28973	2337	1212498	622423	22.88	3.86	1.62	37.70	85
12934	52	84862	41851	3.86	1.61	0.32	1.84	27
11592	266	316193	199763	21.01	4.66	0.59	10.46	63
		320243	77120	1319.29	0.95	3.57	0.86	5
179500	2406	2173743	672660	26.48	6.70	0.90	42.67	24
5063	12	255868	178342	4.31	1.58	0.07	8.92	10
5538	15	5089	3468	0.69	0.34	0.02	3.00	8
3808	853	618677	395993	4.65	2.29	0.53	1.16	6
22724	27	173840	85401	4.37	1.33	0.07	0.36	5

续表 4

地　区	文物保护维修情况				进行考古发掘情况	
	国保单位保护维修项目数（个）	保护维修面积（平方米）	省保单位保护维项修目数（个）	市、县保单位保护维修项目数（个）	出土器物（件/套）	原址保护展示面积（万平方米）
总　计	**662**	**17700003**	**504**	**595**	**32415**	**173.35**
北　京	23	60420	4	47		
天　津			1		820	
河　北	132	3129552	31	9	1043	
山　西	27	31704	10	24		
内蒙古	18	4576723	2	1	90	
辽　宁	12	31541	5	2	70	
吉　林	11	296558	2	2		
黑龙江	5	34168	4	1		
上　海			1	5		
江　苏	11	5014058	6	5	1106	
浙　江	68	525360	73	139	6042	0.22
安　徽	21	207253	41	33	10314	10.55
福　建	37	46047	58	58		0.14
江　西	22	1456123	20	9	232	0.44
山　东	15	166422	26	10	118	
河　南	16	80535	25	9	1430	
湖　北	17	450881	12	7	9	0.36
湖　南	34	485933	21	29	132	2.41
广　东	7	7051	9	54	589	0.03
广　西	20	298339	13	14	180	
海　南	1	5000				
重　庆	14	19958	12	16	30	0.03
四　川	41	177713	43	42	2365	0.02
贵　州	8	46505	6	4		159.00
云　南	22	127357	43	70	3543	
西　藏	4	940	3			
陕　西	25	215196	9	4		
甘　肃	21	46647	1		120	
青　海	4	19527	6		2000	
宁　夏	9	54930	2		600	
新　疆	14	60202	15	1	1582	0.15

			文博单位举办新媒体情况			
异地保护展示面积（万平方米）	主办刊物（种）	国际合作项目数（个）	举办网站（个）	网站年访问量（次）	举办微信公众号、微博（个）	举办微信公众号、微博关注人数（人）
0.82	**31**	**6**	**72**	**13468133**	**236**	**10158241**
			4	584070	5	963701
					1	290
			5	136140	14	721637
			5	121421	8	153088
	3		1	100	6	5755
			5	341500	10	135679
			1	10000		
			1	212000	2	5593
0.80					7	20181
	7		6	2647819	35	1859309
	2		3	36314	9	21349
			3	54545	8	100168
	1		4	733041	8	22431
	1		5	318830	9	241487
	1				1	180
			4	349275	5	10907
	2		2	101500	6	56429
			1	10000	33	60077
	1		1	280219	5	8478
			1	600	2	2500
0.02			1	248601	2	199
	8	1	6	147800	7	6262
	1				1	1725
	1		3	5056632	10	21594
	1		5	771226	24	226320
	1		4	26500	11	97630
					4	5001272
	1					

2019年全国各地区

地区	机构数（个）	从业人员（人）						登记注册志愿者人数（人）
			专业技术人才				安全保卫人员	
				正高级职称	副高级职称	中级职称		
总　计	**5132**	**107993**	**39312**	**2047**	**5647**	**15657**	**27548**	**186502**
北　京	81	3786	1191	49	171	365	1158	11536
天　津	68	1465	632	26	95	244	239	2558
河　北	136	4017	1303	74	259	473	899	2129
山　西	158	4438	1439	31	196	572	1187	2463
内蒙古	125	1839	908	48	166	377	377	2468
辽　宁	65	2080	932	48	143	519	442	2845
吉　林	107	1586	865	70	172	301	305	1294
黑龙江	193	2668	1138	83	238	502	649	4420
上　海	98	3047	1743	52	170	720	458	9614
江　苏	345	7286	2559	159	399	1045	1876	18760
浙　江	366	6041	1950	147	317	769	1577	16785
安　徽	219	3195	1179	58	150	462	941	4743
福　建	130	2691	1004	75	145	366	715	4372
江　西	143	3347	1145	57	133	496	885	4679
山　东	541	8319	3093	197	500	1220	2081	11904
河　南	340	7400	2046	116	277	854	2422	19866
湖　北	213	4218	1949	103	221	821	989	8087
湖　南	117	3082	892	25	105	365	661	5419
广　东	241	4472	2107	61	208	921	1011	10722
广　西	131	2201	926	43	113	384	589	5398
海　南	27	601	159	1	11	40	179	457
重　庆	104	3046	979	61	142	326	763	13912
四　川	256	6659	1713	78	170	612	1974	5400
贵　州	91	1573	387	10	43	122	376	848
云　南	140	1838	991	47	182	427	489	1380
西　藏	7	215	78	1	7	28	26	
陕　西	294	8881	2235	115	243	803	2246	5869
甘　肃	224	3202	1367	42	164	564	793	5043
青　海	24	390	172	4	26	71	80	68
宁　夏	55	824	239	14	37	82	220	440
新　疆	90	1184	361	9	29	146	427	2343

博物馆基本情况

藏品数（件/套）	文物藏品				在藏品数中（件/套）			本年修复藏品数（件/套）
		一级品	二级品	三级品	本年新增藏品	本年从有关部门接收文物数	本年藏品征集数	
39548334	**22546053**	**79265**	**563792**	**2985829**	**627190**	**70779**	**329731**	**48504**
2033344	1479125	3064	7411	84019	25674	36	25118	1305
711945	232101	1050	5433	134909	3175	63	1098	100
395093	263172	1016	10950	29567	7372	306	5798	611
1374537	840035	3393	8144	55046	7068	3277	669	2225
959532	653899	2411	7506	11873	4397	2912	841	1031
583427	362654	1761	14017	147124	4229	6	3772	206
641163	396628	564	5968	31235	6736	541	4924	686
997004	311389	2673	5646	43857	9843	341	6954	118
2026851	218954	2316	40131	172405	16546	720	13232	363
1886594	963269	3629	21123	253854	40032	17280	7199	2498
1430036	616998	2253	10510	76015	29654	5506	14659	2362
825635	437795	2391	5567	52381	9913	449	2887	957
679751	462736	1094	3056	104483	8993	32	8061	383
448155	181379	1545	5560	43455	6059	5	4589	275
4380555	2133378	5922	14269	98291	50416	134	14679	7262
1148305	466372	2318	14545	229998	48724	1068	45954	3734
2039685	1225662	2818	7806	97104	35144	44	33399	6756
633889	430954	1564	5850	56793	5996	1028	3762	1618
1218419	686468	1559	16027	68192	68150	29723	19172	2651
315125	154517	299	4999	35360	8347	461	6834	320
147964	119909	180	709	3179	2555	1	1777	5
556678	376077	1137	2333	26946	11827	529	6447	1877
4067408	3013091	4629	13811	111709	85675	1624	77569	2337
113495	48618	120	672	2248	3966	133	3521	134
1552840	485945	852	2078	17420	104019	849	1708	2980
66343	103	1068	15808	26942	684		684	10
3845472	2072591	6550	13133	72554	8885	1840	6135	1210
527235	392312	4574	12069	104887	4264	645	2824	1557
67365	50847	480	988	1979	566		563	104
341655	36707	315	3432	6990	1455		422	258
226232	125766	779	1463	4896	2402	216	1521	303

续表 1

地　区				基本陈列（个）	临时展览（个）	参观人次（万人次）	未成年人参观人次
	一级品	二级品	三级品				
总　计	**398**	**1535**	**8368**	**13844**	**14857**	**112225.16**	**28652.93**
北　京	1	6	23	233	268	2488.84	321.92
天　津	7	24	17	201	257	1486.90	377.04
河　北	5	24	48	312	451	3407.05	1019.01
山　西	157	80	880	312	209	2460.78	626.37
内蒙古	4	509	53	363	226	1483.99	448.10
辽　宁	3	29	114	206	228	2240.85	480.75
吉　林	1	1		203	365	1120.74	370.86
黑龙江		7	42	452	486	2217.89	600.76
上　海	10	24	116	252	449	2768.05	687.55
江　苏	43	82	231	887	1155	10034.13	2327.71
浙　江	11	26	196	975	1390	8029.65	2300.75
安　徽	6	20	151	560	504	2979.14	951.82
福　建	2		24	341	957	4166.85	1182.16
江　西		1	6	375	346	3791.90	1266.37
山　东	14	60	309	1752	1206	7658.29	2509.14
河　南	17	98	986	723	851	6429.16	2081.22
湖　北	1	132	1147	601	539	4109.97	1219.91
湖　南		87	525	231	295	6411.77	1886.32
广　东	7	28	44	1044	1350	6860.85	1837.45
广　西		23	134	260	311	1993.84	504.78
海　南				66	136	359.37	113.07
重　庆	4	13	33	248	387	3793.43	602.74
四　川	4	12	909	646	549	7219.11	1548.35
贵　州		12	3	177	111	1845.78	328.36
云　南	1	14	340	499	383	2407.49	569.31
西　藏		2	8	2	4	16.75	3.30
陕　西	64	22	43	677	491	6792.66	937.43
甘　肃		7	53	905	641	3325.31	901.57
青　海				45	21	232.27	49.87
宁　夏				115	81	852.23	167.53
新　疆	15	26	56	147	129	696.81	177.75

						本年完成科研成果		
本地居民参观人次	境外观众参观人次	举办社会教育活动（次）	参加活动人次（万人次）	未成年人参加人次	门票销售总额（千元）	省部级及以上科研课题数（个）	专利（项）	专著或图录（册）
54761.30	**2925.68**	**375216**	**12352.46**	**4993.01**	**5275914**	**603**	**319**	**1082**
842.70	167.04	8938	141.83	94.96	174993	37	7	39
1393.21	30.17	4828	144.11	46.09	34076	1		1
3374.57	31.82	3577	422.69	268.74	102239	7		14
1266.33	102.25	23066	812.07	84.71	181539	3	4	13
778.22	44.59	4084	333.03	189.91	2267	2		9
620.56	50.97	3349	208.32	93.81	153125	5		19
671.16	24.49	5250	213.51	133.49	45150	6	2	10
2125.44	90.95	3142	226.00	104.00	687	6	1	10
719.96	103.85	47435	588.52	130.13	441659	31	6	75
8326.67	306.01	25009	533.01	219.95	322632	48	120	88
2848.43	197.18	14894	435.31	216.15	70197	29	23	135
1286.17	50.87	6204	329.97	144.87	10919	12	1	13
1999.31	154.35	2938	480.41	128.09	3884	2	1	40
1387.28	87.44	4362	438.09	171.98	6916	1	6	9
3425.66	164.55	75171	709.92	420.23	130072	32	10	67
2834.61	90.24	18626	776.86	399.68	72415	59	12	29
1870.37	77.50	11466	793.61	375.14	12586	30	1	36
1670.93	126.06	8394	420.58	185.87	8864	14	1	35
3388.85	130.03	24099	1466.08	343.58	214511	16	28	59
1258.14	102.35	2497	274.39	124.81	909	3	5	14
175.57	43.68	424	49.30	29.67		1	1	7
1321.42	104.96	9199	446.10	189.30	112774	27	10	58
3035.56	98.20	10868	616.02	217.67	400458	31	27	40
749.33	85.47	3750	75.31	36.72	41		25	4
1220.70	112.45	4791	197.46	82.68	2337	21	2	19
		27	1.05					
1915.48	110.51	15741	441.94	170.55	1577855	35	1	66
3291.43	32.76	12528	490.87	276.02	362628	100	23	47
49.67	2.55	813	12.66	5.36				1
538.00	6.40	3327	119.14	39.78	77179	12	2	2
289.19	8.96	1757	101.33	44.27	15053	4		1

续表 2

地　区							
	论文数（篇）	古建维修、考古发掘报告（册）	获国家奖（个）	获省、部奖（个）	本年收入合计（千元）	财政补助收入	上级补助收入
总　计	**5934**	**94**	**125**	**523**	**33763420**	**27662129**	**1082748**
北　京	198			22	1913081	1514438	28347
天　津	25				390912	339899	1635
河　北	83		4	8	652440	587800	250
山　西	63		2	8	1044306	870154	19627
内蒙古	137			1	532519	519365	4730
辽　宁	143			2	565813	559745	1327
吉　林	77			5	390326	376429	3979
黑龙江	217		1	4	391905	332775	36407
上　海	313		2	17	2481804	1947602	19855
江　苏	502	14	11	62	2493302	2093494	50280
浙　江	271	4	16	52	1857255	1472225	55819
安　徽	212	2	3	15	715100	627217	25283
福　建	114	4	4	46	666882	596600	22896
江　西	59	2	7	7	690443	601448	54487
山　东	311	3	34	70	1631574	1018109	48193
河　南	334	13	4	33	1063892	921582	22066
湖　北	258	20	5	25	1112813	817852	62381
湖　南	197	4	4	22	1478199	1372101	25173
广　东	313	6	2	30	2997029	2569474	318488
广　西	138		2	1	394395	361207	15732
海　南	47	1	4	8	677170	662963	1499
重　庆	353	4	1	7	827283	661829	55911
四　川	145	8	3	24	1625413	1223241	9460
贵　州	24		2	3	182980	156418	11126
云　南	82			6	502996	478315	6934
西　藏	14				336430	330577	
陕　西	271		2	7	2280463	1473891	105350
甘　肃	336	4	8	29	1130386	1019878	19132
青　海					247586	198429	42199
宁　夏	67		1	2	171632	84618	2585
新　疆	24				345063	304495	11597

事业收入	经营收入	附属单位上缴收入	其他收入		本年支出合计(千元)	基本支出	项目支出	经营支出
				捐赠收入				
2024812	**1901121**	**4856**	**1087754**	**72310**	**33918453**	**14014861**	**16754194**	**1318499**
310688	17132		42476	2618	1923585	974668	929469	9754
16216	23773	210	9179	1699	430197	339814	76348	11865
43449	15778		5163	1376	669671	371338	275654	22563
43780	22063		88682	300	1033731	285392	686285	12057
4649		10	3765	1102	570050	231273	315837	6536
1824	160		2757	13	508269	238042	250383	360
4534	524		4860	1770	366720	185649	158456	6639
1110	4090		17523	638	368395	213020	153399	1971
333389	108860	67	72031	1296	2154119	926171	1149005	66486
91778	162613	53	95084	3863	2568439	1272238	1141649	95560
96609	151016	30	81556	4351	2488337	913934	895146	257218
8518	7678	220	46184	23	811712	278456	462724	30302
7450	15479	230	24227	1452	679809	265905	386981	15024
6976	17963	50	9519	759	636221	263829	307360	15046
15791	498782	3500	47199	3823	1642288	718429	625388	210592
73984	13137		33123	2546	1137186	536776	469910	17445
94477	60906	270	76927	5047	1122661	408501	612420	42150
17764	10449		52712	10001	1535624	501921	559871	5895
69091	14034		25942	8887	2314678	964730	1300723	15829
5296	3269	215	8676	270	459003	167242	264954	1322
17	2014		10677		663560	44500	614721	748
48080	27569		33894	607	1061287	311702	668420	23573
277168	31880		83664	3851	1598018	513190	1026646	25506
285	7029		8122		174162	75111	80248	4420
5479	5466		6802	990	469898	176655	272693	3341
			5853		106520	30568	75951	
82406	560369	1	58446	3608	2844855	1264198	1070799	350289
61743	2030		27603	11004	1126392	581067	470388	40922
2295			4663		181304	50044	129490	25
	68425		16004		137347	72122	37081	23896
1611	3020		24340	416	317536	110214	197658	585

续表 3

地区	在支出合计中：工资福利支出	商品和服务支出	差旅费	劳务费	福利费	各种税金支出	对个人和家庭补助支出
总计	**10015094**	**11935531**	**354823**	**1197823**	**174232**	**114819**	**605555**
北京	614824	733873	5924	53010	21348	5254	33121
天津	201076	160094	1972	3467	2414	613	8695
河北	246667	274485	4515	29393	1742	2508	35387
山西	239256	285529	5136	38198	2740	7750	4151
内蒙古	149847	140175	4626	24620	940	538	4437
辽宁	188879	236130	3704	42723	244	809	7134
吉林	120094	113771	4829	18030	1258	1499	8183
黑龙江	154920	117426	3639	14734	783	20	12649
上海	542692	893609	9997	17179	9031	23058	4327
江苏	826593	930548	22409	86454	7404	14696	62288
浙江	872770	733315	30298	94748	27352	9331	20139
安徽	203180	208927	7032	17633	3580	955	15043
福建	172311	240838	7120	37873	548	378	6709
江西	213319	209449	7338	16601	4478	554	13746
山东	507771	419002	9677	51835	7220	5339	47453
河南	385107	300651	9418	45658	3828	3051	20938
湖北	324765	430481	28780	56244	3314	3623	20367
湖南	400313	772906	63161	37222	12010	10600	21317
广东	692191	795697	10686	40691	22741	2348	87246
广西	160912	155743	13088	10572	7496	726	6842
海南	33890	121663	4134	29434	231	2428	852
重庆	244903	350717	21346	64246	2022	2431	10215
四川	444990	770303	17589	72332	12493	2997	25617
贵州	74266	37730	1563	9579	567	642	4765
云南	138786	96122	4217	16028	1950	786	3202
西藏	28783	11277	812	760	2		444
陕西	841322	886910	13586	89263	10096	4720	16167
甘肃	312531	336078	21044	57498	4594	558	31538
青海	42241	37638	1844	4685	974	30	2680
宁夏	47469	31627	1601	3647	153	345	2022
新疆	71971	91954	3189	18226	276	110	2854

抚恤金和生活补贴	其他资本性支出	各种设备、交通工具、图书购置费	资产总计（千元）	固定资产原值	实际使用房屋建筑面积（万平方米）	展览用房	库房	实际拥有产权面积（万平方米）
65681	**4786382**	**668060**	**144764659**	**87141393**	**2959.06**	**1381.76**	**239.09**	**2272.11**
2767	111021	30827	6129933	5126137	92.83	40.90	5.60	66.98
589	10688	6906	3502449	2491940	31.57	15.97	3.03	59.34
2079	111441	15457	2863949	2719887	78.27	42.65	4.26	69.12
635	375018	43458	4854356	1984683	90.87	38.25	7.17	84.15
1412	120995	14959	3075563	2986412	75.33	37.56	4.84	39.79
1505	26638	1427	2782503	2375842	51.78	27.89	6.02	22.27
798	49369	14448	874893	582092	44.92	24.68	3.90	16.85
641	28950	3636	2537272	2346460	68.63	42.67	5.14	27.63
791	413390	22790	10838222	5991064	84.69	36.91	6.81	39.28
6992	420200	46780	14620188	9349884	277.96	125.91	14.79	196.18
3052	254469	55155	17933887	4846081	176.96	87.59	14.20	90.92
1866	55624	10504	2658754	1914940	95.91	46.06	7.37	64.31
593	75178	9745	1472343	832468	96.90	32.19	5.38	66.21
1755	44481	5228	1876982	1478614	68.09	35.77	5.37	156.85
2717	207451	57174	10060490	7586384	283.51	148.98	28.98	393.72
1983	261115	27704	3793241	3007617	121.43	66.40	12.69	73.73
1440	163525	20876	3008409	1515189	274.50	98.89	23.91	82.24
2992	203897	32654	4253176	1594873	63.48	27.27	6.70	45.92
2243	197069	38206	9674833	3486411	148.01	59.45	10.96	154.86
770	37203	1896	1401431	991201	58.08	26.71	4.58	21.07
30	479943	34923	1466290	221591	16.48	5.03	1.63	9.01
3464	195409	12351	2604705	1390905	71.30	37.35	5.27	35.96
7047	148867	20408	8888923	5040649	143.81	73.64	11.27	110.50
1182	23064	5015	685975	292447	31.80	16.54	2.53	18.68
462	156853	7669	2779837	1067157	60.49	28.41	5.70	38.84
402			709392	28123	8.42	0.63	0.16	6.51
4329	223778	19094	7659219	5479610	135.86	62.48	12.43	104.63
7142	148734	44198	5202756	4046320	89.50	43.57	8.15	93.40
155	37066	6139	513198	464318	9.99	5.23	0.72	8.12
454	13651	871	714460	532823	23.70	15.28	1.36	14.71
229	91863	6063	728119	413299	34.69	21.01	2.43	14.47

续表 4

地　区	文物保护规划和方案设计（个）	文物保护维修情况				进行考古发掘情况	
		国保单位保护维修项目数（个）	保护维修面积（平方米）	省保单位保护维项修目数（个）	市、县保单位保护维修项目数（个）	考古发掘面积（万平方米）	出土器物（件/套）
总　计	**1120**	**476**	**7646527**	**383**	**375**	**89.55**	**90151**
北　京	10	11	16392		1	0.08	
天　津	17	2	2200	1	1	0.18	
河　北	11	14	14219	5			
山　西	49	25	33042	15	7	0.01	120
内蒙古	20	2	8390		1	0.21	20
辽　宁	6	13	5618	2	1		
吉　林	3	6	1727936	3	2	0.16	6459
黑龙江	22	12	54378	2			3
上　海	48			4	29	0.19	1000
江　苏	59	19	142282	10	7	21.81	12202
浙　江	78	35	56053	24	64	14.47	4484
安　徽	45	27	121293	35	34	0.02	35
福　建	49	26	137310	24	19	0.53	1603
江　西	58	37	4014374	43	43	0.35	1500
山　东	130	19	126686	33	29	3.88	2826
河　南	34	28	189506	18	3	0.20	534
湖　北	82	18	250773	31	9	12.38	16306
湖　南	30	11	33850	10	6	0.13	451
广　东	66	24	35768	30	43	0.05	30162
广　西	30	25	282413	3	7	0.05	3800
海　南	19	1	2800	3	3	0.05	132
重　庆	26	18	131978	14	18	0.28	117
四　川	63	26	114506	14	12	1.04	1101
贵　州	5	8	25106	4	5	0.00	
云　南	30	3	9150	12	20	3.03	3337
西　藏							
陕　西	33	19	19827	5	3	29.57	536
甘　肃	62	23	28343	22	7	0.11	880
青　海	2	8	14836	14	1	0.26	105
宁　夏		2	10296				
新　疆	9	2	15648	2		0.29	1399

国际合作项目数（个）	主办刊物（种）	文博单位举办新媒体情况			
		举办网站（个）	网站年访问量（次）	举办微信公众号、微博（个）	举办微信公众号、微博关注人数（人）
285	**381**	**1316**	**1414456857**	**8474**	**124672654**
11	10	52	1036891719	445	23285942
8	7	28	7642322	71	570008
1	5	36	6070833	242	4249112
1	2	17	2042769	54	1467298
3	2	12	425531	228	223306
	5	15	8332159	34	611636
	2	27	1197355	115	145124
4	9	24	4540646	85	1609464
29	28	57	47366094	366	17157998
4	40	103	52435907	225	8659022
13	34	66	11916267	531	5244228
1	11	37	14396179	92	1372080
11	15	62	18798286	136	818777
6	8	44	6210128	70	3250133
25	30	97	8550304	394	1671053
3	22	80	18649337	191	3600517
11	19	51	11281695	119	1941741
11	10	24	10105571	43	1832901
18	31	79	39606634	2354	3279887
17	3	23	1783121	58	479800
	2	5	538716	8	74698
8	11	39	7361966	78	1996772
22	15	66	14822560	1523	13881461
3	5	7	429294	19	107576
6	7	22	5801458	47	370788
		1	2407	1	5774
42	28	65	36528106	429	8304333
5	13	155	7252553	409	2954479
	2	1	120000	7	31872
		8	517249	16	964109
		11	151247	76	74248

2019年全国各地区文物

地　　区	机构数(个)	从业人员(人)	专业技术人才	正高级职称	副高级职称	中级职称	安全保卫人员	登记注册志愿者人数(人)
总　　计	**3480**	**84502**	**32369**	**1349**	**4634**	**13280**	**21631**	**135549**
北　　京	65	2864	969	35	150	294	915	2244
天　　津	68	1465	632	26	95	244	239	2558
河　　北	81	2938	904	46	169	304	695	1494
山　　西	143	4250	1370	25	187	550	1133	1907
内 蒙 古	114	1739	873	47	162	365	353	2236
辽　　宁	62	2035	923	48	142	512	433	2801
吉　　林	77	1221	701	48	148	248	213	901
黑 龙 江	101	1681	747	46	163	328	388	2966
上　　海	40	1265	866	34	90	340	158	5498
江　　苏	225	5032	2004	90	314	853	1367	13240
浙　　江	143	4156	1542	99	265	661	1087	12701
安　　徽	149	2204	876	24	101	361	650	3388
福　　建	113	2546	956	61	140	357	672	3924
江　　西	127	3126	1113	50	126	486	851	4585
山　　东	263	4811	2231	103	355	953	1213	8589
河　　南	209	5949	1618	52	199	718	2007	18808
湖　　北	144	3504	1690	62	189	768	788	7279
湖　　南	108	2450	718	19	91	305	547	3178
广　　东	178	3773	1927	37	192	859	832	9884
广　　西	96	2002	853	36	99	362	534	4691
海　　南	22	561	156	1	11	37	165	442
重　　庆	62	2086	588	30	95	203	525	5653
四　　川	193	5591	1418	26	126	519	1537	3084
贵　　州	86	1538	378	8	42	119	361	828
云　　南	107	1425	833	33	153	371	384	1221
西　　藏	7	215	78	1	7	28	26	
陕　　西	197	7201	1866	65	190	669	1811	3658
甘　　肃	158	2510	1227	35	143	534	620	4397
青　　海	24	390	172	4	26	71	80	68
宁　　夏	26	392	152	6	21	55	108	305
新　　疆	89	1180	358	9	28	146	425	2341

系统博物馆基本情况

藏品数（件/套）	在藏品数中（件/套）							本年修复藏品数（件/套）
	文物藏品	一级品	二级品	三级品	本年新增藏品	本年从有关部门接收文物数	本年藏品征集数	
29438375	**19659642**	**74044**	**545940**	**2910551**	**482215**	**68766**	**216312**	**40916**
1927133	1465448	3006	7266	82988	24864	36	24437	1305
711945	232101	1050	5433	134909	3175	63	1098	100
306261	225147	925	10838	29025	6205	21	5002	409
1280723	839665	3390	8140	54746	7047	3277	658	2225
936858	650348	2411	7506	11873	4104	2912	841	1019
567353	356231	1741	13987	147074	4229	6	3772	206
467549	382394	556	5953	30978	4666	500	3228	658
602367	262247	2526	5124	40259	7933	341	6454	68
1320174	107395	1176	35198	156498	1550	48	1415	193
1212334	923330	2890	19628	247612	35576	17279	5574	2470
1084722	563567	1995	10248	74861	27885	5486	14084	1444
558952	432617	2025	5013	49215	3482	441	1929	600
638870	454163	1083	3018	103583	8776	32	7846	366
424133	180365	1523	5358	43340	6039	5	4569	212
3111784	2077776	5827	13993	95896	35104	128	6949	4557
875140	430341	2110	13943	226728	48609	1064	45905	3508
1695021	1148624	2802	7748	96532	29315	44	28534	6676
585708	396146	1497	5644	55828	5627	1028	3477	1616
1100582	661825	1422	15783	67488	61809	29696	16385	1665
302976	153984	299	4999	35360	7981	459	6736	305
146406	119908	180	709	3179	2349	1	1777	5
495903	366249	1084	2178	25321	11300	529	6118	1240
955563	780612	3032	6289	82460	11812	1624	4291	1816
108792	48618	113	577	1942	3956	133	3511	132
1450796	459023	838	2051	17212	102559	702	1075	2973
66343	103	1068	15808	26942	684		684	10
2415981	2052916	6497	12972	71930	4747	1040	3003	1030
423701	371284	4463	11879	102798	2890	645	1505	1260
67365	50847	480	988	1979	566		563	104
66113	34000	315	3428	6981	550		412	173
224225	125766	779	1463	4896	2402	216	1521	303

续表 1

地　区								
	一级品	二级品	三级品	基本陈列（个）	临时展览（个）	参观人次（万人次）	未成年人参观人次	本地居民参观人次
总　计	**370**	**1500**	**7891**	**9039**	**12070**	**90872.50**	**23355.13**	**43606.21**
北　京	1	6	23	196	232	2214.03	271.31	697.02
天　津	7	24	17	201	257	1486.90	377.04	1393.21
河　北	1	24	48	194	347	2724.70	786.30	2697.13
山　西	157	80	880	284	189	2338.02	605.83	1209.89
内蒙古	4	507	43	335	218	1412.25	420.39	740.80
辽　宁	3	29	114	202	226	2208.86	471.76	612.86
吉　林	1	1		127	300	933.24	321.23	583.64
黑龙江		2	10	273	367	1613.30	447.31	1530.15
上　海	1	7	57	96	263	1344.10	251.24	475.05
江　苏	40	82	231	649	918	6056.37	1549.57	5002.46
浙　江	8	23	187	437	1089	5982.83	1750.65	2030.90
安　徽	2	13	91	385	418	2309.55	721.46	1098.57
福　建	2		24	317	894	4056.92	1143.88	1939.48
江　西		1	6	349	339	3705.34	1253.67	1367.49
山　东	9	60	309	895	823	5224.41	1781.94	2466.40
河　南	17	98	786	408	580	5360.56	1773.87	2186.36
湖　北	1	132	1147	462	436	3701.61	1084.75	1612.71
湖　南		87	525	211	278	4484.18	1491.12	1260.34
广　东	7	28	44	508	1214	6300.56	1684.72	3203.46
广　西		23	134	217	265	1888.61	472.22	1168.41
海　南				54	130	274.10	88.64	133.41
重　庆	4	12	29	136	268	2536.29	390.11	840.98
四　川	4	12	809	464	454	6297.74	1308.55	2641.25
贵　州		12	3	172	111	1818.93	322.31	741.63
云　南	1	14	340	368	357	2059.42	490.61	1093.14
西　藏		2	8	2	4	16.75	3.30	
陕　西	64	22	43	446	271	5979.21	710.65	1569.84
甘　肃		7	50	378	528	2536.92	780.84	2508.99
青　海				45	21	232.27	49.87	49.67
宁　夏				48	63	534.43	118.56	375.40
新　疆	15	26	56	146	129	696.80	177.75	289.18

					本年完成科研成果			
境外观众参观人次	举办社会教育活动（次）	参加活动人次（万人次）	未成年人参加人次	门票销售总额（千元）	省部级及以上科研课题数（个）	专利（项）	专著或图录（册）	论文数（篇）
2404.93	**284114**	**10069.99**	**3986.55**	**4386251**	**500**	**128**	**856**	**5162**
158.25	5486	102.60	78.79	164149	31	6	38	165
30.17	4828	144.11	46.09	34076	1		1	25
27.57	2063	237.72	148.01	98266	7		11	65
98.83	22764	796.52	77.52	181514	3	4	13	63
43.91	3821	320.30	183.23	2267	2		9	137
50.87	2712	199.93	88.76	153125	5		19	143
20.44	3498	186.23	116.92	42840	4		6	39
83.15	2036	167.36	85.37	315	6		1	53
55.73	5414	142.85	43.38	229431	14	2	46	187
171.52	19451	458.71	184.01	117970	43	7	66	420
172.23	10879	302.08	171.37	37197	26	9	103	252
37.53	4962	252.47	100.39	7414	6		12	197
148.08	2669	463.91	115.71	1491	2		26	107
86.19	4354	432.85	167.78	6916	1	6	9	56
99.95	68151	462.16	265.91	45041	31	5	31	297
65.06	17347	627.57	324.14	72063	52	9	25	312
66.77	9425	744.29	350.90	4104	27	1	33	248
111.82	7651	371.63	164.90	8864	14	1	32	141
105.38	22899	1426.91	320.00	87570	14	2	52	307
101.00	1908	239.46	113.27	909	3	5	14	138
39.53	316	27.37	13.26		1	1	7	47
74.85	2997	283.96	114.83	104787	18	8	39	295
71.40	10163	548.89	193.42	390434	23	11	32	134
84.17	3744	73.18	35.93	41		25	4	24
100.84	3776	146.21	56.84	168	9	2	12	56
	27	1.05						14
70.20	11776	247.97	94.66	1479760	23	1	46	218
27.39	8710	403.15	227.50	362537	100	23	44	334
2.55	813	12.66	5.36				1	
3.55	3055	91.58	29.23		2		1	58
8.96	1757	101.33	44.27	15053	4		1	24

续表 2

地　区	古建维修、考古发掘报	获国家奖（个）	获省、部奖（个）	本年收入合计（千元）	财政补助收入	上级补助收入	事业收入
总　计	**83**	**80**	**371**	**28130238**	**24149003**	**541044**	**1748728**
北　京			20	1649382	1306685	928	305147
天　津				390912	339899	1635	16216
河　北		1		482075	434887		43155
山　西		2	8	1017344	857805	19287	43780
内蒙古			1	507608	494799	4730	4304
辽　宁			2	564288	558220	1327	1824
吉　林				359781	355111	418	2775
黑龙江		1	2	278808	276783	1687	30
上　海			6	1436282	1243390	3906	141411
江　苏	14	8	48	1968323	1746795	12031	90956
浙　江	4		12	1583191	1373902	37901	95792
安　徽	2		5	610513	565487	21965	6560
福　建	4	4	46	610304	546047	22306	7450
江　西	2	7	7	650479	563334	54487	6976
山　东	3	19	41	995894	886479	37645	13990
河　南	9	4	27	984702	872336	19856	73981
湖　北	20	5	23	1066984	801114	60892	93869
湖　南	4	4	19	1264352	1182096	22172	14143
广　东	6	1	28	1971867	1862339	15306	68924
广　西		2	1	391694	360211	15609	5156
海　南	1	2	2	673951	660893	700	17
重　庆	4	1	5	644929	506547	55529	41880
四　川	1	3	20	1556145	1191568	7171	271082
贵　州		2	3	181990	156118	10526	285
云　南			6	282478	263832	6783	5479
西　藏				336430	330577		
陕　西		2	3	2007426	1322779	32797	68928
甘　肃	4	8	28	1016868	954024	17669	22357
青　海				247586	198429	42199	2295
宁　夏		1	1	80621	64063	1985	
新　疆				345003	304495	11597	1611

经营收入	附属单位上缴收入	其他收入		本年支出合计（千元）	基本支出	项目支出	经营支出	在支出合计中：
			捐赠收入					工资福利支出
848761	**3221**	**839481**	**37132**	**27351502**	**11322139**	**14407408**	**495904**	**8087761**
14830		21792	1238	1641508	834415	792891	6454	529485
23773	210	9179	1699	430197	339814	76348	11865	201076
2020		2013	1010	459072	247166	210723	1183	163224
7950		88522	150	1000321	273314	670974	8317	234655
	10	3765	1102	539588	224597	296105	3160	145116
160		2757	13	506744	236766	250334	160	188098
		1477	100	319652	157204	151142	78	100013
		308		254846	133697	120944	200	108286
6274	67	41234		1147243	437113	701962	3147	273923
51981	53	66507	1862	2064766	993147	993102	20866	603163
11429		64167	470	1585908	698258	834657	2259	445711
1250		15251	9	613392	224114	356530	9465	158683
11920	230	22351	908	609385	200838	385944	12526	167902
17813	50	7819	759	608660	253578	290719	14940	206944
27170	2600	28010	2292	989723	500071	425793	18674	360467
1471		17058		949791	476910	434670	3402	333622
36623		74486	4616	1055760	380382	600152	23445	299569
7049		38892	1	1341792	420690	452724	2975	346106
3023		22275	6803	1811786	816432	982451	2504	610415
3059		7659		451863	164298	263478	621	157309
1664		10677		659529	42167	614334	353	31842
17120		23853	275	812651	232763	518305	6881	178766
10966		75358	1550	1529751	486559	1014482	7965	413400
7029		8032		170972	73221	79748	3920	72876
225		6159	940	293810	149315	133446	269	110952
		5853		106520	30568	75951		28783
535158	1	47763	77	2022799	846362	803079	325889	690977
80		22738	10842	988161	521798	432607	2496	272227
		4663		181304	50044	129490	25	42241
91		14482		69891	38340	28536	705	23611
3020		24280	416	317238	110036	197650	580	71864

续表 3

地区	商品和服务支出	差旅费	劳务费	福利费	各种税金支出	对个人和家庭补助支出	抚恤金和生活补贴
总计	**10537784**	**297699**	**1087244**	**150995**	**72170**	**541396**	**53740**
北京	608203	5018	48810	20210	4664	29210	1412
天津	160094	1972	3467	2414	613	8695	589
河北	200960	2617	23380	1003	195	25268	1477
山西	274268	4978	37410	2455	7318	4151	635
内蒙古	138079	4564	24365	833	438	4432	1412
辽宁	235537	3674	42703	244	809	7133	1505
吉林	101323	4128	16872	1023	1493	6724	794
黑龙江	88552	2721	9400	491	10	9571	493
上海	500733	6017	12319	5244	455	2771	678
江苏	724305	18983	80641	5679	8887	43112	2127
浙江	665479	10724	92406	26447	7990	18156	2226
安徽	171277	4226	11396	2098	219	11255	1429
福建	238902	6969	37577	439	261	6708	593
江西	205689	6980	15223	4263	554	12564	1755
山东	322072	5465	36488	2351	1430	42770	2225
河南	271417	7236	39474	3233	2485	19579	1785
湖北	413567	27994	52847	2851	3174	19784	1428
湖南	701378	61980	31266	11629	10386	19386	2974
广东	773233	10202	34183	22406	2074	85218	2213
广西	155003	12933	10364	7449	721	6842	770
海南	120526	4073	29281	125	1874	852	30
重庆	260438	16232	48614	734	1717	7000	2026
四川	758042	15978	69889	11601	1973	25239	6857
贵州	37230	1463	9379	467	562	4565	1032
云南	79501	3585	14993	932	786	3098	462
西藏	11277	812	760	2		444	402
陕西	845834	11022	82897	8586	4586	14483	3970
甘肃	311370	18617	49225	4075	234	29931	6490
青海	37638	1844	4685	974	30	2680	155
宁夏	23040	954	3464	58		1894	402
新疆	91954	3189	18226	276	110	2854	229

其他资本性支出	各种设备、交通工具、图书购置费	资产总计(千元)	固定资产原值	实际使用房屋建筑面积(万平方米)	展览用房	库房	实际拥有产权面积(万平方米)	文物保护规划和方案设计(个)
4033994	**569490**	**88783091**	**60716590**	**2144.23**	**999.42**	**169.72**	**1709.54**	**922**
105301	27158	4231681	3054589	74.77	34.11	5.09	49.81	9
10688	6906	3502449	2491940	31.57	15.97	3.03	59.34	17
69604	13323	1567293	1643206	54.78	30.18	3.48	44.31	9
374920	43458	4664655	1889173	84.71	33.10	6.89	82.08	49
120961	14959	2738567	2685351	71.69	35.07	4.63	38.16	18
26488	1277	2781061	2375539	50.53	27.05	6.00	22.27	6
47142	13499	553590	455612	32.66	17.55	2.97	11.84	3
18065	2586	996000	1010486	32.40	22.03	2.50	13.71	5
219184	15707	5571544	1677207	36.96	13.04	4.91	12.40	45
403383	43873	5533479	4314685	220.20	92.59	11.65	134.50	52
228500	39471	4557997	3192716	115.20	52.42	9.74	59.63	59
28380	6047	951448	707008	65.22	29.55	4.86	26.56	37
74061	8725	1389363	777632	93.02	29.83	4.93	64.97	46
44391	5228	1745434	1382989	65.28	33.83	5.21	155.87	55
113863	22487	5582186	4964459	150.67	79.90	12.58	230.57	75
208481	23718	2587122	2243080	92.68	48.79	9.45	57.44	24
161600	19769	2331350	1055761	114.53	74.60	8.07	73.05	65
151085	27476	3230736	1154630	52.86	23.62	5.80	37.70	29
189455	34794	4410387	2784531	126.98	47.86	9.13	150.91	55
36789	1864	1323429	924793	44.89	24.40	4.27	18.55	30
479574	34659	1396819	196606	14.39	3.98	1.63	8.01	18
124031	6107	936378	687672	50.50	24.58	3.37	20.71	23
143715	20016	7449004	4402873	109.80	53.20	7.43	72.21	56
22664	4665	564775	191247	29.79	15.39	2.25	16.24	5
33423	6889	1398139	774556	45.95	21.60	4.20	30.77	28
		709392	28123	8.42	0.63	0.16	6.51	
217693	18420	6307796	4422386	95.50	40.49	9.94	75.07	27
140634	42667	3684656	3241997	70.34	30.49	5.78	58.62	42
37066	6139	513198	464318	9.99	5.23	0.72	8.12	2
11558	41	326133	232154	14.96	8.41	0.91	11.59	
91863	6063	648119	333299	33.69	20.02	2.42	12.13	9

续表 4

地　区	文物保护维修情况				进行考古发掘情况		
	国保单位保护维修项目数(个)	保护维修面积(平方米)	省保单位保护维项修目数(个)	市、县保单位保护维修项目数(个)	考古发掘面积(万平方米)	出土器物(件/套)	原址保护展示面积(万平方米)
总　计	**451**	**7554851**	**372**	**372**	**89.55**	**90147**	**9**
北　京	11	16392		1	0.08		
天　津	2	2200	1	1	0.18		
河　北	14	14219	5				
山　西	24	27282	15	7	0.01	120	
内蒙古	2	8390		1	0.21	20	
辽　宁	13	5618	2	1			
吉　林	6	1727936	3	2	0.16	6459	
黑龙江	12	54378	1				
上　海			4	29	0.19	1000	
江　苏	18	142202	10	7	21.81	12202	1
浙　江	33	53438	24	64	14.47	4484	3
安　徽	25	119293	35	34	0.02	35	1
福　建	26	137310	24	19	0.53	1602	
江　西	36	4013374	42	43	0.35	1500	
山　东	17	87086	32	29	3.88	2826	
河　南	25	176701	16	3	0.20	534	2
湖　北	18	250773	29	8	12.38	16306	1
湖　南	11	33850	10	6	0.13	451	
广　东	22	35570	28	42	0.05	30162	1
广　西	25	282413	3	7	0.05	3800	
海　南	1	2800	3	3	0.05	132	
重　庆	11	111880	13	17	0.28	117	
四　川	26	114506	14	12	1.04	1101	
贵　州	8	25106	4	5	0.00		
云　南	3	9150	12	20	3.03	3337	
西　藏							
陕　西	19	19827	4	3	29.57	536	
甘　肃	19	20823	22	7	0.11	880	
青　海	8	14836	14	1	0.26	105	
宁　夏	2	10296					
新　疆	2	15648	2		0.29	1399	

国际合作项目数(个)	主办刊物(种)	文博单位举办新媒体情况			
		举办网站(个)	网站年访问量(次)	举办微信公众号、微博(个)	举办微信公众号、微博关注人数(人)
189	**250**	**946**	**1328841540**	**7163**	**105555423**
5	8	37	1024411654	423	21550279
8	7	28	7642322	71	570008
1	3	22	5604115	137	4094997
1	2	15	2020369	50	1459011
3	2	11	404963	224	188844
	5	15	8332159	34	611636
	2	18	764948	41	80591
	4	12	3059031	32	905009
4	11	20	13615972	300	13346898
1	32	74	49926760	159	5844733
13	23	44	11188738	403	2929770
	5	29	13925207	45	1123816
2	10	46	18614239	121	599923
6	8	44	6210128	68	3240133
8	13	46	3219306	260	609472
3	13	49	17421864	127	2097648
9	10	40	11017735	67	1257107
10	6	20	7645181	36	1717862
11	20	58	38754999	2256	3064674
17	3	17	1766221	41	414265
		5	538716	7	74698
4	6	24	2044468	49	1532538
13	15	52	14617837	1480	13013160
3	5	7	349294	16	77576
4	6	19	5361036	34	358763
		1	2407	1	5774
37	14	37	20504560	309	7833803
4	10	137	6573771	270	1875095
	2	1	120000	7	31872
		5	343849	11	534703
		11	151247	76	74248

2019年全国各地区

地区	机构数（个）	从业人员（人）	专业技术人才	正高级职称	副高级职称	中级职称	库存文物数（件/套）	一级品
总计	**83**	**1344**	**542**	**14**	**52**	**223**	**7904158**	**185**
北京	8	262	48	1	8	24	2347363	
天津	1	69	40	1	7	19	343961	
河北	1	5	5			5	506	
山西	1	16	8	1		3	130482	
内蒙古	1	4	3		1	2		
辽宁	2	28	9			1	227775	5
吉林	1	7					15823	
黑龙江								
上海	17	247	117	7	8	32	2876912	130
江苏	8	176	64		6	24	904459	
浙江	9	83	24		1	8	12239	
安徽	1	35	20		3	7	200542	12
福建								
江西	4	40	18		1	7	120769	
山东	4	51	28		3	14	40694	
河南	5	66	38	1	3	22	61905	14
湖北	2	38	32	1	4	15	215865	11
湖南								
广东	2	61	29		1	12	226379	10
广西	4	24	8			5	37313	1
海南								
重庆	2	10	5		1	4	17150	
四川	2	34	1			1	64039	
贵州	1	9	1				18661	
云南	2	34	25	2	4	11		
西藏	1	9	6			2	5654	
陕西	1	5					750	
甘肃	1	6					6500	2
青海	1	9	4			1	7282	
宁夏								
新疆	1	16	9		1	4	21135	

文物商店基本情况

		资产、负债、所有者权益（千元）							损益（千元）
二级品	三级品	资产总计	固定资产原价	当年提取的折旧总额	负债合计	所有者权益合计	实收资本	国家资本金	营业收入
662	**7893**	**2433862**	**369062**	**18779**	**590895**	**1842967**	**486875**	**254825**	**752467**
		514446	151846	7383	100852	413594	38870	16870	118346
		269365	7845	260	12245	257120	25188	25188	46347
		3353			1	3352	3400		
		13024	2001	1867	1055	11969	1325	1325	14427
		3508	703	151	326	3182	3264	3264	65
2	20	79704	10509	1646	27548	52156	6940	6940	14268
		7565	513	33	6685	880	1931	1931	7014
500	1712	577974	15629	1293	173020	404954	259990	69990	140929
		398959	51628	2436	142273	256686	14260	14260	215427
13	400	84477	20324	292	11981	72496	17058	17058	28238
	439	25758	7058	102	2942	22816	996	996	19867
		8768	7649	131	3170	5598	7068	7068	10116
	3682	32493	3862	196	23589	8904	4012	3193	6625
135	846	25821	15137	142	4620	21201	19443	3612	3162
7	2	136026	17665	248	23585	112441	12269	12269	29623
		100239	16434	362	10720	89519	18911	18911	54096
		8142	1467	161	5273	2869	6589	6589	1681
		9680	6297		184	9496	8943	8943	1070
		39804	3897	206	17324	22480	6669	6669	18334
		28125	20591	675	8163	19962	6000	6000	1656
		40920	1233	30	3759	37161	14486	14486	11520
2	5	3111	2126	985	1611	1500	1500	1500	919
	750	3738	382		1787	1951	2105	2105	258
3	37	9132	730		6082	3050	1500	1500	2648
		1633	799	22	740	893	400	400	2141
		8097	2737	158	1360	6737	3758	3758	3690

续表

地区	损益（千元）							
	主营业务收入	营业成本	养老、医疗、失业等各种社会保险费	住房公积金和住房补贴	差旅费	工会经费	营业利润	营业外收入
总　计	**685485**	**719986**	**34599**	**17597**	**8532**	**2436**	**32481**	**23116**
北　京	108970	125516	9748	4027	315	623	-7170	3505
天　津	46347	38582	3037	4132	283	260	7765	537
河　北		47					-47	
山　西	9174	10684	415	170	131	23	3743	
内蒙古	65	147			1	2	-82	
辽　宁	14268	14192	620	699	358	29	76	196
吉　林	6519	4507	149	44	336	8	2507	64
黑龙江								
上　海	127404	115553	7079	1889	3579	457	25376	207
江　苏	205880	212337	4493	2426	1092	450	3090	1960
浙　江	24828	21927	1063	399	742	52	6311	583
安　徽	19867	24165	1091	502	319	30	-4298	3688
福　建								
江　西	8875	10062	589	416	66	51	54	109
山　东	6625	8959	762	483	51	26	-2334	2500
河　南	3052	5839	953	152	256	19	-2677	1592
湖　北	26015	27533	960	598	263	70	2090	4212
湖　南								
广　东	43776	54172	1171	641	245	176	-76	130
广　西	1644	3950	300	118	10		-2269	465
海　南								
重　庆	758	865	26	3	17		205	28
四　川	13265	18357	503	238	63	51	-23	19
贵　州	579	2488	210	58	55	14	-832	58
云　南	8680	12464	880	346	252	66	-944	447
西　藏	919	656					263	2758
陕　西	258	580	149	82			-322	
甘　肃	2648	2001	107	18	47		647	16
青　海	1674	2127	294	156	31	16	14	27
宁　夏								
新　疆	3395	2276			20	13	1414	15

			工资、福利费、税金（千元）						
政府补助（补贴收入）	营业外支出	利润总额	本年发放工资总额	本年支付的职工福利费	本年应交税金总额	实际使用房屋建筑面积（万平方米）	营业用房	库房	实际拥有产权面积（万平方米）
14265	**5361**	**50236**	**148109**	**8870**	**40891**	**16.14**	**7.87**	**5.66**	**10.56**
54	2206	-5871	36326	2830	5738	2.95	2.01	0.89	1.75
450	27	8275	13831	439	3182	1.46	0.43	0.80	
		-47	47			0.04	0.03	0.01	
		3743	2269		267	0.36		0.24	0.36
		-82	144			0.01			0.01
		272	3769	240	1793	0.37	0.16	0.18	0.10
		2571	420	54	220	0.01	0.01	0.01	0.07
	26	25557	25185	1900	11383	2.74	0.49	1.68	0.11
1039	18	5032	26800	1723	6833	2.48	1.66	0.68	2.11
10	28	6866	5366	280	1454	1.07	0.34	0.08	1.47
3683		-610	2916	88	644				
	76	87	1714	287	550	0.49	0.38	0.12	0.47
	50	116	2021	205	229	0.35	0.28	0.06	0.39
1592		-1085	2661	54	70	0.39	0.14	0.25	0.14
4163	104	6198	4017	51	2457	0.66	0.41	0.11	0.63
129	67	-13	10227	523	3454	1.03	0.79	0.24	0.92
267		-1804	1801		14	0.12	0.04	0.02	0.11
20	1	232	241	10	99	0.16	0.05	0.04	0.27
		-4	2544	26	1190	0.60	0.05	0.05	0.57
		-774	686		271	0.11	0.01	0.10	0.11
100		-497	3530	108	678	0.25	0.20	0.05	0.62
2758	2758	263			103	0.07	0.07		0.03
		-322	348		1	0.04	0.02	0.02	
		663	392		46	0.05	0.03	0.02	
		41	854	35	62	0.03	0.01		0.03
		1429		17	153	0.30	0.27	0.04	0.30

8

教育、科技、动漫及其他

2019年文化和旅游部门

	机构数（个）	从业人员（人）	双师型	专业技术人才	正高级职称
总　计	**121**	**12843**	**3017**	**9403**	**457**
本科以上艺术学校	13	4738	1248	3553	265
高等职业学院	84	6928	1531	5169	174
中等专业学校	8	807	198	404	4
干部培训院校	15	363	40	277	14
其他教育机构	1	7			

续表 1

	就业人数	招生数（人）	中职生	高职生	在校生数（人）
总　计	**13547**	**39918**	**12444**	**24407**	**115257**
本科以上艺术学校	5930	17402	2237	14075	46204
高等职业学院	7558	20113	8405	10332	60853
中等专业学校		1872	1624		6180
干部培训院校	59	531	178		2020
其他教育机构					

教育机构基本情况

副高级职称	中级职称	毕业生数（人）	中职生人数	升学人数	就业人数	高职生人数	升学人数
2175	**4196**	**30093**	**10085**	**4774**	**3404**	**17669**	**1636**
874	1571	11439	1908	1151	391	8718	500
1202	2350	16258	6668	3161	2068	8778	1022
64	165	1563	1449	434	913	114	114
35	110	833	60	28	32	59	

影视类	戏剧戏曲类	音乐类	舞蹈类	美术设计类	杂技曲艺类	其他	在校生中高职生人数（人）
4581	**8088**	**19232**	**21502**	**17050**	**3129**	**41675**	**63998**
3340	3190	9217	8148	10978	558	10773	35371
1156	4075	9262	11343	5786	2418	26813	28187
85	378	477	1247	98	30	3865	
	445	276	764	188	123	224	440

续表 2

	本年收入合计（千元）	财政补贴收入	上级补助收入	事业收入	经营收入
总　计	**4382796**	**3415070**	**9062**	**772647**	**29321**
本科以上艺术学校	1781080	1348329	90	369664	10176
高等职业学院	2100104	1742674	8944	254602	11879
中等专业学校	371829	198594		144309	7266
干部培训院校	129414	125104	28	4072	
其他教育机构	369	369			

续表 3

	差旅费	劳务费	福利费	各种税金支出	对个人和家庭补助支出
总　计	**38944**	**208257**	**29419**	**7846**	**276064**
本科以上艺术学校	15688	85279	13265	4063	127706
高等职业学院	20315	110512	12298	2365	125741
中等专业学校	1797	8721	3667	1192	19411
干部培训院校	1144	3741	189	226	3204
其他教育机构		4			2

附属单位上缴收入	其他收入	本年支出合计（千元）	基本支出	项目支出	经营支出	在支出合计中：工资福利支出	商品和服务支出
	156696	**4284415**	**2926312**	**1328628**	**27173**	**2052979**	**1203033**
	52821	1735309	1246947	479473	8888	839588	508756
	82005	2070876	1375133	684445	10007	1020577	564648
	21660	356081	231870	115931	8278	140382	101827
	210	121805	72018	48779		52112	27790
		344	344			320	12

抚恤金和生活补助	其他资本性支出	各种设备、交通工具、图书购置费	资产总计（千元）	固定资产原值	实际使用房屋建筑面积（万平方米）	教学用房面积	实际拥有产权面积（万平方米）
20519	**562436**	**155783**	**9451223**	**6025902**	**332.73**	**200.31**	**241.50**
8060	242154	73992	3791631	2206590	131.19	72.74	115.38
9390	256158	64467	4723360	3098944	172.16	104.54	108.57
2898	30184	13139	841954	662104	18.07	15.27	11.71
171	33930	4182	94275	58261	11.30	7.76	5.84
	10	3	3	3	0.00		

2019年各地区文化和旅游

地　区	机构数（个）	从业人员（人）						毕业生数（人）
			双师型	专业技术人才				
					正高级职称	副高级职称	中级职称	
总　计	**121**	**12843**	**3017**	**9403**	**457**	**2175**	**4196**	**30093**
北　京	2	493	83	344	20	71	178	356
天　津	3	353	98	312	20	86	136	965
河　北	4	544	142	438	19	132	188	1002
山　西	18	1310	394	1039	17	252	445	2289
内蒙古	4	396	20	339	7	75	124	496
辽　宁	4	194		153	9	29	82	262
吉　林	2	13		4			2	
黑龙江	6	598	27	491	62	152	226	443
上　海	1	59		30		6	12	7
江　苏	14	1067	276	901	39	206	390	3115
浙　江	7	1850	772	1473	128	380	732	6891
安　徽	4	115	56	68		6	25	250
福　建	10	699	78	446	24	74	187	1423
江　西	2	312	57	280	11	62	95	843
山　东	3	311	27	250	6	59	142	622
河　南	9	280	17	200	4	44	90	1107
湖　北	6	743	173	372	15	95	164	1266
湖　南	4	739	191	530	28	130	243	1854
广　东	2	238	135	196	2	60	79	265
广　西	2	128		70	7	20	42	528
海　南	1	156	2	107	1	17	43	160
重　庆	2	449	115	333	4	32	148	1719
四　川	3	1042	224	633	25	111	282	2712
贵　州								
云　南								
西　藏								
陕　西	3	130	57	107		16	41	108
甘　肃								
青　海	1	145		79	3	23	22	176
宁　夏	2	203	67	111	3	18	42	1150
新　疆	1	60	6	50		6	7	84

部门教育机构基本情况

中职生人数	升学人数	就业人数	高职生人数	升学人数	就业人数	招生数（人）	中职生	高职生	在校生数（人）
10085	**4774**	**3404**	**17669**	**1636**	**13547**	**39918**	**12444**	**24407**	**115257**
240	187	30	116	11	104	277	212	62	2103
77	20	57	881	34	847	1220	110	1110	3355
221	152	56	781	91	535	2363	294	2012	5795
1138	492	403	755	140	578	3259	1305	1574	9404
370	167	36				399	280		1394
262	197	59				393	393		1433
131	41	1	311	38	239	847	623	220	2083
7	3	4				18	18		83
403	152	249	2459	475	1876	3579	436	2662	11918
1003	841	147	5082	522	4513	7739	561	6131	22279
161	46	113				244	196		996
790	400	370	633	118	503	1732	254	1315	4878
193	129	53	650	5	622	1627	453	1174	3836
622	388	234				1576	1576		3944
644	12	28				962	888		4104
659	397	44	607	9	598	2214	859	1355	6117
261	105	156	1543		1421	3288	557	2500	7860
265	47	56				381	381		1409
380	217	163				498	350		1309
160	125	33				345	345		890
256	124	60	1463	75	1345	2135	299	1836	6219
694	58	413	2018	114		3245	982	2132	9130
108	67	24				241	241		571
176		176				181			690
780	371	391	370	4	366	1035	711	324	2870
84	36	48				120	120		587

续表 1

地　区								在校生中高职生人数（人）
	影视类	戏剧戏曲类	音乐类	舞蹈类	美术设计类	杂技曲艺类	其他	
总　计	**4581**	**8088**	**19232**	**21502**	**17050**	**3129**	**41675**	**63998**
北　京	102	525	253	639	207	232	145	448
天　津		192	437	640	1157	150	779	2879
河　北	371	247	722	1033	655	246	2521	4376
山　西	568	1292	2654	2726	946	214	1004	3182
内蒙古	23	34	685	556	30		66	
辽　宁	119	122	305	822	25	40		
吉　林								
黑龙江	52	141	520	514	302	32	522	1355
上　海						83		
江　苏	124	729	1250	1514	1701	147	6453	8085
浙　江	553	741	4104	1571	1354	33	13923	16598
安　徽				211			785	
福　建	10	247	932	1085	1434	78	1092	3346
江　西	126	294	604	1193	820	133	666	2458
山　东	119	417	752	1236	401		1019	
河　南	56	812	712	524	62	1349	589	
湖　北	630	494	1164	1609	1173	47	1000	3356
湖　南	1178	852	830	1280	1463	43	2214	5812
广　东	27	119	756	398	109			
广　西		117	201	608	151	161	71	316
海　南		122	191	261	165		151	
重　庆	173	31	673	568	1021	30	3723	4996
四　川	141	296	754	1077	3259	97	3506	5985
贵　州								
云　南								
西　藏								
陕　西		168	177	128	98			
甘　肃								
青　海			121	400	50		119	
宁　夏	209	96	318	497	409	14	1327	806
新　疆			117	412	58			

本年收入合计（千元）	财政补贴收入	上级补助收入	事业收入	经营收入	附属单位上缴收入	其他收入	本年支出合计（千元）	基本支出
4382796	**3415070**	**9062**	**772647**	**29321**		**156696**	**4284415**	**2926312**
235834	211728		15426	6267		2413	232203	186471
128202	97315		27670			3217	142111	128715
158737	121108	8238	28038			1353	156536	117039
285164	244657	90	25533	5230		9654	292859	181357
67880	65336		2522			22	69492	51864
50410	45407		4903			100	51997	41056
793	793						780	777
91184	79044		11581			559	90990	78098
31028	14479	100	272			16177	35085	13404
499619	416376		74023	1640		7580	515939	314342
981679	755703		196249	388		29339	923111	661556
11814	1736	40	4992	3900		1146	12185	6787
201350	164799	30	22814	8256		5451	197043	131765
137836	119236	556	17650			394	82531	64643
81733	65153		14701			1879	81769	64302
39915	38525		933	274		183	41871	36988
201033	131453		65667			3913	201746	154584
286212	199074		68615			18523	288269	130891
154975	148126		746			6103	149813	90562
34785	33506	8	1186			85	38381	17299
89462	88470		835			157	78605	40410
167036	89744		57015			20277	142040	86786
190332	130655		38897	3045		17735	197046	134475
22352	20735		1157			460	22323	20090
34186	31767		1028			1391	36878	22819
58941	45670		8844	321		4106	59487	32050
24366	20086		34			4246	24345	14857

续表 2

地区	项目支出	经营支出	在支出合计中：					
			工资福利支出	商品和服务支出				
					差旅费	劳务费	福利费	各种税金支出
总　计	**1328628**	**27173**	**2052979**	**1203033**	**38944**	**208257**	**29419**	**7846**
北　京	39727	6005	142310	60374	1584	10229	1167	473
天　津	13396		91428	27659	315	4560	692	311
河　北	39497		78249	52130	2252	5706	61	517
山　西	107424	3997	161593	92460	3610	15161	1791	539
内蒙古	17628		45399	20151	642	3384	389	
辽　宁	10940		35306	9674	311	2416	59	
吉　林	3		743	20		6		
黑龙江	12892		56569	12165	290	3500	685	
上　海	21681		10170	20736	323	1884	173	
江　苏	199782	1640	241679	126223	4219	17409	1931	462
浙　江	261166	388	400546	318053	10416	62881	14387	84
安　徽	80	4578	5657	1153	53	56		
福　建	58525	6742	98333	42405	1648	7293	60	201
江　西	17887		61394	13673	958	1410	598	182
山　东	17467		38652	29807	446	16475	2124	198
河　南	4647	123	30459	7952	323	1136	355	1
湖　北	47162		97202	79201	1920	26478	602	2735
湖　南	156544		70914	51538	1687	3847	123	231
广　东	59251		76409	14967	170	497	96	50
广　西	21082		18735	16135	631	3809		245
海　南	38195		19637	27846	852	5186		
重　庆	55254		59014	14376	415	452	3434	101
四　川	59214	3355	91593	69005	2798	8417	692	214
贵　州								
云　南								
西　藏								
陕　西	1891		18045	3043	18	603		
甘　肃								
青　海	14058		20267	4622	287	265		7
宁　夏	27092	345	24202	21516	555	2218		61
新　疆	9488		11185	11927	1932	2245		204

对个人和家庭补助支出	抚恤金和生活补助	其他资本性支出	各种设备、交通工具、图书购置费	资产总计（千元）	固定资产原值	实际使用房屋建筑面积（万平方米）	教学用房面积	实际拥有产权面积（万平方米）
276064	**20519**	**562436**	**155783**	**9451223**	**6025902**	**332.73**	**200.31**	**241.50**
10253	1243	320	320	301364	424369	8.66	6.23	2.58
19602	1186	3278	3278	437711	384459	7.04	5.33	3.78
18521	2434	7635	5018	184096	161846	6.54	4.43	6.36
14128	1306	19173	11736	315089	271706	19.03	12.54	14.66
2172	352	1770	363	127903	71256	6.31	4.27	3.81
1471	65	1853		80483	84668	3.87	1.94	1.62
7		10	3	37	165	0.01	0.01	
19127	1011	3128	528	61189	60727	4.53	3.87	3.04
1982				62231	33294	0.58	0.47	0.58
31950	1487	75887	6732	1263250	734865	39.10	21.66	9.61
51303	4422	135269	72395	1723584	1407446	92.01	52.65	83.05
477		106		24133	23589	2.65	0.74	2.07
8517	488	26843	5262	430558	365418	12.62	6.29	12.61
5911	267	1552	1413	121690	62396	4.33	2.93	3.71
10741	897	2568	2237	78260	90204	8.97	3.43	5.00
1835	92	17	12	59838	46413	12.56	7.11	2.41
11892	446	10793	9620	457106	341944	17.28	14.25	10.86
12267	472	153235	6344	1492091	116003	25.73	9.91	25.67
5300	172	53137	6441	157380	212569	3.43	2.02	4.01
2849	288	662	662	55732	85488	3.07	2.94	2.25
497	44	21498	6331	282625	75402	2.24	1.82	2.24
13242	644	6153	3781	805014	479765	11.40	5.86	10.45
17278	433	11920	4805	399457	179903	24.85	17.49	18.77
831	212	404	359	26278	39974	3.32	1.95	3.36
6415	109	1499	1499	37017	45282	2.10	2.07	1.18
2764	244	9799	2145	323374	101301	8.74	6.58	6.09
1191	7			52665	14623	0.87	0.83	0.87

2019年艺术科研

指　标	机构数（个）	从业人员（人）	专业技术人才	正高级职称	副高级职称	中级职称
总　计	**223**	**5633**	**4492**	**504**	**1087**	**1877**
按行业分类						
文化科技研究	73	2282	1784	202	426	772
综合性艺术研究	102	2471	2067	265	562	827
地方戏艺术研究	37	494	396	31	66	169
其他科研机构	11	386	245	6	33	109
按经费来源分类						
科研经费	15	1583	1246	211	410	516
文化经费	200	3660	2958	277	644	1210
其他经费	8	390	288	16	33	151
按隶属关系分类						
中央	2	1283	1018	194	361	425
省级	34	1175	963	125	249	361
地级	139	2567	2175	183	454	937
县级	48	608	336	2	23	154
按部门分类						
文化和旅游部门	223	5633	4492	504	1087	1877
其他部门						

机构基本情况

本年完成科研项目（个）				本年度科研项目获奖情况（个）			本单位拥有知识产权数量（个）	主导技术标准数量（个）
	国家级	省级	文化科研项目		获国家级奖	获省部级奖		
251	**46**	**72**	**115**	**111**	**11**	**82**	**56**	**5**
56	12	23	18	16	1	15	4	
192	34	49	95	83	9	56	42	5
3			2	8		8	10	
				4	1	3		
36	17	14	4	4		4	4	
214	29	58	110	107	11	78	52	5
1			1					
20	14	6						
131	24	36	70	36	3	33	11	5
96	7	30	45	75	8	49	44	
4	1						1	
251	46	72	115	111	11	82	56	5

续表 1

指　标	所办刊物(种)	申请专利数(个)	论文及资料		本年收入合计(千元)	
			专著数(册)	论文数(省级及以上刊物公开发表)(篇)		财政补贴收入
总　计	**80**	**5**	**136**	**2110**	**2193486**	**1956801**
按行业分类						
文化科技研究	35	5	46	973	834301	692735
综合性艺术研究	33		86	1097	1175049	1097184
地方戏艺术研究	10		4	30	120899	111967
其他科研机构	2			10	63237	54915
按经费来源分类						
科研经费	10		74	1509	1194510	1077323
文化经费	68		61	601	920949	845875
其他经费	2	5	1		78027	33603
按隶属关系分类						
中央	7		72	1436	1116129	1003047
省级	34	5	38	455	444327	364884
地级	36		22	209	594981	554833
县级	3		4	10	38049	34037
按部门分类						
文化和旅游部门	80	5	136	2110	2193486	1956801
其他部门						

					本年支出合计（千元）			
上级补助收入	事业收入	经营收入	附属单位上缴收入	其他收入		基本支出	项目支出	经营支出
25325	**94507**	**39262**	**1094**	**76497**	**2097066**	**1098389**	**927495**	**58332**
18050	25869	38579	1094	57974	789285	471433	255825	57895
1890	58070	280		17625	1124673	517543	602062	245
5065	3489			378	119874	63671	52735	
320	7079	403		520	63234	45742	16873	192
455	62618	1810	1094	51210	1098638	443345	652145	1933
23901	31889	683		18601	907920	621950	273898	437
969		36769		6686	90508	33094	1452	55962
	62316			50766	1018770	394254	624516	
1205	24067	38859		15312	446815	236907	150774	58140
21192	7534		1094	10328	592496	433605	150568	
2928	590	403		91	38985	33623	1637	192
25325	94507	39262	1094	76497	2097066	1098389	927495	58332

续表 2

指　标	在支出合计中：					
	工资福利支出	商品和服务支出	差旅费	劳务费	福利费	各种税金支出
总　计	**779841**	**602129**	**24800**	**83474**	**7197**	**3928**
按行业分类						
文化科技研究	342992	294273	8376	34124	2163	2572
综合性艺术研究	345140	266809	14271	42262	4407	1079
地方戏艺术研究	55312	28887	1554	6219	453	49
其他科研机构	36397	12160	599	869	174	228
按经费来源分类						
科研经费	295286	298022	10181	48283	3846	1391
文化经费	448686	253117	13842	34194	3254	1379
其他经费	35869	50990	777	997	97	1158
按隶属关系分类						
中央	257934	280065	9180	43665	3330	1362
省级	179221	206556	8080	16700	1369	2205
地级	316310	112440	7253	22887	2450	248
县级	26376	3068	287	222	48	113
按部门分类						
文化和旅游部门	779841	602129	24800	83474	7197	3928
其他部门						

对个人和家庭补助支出	抚恤金和生活补助	其他资本性支出	各种设备、交通工具、图书购置费	资产总计（千元）	固定资产原值	实际使用房屋建筑面积（万平方米）	科研房屋面积	实际拥有产权面积（万平方米）
167618	**13239**	**70994**	**12410**	**2484693**	**1520943**	**31.14**	**5.31**	**23.84**
53780	4721	44519	6354	701674	769826	6.21	1.39	5.27
104678	7044	21125	5290	1639220	677878	18.60	3.30	15.00
6371	1335	5347	763	118854	49838	5.56	0.37	2.45
2789	139	3	3	24945	23401	0.77	0.25	1.11
72176	4628	55372	8010	1710989	1197684	12.44	1.49	12.15
92841	7797	14850	3676	609132	266363	17.34	3.82	8.90
2601	814	772	724	164572	56896	1.37	0.01	2.79
65798	4023	55162	7892	1525289	1106957	11.78	1.08	11.78
37408	4607	4334	2800	375688	189562	6.78	3.27	5.29
61978	4380	11401	1621	569459	212660	11.85	0.69	5.76
2434	229	97	97	14257	11764	0.74	0.28	1.01
167618	13239	70994	12410	2484693	1520943	31.14	5.31	23.84

2019年各地区艺术

地　区	机构数（个）	从业人员（人）	专业技术人才	正高级职称	副高级职称	中级职称	本年完成科研项目（个）
总　计	**223**	**5633**	**4492**	**504**	**1087**	**1877**	**251**
北　京							
天　津	1	20	16	2	4	5	2
河　北	12	156	150	10	28	57	2
山　西	36	1258	904	52	155	395	12
内蒙古	9	116	107	11	25	45	1
辽　宁	6	78	69	7	15	34	
吉　林	6	204	188	29	74	62	7
黑龙江	3	80	71	13	19	24	11
上　海	2	42	37	1	11	19	11
江　苏	7	91	77	14	19	27	36
浙　江	7	167	107	22	12	23	7
安　徽	11	142	104	6	17	44	2
福　建	10	130	107	11	28	41	1
江　西	14	308	276	9	40	133	5
山　东	7	162	132	13	32	63	36
河　南	17	175	148	13	29	53	2
湖　北	11	138	104	18	26	43	3
湖　南	8	94	81	9	17	42	7
广　东	7	96	68	7	17	32	5
广　西	9	196	182	13	55	76	32
海　南	1	8	3	2		1	
重　庆	1	37	31	2	11	15	4
四　川	6	225	170	14	30	70	29
贵　州	3	32	28	3	7	13	8
云　南	10	85	79	7	13	32	
西　藏	1	17	7		3	4	
陕　西	8	100	77	6	16	32	5
甘　肃	3	95	75	7	6	34	1
青　海	1	14	10	1	3	3	
宁　夏	2	29	25	5	7	12	
新　疆	2	55	41	3	7	18	2

科研机构基本情况

国家级	省级	文化科研项目	本年度科研项目获奖情况（个）	获国家级奖	获省部级奖	本单位拥有知识产权数量（个）	主导技术标准数量（个）
46	**72**	**115**	**111**	**11**	**82**	**56**	**5**
1	1						
		2	1		1		
3	5	4	4		4		
1						1	
			5		5		
	4	2				4	
4	7		10	1	9		
1		10					
1	13	8	28	2	12	34	
	2	5	1		1		
	1	1	2		2		
		1	2	1	1		
1	4		3		3		
6	10	20	20	2	14		1
		2	3		3		
	1	2					
		5	7		7	1	
	3	2	5	3	2		
	2	30	7		7	10	
		4					4
8	7	14	8	1	7	6	
2	4	2					
			1		1		
2	2		4	1	3		
		1					
2							

续表 1

地区	所办刊物(种)	申请专利数(个)	论文及资料		本年收入合计(千元)		
			专著数(册)	论文数(省级及以上刊物公开发表)(篇)		财政补贴收入	上级补助收入
总计	**80**	**5**	**136**	**2110**	**2193486**	**1956801**	**25325**
北京							
天津					6637	6547	
河北	3		1	47	34725	33905	
山西	9		2	73	150635	141798	1988
内蒙古	2		3	21	27441	26431	
辽宁			1	6	16432	16432	
吉林	2			14	50886	49822	
黑龙江	1		2	41	17671	17396	
上海	1				19897	13872	
江苏	2		3	61	35090	31367	320
浙江	8	5	4	37	94375	44650	2483
安徽	2		1	5	26867	25190	1245
福建	4		6	26	45416	43821	467
江西	3			8	106609	105608	
山东	1		4	25	46353	45152	
河南	3		3	43	40258	24994	14627
湖北	4		3	26	36998	29888	365
湖南	2		3	37	26306	23214	1070
广东	3		2	47	50784	49519	295
广西	4		1	67	61334	58191	1760
海南					3829	3829	
重庆	1		4	20	20896	17521	
四川	4		7	25	64302	53303	244
贵州	3			1	5941	5861	
云南	2		7	2	18411	17485	150
西藏	2				6320	6320	
陕西	3		3	6	16796	16572	
甘肃	1		1	14	11762	11555	207
青海	1			5	11050	10651	33
宁夏	1		2	4	7111	6804	71
新疆	1		1	13	16225	16056	

事业收入	经营收入	附属单位上缴收入	其他收入	本年支出合计（千元）	基本支出	项目支出	经营支出
94507	**39262**	**1094**	**76497**	**2097066**	**1098389**	**927495**	**58332**
			90	6724	6101	623	
			820	33525	31317	2183	
636	1810		4403	150455	106897	36351	1933
			1010	26912	20398	6513	
				16904	15745	1158	
41	20		1003	49554	42287	7247	20
96			179	17566	16985	581	
5489			536	17599	13149	4450	
2846	403		154	36889	30110	6587	192
3035	36769		7438	107185	36281	14500	55962
256			176	26693	22105	3008	
728			400	46324	24511	21813	
770			231	95127	40282	52537	
		1094	107	46581	37128	9453	
			637	40105	35461	4604	
3721			3024	37065	26815	8893	119
667	67		1288	24166	15447	8417	67
			970	50661	38064	12470	
80			1303	59753	33097	26656	
				3829	2084	1745	
3325			50	23273	6754	16519	
10501	193		61	66889	36276	30348	39
			80	7066	4558	2508	
			776	18704	14443	3402	
				5830	5070	760	
			224	17632	14039	3451	
				11699	10683	1016	
			366	11140	3973	7166	
			236	6609	5209	1055	
			169	15837	8866	6965	

续表 2

地区	在支出合计中：						
	工资福利支出	商品和服务支出	差旅费	劳务费	福利费	各种税金支出	对个人和家庭补助支出
总计	**779841**	**602129**	**24800**	**83474**	**7197**	**3928**	**167618**
北京							
天津	4708	1264	18	211	39		630
河北	23593	4789	256	743	246		5077
山西	74385	23791	1247	4123	503	91	6838
内蒙古	15987	6078	641	1695	95	115	3703
辽宁	12394	1781	135	58	1		1455
吉林	19005	9073	845	1840	315	14	16132
黑龙江	11970	1444	251	52	236		4141
上海	9289	7213	147	795	137	191	1051
江苏	17706	9126	400	1641	26	71	6291
浙江	34891	65731	1079	5193	536	1194	4761
安徽	13332	3294	385	524	97		5342
福建	20176	9460	739	2008	5	23	2427
江西	33965	46976	953	1161	237	20	1103
山东	27762	13194	530	3974			4614
河南	23943	5212	466	671	235	53	6186
湖北	21353	10821	605	1329	140	1	4300
湖南	12542	2145	267	139	127	115	1910
广东	23598	14497	796	1820	99	46	11603
广西	31371	18138	1671	2708	84	29	3500
海南	3290	411					122
重庆	5735	15739	1071	2506	29		454
四川	27633	23791	1150	4353	205	552	4884
贵州	3437	1890	205	527	3	6	738
云南	12902	3551	490	395	35		194
西藏	3673						
陕西	11417	4512	277	175	67	2	861
甘肃	7303	1531	183	196	198	14	2171
青海	2928	7770	61	192			441
宁夏	4578	1336	107	180			59
新疆	7041	7506	645	600	172	29	832

			资产总计（千元）		实际使用房屋建筑面积（万平方米）		实际拥有产权面积（万平方米）
				固定资产原值		科研房屋面积	
	其他资本性支出						
抚恤金和生活补助		各种设备购置费					
13239	**70994**	**12410**	**2484693**	**1520943**	**31.14**	**5.31**	**23.84**
146	122	122	2961	893	0.13	0.11	
495	17	3	13534	6647	0.30	0.16	
1236	5384	683	154271	68028	4.27	0.66	3.91
462	857	105	7606	9791	0.44	0.01	0.33
111	18	18	3991	3771	0.14	0.02	
429	330	67	20323	14427	0.55	0.09	0.50
43	10	10	4906	5043	0.19		
			7131	4190	0.29	0.25	
474	629		10881	4244	0.32	0.02	0.04
1325	1453	587	346145	54355	3.70	0.04	2.79
100	54	51	5672	2350	0.33	0.07	0.27
102	260	256	19977	14449	0.24	0.10	
382	1331	715	14949	5487	0.67	0.13	0.28
400	56	30	132304	77645	0.34	0.01	0.05
739	446	263	14728	14981	0.42	0.04	
84	254	253	15215	6802	0.56	0.16	0.23
379	59	50	7881	5930	0.27	0.03	0.24
270	306	56	7995	6768	0.36		0.08
570	1942	105	45469	15163	1.89	0.29	1.64
	6		838	838			
154	1345	540	40722	30981	1.55	1.55	
230	209	177	28939	32930	0.64	0.10	0.44
172	309	306	1151	779	0.01	0.01	0.01
66	310	79	7900	5529	0.02		0.05
			1000	1000	0.27		
	45		12264	9344	0.89	0.37	0.82
403	42	42	11083	1275	0.34		0.34
			6609	890			
			3195	1712	0.07	0.02	0.07
444	38		9764	7744	0.17		

2019年全国认定动漫

指　　标	机构数（个）	从业人员（人）	具有大专以上学历人员	资产、负债、所有者权益（千元）				
				资产总计	固定资产原值	当年提取的折旧总额	负债合计	所有者权益合计
总　计	**518**	**21089**	**17999**	**23524239**	**2325164**	**377855**	**10343201**	**13181038**
按城乡分								
城市	504	20527	17468	22687682	2255902	368871	9924861	12762821
县城	13	562	531	836557	69262	8984	418340	418217
县以下	1							
按登记注册类型分								
内资企业	514	21037	17952	23504370	2315934	371219	10324664	13179706
港澳台商投资企业	1	25	23	7547	1642	31	9756	-2209
外商投资企业	3	27	24	12322	7588	6605	8781	3541
按机构类型分								
漫画创作企业	43	1051	947	1208050	70180	6929	277283	930767
动画创作、制作企业	390	16500	13974	18239292	1581351	212630	7893935	10345357
网络动漫（含手机动漫)创作制作企业	25	797	723	866931	28274	7941	438059	428872
动漫舞台剧（节)目创作演出企业	3	35	33	7547	1642	31	9756	-2209
动漫软件开发企业	32	1299	1040	2056636	525126	136154	1332200	724436
动漫衍生产品研发设计企业	25	1407	1282	1145783	118591	14170	391968	753815

企业基本情况

		损益（千元）							
实收资本（股本）	国家资本金	营业总收入	主营业务收入	自主开发生产动漫产品收入	营业总成本	养老、失业等保险费	住房公积金和住房补贴	差旅费
6802937	**726701**	**10321693**	**10098844**	**6073244**	**9757957**	**250877**	**79036**	**119635**
6662143	696701	9753893	9535923	5754465	9246190	244760	75474	117650
140794	30000	567800	562921	318779	511767	6117	3562	1985
6789937	726701	10296568	10074473	6054165	9737656	250156	78898	119484
6000		15530	15530	14894	11638	335	80	126
7000		9595	8841	4185	8663	386	58	25
392678	88500	622769	616341	418073	566301	12826	4764	3614
4948842	293161	7357790	7224121	4402422	6835359	188104	50220	91714
215666	10000	317640	286709	172557	462481	13651	4967	2118
6000		15700	15700	14894	12169	365	101	156
1092580	335040	924191	911122	236642	1036025	23574	15865	12162
147171		1083603	1044851	828656	845622	12357	3119	9871

续表

指　　标	损益（千元）							
	工会经费	动漫产品研究开发经费	营业利润	营业外收入	政府补助（补贴收入）	营业外支出	利润总额	本年发放工资总额
总　计	**14937**	**1081118**	**563736**	**254611**	**175776**	**35710**	**782637**	**2212152**
按城乡分								
城市	14458	1000080	507703	241064	166702	33607	715160	2097179
县城	479	81038	56033	13547	9074	2103	67477	114973
县以下								
按登记注册类型分								
内资企业	14934	1075792	558912	254308	175551	35600	777620	2205836
港澳台商投资企业	3	1104	3892	160	160		4052	3411
外商投资企业		4222	932	143	65	110	965	2905
按机构类型分								
漫画创作企业	551	107340	56468	6223	3886	1875	60816	93519
动画创作、制作企业	11226	676156	522431	200588	142331	29978	693041	1688385
网络动漫（含手机动漫)创作制作企业	993	37333	-144841	10028	7402	1222	-136035	101422
动漫舞台剧（节)目创作演出企业	83	1194	3531	160	160	143	3548	3691
动漫软件开发企业	1698	54582	-111834	15243	8468	1920	-98511	176331
动漫衍生产品研发设计企业	386	204513	237981	22369	13529	572	259778	148804

工资、福利费、税金（千元）		经营面积（万平方米）	本单位拥有知识产权数量（个）		原创漫画作品（部）	原创动画作品（部）	网络动漫（含手机动漫）下载次数（次）	动漫舞台剧演出场次（次）
本年支付的职工福利费	本年应缴税金总额			自主知识产权动漫软件				
69093	**504491**	**56.93**	**65647**	**7490**	**217082**	**7222**	**111359096465**	**1961**
63790	471992	55.94	61266	7445	216964	7195	111358736897	1954
5303	32499	0.99	4381	45	118	27	359568	7
68976	504441	56.87	65526	7490	217078	7218	111359096465	1565
117		0.02	106					356
	50	0.04	15		4	4		40
3715	23259	2.40	5904	1133	1523	34	45157587331	3
48006	365876	47.02	54038	4841	17164	4237	40903606311	1244
2823	11388	1.10	991	256	195087	277	10435245392	2
117		0.02	106					356
9708	23782	2.97	1110	455	3095	2620	63060000	
4724	80186	3.42	3498	805	213	54	14799597431	356

2019年各地区认定

地　区	机构数（个）	从业人员（人）	具有大专以上学历人员	资产、负债、所有者权益（千元）				
				资产总计	固定资产原值	当年提取的折旧总额	负债合计	所有者权益合计
总　计	**518**	**21089**	**17999**	**23524239**	**2325164**	**377855**	**10343201**	**13181038**
北　京	67	1582	1254	1518284	46115	10943	567085	951199
天　津	12	311	286	483512	112558	12040	121573	361939
河　北	15	331	294	187797	13722	1942	45290	142507
山　西	18	114	93	176366	4011	823	62674	113692
内蒙古	5	55	53	165409	3416	1100	36190	129219
辽　宁	13	244	178	194405	20072	9793	111953	82452
吉　林	9	178	172	791707	116617	23181	676443	115264
黑龙江	11	367	352	231487	57240	6176	119741	111746
上　海	25	1520	1321	1801328	229808	24951	635497	1165831
江　苏	77	775	713	1123241	187276	11604	508951	614290
浙　江	16	1068	958	1192773	57191	7956	314856	877917
安　徽	20	1159	956	639570	84157	8620	216913	422657
福　建	33	1713	1598	2671417	373881	128159	1745302	926115
江　西	16	318	288	146117	37079	1084	71007	75110
山　东	13	538	465	287702	25112	3411	134992	152710
河　南	5	278	275	269609	35133	2142	57142	212467
湖　北	10	1104	924	993669	60335	5715	305940	687729
湖　南	22	1128	1089	1201339	98428	37851	494961	706378
广　东	68	6925	5455	6794079	456414	51680	2422232	4371847
广　西	9	211	203	143055	6860	2547	31791	111264
海　南								
重　庆	5	131	119	167093	15491	1622	68885	98208
四　川	5	226	191	254312	18992	7175	123709	130603
贵　州	4	10	8	14437	3534	126	4611	9826
云　南	9	233	216	98046	12456	657	44959	53087
西　藏	2	11	9	19461	275	60	2313	17148
陕　西	11	216	210	93380	21406	3981	38401	54979
甘　肃	6	91	85	1365253	19217	1213	1293100	72153
青　海								
宁　夏	5	84	80	107867	47693	4591	40147	67720
新　疆	6	112	98	64006	8184	1149	32197	31809

动漫企业基本情况

		损益（千元）						
实收资本（股本）	国家资本金	营业总收入	主营业务收入	自主开发生产动漫产品收入	营业总成本	养老、失业等保险费	住房公积金和住房补贴	差旅费
6802937	**726701**	**10321693**	**10098844**	**6073244**	**9757957**	**250877**	**79036**	**119635**
386537	30000	619670	603211	359406	740670	43305	11762	4419
169150		77132	77132	59298	112126	3797	1076	699
65168		43649	43649	9709	33541	3274	554	168
50977		11710	9926	8297	13530	226	21	293
122031		11628	10628	2335	11772	357	126	317
135190		39391	38879	12158	56192	2313	846	835
234422	31800	21451	20550	13756	38620	2493	671	634
106502	6056	118061	114547	54189	124918	3712	549	518
438024	144777	891865	881568	659720	865752	37512	10174	6661
456927	35000	215263	205997	92761	237925	7598	3154	2746
247622		354009	353836	311169	298850	12020	3257	2658
154640	16500	369704	369666	86483	361180	2858	459	1336
990217		1481455	1474416	805287	1371258	19679	9235	22764
30114	3000	218310	218170	31821	178945	1559	1120	3545
72105	7918	191096	187555	123544	186180	5489	660	1232
131290	3000	133264	132199	56137	128750	1264	397	589
274610	33660	580125	549463	97898	552149	8420	1609	5195
217542	68000	739571	703149	404941	671168	9208	4470	5676
1681986		3419335	3329566	2416693	3014011	70834	19525	52216
85600		29347	25698	19362	28488	1319	140	468
23136	15450	106773	106767	91071	102092	827	489	436
81422		406949	406949	284398	370962	2546	509	396
6304		2720	2720		2469			36
36835		73476	72575	15956	78609	2678	426	892
6000		13942	13942	13942	1125	15		80
61350		52020	51332	12739	57158	1911	65	1348
94000		17415	17397	13435	19634	382	34	69
69046	2000	16833	16338	3789	24873	1166	316	2340
44650		29205	29205	12950	42789	1948	6486	876

续表

地　区	损益(千元)							
	工会经费	动漫产品研究开发经费	营业利润	营业外收入	政府补助(补贴收入)	营业外支出	利润总额	本年发放工资总额
总　计	**14937**	**1081118**	**563736**	**254611**	**175776**	**35710**	**782637**	**2212152**
北　京	1729	111511	-121000	15988	9721	2683	-107695	194413
天　津	302	23785	-34994	1860	1179	549	-33683	30439
河　北	33	2635	10108	2900	2239	1451	11557	21312
山　西	111	4678	-1820	73	60	531	-2278	4469
内蒙古	99	220	-144	811		95	572	1893
辽　宁	108	14024	-16801	4143	1558	14	-12672	13137
吉　林	94	3870	-17169	124	60	1166	-18211	11016
黑龙江	263	12426	-6857	6471	1178	272	-658	18815
上　海	2548	174145	26113	13002	9076	5961	33154	190431
江　苏	114	30306	-22662	7560	6456	1640	-16742	61249
浙　江	615	51652	55159	11059	6890	2533	63685	75072
安　徽	88	16292	8524	31624	25918	923	39225	108729
福　建	2590	151815	110197	13087	10043	1406	121878	248922
江　西	216	2957	39365	188	90	245	39308	11905
山　东		9056	4916	6804	5501	363	11357	33817
河　南	11	15107	4514	7682	7032	1485	10711	16907
湖　北	1289	10484	27976	1907	1620	237	29646	73155
湖　南	568	99978	68403	9607	3771	636	77374	129060
广　东	2912	280767	405324	88873	54692	10904	483293	878497
广　西	108	4423	859	3585	3423	610	3834	8635
海　南								
重　庆	166	7533	4681	1502	1402	348	5835	7911
四　川	26	21361	35987	3851	3848	12	39826	19126
贵　州	6		251				251	393
云　南	19	7258	-5133	4510	4187	141	-764	26975
西　藏			12817	8			12825	1030
陕　西	34	13611	-5138	9931	9898	72	4721	10475
甘　肃	27	493	-2219	632	288	258	-1845	1752
青　海								
宁　夏	659	8361	-8040	4131	3835	1	-3910	4620
新　疆	74	2370	-13584	1817	1811	617	-12384	7221

工资、福利费、税金(千元)		经营面积(万平方米)	本单位拥有知识产权数量(个)		原创漫画作品(部)	原创动画作品(部)	网络动漫(含手机动漫)下载次数(次)	动漫舞台剧演出场次(次)
本年支付的职工福利费	本年应缴税金总额			自主知识产权动漫软件				
69093	**504491**	**56.93**	**65647**	**7490**	**217082**	**7222**	**111359096465**	**1961**
4632	26450	1.77	4784	526	195044	164	20002788968	39
280	2489	0.76	159	84	105	21	49157000000	2
226	1535	0.65	215	46	50	19	13000000015	6
53	407	0.23	218	3	40	41	360115640	
97	552	0.14	20	7	4	4	2444	
393	596	0.87	1586	1396	41	21	100000	1
524	1082	2.62	298	56	181	56	2456804672	36
271	1687	1.91	3913	28	499	596	27487984	6
4763	33000	4.30	3929	95	401	40	3511850000	121
872	7460	6.00	7730	92	28	188	75674813	12
11468	23804	1.62	2169	275	329	183	4001563254	5
2075	21946	4.77	560	257	107	418	616075	68
9743	72796	3.70	5922	2861	3404	2530	1571493233	7
1719	8557	1.23	29	6	4	9	154870	5
1932	9383	1.02	433	122	81	166	54200	135
426	2922	0.40	688	149	607	13	800000	2
3398	7797	2.69	12932	136	18	57	20000070	
6192	35573	2.03	2845	127	503	614	1365275707	110
16442	222528	13.70	10965	764	15441	1463	5114180953	1370
238	926	0.45	301	63	66	42	10690001567	
82	1510	0.25	362	228	9	3		
590	14623	0.47	29	11	11	15		
21	130	0.03	2	1	1	1		1
1021	2690	0.40	248	19	6	5	65000	
	22	0.03	7	1	7	5		
311	1682	1.31	4946	41	23	445	3031000	30
49	822	2.02	144	23	48	52	10000	
303	312	0.59	67	33	10	22		4
380	539	0.53	124	40	14	29	26000	1

2019年文化和旅游行政

	机构数（个）	从业人员（人）	事业编制人员	本年收入合计（千元）	财政补贴收入	文化类经费	在文化类经费中：行政运行	一般行政管理事务	文化活动等经费
总　计	**3257**	**103590**	**39564**	**100611221**	**95267519**	**58631107**	**12427488**	**3668859**	**24189734**
中央	1	990	878	2178700	1713948	893101	199897	42400	144947
省区市	31	4062	283	10104263	9694223	7464745	995140	411475	5085475
地市	336	18561	3605	25175966	23868304	14431697	3376874	842122	6012778
县市区	2889	79977	34798	63152292	59991044	35841564	7855577	2372862	12946534

续表 1

	其他资本性支出	各种设备购置费	资产总计（千元）	固定资产原价	实际使用房屋建筑面积（万平方米）	实际拥有产权面积（万平方米）	国家级项目	保护单位
总　计	**12521620**	**1240138**	**102041857**	**49463206**	**867.067**	**624.156**	**1372**	
中央	83512	2955	4476059	2723452	19.938		1372	
省区市	462391	220914	8393675	3776439	79.407	66.864	2288	2275
地市	3647092	150453	22908696	10192348	172.916	130.646	1416	1203
县市区	8328625	865816	66263427	32770967	594.806	426.647	1790	1447

主管部门基本情况

本年支出合计(千元)	基本支出	项目支出	在支出合计中：							
			工资福利支出	商品和服务支出					对个人和家庭补助支出	
					差旅费	劳务费	福利费	税金支出		抚恤金和生活补助
94053697	**23620191**	**67192513**	**13180651**	**38986734**	**657918**	**1875993**	**134892**	**39190**	**2791755**	**533432**
1906947	385264	1383945	146994	701019	21747	21137		1808	152123	3307
9907853	1445530	8305367	949907	7132402	88819	62387	9550	1887	210596	37226
23648694	5370673	17766488	3442456	10357979	181777	348170	23703	11220	900718	121918
58590203	16418724	39736713	8641294	20795334	365575	1444299	101639	24275	1528318	370981

本辖区内非物质文化遗产名录(个)						本辖区内非物质文化遗产代表性传承人(人)				
省级项目	保护单位	市级项目	保护单位	县级项目	保护单位	国家级代表性传承人	学徒人数	省级代表性传承人	学徒人数	市级代表性传承人
11822	**11837**	**22805**	**11985**	**74932**	**29343**	**3068**		**14249**	**56796**	**24445**
						3068				
11822	11837					2326	10797	14249	56796	
7685	5003	22805	11985			1180	32592	7304	66657	24445
9915	5693	27067	12651	74932	29343	1335	56413	8835	220436	28793

续表 2

				辖区内非物质文化遗产生态保护区(个)				非物质文化遗产保护专项经费投入(千元)
	学徒人数	县级代表性传承人	学徒人数	国家级	省级	市级	县级	
总　计	**104936**	**80549**	**537965**	**21**	**191**	**209**	**794**	**4688355**
中央				21				662980
省区市				23	191			917158
地市	104936			29	140	209		517733
县市区	312473	80549	537965	93	225	320	794	2590484

续表 3

		辖区内宣传展示培训活动					
	培训学徒(人)	举办展览(个)	参观人次(万人次)	举办演出(场次)	观众人次(万人次)	举办民俗活动(次)	参与人次(万人次)
总　计	**2100804**	**22401**	**4314.19**	**99092**	**7385.13**	**48398**	**7718.80**
中央							
省区市	1030580	3445	957.82	20547	2238.80	5563	1884.16
地市	350862	4794	1182.76	18183	1990.97	5256	1703.17
县市区	719362	14162	2173.62	60362	3155.36	37579	4131.47

					辖区内展示传习场所					
中央财政投入	省级财政投入	市级财政投入	县级财政投入	其他投入	非物质文化遗产博物馆（个）	收藏实物数（件）	展示及演出面积（万平方米）	培训学徒（人）	传习所（个）	使用面积（万平方米）
1494998	**1484387**	**621741**	**893504**	**193725**	**6627**	**1565470**	**751.902**	**810413**	**18491**	**425.577**
662980										
497283	276550	57987	40672	44666	588	296883	38.534	508445	3655	48.893
146242	102556	150552	68017	50366	1025	505173	578.537	109651	4757	72.814
188493	1105281	413202	784815	98693	5014	763414	134.832	192317	10079	303.87

				调查成果							
开展非遗工作人员培训班（次）	培训人次（万人次）	开展传承人培训班（次）	培训人次（万人次）	项目资源总量（累计）	征集实物（件/套）	征集文本资料（册）	录音资料（小时）	录像资料（小时）	调查报告（篇）	出版成果（册）	资源清单（册）
6027	**30.70**	**15801**	**74.44**	**772322**	**237211**	**190428**	**76053**	**95639**	**15226**	**232747**	**46125**
459	2.46	408	1.98	100321	53045	15566	14315	12616	3357	960	725
929	4.50	3838	14.20	233083	52962	19912	23946	32348	3300	70574	16482
4639	23.74	11555	58.26	438918	131204	154950	37792	50675	8569	161213	28918

2019年文物行政

	机构数（个）	从业人员（人）	在编文物从业人员数	其他文物从业人员数	藏品数（件/套）	文物藏品	一级品
总　计	**1510**	**14904**	**5121**	**1953**	**363981**	**183591**	**724**
中央	1	96	96				
省区市	31	653	545	48			
独立编制文物局	15	528	442	38			
行政部门内设机构（不挂牌）	11	102	80	10			
合署办公（挂牌）	5	23	23				
地市	224	3009	1043	377	122312	96797	178
独立编制文物局	68	1066	583	218	10591	7634	9
行政部门内设机构（不挂牌）	105	1422	260	148	110689	88393	166
合署办公（挂牌）	51	521	200	11	1032	770	3
县市区	1254	11146	3437	1528	241669	86794	546
独立编制文物局	236	3678	1471	473	116973	36103	371
行政部门内设机构（不挂牌）	804	5789	1488	692	107085	47928	143
合署办公（挂牌）	214	1679	478	363	17611	2763	32

续表 1

	本年收入合计（千元）	财政补助收入	文物类经费	在文物类经费中：行政运行	一般行政管理事务	文物保护等经费	本年支出合计（千元）
总　计	**12522257**	**11720899**	**3600810**	**435757**	**201348**	**1668860**	**12277721**
中央	220898	216422	126633	31141	37694	57798	195307
省区市	405074	385474	347709	112921	33829	124012	570338
独立编制文物局	325336	305743	280988	112421	28519	101101	390795
行政部门内设机构（不挂牌）	37081	37076	30416	500	550	16630	136713
合署办公（挂牌）	42657	42655	36305		4760	6281	42830
地市	4236662	3806493	1116056	122281	57783	459861	4303688
独立编制文物局	1123227	1102996	702882	69719	51538	320383	1164479
行政部门内设机构（不挂牌）	2753158	2346330	332799	49029	3854	124618	2795245
合署办公（挂牌）	360277	357167	80375	3533	2391	14860	343964
县市区	7659623	7312510	2010412	169414	72042	1027189	7208388
独立编制文物局	1645785	1605783	716108	60755	16322	401030	1491758
行政部门内设机构（不挂牌）	5323850	5130760	1153938	93981	53966	574023	5068141
合署办公（挂牌）	689988	575967	140366	14678	1754	52136	648489

主管部门基本情况

		在藏品数中（件/套）						
二级品	三级品	本年新增藏品	本年从有关部门接收文物数	本年藏品征集数	本年修复文物数（件/套）	一级品	二级品	三级品
2564	**39932**	**16939**	**222**	**16276**	**242**	**3**	**6**	**114**
					2	2		
					2	2		
639	20335	15356	3	15350	109			90
50	357	6		3	97			80
570	19823	15350	3	15347	12			10
19	155							
1925	19597	1583	219	926	131	1	6	24
848	8931	208	61	79	47	1	6	14
885	8966	1358	149	839	84			10
192	1700	17	9	8				

		在支出合计中：						在支出合计中：
基本支出	项目支出	工资福利支出	商品和服务支出	差旅费	劳务费	福利费	各种税金支出	对个人和家庭补助支出
2232965	**9469595**	**1428850**	**3332283**	**53515**	**206298**	**12811**	**1461**	**180797**
43960	151346	25307	122497	4010	1643			2747
139995	318136	107414	173019	8334	7246	813	151	11572
133317	257477	102764	141542	5183	6032	813	151	11572
312	24195		22651	2241	532			
6366	36464	4650	8826	910	682			
776398	3416112	431707	1144801	15581	46542	4046	637	78074
166820	902211	128167	250252	5184	28885	1305	197	18364
485820	2303117	244136	756298	6908	14765	1643	438	53521
123758	210784	59404	138251	3489	2892	1098	2	6189
1272612	5584001	864422	1891966	25590	150867	7952	673	88404
402635	1034732	294067	378410	6477	35094	1617	417	19068
697375	4122346	462470	1269393	10989	84011	5773	103	63047
172602	426923	107885	244163	8124	31762	562	153	6289

续表 2

	抚恤金和生活补贴	其他资本性支出	各种设备购置费	资产总计（千元）	固定资产原值	实际使用房屋建筑面积（万平方米）	实际拥有产权面积（万平方米）
总　　计	**32554**	**1038344**	**110823**	**13315177**	**5198355**	**87.92**	**49.01**
中央	617	34230	23147	261509	155652	3.81	
省区市	1995	3475	960	345409	148699	5.13	4.85
独立编制文物局	1995	1867	960	317666	118564	2.96	2.82
行政部门内设机构（不挂牌）		1608		21208	26375	1.32	2.03
合署办公（挂牌）				6535	3760	0.85	
地市	4261	467685	20124	6641242	1078294	16.60	5.70
独立编制文物局	1008	411103	7663	3927216	427531	7.21	1.32
行政部门内设机构（不挂牌）	2182	37822	980	2475138	514541	4.90	0.26
合署办公（挂牌）	1071	18760	11481	238888	136222	4.50	4.12
县市区	25681	532954	66592	6067017	3815710	62.39	38.46
独立编制文物局	3845	236257	6691	2066848	1386970	24.18	17.93
行政部门内设机构（不挂牌）	20800	231575	53001	3620920	2269703	33.06	16.51
合署办公（挂牌）	1036	65122	6900	379249	159037	5.15	4.03

续表 3

	省级重点文物保护单位	市县级文物保护单位	本辖区对外开放的省级及以上文物保护单位数（个）	本级财政专项安排文物保护经费（千元）	本级出台地方性文物业法规、规章（部）	出入境文物审核数（件/套）	禁止出境文物数
总　　计	**19072**	**105753**	**4652**	**1752656**	**55**	**171144**	**9355**
中央						140294	359
省区市	19072	105753	3566	1107369	8	30726	8996
独立编制文物局	10811	67572	2649	800110	2	21549	8972
行政部门内设机构（不挂牌）	5442	22630	737	112479	2	8766	19
合署办公（挂牌）	2819	15551	180	194780	4	411	5
地市			630	220160	12	120	
独立编制文物局			111	96170	5		
行政部门内设机构（不挂牌）			124	106021	5	120	
合署办公（挂牌）			395	17969	2		
县市区			456	425127	35	4	
独立编制文物局			81	51399	3		
行政部门内设机构（不挂牌）			324	351279	24	4	
合署办公（挂牌）			51	22449	8		

对外交流情况	对外交流情况	对外交流情况	对外交流情况	对外交流情况	本级举办业务培训情况	本级举办业务培训情况	本辖区文物点（处）	全国重点文物保护单位
与国外文博机构合作项目数（个）	与国外文博机构签署协议或备忘录数（个）	赴港澳台人员数（人次）	对港澳台交流项目数（个）	参加国际组织活动数（个）	举办业务培训班（个）	培训业务人员数（人）		
62	**37**	**39**	**20**	**37**	**868**	**46087**	**620494**	**4890**
20	7	12	5	16	34	2700		
40	29	17	11	15	130	12103	620494	4890
38	29	17	10	15	91	7453	440793	3268
2			1		33	4062	122632	1096
					6	588	57069	526
1		8	3	6	130	7073		
1		1	1		50	2783		
		5	2	6	57	2644		
		2			23	1646		
1	1	2	1		574	24211		
					109	4230		
		2	1		381	16233		
1	1				84	3748		

临时入境文物审核数	临时出境文物审核数	文物拍卖标的审核数（个）	禁止上拍文物标的数	文物保护单位保护维修情况	文物保护单位保护维修情况	文物保护单位保护维修情况	文物保护单位保护维修情况
				国保单位保护维修项目数（个）	保护维修面积（平方米）	省保单位保护维修项目数（个）	市、县保单位保护维修项目数（个）
28178	**12166**	**285847**	**1077**	**284**	**7867775**	**367**	**289**
11576	2699						
16602	9344	285847	1077	6	10698	25	20
11478	8278	126523	500	3		1	1
4862	931	147089	566	3	10698	24	19
262	135	12235	11				
	120			48	5983461	42	28
				27	5746618	19	13
	120			16	235843	20	11
				5	1000	3	4
	3			230	1873616	300	241
				94	1424827	103	69
	3			103	342984	158	149
				33	105805	39	23

2019年对外、对港澳台文化交流活动项目基本情况

单位：个

地区	合计	按交流活动性质		按交流活动分类				按交流活动范围分类			
		出访	来访	演出	展览	国际会议	其他	国外	香港	澳门	台湾
总　计	**2822**	**2200**	**622**	**1060**	**474**	**314**	**974**	**2299**	**194**	**132**	**197**
北　京	97	80	17	97				86	5	4	2
天　津	50	50		20	14	5	11	36	4	2	8
河　北	10	10		8	1		1	9	1		
山　西	33	25	8	3	1	3	26	25	2	2	4
内蒙古	8	7	1	2	3		3	6	1		1
辽　宁	4	3	1	3			1	1	2		1
吉　林	86	72	14	40	4	20	22	82	2	2	
黑龙江	40	18	22	17	2		21	39		1	
上　海	97	51	46	46	43	1	7	81	6	5	5
江　苏	111	99	12	38	22	12	39	66	7	12	26
浙　江	193	161	32	40	53	33	67	163	6	4	20
安　徽	38	21	17	9	7	1	21	29	2	1	6
福　建	151	111	40	70	17	13	51	68	14	8	61
江　西	7	4	3	4			3	7			
山　东	83	56	27	47	15	6	15	70		5	8
河　南	21	17	4	14			7	18		1	2
湖　北	41	35	6	10	9	1	21	26	4	3	8
湖　南	50	47	3	9	12	10	19	39	5	2	4
广　东	143	90	53	58	19	5	61	52	41	40	10
广　西	68	51	17	18	5	3	42	57	5	3	3
海　南	21	21			4	5	12	14	3	2	2
重　庆	79	79		11	9	13	46	70	5	1	3
四　川	134	95	39	64	34	3	33	118	9		7
贵　州	47	24	23	6	4		37	41	3		3
云　南	69	56	13	19	5	7	38	59	1	1	8
西　藏											
陕　西	7	5	2	5	1		1	7			
甘　肃	46	33	13	13	6	1	26	37	4	1	4
青　海	17	17		4	11	1	1	11	3	2	1
宁　夏	3	3		3				2		1	
新　疆	8	7	1	2	4		2	5	3		

2019年对外、对港澳台文化交流活动参与交流人员项目基本情况

单位：个

地区	合计	按交流活动性质		按交流活动分类				按交流活动范围分类			
		出访	来访	演出	展览	国际会议	其他	国外	香港	澳门	台湾
总　计	**59841**	**35856**	**23985**	**41767**	**4289**	**2072**	**11713**	**46094**	**4448**	**2842**	**6457**
北　京	4814	2451	2363	4814				4381	111	202	120
天　津	488	488		376	54	14	44	430	29	11	18
河　北	223	223		210	11		2	153	70		
山　西	2920	242	2678	101	30	73	2716	642	143	34	2101
内蒙古	516	511	5	270	15		231	512	2		2
辽　宁	182	66	116	66			116	48	18		116
吉　林	1748	1196	552	1374	10	42	322	1702	22	24	
黑龙江	656	266	390	522	26		108	655		1	
上　海	2050	1074	976	1433	543	8	66	1763	182	69	36
江　苏	2368	2016	352	1379	246	108	635	1518	108	199	543
浙　江	2693	1573	1120	1226	587	49	831	1811	579	83	220
安　徽	423	193	230	218	58	1	146	271	7	52	93
福　建	4689	1418	3271	2863	125	73	1628	2032	480	109	2068
江　西	115	99	16	99			16	115			
山　东	1614	765	849	1092	107	328	87	1490		23	101
河　南	442	395	47	376			66	314		20	108
湖　北	590	426	164	290	85	3	212	267	47	18	258
湖　南	388	379	9	237	77	21	53	272	41	31	44
广　东	1983	1590	393	1769	51	5	158	569	393	956	65
广　西	1966	597	1369	1294	321	71	280	1837	79	29	21
海　南	39	39			8	8	23	22	9	4	4
重　庆	576	576		269	50	37	220	529	18	8	21
四　川	3267	1949	1318	1835	894	4	534	2845	122		300
贵　州	591	285	306	118	24		449	472	94		25
云　南	841	560	281	453	34	8	346	683	3	4	151
西　藏											
陕　西	429	223	206	409	14		6	429			
甘　肃	670	495	175	427	36	2	205	566	62	2	40
青　海	304	304		253	36	1	14	80	128	94	2
宁　夏	51	51		51				45		6	
新　疆	76	57	19	49	15		12	56	20		

2019年艺术展览创作

	机构数（个）	从业人员（人）					藏品（件/套）	
			专业技术人才					文物藏品数
				正高级职称	副高级职称	中级职称		
总　　计	**733**	**6230**	**4081**	**402**	**757**	**1540**	**574554**	**10721**
其中：免费开放	594	5207	3248	256	555	1251	556718	10706
按登记注册类型分								
其中：国有	703	5994	3953	399	751	1510	558452	9813
集体	5	44	17	1		8	2787	601
其他	25	192	111	2	6	22	13315	307
按隶属关系分								
中央	2	202	141	52	41	43	124381	
省区市	45	1589	916	179	197	308	144831	438
地市	229	2303	1583	137	343	651	135295	2825
县市区	457	2136	1441	34	176	538	170047	7458
按部门分								
文化和旅游部门	715	6038	3967	394	741	1510	547576	10721
其他部门	18	192	114	8	16	30	26978	
按机构类型分								
美术馆	465	3985	2414	154	403	924	478811	9588
画院	68	609	470	71	108	172	26667	608
美术馆（画院）	94	1031	682	121	132	228	68816	525
剧目创作室	106	605	515	56	114	216	260	

机构基本情况

非文物藏品数	国画	油画	版画	雕塑	水粉、水彩	设计	连环画、漫画	民间艺术	书法	摄影、多媒体
547605	**103040**	**23041**	**43901**	**5588**	**13126**	**4295**	**13354**	**105149**	**66681**	**93252**
531714	92351	22748	43290	5469	13051	4295	13252	104713	64063	93214
535849	97834	22538	43848	5344	13055	4262	13334	104345	64434	92992
1801	447	7	3	1	3				1335	
9955	4759	496	50	243	68	33	20	804	912	260
123219	14757	3574	8365	2124	1079		4195	70882	1943	1487
144350	29712	6669	20591	1531	6097	606	6242	16420	8601	31327
123014	28144	5427	11186	902	2245	3290	1234	2630	20162	41001
157022	30427	7371	3759	1031	3705	399	1683	15217	35975	19437
523630	97663	21453	36823	5302	12713	4292	12720	101130	65916	93022
23975	5377	1588	7078	286	413	3	634	4019	765	230
455623	64756	20164	38291	4771	9926	4268	12175	98027	45570	91789
26059	15807	787	1642	159	159	3	100	241	4711	518
65673	22467	2090	3968	658	3041	24	1079	6671	16400	945
250	10							210		

续表 1

	漆艺	陶艺	其他	年度展览总量（个）	自主办展数量	参观人次（万人次）	未成年人参观人次	专著或图录（册）
总　计	**3829**	**3878**	**33533**	**7349**	**4435**	**4145.52**	**936.73**	**25885**
其中：免费开放	3821	3763	33480	7135	4360	4093.34	923.15	25797
按登记注册类型分								
其中：国有	3829	2444	32653	7094	4295	3873.22	916.15	25882
集体			5	48	4	143.21	4.70	
其他		1434	875	207	136	129.09	15.88	3
按隶属关系分								
中央	289	475	14049	130	44	131.07	13.29	9
省区市	1140	316	8292	717	296	1016.36	137.47	4190
地市	68	260	3656	2977	1686	1630.24	386.95	18532
县市区	2332	2827	7536	3525	2409	1367.84	399.03	3154
按部门分								
文化和旅游部门	3814	2543	31302	7076	4286	4037.18	917.16	25873
其他部门	15	1335	2231	273	149	108.34	19.58	12
按机构类型分								
美术馆	3749	3422	32155	5986	3752	3603.13	804.84	18644
画院	6	178	743					92
美术馆（画院）	74	278	635	1282	655	532.46	127.98	7122
剧目创作室				81	28	9.93	3.92	27

学术成果		本年收入合计（千元）	财政补贴收入				上级补助收入	事业收入	经营收入	其他收入
论文数（篇）	学术活动（次）			免费开放	中央资金	收藏专项经费				
943	**1557**	**3862935**	**2402850**	**212371**	**57373**	**235072**	**1211808**	**182767**	**15497**	**50013**
752	1432	3463267	2041209	194384	57103	192048	1208725	159031	15497	38805
938	1489	3823491	2372308	206571	56608	235072	1211145	181868	11764	46406
	38	12808	11344	4130	200				1464	
5	30	26636	19198	1670	565		663	899	2269	3607
34	60	368516	269219	14000		99024		98234		1063
240	288	1054882	949811	71159	3700	91597	1703	70921	11624	20823
428	655	2052052	822292	69069	26697	41354	1203688	7637	20	18415
241	554	387485	361528	58143	26976	3097	6417	5975	3853	9712
919	1445	3833221	2378053	209853	56573	229972	1211245	182767	15051	46105
24	112	29714	24797	2518	800	5100	563		446	3908
581	1129	2930912	1523801	156169	45681	170025	1207302	154202	13391	32216
80	137	269617	257897	17425		3346	730	887		10103
153	233	497453	461448	37723	10638	59979	843	27236	2106	5820
129	58	164953	159704	1054	1054	1722	2933	442		1874

续表 2

	本年支出合计（千元）	基本支出	项目支出	收藏经费	经营支出	在支出合计中：工资福利支出	商品和服务支出	差旅费
总　计	**2848474**	**1163382**	**1541020**	**301124**	**16163**	**800113**	**1066114**	**26055**
其中：免费开放	2341246	933980	1265554	212765	16123	634939	951063	20461
按登记注册类型分								
其中：国有	2803598	1144853	1521334	298308	9837	788949	1047037	25818
集体	13737	7294	2923		3520	3777	9701	91
其他	31139	11235	16763	2816	2806	7387	9376	146
按隶属关系分								
中央	431315	107455	323860	135760		78032	113833	1922
省区市	1068580	357641	698608	105800	8434	263058	469405	9232
地市	849159	437886	394911	48232	40	296831	340633	10869
县市区	499420	260400	123641	11332	7689	162192	142243	4032
按部门分								
文化和旅游部门	2810731	1148044	1520866	294792	14278	789313	1058229	25440
其他部门	37743	15338	20154	6332	1885	10800	7885	615
按机构类型分								
美术馆	1793111	700807	959276	190224	13860	462850	778504	13774
画院	319747	127565	190957	12094	40	99345	76107	3738
美术馆（画院）	588439	215982	365269	98806	2263	156168	176311	6315
剧目创作室	147177	119028	25518			81750	35192	2228

							资产总计（千元）		实际使用房屋建筑面积（万平方米）	
								固定资产原值		展览用房
劳务费	福利费	各种税金支出	对个人和家庭补助支出	抚恤金和生活补助	其他资本性支出	各种设备、交通工具、图书购置费				
99266	**6732**	**5790**	**100470**	**9891**	**499411**	**55900**	**9707119**	**5894077**	**222.36**	**82.84**
84545	5094	5503	73196	6983	405081	47645	8778523	5553918	209.82	78.83
96991	6562	5613	100259	9838	498772	55572	9056983	5264471	210.46	78.23
976	11		119	53	6		219929	209656	2.79	0.50
1299	159	177	92		633	328	430207	419950	9.12	4.12
11152	894	233	8811	1035	137588	4292	1373293	484587	3.80	0.98
41475	3109	4133	32371	3818	263248	27149	3978233	2974934	61.68	24.43
31466	1558	896	49083	3609	91271	22133	2610027	1245033	92.51	29.90
15173	1171	528	10205	1429	7304	2326	1745566	1189523	64.36	27.54
98800	6544	5790	98931	9845	489064	55900	9217268	5430667	203.68	78.25
466	188		1539	46	10347		489851	463410	18.68	4.60
66364	3832	2933	50833	4026	268317	38448	7278257	4798992	180.39	64.37
4661	484	2032	15337	672	115841	7383	925740	278801	14.40	5.93
23627	2003	819	16066	2393	114554	9907	1430777	789951	25.99	12.32
4614	413	6	18234	2800	699	162	72345	26333	1.60	0.23

续表 3

			实际拥有产权面积(万平方米)	公共教育活动			创作情况(个)	
	库房面积	画室面积		讲座(次)	教育活动(次)	出版物(种)	创作项目数量	参加展览数量
总　计	**13.02**	**11.27**	**91.65**	**2965**	**5485**	**3435**	**14986**	**24812**
其中：免费开放	12.05	10.11	88.51	2829	5423	3410	10614	7780
按登记注册类型分								
其中：国有	12.28	10.49	85.95	2898	5367	3423	14833	24787
集体	0.07	0.06	2.55	37	37		5	8
其他	0.67	0.72	3.14	30	81	12	148	17
按隶属关系分								
中央	0.48	0.77	3.57	27	28	1	24	18
省区市	4.78	1.23	12.29	461	2148	85	1881	15572
地市	3.63	3.92	51.52	953	1647	145	9271	5830
县市区	4.12	5.35	24.27	1524	1662	3204	3810	3392
按部门分								
文化和旅游部门	12.30	10.67	87.56	2857	5259	3420	14973	24799
其他部门	0.72	0.60	4.09	108	226	15	13	13
按机构类型分								
美术馆	10.10	6.72	70.09	2301	4634	3361	20	7
画院	1.01	1.41	4.25				4205	3370
美术馆(画院)	1.88	3.02	17.12	583	822	53	6738	19286
剧目创作室	0.03	0.11	0.19	81	29	21	4023	2149

	培训情况				学术研究情况(个)		
获省部级以上奖项的作品数	组织培训次数(次)	培训人次(万人次)	志愿者服务队伍个数(个)	志愿者服务队伍人数(人)	本年承担课题、项目数	省部级以上课题项目数	结项课题项目数
1187	**1959**	**9.42**	**650**	**47657**	**155**	**101**	**57**
698	1623	8.41	591	47218	132	88	51
1181	1956	9.41	631	47267	144	97	54
6			1	4			
	3	0.01	18	386	11	4	3
1	110	0.09	2	220	6	4	1
224	123	0.36	84	4518	50	46	19
646	1151	4.48	224	13633	59	32	23
316	575	4.48	340	29286	40	19	14
1184	1957	9.41	635	46929	150	100	57
3	2	0.01	15	728	5	1	
1	25	0.05	476	43155	96	60	39
437	247	1.19	49	629	17	14	5
467	1291	6.61	81	2710	22	15	9
282	396	1.56	44	1163	20	12	4

2019年各地区艺术展览

地区	机构数（个）	从业人员（人）	专业技术人才	正高级职称	副高级职称	中级职称	藏品（件/套）
总计	**733**	**6230**	**4081**	**402**	**757**	**1540**	**574554**
北京	1	78	42	12	10	16	10446
天津	6	58	28	1	3	12	2818
河北	20	176	103	11	24	45	4593
山西	42	269	185	10	18	70	33776
内蒙古	33	296	198	14	36	63	10360
辽宁	3	42	28	5	7	10	1316
吉林	23	169	128	14	31	52	4727
黑龙江	18	118	85	16	21	26	16572
上海	12	363	210	16	13	70	30624
江苏	90	886	661	86	132	228	53460
浙江	13	159	75	7	16	39	9030
安徽	23	188	89	9	19	30	6898
福建	14	77	49	6	10	21	6993
江西	45	417	158	7	33	48	6150
山东	88	576	474	29	88	209	46518
河南	9	100	48	6	11	21	9483
湖北	15	182	127	15	16	46	15405
湖南	35	182	132	4	24	61	8844
广东	20	354	180	13	35	88	95785
广西	5	78	51	6	10	25	1923
海南							
重庆	12	103	72	6	18	29	4495
四川	65	304	224	11	33	86	16156
贵州	4	89	41	4	13	11	678
云南	12	73	66	8	15	27	2454
西藏							
陕西	4	86	51	3	2	15	20052
甘肃	61	377	263	25	49	90	18127
青海							
宁夏	1	9	8	2	3	1	13
新疆	57	219	164	4	26	58	12477

创作机构基本情况

文物藏品数	非文物藏品数	国画	油画	版画	雕塑	水粉、水彩	设计	连环画、漫画
10721	**547605**	**103040**	**23041**	**43901**	**5588**	**13126**	**4295**	**13354**
382	10064	4776	441	658	18	2211		944
	2818	309	111	842	33	10		4
	4592	1189	396	865	115	219	21	30
643	32087	4241	542	784	57	331	5	130
5	10355	1913	565	134	34	214	33	57
27	1316	492	235	114	4	141		57
16	4726	1568	242	90	26	122		
216	16356	1430	694	7164	30	514		654
880	28331	7275	1988	2331	275	733	41	2957
258	49738	17922	2043	3343	327	910	180	244
307	8720	2457	542	1188	26	281	1053	1
950	5812	2884	137	199	401	141	2	150
324	6772	2115	233	926	115	139	25	143
363	5894	1427	188	611	60	230		1
3622	33769	10461	1504	2296	302	1112	19	349
	9483	1343	463	904	117	377	165	5
37	15368	1836	816	1097	352	906	40	202
24	8793	2369	799	214	40	420	79	157
933	94852	6919	3278	8820	669	1376	2526	2407
	1923	917	99	112	8	76		1
16	4284	742	242	1171	61	288	3	33
918	15155	5863	816	249	121	278	17	343
	678	190	163	91	3	12		20
	2454	87	110	344	6	80	4	
	19958	951	379	251	46	204		
100	17863	5360	755	202	128	352	77	90
	13	3	2	7				
700	12212	1244	1684	529	90	370	5	180

续表 1

地区	民间艺术	书法	摄影、多媒体	漆艺	陶艺	其他	年度展览总量（个）
总计	**105149**	**66681**	**93252**	**3829**	**3878**	**33533**	**7349**
北京	74	759	170			13	16
天津	30	541	396	15	10	517	104
河北	221	485	819		22	30	155
山西	6702	10303	1201	33	2	139	394
内蒙古	379	3499	2799		110	251	217
辽宁	3	262	1			7	37
吉林	71	2040	407		1	94	126
黑龙江	4159	579	121		5	1006	86
上海	3965	2633	3907	35	63	2125	240
江苏	4391	7623	5103	10	1435	4621	877
浙江	373	1213	350	4	36	1194	171
安徽	20	1451	234		99	17	328
福建	297	800	178	805	26	570	123
江西	533	2053	459	73	110	30	392
山东	1276	11617	1763	111	298	760	948
河南	2214	1142	338	16	34	2365	91
湖北	2159	1442	1288	307	69	394	104
湖南	662	2048	717	3	373	147	193
广东	651	1886	61962	86	162	4004	472
广西		537	32	1	3	134	80
海南							
重庆	267	584	612	12	72	60	247
四川	274	4039	2417	17	117	10	446
贵州		196				3	27
云南	55	297	1380			1	58
西藏							
陕西	2267	479	70			6	60
甘肃	1696	3849	2230	2005	313	423	565
青海							
宁夏		1					31
新疆	1528	2380	2811	7	43	563	631

			学术成果					
自主办展数量	参观人次（万人次）	未成年人参观人次	专著或图录（册）	论文数（篇）	学术活动（次）	本年收入合计（千元）	财政补贴收入	免费开放
4435	**4145.52**	**936.73**	**25885**	**943**	**1557**	**3862935**	**2402850**	**212371**
11	16.17	5.13	2	65	45	105482	102547	
38	205.33	32.38	2	8	22	6318	6317	100
68	133.25	22.62	53	12	18	47959	47958	6860
200	166.73	52.75	28	16	40	58048	57608	6616
108	85.21	17.43	4	9	119	59834	59581	8150
22	9.87	0.80	3		1	15574	15572	675
92	27.32	5.43	13	5	5	26594	26192	3941
31	61.73	15.42	5		23	26150	25490	3045
164	376.68	22.73	33	40	85	451162	402264	557
491	489.16	97.14	10592	350	254	354962	332724	20460
111	148.70	24.60	14	12	48	106542	94763	2698
200	113.17	38.62	13	19	27	29063	26483	4575
74	46.08	13.33	7	3	11	29370	26508	3162
254	144.38	30.87	5	10	34	71158	45459	23424
578	464.74	122.96	1082	111	149	214550	211366	19671
57	60.40	14.70	8	13	17	22174	20254	1519
64	58.86	26.50	2258	19	23	63565	57779	2826
142	106.22	35.37	1810	9	53	32640	31193	5763
323	428.11	135.67	5879	62	219	1477413	269800	9812
57	53.50	22.30	5	11	26	13186	12944	1500
183	110.20	20.38	4011	4	38	34266	32082	11644
313	339.08	84.22	17	48	63	71372	69672	13434
8	8.00	2.00	4	6	10	33484	29543	13585
31	21.67	4.73	10	10	10	30688	26604	2840
19	78.75	2.60	4	4	18	18847	15058	3350
335	133.96	29.95	11	51	114	46143	41553	14709
17	3.00	0.45			3	1688	1688	400
400	124.20	42.39	3	12	22	46187	44629	13055

续表 2

地区	中央资金	收藏专项经费	上级补助收入	事业收入	经营收入	附属单位上缴收入	其他收入
总计	**57373**	**235072**	**1211808**	**182767**	**15497**		**50013**
北京		9000		750	1996		189
天津							1
河北	2750	3999					1
山西	4000	70	200				240
内蒙古	4564	100					253
辽宁	100	1100					2
吉林	1300	3000	9	21			372
黑龙江	2300	5200					660
上海	165	3782		46134			2764
江苏	1700	11007	8663	1468	2306		9801
浙江		12914	100	9617			2062
安徽	1935	593	1032	398			1150
福建	80	4750	2355	452			55
江西	1510	70	510	2479	9391		13319
山东	2610	24407	1922	619	144		499
河南	700	2132		1907			13
湖北	783	9541	1148	1124			3514
湖南	3630	2270	1150	170	10		117
广东	440	36200	1193220	8324			6069
广西	695	170	80				162
海南							
重庆	3500	1710		1771			413
四川	8730	120	79	611			1010
贵州	400						3941
云南	1460			3001			1083
西藏							
陕西		1425		2127	1650		12
甘肃	4092	576	850	3560			180
青海							
宁夏	100	100					
新疆	9829	1812	490				1068

本年支出合计(千元)	基本支出	项目支出		经营支出	在支出合计中:		
			收藏经费		工资福利支出	商品和服务支出	差旅费
2848474	**1163382**	**1541020**	**301124**	**16163**	**800113**	**1066114**	**26055**
88272	30137	56139	9500	1996	21395	28053	361
6188	6188				537	4040	1
47182	23644	23499	3999		17808	14690	738
59199	36731	21109	69		20338	19937	1213
58116	40234	17749	885		21815	30060	477
18128	11908	6209	2027		10055	3220	234
28139	14888	11126	3000		12118	5471	297
25342	14586	10756	5100		11673	6169	496
489751	137074	352276	4332		77790	253551	1340
351213	208903	134579	19222	5675	144410	124899	3387
105810	43118	62511	13596		21199	61429	718
28862	17181	11594	782		12975	11409	622
128023	12922	16904	8784		9391	7145	295
66082	44136	13492	1247	6555	37033	19616	889
211466	103516	104333	26718	231	75291	83139	1379
24619	17497	6468	2132		11542	9516	140
63378	31706	30511	9754	903	22766	27175	483
32081	18205	10490	618	2	15439	8601	708
294353	101254	192177	43107		73704	130616	3297
13125	8628	4497	170		6890	2718	250
34235	15596	18515	1465		12384	17435	1680
71417	32343	38987	520		23637	27768	1759
34403	8063	22399	5184		7592	11276	411
29859	13266	16591			7862	17490	407
21066	8539	10108	1425	721	6007	7342	186
47841	32384	11610	1356	10	23680	9268	1434
1688	1268	100	100		1236	154	42
37321	22012	12431	272	70	15514	10094	889

续表 3

地区	劳务费	福利费	各种税金支出	对个人和家庭补助支出	抚恤金和生活补助	其他资本性支出	各种设备、交通工具、图书购置费
总计	**99266**	**6732**	**5790**	**100470**	**9891**	**499411**	**55900**
北京	1814	250	35	3161	1064	10441	918
天津				1611			
河北	1063	140	1	3200	292	10911	65
山西	629	119	10	1582	244	1321	469
内蒙古	3635	134		1685	277	2675	1797
辽宁	384			724	321	1207	190
吉林	654	31		1324	232	5666	2610
黑龙江	195	110	1	1428	53	4815	49
上海	18657	957	2207	1529	658	148926	6802
江苏	6032	440	453	23662	1039	31480	7661
浙江	13244	640	575	262		22642	9414
安徽	883	93	24	1657	1	1774	366
福建	1041		4	721		12405	253
江西	1751	648	901	1197	44	1897	192
山东	5481	127	25	14332	1122	25957	3477
河南	1024	253	29	709		1529	605
湖北	3440	472	433	1587	322	10605	526
湖南	797	255	101	1767	734	1256	42
广东	6845	442	132	17546	5	41021	6408
广西	31	14	15	499	228	62	62
海南							
重庆	7230	178	42	1157	188	1701	1510
四川	4431	212	5	3101	759	7612	15
贵州	3004	5		1060	210	8043	6134
云南	1460	25	43	659		291	99
西藏							
陕西	317	117	138	20		4562	
甘肃	2201	61	378	3047	369	871	175
青海							
宁夏	112					248	
新疆	1759	115	5	2432	694	1905	1769

资产总计（千元）	固定资产原值	实际使用房屋建筑面积（万平方米）	展览用房	库房面积	画室面积	实际拥有产权面积（万平方米）	公共教育活动 讲座（次）
9707119	**5894077**	**222.36**	**82.84**	**13.02**	**11.27**	**91.65**	**2965**
248616	86890	1.15	0.44	0.02	0.06	1.08	14
1313	597	5.48	1.88	0.27	0.04	2.69	65
124380	144569	4.61	2.56	0.18	0.22	2.75	70
59371	18824	7.81	3.43	0.28	0.45	4.38	193
132812	129461	7.33	3.84	0.37	0.72	11.34	76
25144	20882	0.40	0.22	0.03		0.14	8
60109	56958	1.49	0.84	0.14	0.16	0.48	54
60571	60898	1.54	0.69	0.10	0.52	0.32	21
1268093	784453	26.96	10.62	2.38	0.10	1.67	262
1223181	1193627	47.50	11.79	1.41	1.90	11.35	371
504621	604525	9.00	2.93	0.62	0.17	3.40	60
99934	27602	3.21	2.09	0.16	0.23	0.92	69
54493	42614	2.00	0.98	0.12	0.18	0.57	19
414678	115359	8.42	5.06	0.45	0.46	2.32	101
1069577	865339	26.22	10.12	1.80	1.23	9.81	248
106771	111152	3.02	1.25	0.07	0.04	0.11	88
344865	343852	5.62	2.00	0.25	0.71	4.61	72
104710	101211	3.20	1.94	0.42	0.30	0.76	72
1733232	482823	22.28	6.29	1.19	0.34	14.34	102
44691	26225	1.02	0.34	0.05	0.01	2.43	14
18872	13002	2.45	1.12	0.16	0.19	0.64	163
61073	33471	4.71	1.97	0.39	0.49	1.73	242
74184	41793	4.94	1.58	0.36	0.20	3.60	12
15905	11273	3.06	1.96	0.40	0.34	1.54	24
14716	13700	3.18	0.99	0.26	0.02	1.22	18
424464	50649	6.95	2.51	0.32	0.89	2.24	149
4326	3680	0.28	0.25	0.01	0.01		210
39124	24061	4.75	2.18	0.33	0.54	1.63	141

续表 4

地区	教育活动(次)	出版物(种)	创作情况(个)		
			创作项目数量	参加展览数量	获省部级以上奖项的作品数
总计	**5485**	**3435**	**14986**	**24812**	**1187**
北京	190	7	170		
天津	117	6			
河北	53	3	290	90	19
山西	171	12	634	213	63
内蒙古	59	13	1484	904	88
辽宁					
吉林	21	2	92	24	16
黑龙江	53	3	139	54	20
上海	890	9	23	35	2
江苏	538	31	3385	1772	234
浙江	407	18	221	90	3
安徽	72	17	29	64	23
福建	38	6	18	6	3
江西	120	6	407	81	10
山东	660	43	928	392	102
河南	127	9			
湖北	75	3003	682	288	35
湖南	59	8	106	430	136
广东	792	50	225	697	62
广西	112	12	46	30	8
海南					
重庆	209	14	421	50	16
四川	283	34	2107	17197	168
贵州	29	2	19	23	5
云南	55	6	561	97	39
西藏					
陕西	110	6			
甘肃	151	37	2747	1233	54
青海					
宁夏					
新疆	66	77	228	1024	80

培训情况		志愿者服务队伍个数(个)	志愿者服务队伍人数(人)	学术研究情况(个)		
组织培训次数(次)	培训人次(万人次)			本年承担课题、项目数	省部级以上课题项目数	结项课题项目数
1959	**9.42**	**650**	**47657**	**155**	**101**	**57**
35	0.00					
		3	96	6		
26	0.04	12	538	2	2	
34	0.10	24	3149	14	13	5
182	0.86	28	654	2		
29	0.04	2	31			
24	0.15	7	607	1	1	
12	0.01	21	2776	1		1
139	0.39	72	1775	27	13	10
160	0.48	33	1420	1	1	1
15	0.06	18	424	6	6	2
8	0.04	42	165			
		33	1101	2	2	1
408	1.27	71	5001	38	34	12
146	1.00	9	320	2	1	
17	0.03	18	479	9	7	4
36	0.74	39	3852	3	2	3
35	0.06	22	1773	14	3	7
2	0.01	5	331			
58	1.02	17	537	1	1	
328	1.33	56	1878	9	8	6
10	0.00	1	52	2		2
9	0.04	3	70	6	2	2
		16	650			
50	0.52	35	627	3	1	
		1	8			
86	1.17	60	19123			

2019年各地区

地区	机构数（个）	从业人员（人）					藏品（件/套）
			专业技术人才				
				正高级职称	副高级职称	中级职称	
总　计	**559**	**5016**	**3096**	**275**	**535**	**1152**	**547627**
北　京	1	78	42	12	10	16	10446
天　津	5	56	27	1	3	12	2818
河　北	19	165	93	10	23	40	4521
山　西	39	216	139	4	4	52	33094
内蒙古	25	261	165	10	29	48	8229
辽　宁	2	37	26	5	5	10	1316
吉　林	12	112	84	8	21	37	4727
黑龙江	11	81	52	10	16	12	16442
上　海	11	333	191	12	12	66	25453
江　苏	42	552	372	45	63	134	44109
浙　江	10	141	71	7	14	37	8758
安　徽	22	185	86	9	19	27	6898
福　建	12	61	33	2	8	16	6256
江　西	42	395	140	6	28	43	5834
山　东	55	374	298	11	53	118	44965
河　南	7	96	46	6	11	20	9483
湖　北	14	182	127	15	16	46	15405
湖　南	27	134	97	3	14	44	8834
广　东	18	323	159	10	29	80	92737
广　西	3	54	31	1	7	17	1904
海　南							
重　庆	11	88	63	5	15	24	4495
四　川	48	207	143	7	22	50	14441
贵　州	2	38	12		2	2	536
云　南	7	48	42	7	6	18	2435
西　藏							
陕　西	4	86	51	3	2	15	20052
甘　肃	52	311	216	12	39	76	16891
青　海							
宁　夏	1	9	8	2	3	1	13
新　疆	55	191	141		20	48	12154

美术馆基本情况

文物藏品数	非文物藏品数	国画	油画	版画	雕塑	水粉、水彩	设计	连环画、漫画
10113	**521296**	**87223**	**22254**	**42259**	**5429**	**12967**	**4292**	**13254**
382	10064	4776	441	658	18	2211		944
	2818	309	111	842	33	10		4
	4520	1159	378	857	115	219	21	30
643	31405	3809	542	534	57	331	5	130
5	8224	1496	504	103	32	159	30	6
27	1316	492	235	114	4	141		57
16	4726	1568	242	90	26	122		
216	16226	1335	694	7164	30	514		654
880	23160	3276	1982	2330	274	733	41	2957
258	40387	12286	1979	3245	327	858	180	197
307	8448	2214	542	1187	26	281	1053	1
950	5812	2884	137	199	401	141	2	150
324	6035	1378	233	926	115	139	25	143
363	5578	1326	165	590	60	220		1
3015	32823	10178	1419	2290	293	1103	19	347
	9483	1343	463	904	117	377	165	5
37	15368	1836	816	1097	352	906	40	202
23	8784	2369	799	214	40	420	79	157
933	91804	5555	3093	7765	526	1361	2526	2407
	1904	909	99	112	8	75		1
16	4284	742	242	1171	61	288	3	33
918	13440	4416	634	200	121	277	17	343
	536	131	155	20	1	12		20
	2435	74	110	344	6	80	4	
	19958	951	379	251	46	204		
100	16627	4516	697	187	128	336	77	90
	13	3	2	7				
700	11899	1135	1587	493	88	370	5	180

续表 1

地　区							年度展览总量（个）
	民间艺术	书法	摄影、多媒体	漆艺	陶艺	其他	
总　计	**104698**	**61970**	**92734**	**3823**	**3700**	**32790**	**7268**
北　京	74	759	170			13	16
天　津	30	541	396	15	10	517	104
河　北	221	469	819		22	30	155
山　西	6702	10303	1201	33	2	139	381
内蒙古	337	2515	2395		30	251	217
辽　宁	3	262	1			7	37
吉　林	71	2040	407		1	94	126
黑龙江	4159	544	121		5	1006	86
上　海	3961	2171	3907	35	50	1440	240
江　苏	3990	5319	5103	10	1435	4581	869
浙　江	369	1190	350	4	36	1193	171
安　徽	20	1451	234		99	17	328
福　建	297	800	178	805	26	570	123
江　西	533	1985	459	67	34	19	392
山　东	1276	11400	1723	111	289	760	915
河　南	2214	1142	338	16	34	2365	91
湖　北	2159	1442	1288	307	69	394	104
湖　南	662	2048	717	3	373	147	193
广　东	651	1642	61920	86	162	4004	472
广　西		527	32	1	3	134	80
海　南							
重　庆	267	584	612	12	72	60	247
四　川	274	4039	2385	17	117	6	431
贵　州		196				1	27
云　南	55	291	1380			1	58
西　藏							
陕　西	2267	479	70			6	60
甘　肃	1696	3546	2230	2005	313	423	565
青　海							
宁　夏		1					31
新　疆	1528	2341	2811	7	43	563	619

			学术成果					
自主办展数量	参观人次（万人次）	未成年人参观人次	专著或图录（册）	论文数（篇）	学术活动（次）	本年收入合计（千元）	财政补贴收入	免费开放
4407	**4135.59**	**932.81**	**25766**	**734**	**1362**	**3428365**	**1985249**	**193892**
11	16.17	5.13	2	65	45	105482	102547	
38	205.33	32.38	2	8	22	5397	5396	100
68	133.25	22.62	53	12	18	45747	45746	6860
197	163.53	51.45	7	14	25	47336	47005	6616
108	85.21	17.43	4	5	111	53271	53018	8150
22	9.87	0.80	3		1	15574	15572	675
92	27.32	5.43	7	5	2	20237	19910	3941
31	61.73	15.42	5		23	21058	20398	3045
164	376.68	22.73	33	40	85	384335	336456	557
488	489.12	97.13	10550	233	199	235468	215626	18400
111	148.70	24.60	13	12	34	102105	90437	2518
200	113.17	38.62	13	19	27	28871	26291	4575
74	46.08	13.33	7	3	11	22185	20199	3162
254	144.38	30.87	5	2	32	58145	41049	23424
577	463.22	122.66	1059	101	114	155138	154089	19671
57	60.40	14.70	8	13	17	22039	20119	1519
64	58.86	26.50	2258	19	23	63554	57768	2826
142	106.22	35.37	1805	9	53	23269	21832	5763
323	428.11	135.67	5870	50	213	1443968	236355	9812
57	53.50	22.30	5	11	26	7373	7201	1500
183	110.20	20.38	4010	3	38	30879	29006	11644
304	334.13	81.92	11	19	33	41334	40235	13434
8	8.00	2.00	4	6	10	12954	9013	500
31	21.67	4.73	7		6	24581	20891	2840
19	78.75	2.60	4	4	18	18847	15058	3350
335	133.96	29.95	9	35	91	39352	34762	12609
17	3.00	0.45			3	1688	1688	400
388	123.98	42.39	3	12	22	29662	28363	12001

续表 2

地　区							
			上级补助收入	事业收入	经营收入	附属单位上缴收入	其他收入
	中央资金	收藏专项经费					
总　计	**56319**	**230004**	**1208145**	**181438**	**15497**		**38036**
北　京		9000		750	1996		189
天　津							1
河　北	2750	3999					1
山　西	4000	70	200				131
内蒙古	4564	100					253
辽　宁	100	1100					2
吉　林	1300	3000					327
黑龙江	2300	5200					660
上　海	165	3782		46134			1745
江　苏	1700	10999	7474	447	2306		9615
浙　江		12314		9606			2062
安　徽	1935	593	1032	398			1150
福　建	80	4750	1755	176			55
江　西	1510	70	510	2479	9391		4716
山　东	2610	24407	157	619	144		129
河　南	700	2132		1907			13
湖　北	783	9541	1148	1124			3514
湖　南	3630	2270	1150	170	10		107
广　东	440	33462	1193220	8324			6069
广　西	695	170	80				92
海　南							
重　庆	3500	1710		1771			102
四　川	8730	120	79	611			409
贵　州	400						3941
云　南	1460			3001			689
西　藏							
陕　西		1425		2127	1650		12
甘　肃	4092	576	850	3560			180
青　海							
宁　夏	100	100					
新　疆	8775	90	490				809

本年支出合计（千元）	基本支出	项目支出		经营支出	在支出合计中：		
			收藏经费		工资福利支出	商品和服务支出	
							差旅费
2381550	**916789**	**1324545**	**289030**	**16123**	**619018**	**954815**	**20089**
88272	30137	56139	9500	1996	21395	28053	361
5385	5385				62	3930	1
44918	21455	23424	3999		15982	14512	718
47754	28090	18306	69		13553	16577	759
50992	34791	16069	885		18215	27429	367
16497	10377	6109	2027		8756	3031	179
21581	8990	11068	3000		7350	4607	256
20219	9770	10449	5100		7814	5126	490
379665	127590	251674	4187		71462	241914	1312
231992	121265	103596	16289	5635	81469	97402	2072
96736	41634	54921	12992		19903	59501	676
28670	16989	11594	782		12827	11401	620
120521	8222	14102	8784		5969	6338	279
57096	39193	9449	257	6555	32489	15218	730
157310	64405	91455	26718	231	45195	69858	935
24484	17362	6468	2132		11407	9516	140
63367	31695	30511	9754	903	22766	27175	483
22715	10246	9083	618	2	9588	6899	561
260908	80129	179858	40369		59257	116259	2266
7325	4000	3325	170		2903	1176	66
30792	13048	17620	1465		10345	16477	1487
41383	18119	23197	520		13504	17042	1084
12870	2560	6369	500		3152	1298	69
23942	8440	15500			6212	16355	382
21066	8539	10108	1425	721	6007	7342	186
40708	28015	9310	1356	10	20105	8085	891
1688	1268	100	100		1236	154	42
31379	17620	10881	272	70	12063	8307	755

续表 3

地区	劳务费	福利费	各种税金支出	对个人和家庭补助支出	抚恤金和生活补助	其他资本性支出	各种设备、交通工具、图书购置费
总计	**89991**	**5835**	**3752**	**66899**	**6419**	**382871**	**48355**
北京	1814	250	35	3161	1064	10441	918
天津				1393			
河北	1063	126	1	2940	34	10911	65
山西	573	79	3	578	7	1026	201
内蒙古	3409	124		1331	168	2335	1457
辽宁	371			581	321	1207	190
吉林	637	26		867	64	5666	2610
黑龙江	171	110	1	1391	46	4811	45
上海	18426	853	274	1025	658	57309	6295
江苏	3803	228	442	11105	694	25743	7409
浙江	12980	590	543	235		16819	9414
安徽	883	93	24	1623	1	1772	366
福建	1038		4	364		12388	253
江西	1485	562	858	1186	44	1865	192
山东	5067	127	25	7816	473	25849	3477
河南	1024	253	29	709		1529	605
湖北	3440	472	433	1576	322	10605	526
湖南	704	117	101	513	63	1252	39
广东	6237	417	132	13199	5	41006	6393
广西	27		3	228	228	62	62
海南							
重庆	6960	178	42	711	43	1701	1510
四川	2343	93	5	920	26	1217	
贵州	1188	5		90	90	1900	
云南	1261	16	43	23		284	92
西藏							
陕西	317	117	138	20		4562	
甘肃	1825	22	378	2775	339	870	175
青海							
宁夏	112					248	
新疆	1681	83	5	1728	694	1905	1769

资产总计（千元）	固定资产原值	实际使用房屋建筑面积（万平方米）	展览用房	库房面积	画室面积	实际拥有产权面积（万平方米）	公共教育活动 讲座（次）
8709034	**5588943**	**206.37**	**76.69**	**11.97**	**9.75**	**87.21**	**2884**
248616	86890	1.15	0.44	0.02	0.06	1.08	14
949	586	5.48	1.88	0.27	0.04	2.69	65
124215	144491	4.60	2.56	0.18	0.22	2.75	70
54617	16873	7.62	3.39	0.26	0.41	4.38	193
122195	118777	6.82	3.55	0.32	0.60	11.34	76
25144	20882	0.35	0.22	0.03		0.14	8
59431	56458	1.38	0.83	0.14	0.15	0.47	54
59884	60399	1.49	0.68	0.09	0.52	0.32	19
646874	701227	25.23	10.12	2.09	0.08	1.29	262
1117170	1129882	41.86	9.63	1.14	1.23	9.96	353
460860	596557	7.60	2.37	0.62	0.15	2.70	60
99934	27602	3.21	2.09	0.16	0.23	0.92	69
39633	31931	1.50	0.74	0.12	0.15	0.16	19
400355	106779	8.15	5.01	0.45	0.46	2.06	101
1031987	857128	24.85	9.68	1.70	0.94	9.80	248
106771	111152	3.02	1.25	0.07	0.04	0.11	88
344865	343852	5.60	1.98	0.25	0.71	4.61	72
93177	91259	3.09	1.93	0.42	0.30	0.76	72
1683850	419938	21.47	6.06	1.16	0.27	13.70	102
43462	25547	0.87	0.34	0.05	0.01	2.43	14
18450	12204	2.40	1.12	0.16	0.19	0.64	157
50571	27977	4.29	1.81	0.39	0.49	1.66	193
38299	38299	3.65	0.54	0.11	0.20	3.60	12
13031	8644	2.87	1.87	0.39	0.33	1.47	24
14716	13700	3.18	0.99	0.26	0.02	1.22	18
407123	33360	6.22	2.36	0.31	0.72	1.84	149
4326	3680	0.28	0.25	0.01	0.01		210
25236	18282	4.37	2.02	0.31	0.47	1.52	135

续表 4

地　　区			创作情况(个)		
	教育活动(次)	出版物(种)	创作项目数量	参加展览数量	获省部级以上奖项的作品数
总　　计	**5456**	**3414**	**6758**	**19293**	**468**
北　　京	190	7	170		
天　　津	117	6			
河　　北	53	3	290	90	19
山　　西	171	12	59	65	21
内 蒙 古	59	13	1441	657	80
辽　　宁					
吉　　林	21	2	60	24	11
黑 龙 江	53	3	38	9	20
上　　海	890	9	21	20	1
江　　苏	526	28	37	48	24
浙　　江	407	18	60	60	
安　　徽	72	17	29	64	23
福　　建	38	6	5	6	
江　　西	120	6	381	34	10
山　　东	660	42	66	65	30
河　　南	127	9			
湖　　北	75	3003	672	283	35
湖　　南	59	8	101	430	132
广　　东	792	50		70	3
广　　西	112	12	30	30	1
海　　南					
重　　庆	208	4	332	47	15
四　　川	273	29	56	15042	
贵　　州	29	1			
云　　南	55	5	1	92	
西　　藏					
陕　　西	110	6			
甘　　肃	151	37	2659	1115	42
青　　海					
宁　　夏					
新　　疆	60	77	226	1024	

培训情况		志愿者服务队伍个数(个)	志愿者服务队伍人数(人)	学术研究情况(个)		
组织培训次数(次)	培训人次(万人次)			本年承担课题、项目数	省部级以上课题项目数	结项课题项目数
1316	**6.66**	**557**	**45865**	**118**	**75**	**48**
35	0.00					
		3	96	6		
25	0.04	11	527	2	2	
17	0.05	23	3141	8	7	4
161	0.82	22	549	2		
26	0.03	2	31			
14	0.12	6	588	1	1	
2	0.00	21	2776	1		1
1	0.02	43	1680	19	10	6
157	0.47	32	1390	1	1	1
15	0.06	18	424	6	6	2
		40	158			
		32	1099	2	2	1
359	0.94	55	4951	26	22	11
146	1.00	9	320	2	1	
15	0.02	18	479	9	7	4
27	0.71	39	3852	3	2	3
29	0.06	20	1357	14	3	7
		5	331			
56	1.02	17	537	1	1	
12	0.08	25	853	3	3	3
		1	52	2		2
6	0.02	2	58	2	2	2
		16	650			
38	0.31	34	615	2	1	
		1	8			
65	0.82	60	19123			

附录资料

分地区行政区划（一）

（2019年底） 单位：个

区划名称	地级	#地级市	县级	#市辖区	#县级市	#县	#自治县
全国	**333**	**293**	**2846**	**965**	**387**	**1323**	**117**
北京市			16	16			
天津市			16	16			
河北省	11	11	168	47	21	94	6
山西省	11	11	117	26	11	80	
内蒙古自治区	12	9	103	23	11	17	
辽宁省	14	14	100	59	16	17	8
吉林省	9	8	60	21	20	16	3
黑龙江省	13	12	121	54	21	45	1
上海市			16	16			
江苏省	13	13	96	55	22	19	
浙江省	11	11	90	37	20	32	1
安徽省	16	16	105	44	9	52	
福建省	9	9	85	29	12	44	
江西省	11	11	100	27	11	62	
山东省	16	16	137	57	27	53	
河南省	17	17	158	53	22	83	
湖北省	13	12	103	39	25	36	2
湖南省	14	13	122	36	18	61	7
广东省	21	21	122	65	20	34	3
广西壮族自治区	14	14	111	41	9	49	12
海南省	4	4	23	8	5	4	6
重庆市			38	26		8	4
四川省	21	18	183	54	18	107	4
贵州省	9	6	88	15	9	52	11
云南省	16	8	129	17	17	66	29
西藏自治区	7	6	74	8		66	
陕西省	10	10	107	30	6	71	
甘肃省	14	12	86	17	5	57	7
青海省	8	2	44	7	4	26	7
宁夏回族自治区	5	5	22	9	2	11	
新疆维吾尔自治区	14	4	106	13	26	61	6
香港特别行政区							
澳门特别行政区							
台湾省							

分地区行政区划（二）

（2019年） 单位：个

区划名称	乡镇级	#镇数	#乡数	#民族乡	#街道办事处
全　　国	**38727**	**20988**	**9222**	**966**	**8515**
北　京　市	333	143	38	5	152
天　津　市	248	126	3	1	119
河　北　省	2255	1156	790	46	308
山　西　省	1396	577	312		207
内蒙古自治区	1024	508	270	17	246
辽　宁　省	1355	640	201	54	514
吉　林　省	937	426	182	28	329
黑 龙 江 省	1240	557	345	52	338
上　海　市	215	106	40		107
江　苏　省	1261	718	259	1	503
浙　江　省	1360	619	271	14	482
安　徽　省	1498	968	270	9	259
福　建　省	1107	653	570	19	184
江　西　省	1563	828	68	8	165
山　东　省	1824	1087	68		669
河　南　省	2451	1173	618	12	660
湖　北　省	1249	760	162	10	327
湖　南　省	1937	1134	392	83	411
广　东　省	1606	1114	11	7	481
广西壮族自治区	1250	806	312	59	132
海　南　省	218	175	21		22
重　庆　市	1029	629	172	14	228
四　川　省	3440	1926	1065	83	449
贵　州　省	1440	837	315	193	288
云　南　省	1405	679	540	140	186
西 藏 自 治 区	697	142	534	9	21
陕　西　省	1312	975	21		316
甘　肃　省	1357	192	337	32	128
青　海　省	403	144	222	28	37
宁夏回族自治区	240	103	90		47
新疆维吾尔自治区	1077	387	489	42	200
香港特别行政区					
澳门特别行政区					
台 湾 省					

注：乡镇级总数包含河北省、新疆维吾尔自治区的各一个区公所。

国民经济与社会发展总量指标（一）

指　　标	单　位	1978年	1990年	2000年	2018年	2019年
人口						
年末总人口	万人	96259	114333	126743	139538	140005
城镇人口	万人	17245	30195	45906	83137	84843
乡村人口	万人	79014	84138	80837	56401	55162
就业和失业						
就业人员	万人	40152	64749	72085	77586	77471
#城镇就业人员	万人	9514	17041	23151	43419	44247
城镇登记失业人员	万人	530	383	595	974	945
国民经济核算						
国内生产总值	亿元	3678.7	18872.9	100280.1	900309.5	990865.1
第一产业	亿元	1018.5	5017.2	14717.4	64734	70466.7
第二产业	亿元	1755.2	7744.3	45664.8	366000.9	386165.3
第三产业	亿元	905.1	6111.4	39897.9	469574.6	534233.1
人均国内生产总值	元	385	1663	7942	64644	70892
居民收入						
全国居民人均可支配收入	元				28228	30733
城镇居民人均可支配收入	元	343	1510	6280	39251	42359
农村居民人均可支配收入	元	134	686	2253	14617	16021
财政						
一般公共预算收入	亿元	1132.3	2937.1	13395.2	183351.8	190382.2
一般公共预算支出	亿元	1122.1	3083.6	15886.5	220906.1	238874.1
能源						
能源生产总量	万吨标准煤	62770	103922	138570	377000	397000
能源消费总量	万吨标准煤	57144	98703	146964	464000	486000
固定资产投资						
全社会固定资产投资总额	亿元		4517.0	32917.7	645675	560874.3
#房地产开发	亿元		253.3	4984.1	120263.5	132194.3
对外贸易和实际利用外资						
货物进出口总额	亿元	355.0	5560.1	39273.2	305050.4	315504.8
出口额	亿元	167.6	2985.8	20634.4	164176.7	172342.3
进口额	亿元	187.4	2574.3	18638.8	140873.7	143162.4
外商直接投资	亿美元		34.9	407.2	1349.7	1381.4
主要农业、工业产品产量						
粮食	万吨	30476.5	44624.3	46217.5	65789.2	66384
油料	万吨	521.8	1613.2	2954.8	610.3	589
棉花	万吨	216.7	450.8	441.7	3433.4	3493
肉类	万吨		2857.0	6013.9	8624.6	7759
原煤	亿吨	6.18	10.80	13.84	36.83	38.46
原油	万吨	10405	13831	16300	18911	19101
水泥	万吨	6524	20971	59700	220771	235012
粗钢	万吨	3178	6635	12850	92801	99634
发电量	亿千瓦小时	2566	6212	13556	71118	75034

国民经济与社会发展总量指标（二）

指　　标	单　位	1978年	1990年	2000年	2018年	2019年
建筑业						
建筑业总产值	亿元		1345	12498	235086	248446
消费品零售和旅游						
社会消费品零售总额	亿元	1559	8300	39106	380987	411649
入境游客	万人次	181.0	2746.0	8344.0	14120.0	14531
国际旅游收入	亿美元	2.6	22.2	162.2	1271.0	1312.5
运输和邮电						
邮政业务总量	亿元	14.9	46.0	232.8	12345.2	16229.6
电信业务总量	亿元	19.2	109.6	4559.9	65555.7	106789.2
移动电话用户	万户		1.8	8453.3	156609.8	160134.0
固定电话用户	万户	193	685	14483	18225	19103
金融						
金融机构人民币各项存款余额	亿元	1155	13943	123804	1775226	1928785
金融机构人民币各项贷款余额	亿元	1890	17511	99371	1362967	1531123
科技、教育、卫生、文化						
研究与试验发展经费支出	亿元			895.7	19657	21737
技术市场成交额	亿元			651	17697	22398
在校学生数						
#普通本、专科	万人	86	206	556	2831	3032
普通高中	万人	1553	717	1201	2375	2414
初中	万人	4995	3917	6256	4653	4827
普通小学	万人	14624	12241	13013	10339	10561
医院数	个	9293	14377	16318	33009	34354
医院床位数	万张	110	187	217	652	687
执业（助理）医师	万人	98	176	208	361	387
社会保障						
参加基本养老保险人数	万人		6166	13617	94240	96748
参加基本医疗保险人数	万人			3787	134452	135436
参加失业保险人数	万人			10408	19643	20543
参加工伤保险人数	万人			4350	23868	25474
参加生育保险人数	万人			3002	20435	21432
社会保险基金收入	亿元		187	2645	77850	82368

注：1.由于计算误差的影响，按支出法计算的国内生产总值不等于按生产法计算的国内生产总值。
2.本表2014、2015年居民人均可支配收入为城乡一体化住户收支与生活状况调查数据，与此前分城镇和农村住户调查的统计口径有所不同。
3.因与农业普查数据衔接工作尚未完成，油料数据暂无法提供。
4.本表价值量指标中，邮电业务总量2000年及以前按1990年不变价格计算，2001—2010年按2000年不变价格计算，2011年起按2010年不变价格计算。其余指标按当年价格计算。
5.2017年社会保障数据为快报数，最终数据以当年公报为准。2017年大部分省份参加新兴农村合作医疗的人员并入城乡居民基本医疗保险参保人数中；2016年及以前主要为城镇基本医疗保险参保人数。

分地区年末常住人口

单位：万人

地　区	2011年	2015年	2016年	2017年	2018年	2019年
全　国	**134735**	**137462**	**138271**	**139008**	**139538**	**140005**
北　京	2019	2171	2173	2171	2154	2154
天　津	1355	1547	1562	1557	1560	1562
河　北	7241	7425	7470	7520	7556	7592
山　西	3593	3664	3682	3702	3718	3729
内蒙古	2482	2511	2520	2529	2534	2540
辽　宁	4383	4382	4378	4369	4359	4352
吉　林	2749	2753	2733	2717	2704	2691
黑龙江	3834	3812	3799	3789	3773	3751
上　海	2347	2415	2420	2418	2424	2428
江　苏	7899	7976	7999	8029	8051	8070
浙　江	5463	5539	5590	5657	5737	5850
安　徽	5968	6144	6196	6255	6324	6366
福　建	3720	3839	3874	3911	3941	3973
江　西	4488	4566	4592	4622	4648	4666
山　东	9637	9847	9947	10006	10047	10070
河　南	9388	9480	9532	9559	9605	9640
湖　北	5758	5852	5885	5902	5917	5927
湖　南	6596	6783	6822	6860	6899	6918
广　东	10505	10849	10999	11169	11346	11521
广　西	4645	4796	4838	4885	4926	4960
海　南	877	911	917	926	934	945
重　庆	2919	3017	3048	3075	3102	3124
四　川	8050	8204	8262	8302	8341	8375
贵　州	3469	3530	3555	3580	3600	3623
云　南	4631	4742	4771	4801	4830	4858
西　藏	303	324	331	337	344	351
陕　西	3743	3793	3813	3835	3864	3876
甘　肃	2564	2600	2610	2626	2637	2647
青　海	568	588	593	598	603	608
宁　夏	639	668	675	682	688	695
新　疆	2209	2360	2398	2445	2487	2523

注：本表数据根据年度人口抽样调查推算。全国数据包括中国人民解放军现役军人数，但不包括香港、澳门特别行政区和台湾地区数据；分省数据中未包括中国人民解放军现役军人数。

国民总收入和国内生产总值（一）

年　份	国　民 总收入 （亿元）	国内生产 总　值 （亿元）	第一产业	第二产业	第三产业
1978	3678.7	3678.7	1018.5	1755.2	905.1
1979	4100.5	4100.5	1259.0	1925.4	916.1
1980	4587.6	4587.6	1359.5	2204.7	1023.4
“六五”时期	**32795.8**	**32707.5**	**10105.6**	**14341.1**	**8260.9**
1981	4933.7	4935.8	1545.7	2269.1	1121.1
1982	5380.5	5373.4	1761.7	2397.7	1214.0
1983	6043.8	6020.9	1960.9	2663.0	1397.0
1984	7314.2	7278.5	2295.6	3124.8	1858.1
1985	9123.6	9098.9	2541.7	3886.5	2670.7
“七五”时期	**73828.1**	**73783.8**	**19045.2**	**31441.8**	**23296.9**
1986	10375.4	10376.2	2764.1	4515.2	3096.9
1987	12166.6	12174.6	3204.5	5274.0	3696.2
1988	15174.4	15180.4	3831.2	6607.4	4741.8
1989	17188.4	17179.7	4228.2	7300.9	5650.6
1990	18923.3	18872.9	5017.2	7744.3	6111.4
“八五”时期	**193762.5**	**194850.7**	**39469.0**	**88458.8**	**66922.9**
1991	22050.3	22005.6	5288.8	9129.8	7587.0
1992	27208.2	27194.5	5800.3	11725.3	9668.9
1993	35599.2	35673.2	6887.6	16473.1	12312.6
1994	48548.2	48637.5	9471.8	22453.1	16712.5
1995	60356.6	61339.9	12020.5	28677.5	20641.9
“九五”时期	**421832.7**	**427568.6**	**72028.6**	**197138.3**	**158401.7**
1996	70779.6	71813.6	13878.3	33828.1	24107.2
1997	78802.9	79715.0	14265.2	37546.0	27903.8
1998	83817.6	85195.5	14618.7	39018.5	31558.3
1999	89366.5	90564.4	14549.0	41080.9	34934.5
2000	99066.1	100280.1	14717.4	45664.8	39897.9
“十五”时期	**713747.2**	**719161.6**	**91373.9**	**328834.9**	**298952.8**
2001	109276.2	110863.1	15502.5	49660.7	45700.0
2002	120480.4	121717.4	16190.2	54105.5	51421.7
2003	136576.3	137422.0	16970.2	62697.4	57754.4
2004	161415.4	161840.2	20904.3	74286.9	66648.9
2005	185998.9	187318.9	21806.7	88084.4	77427.8
“十一五”时期	**1571136.7**	**1571298.0**	**157382.6**	**732753.5**	**681162.1**
2006	219028.5	219438.5	23317.0	104361.8	91759.7
2007	270844.0	270232.3	27788.0	126633.6	115810.7
2008	321500.5	319515.5	32753.2	149956.6	136805.8
2009	348498.5	349081.4	34161.8	160171.7	154747.9
2010	411265.2	413030.3	39362.6	191629.8	182038.0
“十二五”时期	**2945532.8**	**2957938.5**	**271600.1**	**1293250.3**	**1393088.1**
2011	484753.2	489300.6	46163.1	227038.8	216098.6
2012	539116.5	540367.4	50902.3	244643.3	244821.9
2013	590422.4	595244.4	55329.1	261956.1	277959.3
2014	644791.1	643974.0	58343.5	277571.8	308058.6
2015	686449.6	689052.1	60862.1	282040.3	346149.7
“十三五”时期					
2016	743408.3	746395.1	60139.2	295427.8	390828.1
2017	831381.2	832035.9	62099.5	331580.5	438355.9
2018	914327.1	919281.1	64745.2	364835.2	489700.8
2019	988528.9	990865.1	70466.7	386165.3	534233.1

注：1.本表按当年价格计算。
　　2.三次产业分类依据国家统计局2012年制定的《三次产业划分规定》（以下相关表同）。

国民总收入和国内生产总值（二）

年　　份					人均国内生产总值（元）
	#工业	#建筑业	#批发和零售业	#交通运输、仓储和邮政业	
1978	1621.5	138.9	242.3	182.0	385
1979	1786.5	144.6	200.9	193.7	423
1980	2014.9	196.3	193.8	213.4	468
“六五”时期	**12944.0**	**1438.5**	**1767.1**	**1503.1**	**637**
1981	2067.7	208.0	231.1	220.8	497
1982	2183.0	221.6	171.4	246.9	533
1983	2399.1	271.7	198.7	275.0	588
1984	2815.9	317.9	363.5	338.6	702
1985	3478.3	419.3	802.4	421.8	866
“七五”时期	**27866.6**	**3664.4**	**6200.7**	**3733.5**	**1335**
1986	4000.8	527.3	852.6	499.0	973
1987	4621.3	667.5	1059.6	568.5	1123
1988	5814.1	811.8	1483.4	685.9	1378
1989	6525.7	796.1	1536.2	812.9	1536
1990	6904.7	861.7	1268.9	1167.2	1663
“八五”时期	**77298.3**	**11408.0**	**15608.2**	**11316.9**	**3289**
1991	8138.2	1017.7	1834.6	1420.5	1912
1992	10340.5	1417.9	2405.0	1689.2	2334
1993	14248.8	2269.9	2816.6	2174.3	3027
1994	19546.9	2968.8	3773.4	2788.2	4081
1995	25023.9	3733.7	4778.6	3244.7	5091
“九五”时期	**172963.3**	**24729.2**	**34490.0**	**23931.0**	**6882**
1996	29529.8	4393.0	5599.7	3782.6	5898
1997	33023.5	4628.3	6327.4	4149.1	6481
1998	34134.9	4993.0	6913.2	4661.5	6860
1999	36015.4	5180.9	7491.1	5175.9	7229
2000	40259.7	5534.0	8158.6	6161.9	7942
“十五”时期	**290733.0**	**39059.4**	**56704.3**	**42255.7**	**11149**
2001	43855.6	5945.5	9119.4	6871.3	8717
2002	47776.3	6482.1	9995.4	7494.3	9506
2003	55363.8	7510.8	11169.5	7914.8	10666
2004	65776.8	8720.5	12453.8	9306.5	12487
2005	77960.5	10400.5	13966.2	10668.8	14368
“十一五”时期	**638881.8**	**96546.5**	**128556.7**	**78465.0**	**23692**
2006	92238.4	12450.1	16530.7	12186.3	16738
2007	111693.9	15348.0	20937.8	14605.1	20505
2008	131727.6	18807.6	26182.3	16367.6	24121
2009	138095.5	22681.5	29001.5	16522.4	26222
2010	165126.4	27259.3	35904.4	18783.6	30876
“十二五”时期	**1096748.7**	**202226.6**	**278455.8**	**130636.6**	**43543**
2011	195142.8	32926.5	43730.5	21842.0	36403
2012	208905.6	36896.1	49831.0	23763.2	40007
2013	222337.6	40896.8	56284.1	26042.7	43852
2014	233856.4	44880.5	62423.5	28500.9	47203
2015	236506.3	46626.7	66186.7	30487.8	50251
“十三五”时期					
2016	245406.4	51498.9	73724.5	33028.7	54139
2017	275119.3	57905.6	81156.6	37121.9	60014
2018	301089.3	65493.0	88903.7	40337.2	66006
2019	317108.7	70904.3	95845.7	42802.1	70892

注：1.行业分类采用《国民经济行业分类（GB/T 4754－2011）》，其中工业包括采矿业，制造业，电力、热力、燃气及水生产和供应业（以下相关表同）。
2.各时期人均国内生产总值为该时期各年的平均数。

居民人均可支配收入

单位：元

指　　标	2013年	2014年	2015年	2016年	2017年	2018年	2019年
一、全国居民可支配收入	**18310.8**	**20167.1**	**21966.2**	**23821.0**	**25973.8**	**28228.0**	**30732.8**
1.工资性收入	10410.8	11420.6	12459.0	13455.2	14620.3	15829.0	17186.2
2.经营净收入	3434.7	3732.0	3955.6	4217.7	4501.8	4852.4	5247.3
3.财产净收入	1423.3	1587.8	1739.6	1889.0	2107.4	2378.5	2619.1
4.转移净收入	3042.1	3426.8	3811.9	4259.1	4744.3	5168.1	5680.3
二、城镇居民可支配收入	**26467.0**	**28843.9**	**31194.8**	**33616.2**	**36396.2**	**39250.8**	**42358.8**
1.工资性收入	16617.4	17936.8	19337.1	20665.0	22200.9	23792.2	25564.8
2.经营净收入	2975.3	3279.0	3476.1	3770.1	4064.7	4442.6	4840.4
3.财产净收入	2551.5	2812.1	3041.9	3271.3	3606.9	4027.7	4390.6
4.转移净收入	4322.8	4815.9	5339.7	5909.8	6523.6	6988.3	7563.0
三、农村居民可支配收入	**9429.6**	**10488.9**	**11421.7**	**12363.4**	**13432.4**	**14617.0**	**16020.7**
1.工资性收入	3652.5	4152.2	4600.3	5021.8	5498.4	5996.1	6583.5
2.经营净收入	3934.8	4237.4	4503.6	4741.3	5027.8	5358.4	5762.2
3.财产净收入	194.7	222.1	251.5	272.1	303.0	342.1	377.3
4.转移净收入	1647.5	1877.2	2066.3	2328.2	2603.2	2920.5	3297.8

注：从2013年起，国家统计局开展了全国住户收支与生活状况调查，2013年及以后年份的数据来源于此调查，与2013年前的分城镇和农村住户调查的调查范围、调查方法、指标口径有所不同。

居民人均消费支出

单位：元

指　标	2013年	2014年	2015年	2016年	2017年	2018年	2019年
一、全国居民消费支出	**13220.4**	**14491.4**	**15712.4**	**17110.7**	**18322.1**	**19853.1**	**21558.9**
1.食品烟酒	4126.7	4493.9	4814.0	5151.0	5373.6	5631.1	6084.2
2.衣着	1027.1	1099.3	1164.1	1202.7	1237.6	1288.9	1338.1
3.居住	2998.5	3200.5	3419.2	3746.4	4106.9	4646.6	5054.8
4.生活用品及服务	806.5	889.7	951.4	1043.7	1120.7	1222.7	1280.9
5.交通通信	1627.1	1869.3	2086.9	2337.8	2498.9	2675.4	2861.6
6.教育文化娱乐	1397.7	1535.9	1723.1	1915.3	2086.2	2225.7	2513.1
7.医疗保健	912.1	1044.8	1164.5	1307.5	1451.2	1685.2	1902.3
8.其他用品及服务	324.7	358.0	389.2	406.3	447.0	477.5	524.0
二、城镇居民消费支出	**18487.5**	**19968.1**	**21392.4**	**23078.9**	**24445.0**	**26112.3**	**28063.4**
1.食品烟酒	5570.7	6000.0	6359.7	6762.4	7001.0	7239.0	7732.6
2.衣着	1553.7	1627.2	1701.1	1739.0	1757.9	1808.2	1831.9
3.居住	4301.4	4489.6	4726.0	5113.7	5564.0	6255.0	6780.2
4.生活用品及服务	1129.2	1233.2	1306.5	1426.8	1525.0	1629.4	1689.3
5.交通通信	2317.8	2637.3	2895.4	3173.9	3321.5	3473.5	3671.3
6.教育文化娱乐	1988.3	2142.3	2382.8	2637.6	2846.6	2974.1	3328.0
7.医疗保健	1136.1	1305.6	1443.4	1630.8	1777.4	2045.7	2282.7
8.其他用品及服务	490.4	532.9	577.5	594.7	651.5	687.4	747.2
三、农村居民消费支出	**7485.1**	**8382.6**	**9222.6**	**10129.8**	**10954.5**	**12124.3**	**13327.7**
1.食品烟酒	2554.4	2814.0	3048.0	3266.1	3415.4	3645.6	3998.2
2.衣着	453.8	510.4	550.5	575.4	611.6	647.7	713.3
3.居住	1579.8	1762.7	1926.2	2147.1	2353.5	2660.6	2871.3
4.生活用品及服务	455.1	506.5	545.6	595.7	634.0	720.5	763.9
5.交通通信	874.9	1012.6	1163.1	1359.9	1509.1	1690.0	1836.8
6.教育文化娱乐	754.6	859.5	969.3	1070.3	1171.3	1301.6	1481.8
7.医疗保健	668.2	753.9	846.0	929.2	1058.7	1240.1	1420.8
8.其他用品及服务	144.2	163.0	174.0	186.0	200.9	218.3	241.5

农村贫困状况

年　份	1978年标准		2008年标准		2010年标准	
	贫困人口（万人）	贫困发生率（%）	贫困人口（万人）	贫困发生率（%）	贫困人口（万人）	贫困发生率（%）
1978	25000	30.7			77039	97.5
1980	22000	26.8			76542	96.2
1981	15200	18.5				
1982	14500	17.5				
1983	13500	16.2				
1984	12800	15.1				
1985	12500	14.8			66101	78.3
1986	13100	15.5				
1987	12200	14.3				
1988	9600	11.1				
1989	10200	11.6				
1990	8500	9.4			65849	73.5
1991	9400	10.4				
1992	8000	8.8				
1994	7000	7.7				
1995	6540	7.1			55463	60.5
1997	4962	5.4				
1998	4210	4.6				
1999	3412	3.7				
2000	3209	3.5	9422	10.2	46224	49.8
2001	2927	3.2	9029	9.8		
2002	2820	3.0	8645	9.2		
2003	2900	3.1	8517	9.1		
2004	2610	2.8	7587	8.1		
2005	2365	2.5	6432	6.8	28662	30.2
2006	2148	2.3	5698	6.0		
2007	1479	1.6	4320	4.6		
2008			4007	4.2		
2009			3597	3.8		
2010			2688	2.8	16567	17.2
2011					12238	12.7
2012					9899	10.2
2013					8249	8.5
2014					7017	7.2
2015					5575	5.7
2016					4335	4.5
2017					3046	3.1
2018					1660	1.7
2019					551	0.6

注：1.1978年标准：1978—1999年称为农村贫困标准，2000—2007年称为农村绝对贫困标准。
　　2.2008年标准：2000—2007年称为农村低收入标准，2008—2010年称为农村贫困标准。
　　3.2010年标准：即现行农村贫困标准。现行农村贫困标准为每人每年2300元（2010年不变价）。

分地区农村贫困人口

（2010年标准）　　　　单位：万人

地　区	2011年	2012年	2013年	2014年	2015年	2016年	2017年	2018年	2019年
全国总计	**12238**	**9899**	**8249**	**7017**	**5575**	**4335**	**3046**	**1660**	**551**
北　京	2	1	.	.	.	.	.	.	.
天　津	5	1	.	.	.	.	.	.	.
河　北	561	437	366	320	241	188	124	63	.
山　西	444	359	299	269	223	186	133	74	16
内蒙古	160	139	114	98	76	53	37	14	.
辽　宁	157	146	126	117	86	59	39	24	.
吉　林	140	103	89	81	69	57	41	26	6
黑龙江	155	130	111	96	86	69	50	27	.
上　海	.	.	.	.	.	.	.	.	.
江　苏	123	106	95	61	.	.	.	.	.
浙　江	94	83	72	45	.	.	.	.	.
安　徽	710	543	440	371	309	237	158	67	.
福　建	114	87	73	50	36	23	.	.	.
江　西	438	385	328	276	208	155	107	63	.
山　东	345	313	264	231	172	140	60	.	.
河　南	955	764	639	565	463	371	277	168	51
湖　北	488	395	323	271	216	176	114	67	.
湖　南	908	767	640	532	434	343	232	105	42
广　东	166	128	115	82	47	.	.	.	.
广　西	950	755	634	540	452	341	246	140	51
海　南	88	65	60	50	41	32	23	7	.
重　庆	202	162	139	119	88	45	21	13	.
四　川	912	724	602	509	400	306	212	98	52
贵　州	1149	923	745	623	507	402	295	173	53
云　南	1014	804	661	574	471	373	279	179	66
西　藏	106	85	72	61	48	34	20	13	4
陕　西	592	483	410	350	288	226	169	83	17
甘　肃	722	596	496	417	325	262	200	121	46
青　海	108	82	63	52	42	31	23	10	5
宁　夏	77	60	51	45	37	30	19	9	4
新　疆	353	273	222	212	180	147	113	64	20

注：“.”表示数值较小，统计上不显著。